Carola Engels 25,–

Schöningh

D1922830

Vernünftig glauben

Arbeitsbuch für den katholischen Religionsunterricht

Oberstufe

Lehrerband

Herausgegeben von
Wolfgang Michalke-Leicht
und
Clauß Peter Sajak

Erarbeitet von
Reinhard Kratz
Isabel Meckel
Thomas Menges
Wolfgang Michalke-Leicht
Michaela Montag
Günter Nagel
und
Clauß Peter Sajak

www.schoeningh-schulbuch.de
Schöningh Verlag, Jühenplatz 1–3, 33098 Paderborn

Druck 5 4 3 2 1 / Jahr 2016 15 14 13 12
Die letzte Zahl bezeichnet das Jahr dieses Druckes.

Redaktion: Joachim Siebert, Hannover
Umschlaggestaltung: Franz-Josef Domke, Hannover
Lay-out und Satz: Jesse Konzept & Text, Hannover
Druck und Bindung: westermann druck GmbH, Braunschweig

ISBN 978-3-14-053566-3

Inhaltsübersicht

Zur Konzeption des Unterrichtswerkes

„Vernünftig glauben“ ist ein innovatives Unterrichtswerk für den katholischen Religionsunterricht in der Oberstufe des Gymnasiums, das das Lernen der Schülerinnen und Schüler sowie deren Kompetenzentwicklung in den Mittelpunkt des Unterrichts stellt. Die als „kopernikanische Wende“ im Bildungssystem bezeichnete Neuorientierung der Lehr- und Bildungspläne von den Bildungsinhalten zu Kompetenzstandards ist vor allem als *didaktischer Perspektivenwechsel* zu verstehen. Diesem Wechsel liegt das didaktische Anliegen zugrunde, im Rahmen des Lehr-Lern-Prozesses die Aufmerksamkeit vorrangig auf *das Lernen der Schülerinnen und Schüler* (Konstruktion) und deren Kompetenzerwerb zu lenken und nicht zuerst auf *das Lehren der Lehrenden* (Instruktion). Selbstgesteuertes und entdeckendes Lernen sowie eigenverantwortliche Lernentscheidungen sind die besten Wege, um nachhaltige Lernerfolge zu erreichen.

„Vernünftig glauben“ ermöglicht deshalb Schülerinnen und Schülern der Oberstufe des Gymnasiums, eigene Lernwege zu wählen und zu gehen. Dabei werden sie angeleitet, eigenständig mit den vorgegebenen Inhalten zu arbeiten. *Attraktive Lernarrangements* unterstützen die Entfaltung individueller Lernprozesse. Hierbei kommt vor allem den zahlreichen Lernaufgaben des Unterrichtswerkes eine besondere Bedeutung zu. Diese sind durchgängig als Arbeitsanregungen formuliert, sie machen den Schülerinnen und Schülern die Anforderungen transparent. Die jeweils geforderte Tätigkeit wird über den Operator festgelegt.

„Vernünftig glauben“ orientiert sich an den *fünf zentralen Kompetenzen*, wie sie in den von der Kultusministerkonferenz verabschiedeten Einheitlichen Prüfungsanforderungen für die Abiturprüfung Katholische Religionslehre (EPA) aufgeführt sind:

- Wahrnehmungs- und Darstellungsfähigkeit – religiöse bedeutsame Phänomene wahrnehmen und beschreiben;
- Deutungsfähigkeit – religiöse bedeutsame Sprache und Zeugnisse verstehen und deuten;
- Urteilsfähigkeit – in religiösen und ethischen Fragen begründet urteilen;
- Dialogfähigkeit – am religiösen Dialog argumentierend teilnehmen können;
- Gestaltungsfähigkeit – religiöse bedeutsame Ausdrucks- und Gestaltungsformen reflektiert verwenden.

„Vernünftig glauben“ zielt – der Fachpräambel der EPA entsprechend – darauf, Schülerinnen und Schüler zu verantwortlichem *Denken und Verhalten* im Hinblick auf Religion und Glaube zu befähigen. In seiner vielbeachteten Enzyklika betont Johannes Paul II., dass „die Wahrheit, die aus der Offenbarung stammt, gleichzeitig eine Wahrheit ist, die im Lichte der Vernunft verstanden werden muss“ (Nr. 35). Dialog- und Kommunikationsfähigkeit, die Förderung von Urteils- und Argumentationsfähigkeit in religiösen Fragen sowie Fähigkeit zum Perspektivwechsel können nachhaltig eingeübt werden.

„Vernünftig glauben“ unternimmt den Versuch, den Schülerinnen und Schülern die Welt des katholischen Glaubens zu erschließen. Dies geschieht, der gymnasialen Oberstufe entsprechend, auf einem inhaltlichen Niveau, das dem Bemühen verbunden ist, Vernunft und Glaube ins Gespräch zu bringen. In den EPA heißt es dazu: „Inhaltlicher Schwerpunkt der Abiturprüfung in Katholischer Religionslehre ist der Glaube der Kirche in Begegnung, Anknüpfung und Auseinandersetzung mit

- religiös bedeutsamen Erfahrungen und Fragen der Prüflinge,
- anderen religiösen Lebensentwürfen und Weltdeutungen,
- religiös geprägten Ausdrucksformen in der Kultur,
- religiös-ethischen Herausforderungen in unterschiedlichen gesellschaftlichen Handlungsfeldern wie Kultur, Wissenschaft, Politik und Wirtschaft.

Diese vier Bezugsfelder bilden den Referenzrahmen, in dem der katholische Glaube in der Abiturprüfung thematisiert, auf den hin er entfaltet, gedeutet und erörtert wird.“ Die zehn Kapitel des Unterrichtswerkes orientieren sich an den *Gegenstandsbereichen*

Wirklichkeit	Jesus Christus
Mensch	Kirche
Religion	Zukunft
Gott	Ethik
Bibel	Gesellschaft

Die einzelnen Kapitel sind jeweils in 3–6 Module unterteilt. **Die insgesamt 40 Module** lassen sich den Wünschen und Bedürfnissen der jeweiligen Lerngruppen und den Erfordernissen der regionalen Lehr- und Bildungspläne und Kerncurricula entsprechend kombinieren.

„Vernünftig glauben“ enthält zahlreiche Elemente, die die didaktische Konzeption entfalten oder widerspiegeln:

- **Vorwort** – Es spricht die Schülerinnen und Schüler direkt an und führt sie in die Grundidee des Buches ein – auch im Blick auf die konzeptionellen Elemente.
- **Eingangsdoppelseite** – Sie eröffnet das Thema des Kapitels, in der Regel mit einem großformatigen Layout (Bild und kurze Texte).
- **Überblick** – Ein einleitender Text zu jedem Kapitel formuliert zentrale Fragestellungen und Aspekte der einzelnen Module.
- **Module** – Die insgesamt 40 Module (Unterkapitel) lassen sich im Lehr-Lern-Prozess je nach Bedarf variieren, kombinieren oder gewichten.
- **Was Sie erwartet** – Jedes Modul beginnt mit einer Rubrik, in der die Schülerinnen und Schüler direkt angesprochen und mit dem jeweiligen Thema vertraut gemacht werden.
- Innerhalb der Module gibt es eine weitere Unterteilung in **Materialgruppen**. Das sind kleinere Einheiten und Sinnabschnitte innerhalb der Sachlogik des jeweiligen Themas.
- **Medien** – Das Buch präsentiert eine Fülle von Materialien (Texte, Bilder, Grafiken etc.) in einem möglichst breiten Spektrum der Gattungen.
- **Einleitungstext** – In der Regel werden die Materialien mit einem kurzen einführenden und einordnenden Text versehen.
- **Arbeitsanregungen** – Die Materialien sind mit Arbeitsanregungen versehen, die sich als Lernaufgaben verstehen und an den Operatoren der EPA orientieren. Sie sind die didaktischen Schlüssel des Buches.
- **Evaluation** – Am Ende eines jeden Unterkapitels findet sich eine Rubrik „Wenden Sie Ihr Wissen an“, die dem Nachweis eines Lernfortschritts und somit der Evaluation dient.
- **Infobox** – Komplexere (z. B. theologische) Begriffserschließungen erfolgen in Infoboxen an Ort und Stelle im Text.
- **Glossar** – Zentrale Begriffe werden am Ende des Buches in einem umfangreichen Glossar erläutert.
- **Methodencurriculum** – Das Unterrichtswerk bietet im Anhang elf spezifische Methoden an, die für die sachgemäße Arbeit in der Oberstufe wichtig sind. Die Arbeitsanregungen weisen regelmäßig auf den Einsatz dieser Methoden hin.
- **Abbildungen** – Das Bildprogramm folgt den bilddidaktischen Standards, indem es den jeweiligen Werken eine eigene didaktische Dignität zuspricht.
- **Performative Zugänge** – Das Unterrichtswerk bietet an ausgewiesenen Stellen Ansatzpunkte, performative Elemente in den Lehr-Lern-Prozess einzubringen.

Zur Konzeption des Lehrerbandes

Der Lehrerband zu „Vernünftig glauben“ bietet zunächst einen Überblick über das jeweilige Kapitel, die Module und die Materialgruppen. Dabei wird die Intention des Kapitels (A.) sowie die Materialauswahl (B.) erläutert. Im weiteren Verlauf werden die Materialien prägnant erschlossen, angemessen eingeordnet und mit den nötigen Hintergrundinformationen versehen. Die Darstellung der Kommentierung ist übersichtlich angeordnet. Auf diese Weise ist ein schneller und punktgenauer Zugriff gewährleistet. Zudem werden jedem Kapitel ausgewählte Literaturhinweise beigefügt.

Um das didaktische Potenzial der Materialien des Unterrichtswerkes optimal zu nutzen und um die Kompetenzorientierung des Unterrichtswerkes noch deutlicher zu fokussieren, sind jedem Kapitel ein bis zwei Lernsequenzen zugeordnet (C.). Diese Lernsequenzen sind keine Unterrichtseinheiten, die ja in der Regel umfangreich und mehr oder weniger konsekutiv aufgebaut sind. Vielmehr sind Lernsequenzen hier als begrenzte Lernarrangements zu verstehen, die den Schülerinnen und Schülern geeignete Lernanlässe (Problemstellungen), Lernwege und Materialien so zur Verfügung stellen, dass sie eigene Lernentscheidungen treffen können. Auf diese Weise wird veranschaulicht, wie die Schülerinnen und Schüler mit den Materialien möglichst selbsttätig arbeiten können. Die formale Gestaltung dieser Sequenzen folgt einem 10-Punkte-Schema (vgl. dazu: *Michalke-Leicht, Wolfgang* (Hrsg.): Kompetenzorientiert unterrichten. Das Praxisbuch für den Religionsunterricht. München 2011). Schließlich ist nahezu jedem Kapitel eine Anzahl an Zusatzmaterialien beigefügt.

Die Herausgeber

WIRKLICHKEIT – *die eine oder unendlich viele?*

A. Didaktische Intentionen und Überblick über das Kapitel

Obwohl in den Lehrplänen für die SII das Thema „Wirklichkeit“ nicht als eigener obligatorischer Inhaltsbereich ausgewiesen ist, widmet sich „Vernünftig glauben“ in einem ganzen das Buch eröffnenden Kapitel der Frage nach der Wirklichkeit. Dies hat seinen Grund darin, dass die Fragestellungen dieses Kapitels Basiswissen vermitteln. Sie regen zu einem grundlegenden Reflexionsprozess an und fördern dafür die Kompetenz; dieser Prozess hat Auswirkungen auf die Auseinandersetzung mit einer Vielzahl der in den Folgekapiteln thematisierten Inhalte und Fragestellungen.
So ist die Frage nach den verschiedenen Dimensionen von Wirklichkeit von besonderer Bedeutung hinsichtlich der Verhältnisbestimmung von Naturwissenschaft und Religion, Evolution und Schöpfung. Ebenso sind Antworten auf die Frage nach der Existenz Gottes und der Erfahrbarkeit Gottes ohne die Auseinandersetzung mit der möglichen Tiefendimension von Wirklichkeit, mit Transzendenz kaum denkbar. In ethischen Fragen hat ein radikal-konstruktivistischer Zugang zur Wirklichkeit andere Konsequenzen als die Überzeugung einer letzten Wirklichkeit, eines unserer Welt zugrunde liegenden Schöpfungsplans, den der Mensch erkennen und als Auftrag zu begreifen hat (usw.).
Der jeweilige erkenntnistheoretische Zugang zur Wirklichkeit, die Antwort auf die Frage nach der einen oder den vielen Wirklichkeiten, die Bejahung oder Verneinung verschiedener Tiefenschichten, verschiedener Dimensionen von Wirklichkeit – all dies sind Voraussetzungen, die die Auseinandersetzung mit den Themen der nachfolgenden Kapitel und die Urteilsbildung beeinflussen. Es gilt, Schülerinnen und Schüler für ihre je eigenen Wahrnehmungen und Perspektiven zu sensibilisieren. Diese Sichtweisen sollen ihnen als grundlegende Voraussetzungen ihres Umgangs mit Fragen der Theologie, Anthropologie, etc. bewusstgemacht werden. Das Kapitel möchte ihnen darüber hinaus erkenntnistheoretisches Wissen vermitteln, um eigene und fremde Zugänge zur Wirklichkeit angemessen deuten, kritisch befragen und zu einem begründeten Urteil und zu eigener Positionierung gelangen zu können.

Das Kapitel besteht aus drei Modulen unterschiedlicher Länge. Ein knappes *erstes Modul* lenkt den Blick auf anthropologische Voraussetzungen der Wirklichkeitserkenntnis. Das *zweite Modul* wendet in einem ersten Teil (**M 4–M 10**) den Blick verschiedenen Voraussetzungen der Wirklichkeitserkenntnis zu, die der Situation oder dem subjektiven Zugang und den je individuellen Möglichkeiten und Interessen des jeweiligen Erkenntnissubjekts geschuldet sind. Im zweiten Teil des zweiten Moduls (**M 11–M 16**) liegt der Schwerpunkt auf der Darstellung und deutender Auseinandersetzung mit verschiedenen erkenntnistheoretischen Ansätzen. Hier erhält besonders der Dialog mit dem Konstruktivismus Raum. Ein drittes Modul öffnet den Blick für verschiedene Dimensionen von Wirklichkeit und positioniert sich deutlich hinsichtlich einer transzendenten Wirklichkeit und der Möglichkeit der Erkenntnis von Transzendenz („Plädoyer für die Suche nach Zeichen der Transzendenz“).
Das Kapitel bemüht sich um vielfältige Zugänge. Der Wirklichkeitszugang über Beispiele aus der bildenden Kunst nimmt dabei einen besonderen Raum ein. Ebenso liegt ein Schwerpunkt auf Zugängen über literarische Zeugnisse. Zu fast allen Unterthemen gibt es neben Sachtexten auch ergänzende oder weiterführende Textmaterialien aus diesem Bereich.

Modul 1 (Voraussetzungen; SB S. 12) stellt in knapper Form und Auswahl Voraussetzungen vor und zur Diskussion, die den menschlichen Zugang zur Wirklichkeit beeinflussen. Hier handelt es sich um anthropologische Konstanten, die grundlegend sind, z. B.: der Mensch als ein zwar fragiles Mängelwesen, das besonders durch seine Sterblichkeit begrenzt ist, welches aber auch durch sein Denken befähigt ist, über sich hinauszuwachsen.

In **Modul 2** (Was ist Wirklichkeit? Wie erkennen wir das, was wir Wirklichkeit nennen?; SB S. 13–25) entwickelt sich der Zugang zur Frage nach dem „Wie“ der Erkenntnis mithilfe einer Bildauswahl zum Thema der Versuchung des Heiligen Antonius. Ein Gegenstand – drei künstlerische Darstellungen? Die Wahrnehmung offenkundiger Unterschiede ist hinsichtlich der Erkenntnis zielführend, dass das Wirklichkeitserleben sehr unterschiedlich ist und demzufolge die Wirklichkeitsauffassung ebenso (und v. v.).
Der Frage, wovon das Wirklichkeitserleben und die Wirklichkeitsauffassung abhängen, geht der erste Teil dieses Moduls nach (exemplarisch an drei Bedingungen der Erkenntnis). Zum einen wird das erkenntnisleitende Interesse des Beobachters thematisiert, welches eine Vielzahl weiterer Zugänge für ihn ausschließt, ihn für diese unempfänglich macht. Des Weiteren wird deutlich, dass es gravierende Konsequenzen zur Folge hat, ob der Mensch aus einer Innenperspektive, einer Betroffenheitsperspektive heraus sich an Wirklichkeit annähert, oder ob er dies aus der Perspektive eines thematisch und innerlich Unbeteiligten tut. In einem dritten Beispiel stellt sich das Problem von Erklären und Verstehen. Erklärte Wirklichkeit bietet keine Garantie für ein Verständnis von Wirklichkeit.

Der zweite Teil des zweiten Moduls stellt die beiden erkenntnistheoretischen Systeme Realismus und Konstruktivismus vor, analysiert und vergleicht sie. Mögliche Konsequenzen einer radikal-konstruktivistischen Sicht stehen zur Diskussion.

Weiterführende Literaturhinweise: Einen ganz neuen und auch für Schüler spannenden Blick auf Wirklichkeit eröffnet: *Abbott, Edwin A.*: Flächenland. Hrsg. v. *P. Buck* (Reihe reprinta historica didactica, Bd. 5). Hildesheim/Berlin: Franzbecker 1990; immer noch anregend die Werke von Watzlawick; weitere Hinweise s. Materialkommentierungen.

Modul 3 (Plädoyer für die Suche nach Zeichen der Transzendenz; SB S. 26–43) beginnt mit der Feststellung unterschiedlicher Tiefenschichten, verschiedener Tiefendimensionen von Wirklichkeit. Im weiteren Verlauf des Moduls wird auch die Frage nach der „tieferen" Wahrheit, die sich in der Sprachform des Mythos offenbart, zum Thema.

Die entscheidende Frage, die das Modul dann wie ein roter Faden durchzieht, ist die nach der Erfahrbarkeit: Wenn es diese „tiefere" Wirklichkeit (Transzendenz) gibt, wie ist sie erfahrbar für den Menschen, ist sie überhaupt erfahrbar? Besondere menschliche Erfahrungssituationen (Disclosure-Erfahrungen) werden vorgestellt, diese Erfahrungssituationen finden ihren Ort im menschlichen Lebensalltag, nicht in Sonderbereichen unserer Existenz, wenn auch krisenhafte Situationen (Krise im Sinne einer „Zuspitzung") oftmals als Katalysator einer Erschließungserfahrung dienen. Im weiteren Verlauf geraten unterschiedliche Interpretationen der Erschließungserfahrung in den Blick. Zum einen muss der Mensch in krisenhaften Erfahrungssituationen die Erfahrung tatsächlich als eine etwas erschließende Erfahrung, die Konsequenzen für sein Leben mit sich bringt, erkennen und bewerten, zum anderen muss er die Erfahrung als An-spruch verstehen, als Ansprache durch ein Gegenüber, ein Du. Das Erleben einer unbedingten Verpflichtung durch ein Du macht eine zwischenmenschliche Erfahrung zur Erschließungserfahrung. In einem weiteren Schritt lässt sich die Verpflichtung durch ein Du auch als Verpflichtung durch ein göttliches Du begreifen. Die Möglichkeit der Erfahrung eines göttlichen Du wird über die mystische Schau, die Kontemplation vermittelt. Ein ausführlicher Exkurs bietet einen Einblick in die fernöstliche Form der Kontemplation, in die Meditation im Buddhismus (vgl. dazu auch Kapitel Mensch, SB S. 59 ff.).

Das Kapitel schließt, indem es auch die Begrenztheit der Erfahrung einer transzendenten Wirklichkeit thematisiert. Nicht alles ist durch Bereitschaft und Vernunft möglich. Der christliche Glaube setzt auf Vernunft *und* Glaube als gleichberechtigte Voraussetzungen für eine Erfahrung von Transzendenz und für die Erfahrung des Gottes Jesu Christi.

Weiterführende Literaturhinweise: vgl. Materialkommentierungen.

B. Materialkommentierungen

Kapiteleingangsseiten, SB S. 8–11

SB S. 8/9

AA 3, AA 4

Das Gemälde des Surrealisten Salvador Dalí ist eines der interessantesten seiner Werke zur optischen Illusion. Einzelne wahrnehmbare Formen lassen sich individuell sehr unterschiedlich auch als ganz andere Objekte wahrnehmen. Dalís Methode, ein Objekt intensiv zu betrachten, bis unsere individuelle Wahrnehmung es in etwas anderes transformiert (hier z. B. der Kopf Voltaires, den man auch als „zwei holländische Frauen" wahrnehmen kann, oder die Schale mit Früchten, in der man sowohl die Pflaume auch als Teil eines Mannes als auch die Birne als Teil einer Landschaft sehen kann), stellt uns Fragen nach der Wirklichkeit, unserer Wahrnehmung und der Rationalität und Irrationalität unserer Gedanken.

Ein anderer Titel dieses Gemäldes, der von der „disappearing" bust spricht, eröffnet ebenso Möglichkeiten zum Austausch: wieso „disappearing"?

M 1

Alle Materialien **M 1–M 10** thematisieren den unterschiedlichen Blick auf Wirklichkeit. L kann die **Lernsequenz „Meine Wirklichkeit"** (LB S. 15) vorziehen, um in der Lebenswelt der SuS anzusetzen (selbstverständlich auch am Ende der Materialarbeit möglich, um Schülerprodukte zu analysieren und mit Gelerntem in Beziehung zu setzen).

Die kleine Erzählung von Günther Anders führt den Leser am Beispiel des Berges vor Augen, dass Wirklichkeit nichts Statisches ist. Der Wunsch der Frau, den Berg im Bild festzuhalten, und ihre Enttäuschung über das Unvermögen des Malers, ihres Mannes, sind nachvollziehbar, da der Mensch sich Sicherheit und Klarheit auch hinsichtlich dessen wünscht, was er Wirklichkeit nennt.

1. Voraussetzungen, SB S. 12

M 2, M 3

Diese beiden kurzen Texte stehen in Zusammenhang, da sie sehr unterschiedliche **Voraussetzungen** verdeutlichen. Der Mensch in **M 2** wird als denkendes Wesen hochgeschätzt, **M 3** lenkt den Blick aber auch auf die Probleme, die unsere Denkfähigkeit und die Ergebnisse dieser Fähigkeit hervorrufen, nämlich dass wir „voll [sind] von eigenen Ideen und Ansichten".
Beide Texte stehen als die Auseinandersetzung anregende Beispiele für wesentliche Voraussetzungen, sich der Wirklichkeit annähern zu können und diese zu begreifen.

2. Was ist Wirklichkeit? Wie erkennen wir das, was wir Wirklichkeit nennen?, SB S. 13–25

M 4

Folgende Quelle kann die Interpretation der Bilder zum Thema der Versuchung des Heiligen Antonius unterstützen: Athanasius erzählt in der „Vita Antonii", z. B. in Kapitel 5:
„Der Teufel aber, voll Hass und Neid gegen das Gute, konnte es nicht ertragen, einen so standhaften Vorsatz in einem so jungen Menschen zu sehen. Was er schon früher ausgeführt hatte, das versuchte er auch gegen diesen. Zuerst machte er sich daran, ihn von der Askese abspenstig zu machen, indem er die Erinnerung an seinen Besitz in ihm wachrief, die Sorge für seine Schwester, den Verkehr mit seiner Verwandtschaft, Geldgier und Ehrgeiz, die mannigfache Lust des Gaumens und all die anderen Freuden des Lebens, indem er ihm endlich vorstellte, wie rau die Tugendübung sei und wie groß die Anstrengung dabei; er wies ihn hin auf die Schwachheit des Leibes und die Länge der Zeit. Mit einem Worte, er erregte einen gewaltigen Sturm von Gedanken in seinem Innern, da er ihn von seinem guten Vorsatz abbringen wollte. Als aber der böse Feind seine Schwäche gegenüber dem festen Entschluss des Antonius sah, ja als er merkte, wie er niedergerungen wurde durch seine Festigkeit, zur Flucht gezwungen durch seinen starken Glauben und niedergeworfen durch sein beständiges Gebet, da setzte er sein Vertrauen auf die Waffen „am Nabel seines Bauches", und voll Stolz darauf – denn es sind seine ersten Fallstricke für Jünglinge – stürmte er heran gegen ihn, den Jüngling; er bedrängte ihn nachts und setzte ihm am Tage so zu, dass auch die, welche den Antonius sahen, den Zweikampf zwischen ihm und dem Teufel bemerkten. Der Teufel gab ihm schmutzige Gedanken ein, Antonius verscheuchte sie durch sein Gebet [...]."
(Aus: *Athanasius*: Ausgewählte Schriften, Bd. 2. Übers. v. *Anton Stegmann*.
Bibliothek der Kirchenväter, 1. Reihe, Bd. 31. München: Kösel 1917. Kapitel 5)
Die abgebildeten Beispiele lassen sich gut ergänzen / ersetzen durch Dalís Darstellung der Versuchung des Heiligen Antonius.

AA 1, AA 2

Die Bilder des italienischen Malers Salvador Rosa und des Antwerpener Meisters aus dem 17. Jahrhundert gestalten die „Versuchung" als personifizierte. Rosa hält inhaltlich die Versuchung offen, indem er sie in Gestalt eines Dämonen lebendig werden lässt, d. h. Versuchung als beängstigend, erschreckend, unbekannt, möglicherweise auch todbringend charakterisiert. Der Antwerpener Meister ist hier sehr viel konkreter, die Versuchung tritt in Gestalt einer schönen Frau auf – wenngleich mit krallenartigem Fuß. Ob es sich hier um leibhaftiges Auftreten oder um Fantasien, Wunschbilder, Trugbilder, etc. handelt, bleibt der Interpretation des Betrachters überlassen
Max Ernst gestaltete seine „Versuchung" mithilfe der Zufallstechnik der Decalcomanie (dünnflüssige Farbe wird auf der Leinwand mithilfe eines Blattes Papier oder einer Glasplatte verschoben. Dies erzeugt Strukturen, die an Korallen oder Moos erinnern).

AA 3

Auf dem Gemälde des Surrealisten Ernst, der beim Malen längst Freud und die Psychoanalyse mitdachte, wird der asketische Einsiedler zum grausam entstellten Opfer seiner eigenen erotischen Gelüste und unterdrückten Todestriebe. Zwischen Eros und Thanatos dahingestreckt, mutiert Antonius zum Sinnbild der gemarterten Kreatur. Insofern ist die Darstellung als eine Art Höhepunkt der Antonius-Rezeption zu begreifen. Max Ernst hat sich in seiner Darstellung stark an der Interpretation im Isenheimer Altar orientiert. Das Entstehungsdatum 1945 kann bei der Interpretation ebenfalls noch hinzugezogen werden.

Erkenntnis und Interesse, SB S. 16

M 5

Der Text und die angeschlossenen, über den Text hinausgehenden Anregungen fokussieren den Aspekt des je individuellen Interesses der Wahrnehmung. Mit Interesse ist nicht nur die jeweilige Absicht gemeint, sondern auch die nach Sozialisation, Erfahrung, Kenntnissen u. ä. ausgebildeten Möglichkeiten des Einzelnen. Der Text lässt sich auch in Rückbezug zu **M 1** bearbeiten.

Akteur oder Beobachter? Innen- und Außenperspektive, SB S. 16–18

M 6, **M 7**

Ein weiterer bedenkenswerter Aspekt, der Wahrnehmung von Wirklichkeit beeinflusst, ist die Frage, ob man etwas aus der Perspektive der Beteiligung, einer vertrauten Innensicht, wahrnimmt oder einen Blick von außen wirft.

AA 5

Die Innensicht macht einen differenzierteren Zugang möglich, vermutlich kommt eine innere Beteiligung ins Spiel, eine Positionierung liegt der Wahrnehmung zugrunde. Die Außensicht hat dies alles nicht, kann aber als sozusagen nüchterner Blick von außen auch ihre Berechtigung haben, weil dieser Blick unverstellter, weniger oder anders voreingenommen etc. ist.
Im Zusatzmaterial (**Z 1**) findet sich ein weiterer Zugang über zwei Bilder (Foto der Kathedrale von Rouen und Gemälde von Monet).

AA 6, AA 7

Diese Betrachtungsweisen können die SuS an einem Romanausschnitt und am Sachtext von Spaemann, der die Innen- und Außensicht auf die christliche Religion bezieht, erarbeiten.

M 8

Die Erfahrung, die Dalí beschreibt, ist den meisten Menschen nicht unbekannt. Eine längere Betrachtung z. B. von Wolkenformationen oder auch eines Objektes in einem dunklen Raum führen uns ebenfalls „greifbare Bilder" vor Augen, die aber auch wandelbar sind.

AA 9

Je nach Situation, Stimmung, eigenen Befindlichkeiten und Gedanken, etc. werden solche Bilder andere sein; der Entstehungsprozess fällt manchmal leichter oder findet auch gar nicht statt.

AA 10

Tinte aufs Papier zu klecksen und das Blatt dann zu falten, um durch den Abdruck des Klecksses eine spiegelsymmetrische Form zu erzeugen, folgt der **Rorschach-Methode**. Namensgeber ist der Schweizer Psychiater Hermann Rorschach, der in seinem 1921 veröffentlichten Buch „Psychodiagnostik" beschreibt, wie sich diese Zufallsbilder in der analytischen Praxis einsetzen lassen, um die Fantasietätigkeit des Unterbewussten zu erforschen. Rorschach systematisierte damit eine Technik, die Mitte des 19. Jahrhunderts entwickelt worden war. [...] Das Spiel mit gekleckstren Doppelbildern wurde schnell populär, und so lernte es Hermann Rorschach bereits in seiner Kindheit kennen. Zu Beginn des 20. Jahrhunderts wurde es von Schriftstellern wie Christian Morgenstern und Richard Dehmel weitergeführt, bevor es die Surrealisten für die bildende Kunst entdeckten. Salvador Dalí benutzte 1936 einen Briefbogen [...], um eine Abklatsch-Zeichnung anzufertigen, die ebenso als Kopf eines Esels wie – um 180 Grad gedreht – als ein Insekt gedeutet werden kann.
(Vgl. *Martin, J.-H./Andreae, S.:* Das endlose Rätsel: Dalí und die Magier der Mehrdeutigkeit. Düsseldorf: museum kunst palast 2003. S. 52f.)
L sollte in diesem Zusammenhang mit den SuS diese Methode demgemäß ausprobieren.

Erklären und Verstehen, SB S. 18–19

M 9, **M 10**

Jeder Schüler wird aus seinen schulischen Erfahrungen nachvollziehen können:
- Eine gute Erklärung von L führt nicht immer zum Verständnis bei den SuS.
- Ein/e S, der/die etwas verstanden hat, ist nicht immer in der Lage, es richtig und anschaulich zu erklären.

AA 1

Hier geht es um die Diskrepanz zwischen Erklären und Verstehen. Auf humorvolle Weise nimmt diesen Grundgedanken dann noch einmal **M 10** auf und verdeutlicht ihn. Eine richtige Wiedergabe und eine angemessene Reaktion bedeuten immer noch nicht, dass etwas verstanden ist. Sender und Empfänger liegen nicht auf einer „Wellenlänge" (Beispiel aus der Mathematik: Der S, der einen mathematischen Beweis vollständig und richtig schriftlich niederlegen kann, muss dennoch das mathematische Problem nicht verstanden haben).
Als guter unterrichtlicher Zugang hat sich auch folgendes Material erwiesen:
Nordhofen, E.: Folien zu: Die Wirklichkeit der Wirklichkeiten. In: Ifrr 33, 2/2004. S. 95 ff.
- Welche Wirklichkeiten können Sie den Zeichnungen entnehmen?
- Legen Sie das Problem von „Verstehen" und „Erklären" anhand der Figuren des Malers, des Blinden und des Holzfällers dar.

Der Streit zweier erkenntnistheoretischer Systeme, SB S. 20–25

M 11 – **M 13**

Fenstertheorie: Der Mensch nimmt wie durch ein Fenster eine vorgegebene Wirklichkeit wahr
Spiegeltheorie: Wirklichkeit, wie immer sie beschaffen sein mag, ist für den Menschen unzugänglich. Alles, was der Mensch wahrnimmt, wird durch seine eigene Erkenntnis gefiltert,

AA 1

interpretiert, weitergedacht. An die „Wirklichkeit an sich" kommt er nicht heran. (In diesem Zusammenhang eignet sich auch Platons Höhlengleichnis.)

Radikaler Konstruktivismus: Dieser geht über die Spiegeltheorie noch hinaus und bezweifelt, ob es überhaupt außerhalb unserer Erkenntnis eine „Wirklichkeit an sich" gibt.
M 11 illustriert das Problem. Die aufgestellte Staffelei verdeckt einen Teil des Meeresstrandes, der zugleich auf dem Bild der Staffelei zu sehen ist. Der Teil des Meeres, der in der Staffelei zu sehen ist, verdeckt nun das Meer, welches sich hinter der Staffelei befindet. Das Meer existiert im Geist des Betrachters tatsächlich nun gleichzeitig sowohl innerhalb des Raumes im Gemälde als auch außerhalb in der wirklichen Landschaft, denn Magritte legt dem Betrachter nahe, das sich hinter dem auf dem Bild dargestellten Staffeleibild die dieser Darstellung entsprechende Wirklichkeit verbirgt. Aber eigentlich kann der Betrachter darüber nur spekulieren, denn diese vermeintliche Verdoppelung könnte nur vorgetäuscht sein; die Gefahr dabei liegt darin, mehr wahrzunehmen als wiedergegeben ist, indem man die Wirklichkeit des Bildes wörtlich nimmt.

M 14

Taylor (1685–1731) of Bifrons House, Kent, gilt als einer der bedeutendsten Mathematiker Englands. Indes fehlte ihm die Gabe, seine Beweisführungen in der nötigen Klarheit und Vollständigkeit darzulegen, so dass deren Wirkung zu einem guten Teil verlorenging. So erfuhr denn auch seine Linear Perspective von 1715, die die Prinzipien der Kunst formulierte, erst 1754 dank Kirbys Abhandlung und der 1761 folgenden „The Perspective of Architecture", für die Hogarth (1697–1764) das Frontispiz (franz.: die zweite, dem Titelblatt gegenüberliegende Seite eines Buches) entwarf, allgemeine Anerkennung.

AA 5, AA 6

Eine auf den ersten Blick dem Betrachter unproblematisch erscheinende Landschaft mit Anglern erweist sich beim intensiveren Betrachten als ungeordnet, da perspektivlos. Verschiedene Perspektiven laufen ins Leere, lassen Bauwerke ihre Statik einbüßen, verwischen Hintergrund und Vordergrund usw. Grundsätzlich will Hogarth vor törichten Fehlern warnen, die entstehen, wenn man ohne perspektivische Kenntnisse zeichnet.

M 15

Was geschieht, wenn eine Wirklichkeitskonstruktion zum verbindlichen Maßstab wird? Der Text beleuchtet das Problem der Häresie (urspr. „Auswahl") und der möglicherweise daraus folgenden Ideologie, die in einer konstruktivistisch denkenden Welt aber nur eine von vielen Möglichkeiten darstellt und so in eine messianische Haltung verfallen kann, die im schlimmsten Falle in Gewalt u. Ä. endet.

M 16

Dieser Text geht auf eine weitere Konsequenz der konstruktivistischen Sicht ein: Bedeutet die Konstruktion der je eigenen Wirklichkeit, dass es keinen Sinn gibt? Ist Konstruktivismus gleichbedeutend mit Nihilismus? Der Mensch, der konsequent konstruktivistisch denkt, muss unbedingt tolerant sein. Gilt diese Toleranz wirklich unbedingt? Gibt es keine allgemeingültigen Werte mehr, keine Grenzen für Toleranz? (Diese Fragen sollten in **AA 9 – AA 11** angesprochen werden)

3. Plädoyer für die Suche nach Zeichen der Transzendenz, SB S. 26 – 43

Vieldimensionalität von Wirklichkeit, SB S. 26–27

Dieses Modul kann L mit der **Lernsequenz 2 „Straßenkreuze"** (LB S. 17) beginnen, um auch hier in der Lebenswelt der SuS zu beginnen (Themen wie vielschichtige Wirklichkeit, Zeichen von Transzendenz, Erschließungserfahrung und religiöse Erfahrung lassen sich dort schon ansprechen).

M 17

Küng geht über die Frage nach unterschiedlichen Blickwinkeln/Konstruktionen auf Wirklichkeit (die horizontale Betrachtung) hinaus und erweitert die Frage auf unterschiedliche Tiefendimensionen (vertikale Betrachtung) von Wirklichkeit hin. Hat Wirklichkeit nicht doch einen Sinn? Gibt es nicht doch die „Einheit und Wahrheit des Seins"? (Z. 68) Der Rationalismus, der

AA 3

das rationale Denken beim Erwerb und bei der Begründung von Wissen für vorrangig oder sogar allein für hinreichend hält, ist aufgrund dieser Prämisse mit einer Haltung verbunden, die andere Erkenntnis, etwa Sinneserfahrung (Empirie) oder religiöse Offenbarung und Überlieferung abwertet. Dieser Position widerspricht Küng.

Transzendenz in der Alltagserfahrung, SB S. 27–29

M 18

AA 1 Peter Berger lenkt den Blick hier auf Phänomene der natürlichen Wirklichkeit, die über diese hinausweisen (Z. 8 ff). So spricht er über den Wunsch des Menschen nach grundlegender Ordnung des Seins. Das Vertrauen in diese grundlegende Ordnung muss sich entwickeln (Entwicklung des Urvertrauens in der Entwicklungspsychologie). Am Beispiel der ihr Kind tröstenden Mutter macht Berger die über sich hinausweisende und Ordnung schaffende Kraft ihrer Gesten und Worte deutlich (ein performativer Akt).

AA 2 In vielen Lebensbereichen lassen sich Zeichen von Transzendenz wahrnehmen, z. B. im Verhalten von Liebenden zueinander, im Spiel, in dem der Mensch sich vergisst, usw. Berger spricht auch vom Humor als Zeichen der Transzendenz, als „antizipatorische Imitation der Erlösung" (Berger [s. SB S. 391], S. 102)

M 19

M 19 ergänzt die Aussagen Bergers am Beispiel des Trinkbechers. Ein sehr alltäglicher Gegenstand deutet über sich und die materielle Welt hinaus, er steht für Gemeinschaft, Tradition,

AA 4 Liebe und Zuwendung, sinnstiftende Erfahrungen, etc. Das Geheimnis dieses Bechers ist nicht für jeden Menschen nachvollziehbar, nur für den, der mit diesem Becher herangewachsen ist. So wie im Sakrament der Kirche durch eine sichtbare Handlung eine unsichtbare Wirklichkeit, die Wirklichkeit Gottes, bewirkt wird, sie vergegenwärtigt wird und der Mensch an ihr Anteil er-

AA 5 hält, so kann durch das Trinken aus dem Wasserbecher eine Wirklichkeit vergegenwärtigt werden, die für den betreffenden Menschen mehr bedeutet als nur den Durst des Körpers zu löschen, die Funktionen des Körpers durch das Wassertrinken aufrechtzuerhalten oder wieder herzustellen.

Die Erschließungserfahrung, SB S. 29–30

M 20 – M 22

Diese Textfolge betrachtet am konkreten Beispiel eines Menschen und aus theoretischer Perspektive (Schillebeeckx und Küng) die besondere Erschließungserfahrung (Disclosure-Erfahrung), die dem Menschen die Tiefendimension von Wirklichkeit erst „erschließt", ihn dafür „aufschließt", ihm diese Dimension so vor Augen führt, dass es immer zu einer Wandlung, Krise, o. Ä. kommt (katalysierende Wirkung der Erfahrung). In krisenhaften Lebenssituationen gibt es verstärkt Erschließungserfahrungen (z. B. in der Situation von Arbeitslosigkeit, Krankheit und Tod, Not und Krieg, ...).

AA 5 Unzählige Beispiele für in die Irre führende Erfahrungen lassen sich thematisieren: religiöse Verführung (Selbstmordattentäter, religiöse Visionen und Wahnvorstellungen, Sektenerfahrungen, ...), politische Verführung (rechte und linke Ideologien), usw.
Im Zusatzmaterial **(ZM 2, LB S. 21)** findet sich ein weiteres Beispiel aus der Mythologie: der Kampf Hectors mit Achill)

Die Erschließungserfahrung als Verpflichtungserfahrung, SB S. 31–32

M 23

In der Erschließungserfahrung des Soldaten Paul Bäumer verändert sich dessen Sehweise dergestalt, dass aus dem Franzosen, dem Gegner, der potentiellen Bedrohung, der Mensch Gerard Duval wird. Bäumer kann dem Antlitz des Anderen nicht mehr entfliehen, kann die Wahrnehmung, dass er hier einem Menschen, seinem Nächsten in der beschriebenen Situation sich

AA 2 gegenübergestellt (oder unterworfen, vgl. **AA 2**) sieht, nicht mehr ausblenden.
Es besteht auch die Möglichkeit, einen Exkurs zum Ethikkapitel vorzunehmen und dort **M 8** (SB S. 321) unter der Fragestellung zu bearbeiten, was das Verhalten des „Herrn Lehrer" in dem Sprecher verändert.

AA 3 (Ein weiterer Zugang findet sich im Zusatzmaterial (**ZM 3, LB S. 22**). Wolfgang Borcherts Erzählung „Die Hundeblume" thematisiert den veränderten Blick auf die Wirklichkeit; vgl. auch **M 32**.)
Unserer Rationalität gelingt es oftmals, das, was wir in der Erschließungserfahrung erlebt haben, wieder argumentierend, kognitiv analysierend zu entkräften – auch um uns der katalysierenden Wirkung und möglichen Konsequenzen nicht aussetzen zu müssen.

M 24

Am Ende einer ausführlichen Analyse und Interpretation könnte etwa dieses Tafelbild entstanden sein:

I. Jakob, der Fersensteller	II. Am Jabbok	III. Israel, der Gottesstreiter
Das Linsengericht: Betrug des Bruders und Vaters (Flucht) Das Vieh/Die Familiengötter: Betrug Labans (Flucht) Boten/Geschenke für Esau (Gedanke des Entkommens) Der skrupellose, listige Egoist	Kampf: Auseinandersetzung Ich bin Jakob! Eingestehen der Vergangenheit und Gegenwart Du bist Israel! Du bist jetzt neu! Segen: Geschenk für den Neuen Menschen Selbsterfahrung und Gotteserfahrung: *„Ich habe Gott von Angesicht zu Angesicht ...“*	Das ausgerenkte Hüftgelenk: Etwas bleibt zurück! Begegnung mit Esau: Offenheit, freiwillige Gaben Selbsterfahrung und Gotteserfahrung erschließen die Erfahrung des Anderen: *„Ich habe dein Angesicht...“*

Im Zusatzmaterial **Z 4** findet sich eine weitere Arbeitsmöglichkeit am Beispiel des Auszugs von **Abraham** (Arbeit mit dem Bibeltext und Textausschnitten von Friedolin Stier und Willigis Jäger)

M 25

Die bildnerischen Darstellungen des Jakobskampfes interpretieren den Gegner im Kampf unterschiedlich und antworten so auch auf die Frage, wann und warum eine Erschließungserfahrung als religiöse Erfahrung gilt oder nicht.
Rembrands Darstellung macht deutlich, dass der Konflikt sich insofern zuspitzt, dass Jakob unterliegen wird. Das Ringen ist aber Kampf und Umarmung zugleich. Die Milde des Ausdrucks des Engels und die ausgebreiteten Flügel (Ps 57,2: Unter dem Schatten deiner Flügel habe ich Zuflucht) machen deutlich, dass letztendlich Jakobs Wunsch nach Segen erfüllt werden wird.
Bei der Auseinandersetzung mit Eva Hülsbergs Darstellung stellt sich die Frage nach der innerpsychischen Auseinandersetzung verstärkt.

M 26

Der informierende Sachtext zum Mythos versucht die Unterscheidung zwischen unterschiedlichen Wahrheitsverständnissen in den Blick zu nehmen: Nicht die Frage, ob etwas wahr ist, sondern die Frage, *wie* es wahr ist, beschäftigt den Mythos. Es geht um Glaubenswahrheit, um Lebenswahrheit, um Menschheitswissen (Z. 26 ff.). Diese Wahrheit ist von einer naturwissenschaftlichen Wahrheit zu unterscheiden. Glaubenswahrheit kann wahr bleiben, auch wenn sich die empirische Wahrheit (Evolution) verändert.

M 27

In einem kleinen Überblick versucht der Text, die Versuche der Menschen in allen Religionen, sich der letzten Wirklichkeit zu nähern, zu skizzieren. Der Mensch, der sich seiner kognitiven Erkenntnisgrenzen bewusst wird, bemüht sich um andere Wege (Kontemplation, Meditation, ...).

M 28 – M 30

Mithilfe von drei Texten kann L das in **M 27** thematisierte Bemühen des Menschen am Beispiel des Buddhismus vertiefend beleuchten.
Als Vorbereitung könnte es hilfreich sein, im Zusatzmaterial **(ZM 5)** die **buddhistische Sicht von Erkenntnis und Wirklichkeit** zu bearbeiten.

M 31

Wenn die vorangegangenen Texte die Notwendigkeit des Zusammenspiels zwischen Vernunft und Erfahrung deutlich gemacht haben, dann ist dies für die Gotteserkenntnis nicht genug. Der Mensch bedarf des vertrauenden und erwartenden Glaubens.
Johannes Paul II. macht im Ausschnitt aus „Fides et ratio“ deutlich, welche Rolle dem gläubigen Hören des Wortes zukommt und dass ohne die göttliche Offenbarung eine menschliche Erkenntnis ergebnislos bleiben muss: „Der Glaube schärft den inneren Blick, indem er den Verstand dafür offen macht, im Strom der Ereignisse, die tätige Gegenwart der Vorsehung zu entdecken.“ (Z. 46 ff.)

M 32, **M 33** Die Zusatzmaterialien zu dem Film „The Shawshank Redemption“ („Die Verurteilten“) und zur Novelle von Patrick Roth „Magdalena am Grab“ können ergänzend verwandt werden. Der Film lässt sich aber auch anstelle von **M 20** oder im Zusammenhang mit **M 23** nutzen.
Die Novelle kann L auch im Zusammenhang von **M 24** einsetzen.

M 34 Das Kapitel schließt mit einem Blick auf das biblische Wirklichkeits-, Welt- und Wunderverständnis. Hier ließe sich auch eine Brücke zum Bibelkapitel schlagen.

C. Lernsequenzen

1. Meine Wirklichkeit

1. Thema
Gibt es nur eine Wirklichkeit oder viele? Ist und warum ist für den einen Menschen der Zugang zur Wirklichkeit ein anderer als für einen anderen Menschen? Warum ist es so schwer, sich darüber zu verständigen?
Diese Fragen werden auf theoretischer Ebene und mithilfe von Texten, Erzählungen und Bildern im Einstieg und ersten Unterkapitel des Wirklichkeitskapitels thematisiert.
Zu Beginn der Erarbeitung des Kapitels scheint es sinnvoll, den Schülerinnen und Schülern die grundsätzliche Problematik vor Augen zu führen: Es *gibt tatsächlich* verschiedene Sichtweisen von Wirklichkeit! Diese Erfahrung können SuS über die Eigen- und Fremdwahrnehmung ihrer selbst machen.

2. Lernanlass
Junge Erwachsene setzen sich intensiv mit sich selbst auseinander, sind insofern – entwicklungsbedingt – selbstbezogen und selbstreflexiv. Ihre eigene Wahrnehmung und die der Umwelt spielt für ihr Selbstbewusstsein und ihre Positionierung in der Welt und der Gesellschaft eine große Rolle.
„Meine eigene Wahrnehmung und die Wahrnehmungen meiner Umwelt über mich“ – was sind grundsätzliche Erkenntnisse in diesem Zusammenhang und welche Erkenntnisse kann ich auch über mich selbst (möglicherweise) noch zusätzlich gewinnen?

3. Kompetenzen (gemäß den EPA)
Deutungsfähigkeit:
- In Lebenszeugnissen und ästhetischen Ausdrucksformen (Literatur, Bildern, Musik, Werbung, Filmen) Antwortversuche auf menschliche Grundfragen entdecken und fachsprachlich korrekt darstellen

Urteilsfähigkeit – in religiösen und ethischen Fragen begründet urteilen:
- Sach- und Werturteile unterscheiden

Dialogfähigkeit – am religiösen Dialog argumentierend teilnehmen:
- Die Perspektive des anderen einnehmen und dadurch die eigene erweitern

Gestaltungsfähigkeit – religiös bedeutsame Ausdrucks- und Gestaltungsformen reflektiert verwenden:
- Die Präsentation des eigenen Standpunkts und anderer Positionen medial und adressatenbezogen aufbereiten

4. Lernarrangement
In einem Brainstorming könnten die SuS über die Frage nachdenken, wie er/sie (sich) den/die anderen/andere vorstellen/darstellen kann. So könnten SuS dann z. B. in einem kleinen kreativen Projekt ihre Selbstwahrnehmung den anderen präsentieren und von diesen ein Feedback erhalten.
Hierzu könnte ein S ein Bild oder eine Collage gestalten, eine Fotodokumentation aus neuen oder alten Fotos zusammenstellen, einen Text über sich selbst schreiben, eine kleine Ausstellung anfertigen, ...

5. Lerngegenstände
Um ein solches kreatives Projekt durchführen zu können, sind Kriterien zu benennen und Fragen zu formulieren, die alle Beteiligten bei der Darstellung ihrer Selbstwahrnehmung berücksichtigen, z. B.
- Was ist mir im Leben besonders wichtig/heilig?
- Wo sehe ich meine Stärken, meine Schwächen?
- Wie erlebe ich meine äußere Gestalt, mein Aussehen?
- ...

6. und 7. Lernwege und Lernaufgaben
- Benennen der Kriterien, der zu berücksichtigenden Fragestellungen;
- Phase der eigenen Ideensammlung, Herausarbeiten der Charakteristika, die der/die einzelne S darstellen möchte;
- Kreative Gestaltung der eigenen Selbstwahrnehmung;
- Vorstellung und Erläuterung des eigenen Produkts;
- Auseinandersetzung mit der Eigenwahrnehmung der anderen und Stellungnahme (wichtig ist hierbei, dass die Kommentierung immer konstruktiv zu formulieren ist, weil es sich um sehr persönliche Aussagen handeln kann);
- Erörterung auf der Metaebene: *Die* Wirklichkeit? *Viele* Wirklichkeiten?

8. Lernoptionen

Sollte die Auseinandersetzung mit der eigenen und der Fremdwahrnehmung in einem Kurs als problematisch erscheinen, dann besteht auch die Möglichkeit, sich auf vorgegebene Produkte zu beziehen, z. B.

- Fotos Jugendlicher;
- Wanderausstellung „Ansichtssache Mensch" des Amtes für Kinder, Jugend und Familie in Krefeld;
- Selbstdarstellung im Internet, z. B. Untersuchung der dort aufzurufenden Aspekte: bei Eingabe von „Selbstwahrnehmung" bieten bekannte Suchmaschinen vornehmlich Seiten über Diät, Akne, etc. an und Seiten, in denen Menschen darüber berichten, dass sie sich zu dick fühlen und/oder zu hässlich!?
- Die Materialien **M 1–M 10** des Kapitels lassen sich hier nutzen.

9. Lernerfolg

Die Lerngruppe sollte – möglicherweise auch in Thesenform – zumindest zu Ergebnissen gelangen, die den Thesen, die in **M 1** des Kapitels niedergelegt sind, ähnlich sind, z. B.: „Was wirklich ist, das hängt von dem jeweiligen Interesse ab." Hiermit ließe sich dann auch mit unterschiedlichem Material des Kapitels weiterarbeiten, in diesem Fall mit **M 5**.

10. Lernquellen

Fotos, Gegenstände aus dem Besitz der Schülerinnen und Schüler, Fotos Jugendlicher aus Illustrierten, aus dem Internet, Internetseiten zum Thema ‚Selbstwahrnehmung und Fremdwahrnehmung',...

2. Erfahrung verschiedener Dimensionen von Wirklichkeit – Transzendenz in der Alltagserfahrung und Umgang mit Disclosure-Erfahrungen

1. Thema

Das Kapitel bearbeitet in Modul 3 (SB S. 26 ff.) die Frage, ob und dass es auch verschiedene Dimensionen von Wirklichkeit geben kann. Erfahrungen von „tieferer Wirklichkeit" im Alltag thematisieren **M 18 und M 19**.

Es gibt aber auch besonders herausragende, den ganzen Menschen betreffende und nicht ohne dauerhafte Auswirkungen bleibende Erschließungserfahrungen, die den Menschen mit sich selbst, der Frage nach dem Sinn von Wirklichkeit, mit der Frage nach der Zukunft, etc. konfrontieren. Auch diese Thematik spricht das Modul mithilfe von **M 20–M 25** an.

Diese Sequenz thematisiert die Frage, *wie der Mensch mit einer solchen Erschließungserfahrung umgeht und welche Konsequenzen/Bedeutungen/Hintergünde ... dieser Umgang hat.*

2. Lernanlass

Straßenkreuze – Hier starb ein Mensch!

Ein alltagskulturelles Phänomen begegnet jedem Menschen häufig, sobald er sich auf einer Landstraße bewegt: Ein Straßenkreuz am Rand macht auf einen Menschen aufmerksam, der an dieser Stelle verstarb – bei einem/ in Folge eines Autounfalls. Meist handelt es sich um Jugendliche.

Die Straßenkreuze sind gänzlich unterschiedlich gestaltet, mit Text, nur mit Namen, mit Blumen, mit einem Licht, mit einem Gegenstand, vermutlich aus dem Besitz des Gestorbenen, ...

Die schreckliche Erfahrung des plötzlichen und sinnlosen Todes eines jungen Menschen – unberücksichtigt, ob es sich nun um Tochter/Sohn, Freundin/Freund, Schwester/Bruder, o. a. handelt –, was geschieht, wenn man ein Straßenkreuz in einer eigens gestalteten Umgebung aufstellt?

3. Kompetenzen (gemäß den EPA)

Wahrnehmungs- und Darstellungsfähigkeit – religiös bedeutsame Phänomene wahrnehmen und beschreiben:

- Situationen erfassen, in denen letzte Fragen nach Grund, Sinn, Ziel und Verantwortung des Lebens aufbrechen;
- Religiöse Spuren und Dimensionen in der Lebenswelt aufdecken;
- Religiöse Ausdrucksformen (Symbole, Riten, Mythen, Zeiten) wahrnehmen und in verschiedenen Kontexten wiedererkennen und einordnen;

Gestaltungsfähigkeit – religiös bedeutsame Ausdrucks- und Gestaltungsformen reflektiert verwenden:

- Über Fragen nach Sinn und Transzendenz angemessen sprechen.

4. Lernarrangement

Die persönliche Konfrontation mit den abgebildeten Straßenkreuzen bildet einen ersten Zugang. Danach kann L (arbeitsteilig) die Fragen nach dem „Warum?" eines Straßenkreuzes, nach der Frage „Warum gerade ein Kreuz?", nach der Art und Weise der Gestaltung der Kreuzesstätte, nach der Frage der Bedeutung für die Zurückbleibenden, ... thematisieren.

Darüber hinaus stellt sich die Frage, ob hier eine Transzendierung der Alltagsrealität stattfindet, ob es sich um den Ausdruck einer „tieferen Dimension" von Wirklichkeit handelt, ob hier eine religiöse Erfahrung ihren Ausdruck findet.

5. Lerngegenstände

Modul 3 kann als Hilfestellung dienen, um Grundsätzliches zu erarbeiten, wie z. B. die Vieldimensionalität von Wirklichkeit, die verschiedenen Wirklichkeitsdimensionen, die Erfahrung von Transzendenz im Alltag, die Erschließungserfahrung als Möglichkeit einer den Menschen grundlegend verändernden Erfahrung, die Erschließungserfahrung als religiöse Erfahrung.

Sollte die Lernsequenz als Abschluss dieses Kapitels dienen, so kann auch eine Beschränkung auf Beispiele für Straßenkreuze und eventl. Gegenstände, die den Unfalltod Jugendlicher/junger Erwachsener auf der Straße thematisieren, genügen. Als interessant erscheint auch der Einbezug der Internet-Adressen unter der Fragestellung zu sein, welche Beweggründe sich auf diesen Seiten offenbaren.

Ronny
Achtung !
Unfallschwerpunkt
2 km
HENRI
1975 DIR
Stefan

MICHAEL
WARUM?
ABI 200

6. Lernwege

Affektiver Zugang:

- Untersuchung der Art und Weise der Präsentation eines Straßenkreuzes und seiner Umgebung
- Untersuchung der Frage nach dem „Wozu" eines solchen Straßenkreuzes mit Blick auf die Hinterbliebenen und mit Blick auf die Vorüberfahrenden
- Überlegungen zur Bedeutsamkeit des Umgang mit dem Straßenkreuz durch die Hinterbliebenen
- Erörterung der Bedeutung des Todes am Straßenrand
- Erörterung der Frage: Warum gerade ein Kreuz? Ist das Kreuz eine religiöse Spur in der Alltagswelt? Handelt es sich um eine religiöse Ausdrucksform?
- Abschließend: Ist das Straßenkreuz eine Manifestation des Aufbrechens von letzten Fragen nach Grund, Sinn, Ziel und Verantwortung des Lebens? Werden an dieser Stelle neue tiefere Dimensionen von Wirklichkeit erschlossen?

7. Lernaufgaben

Zum affektiven Zugang:

- Betrachten Sie die vorgegeben Straßenkreuze. Legen Sie Ihre Gedanken dazu in schriftlicher Form (z. B. Assoziationen, Gedicht, Tagebuchnotizen) nieder; betrachten Sie nun die Gesichter und formulieren Sie neu.
- Schreiben Sie einen Brief an einen Menschen, dessen Name auf einem Straßenkreuz eingeschrieben ist.
- Gestalten Sie eine „Straßenkreuz-Situation" und begründen Sie Ihr Ergebnis.

Zu den Fragestellungen:

- Analysieren Sie die Gestaltung eines Straßenkreuzes in und mit seiner Umgebung. Achten Sie dabei auf die gewählte Kreuzform, auf die Inschrift, die gestaltete Umgebung mit den dazugehörigen Gegenständen, auf Form und Farbe, usw.
- Sammeln und erörtern Sie mögliche Bedeutungen eines Straßenkreuzes für die Hinterbliebenen und die Vorüberfahrenden und vergleichen Sie die Bedeutungen.

8. Lernoptionen

z. B. Chrismon, 7/2007; *Hoenen, R.*: Straßenkreuze (s. 10.: Lernquellen).

9. Lernerfolg

Antworten auf die Fragestellungen in 6. und 7.

10. Lernquellen

Chrismon, 7/2007: Der Tod am Straßenrand;
Film: nah dran – mdr-Fernsehen:
Wenn junge Menschen in den Tod fahren;
www.straßenkreuze.de;
www.straßenkreuz.com;
Prof. Dr. R. Hoenen: Straßenkreuze.
Vgl. www.straßenkreuz.com.

ZM 1
Die Arbeit am Bildmaterial kann die Überlegungen zum Thema „Erkenntnis und Interesse“ ergänzen und vertiefen und selbstverständlich auch den Text von Robert Musil (**M 6**, SB S. 16 f.) ersetzen. Hinführung und Anleitung bietet das AB.

ZM 2
Die Materialgruppe zur Erschließungserfahrung (SB S. 29 ff.) arbeitet nur in **M 20** mit einem sehr knappen literarischen Text. Den Teilaspekt zur illusorischen Erfahrung könnte L deshalb mit Z 2 literarisch vertiefen, das den SuS möglicherweise eine Konkretisierung liefert. Zu betrachten wäre dann besonders die Sichtweise und die Erfahrung Hektors, der sich durch Athene getäuscht fühlt.

ZM 3
Borcherts Erzählung berichtet von einem Häftling, der im Gefängnishof eine kleine Hundeblume (Löwenzahn) entdeckt. Er sieht sie lange an, er pflückt sie, nimmt sie heimlich mit in seine Zelle. Das Erleben dieser kleinen Blume führt zu einer tiefgreifenden Erfahrung, die den Häftling wieder Anteil am Lebendigen nehmen lässt:
„Da öffnet sich in ihm etwas und ergießt sich wie Licht in den engen Raum, etwas, von dem er bisher nie gewusst hat: Eine Zärtlichkeit, eine Anlehnung und Wärme ohnegleichen erfüllt ihn zu der Blume und füllt ihn ganz aus.
Er ertrug den Raum nicht mehr und schloss die Augen und staunte: Aber du riechst ja nach Erde. Nach Sonne, Meer und Honig, liebes Lebendiges! [...] Er trug sie behutsam wie eine Geliebte zu seinem Wasserbecher, stellte das erschöpfte kleine Wesen da hinein, und dann brauchte er mehrere Minuten – so langsam setzte er sich, Angesicht in Angesicht mit seiner Blume ...“
Nicht erst die Epiphanie des Antlitzes, wie es Lévinas nennt und wie es **M 23** verdeutlicht, kann Menschen das Leben und dessen Sinn wieder vor Augen führen, es genügt die winzige Hundeblume: „So befreit war er, und nie war er so bereit zum Guten gewesen, als er der Blume zuflüsterte „... werden wie du ...“

ZM 4
Das Material zum Thema „Auszug des Abraham“ interpretiert den Auszug als Hinaustreten aus dem Bekannten, aus der eigenen gewohnten Welt, dem eigenen Sein, in dem der Mensch sich eingerichtet hat:
„Geh, verlass die Heimat, die Welt, darin du geboren bist, darin du dich eingerichtet hast – das Haus voll von den Namen der Dinge, die um dich sind, lass alles, was dir die Sprache über sie vorspricht, lass auch alles, was dir die Wissenschaft über sie zu wissen gibt, lass auch die Begriffe, mit denen du nach den Dingen greifst – Lass dieses Haus hinter dir, geh! Dann wirst du, vielleicht wirst du dann dem Anderen begegnen, für das du weder Namen noch Wissen noch Begriffe hast, dem ur- und ingründig Wirklichen und Wirkenden begegnen. Du wirst ‚schauen‘...“
Erst der „Auszug“ macht neue Erfahrungen möglich, erweitert die Sicht und führt möglicherweise auch zu Erschließungserfahrungen, die einen neuen Weg weisen. Über die Selbstreflexion und Öffnung nach außen und innen kann der Mensch ‚schauen‘ – eine religiöse Erfahrung wird/ist möglich.
Ähnlich wie bei der Jakobsgeschichte (SB S. 32 ff.) ist die Notwendigkeit von Neubeginn und Selbstreflexion thematisiert.

ZM 5
Der Text von Matthieu Ricard fasst das Wirklichkeitsverständnis des Buddhismus anschaulich zusammen. Sollte es aus zeitökonomischen oder anderen Gründen nicht möglich sein, den Themenblock Kontemplation/Meditation zu behandeln, so lässt sich mit diesem Text wenigstens ein Blick auf die buddhistische Sicht werfen.

„Erkenntnis und Interesse“: Welche Kathedrale ist wirklich?

a) Kathedrale von Rouen, um 1930. Foto AKG, Berlin.

b) Claude Monet (1840–1926): Die Kathedrale von Rouen, 1893. Foto E. Lessing/AKG, Berlin.

Eine gotische Kathedrale will durch ihre Architektur theologische Aussagen, Glaubensaussagen machen:

- Der hoch auftstrebende, himmelwärts gerichtete, filigrane Bau ist als Hinweis auf das Göttliche zu verstehen. Kein Mensch kann nur dem Nächstliegenden und Alltäglichen verhaftet sein, jeder Mensch strebt über sich hinaus, ist zum Himmel gewandt.
- Das Portal ist als Porta coeli, als Pforte zum Himmel zu begreifen. Im Tympanon findet sich eine Darstellung Christi als Weltenrichter, in den Gewändestufen sehen wir Propheten und Heilige. Der hindurch schreitende Christ wird in die innere Wirklichkeit seines Glaubens geführt.
- Der Weg vom Portal zum Chor ist besonders betont. Die Kathedrale soll durchschritten werden, der Mensch ist „auf dem Weg“.
- Im Gegensatz zu den romanischen Kirchen erstrahlen die gotischen Kathedralen durch das Licht, das durch die bunten Glasfenster fällt. Für die Menschen des Mittelalters war dieses Licht nicht alltäglich, es wird ihnen wie der Schein des Himmels erschienen sein.
- Die Fensterrosen haben die von unten nach oben wachsenden Fenster abgelöst – Rundformen, die ganz in sich ruhen – wie Gott. Auch wir Menschen sollen unsere Mitte finden, zur inneren Ruhe kommen, ganz sein – bei und mit Gott.

1 Betrachten Sie die historische Fotografie und das Gemälde Monets. Beschreiben Sie nach jeder Bildbetrachtung kurz assoziativ Ihren Gesamteindruck.
2 Wie geht Monet mit der theologischen Aussageabsicht der Architektur um?
3 Was hat Monet Ihrer Meinung nach bewegt, diese Kathedrale zu malen? Warum ist eine Vielfalt von Gemälden desselben Bauwerks entstanden?
4 Welche Kathedrale ist wirklich?

ZM 2 Falsche, illusorische Disclosure-Erfahrung

Nicht jeder Erschließungserfahrung ist eine gute, wahre, die menschliche Entwicklung weiterführende. Es gibt auch *falsche, illusorische* Disclosure-Erfahrungen:

Ein Beispiel aus der Mythologie:
Im Trojanischen Krieg gelingt es lange Zeit weder den Griechen noch den Trojanern, einen endgültigen Sieg zu erringen. Als eines Tages die Trojaner auf der Flucht vor den Griechen zurück in die Stadt fliehen, bleibt Hektor außerhalb des Stadttores zurück. Achill eilt auf ihn zu. Hektors Eltern bedrängen ihn vom Turm der Stadt herab, in die Stadt zu kommen: „Willst du dich denn mutwillig dem Verderber in die Hände geben?" Hektor bedenkt seine Lage und die Situation Trojas.

1 Versetzen Sie sich in die Lage Hektors und formulieren Sie mögliche Argumente für seinen Rückzug oder den Zweikampf mit Achill.
2 Inwiefern lässt sich Hektors Entscheidung für den Kampf mit Achill als eine Erschließungserfahrung bezeichnen?

Es kommt zum Zweikampf zwischen dem Griechen Achill und dem Trojaner Hektor:

Als sie nun zum viertenmal auf ihrer Runde um die Mauer an die Quellen des Skamander gelangt waren, da erhob sich Zeus auf dem Olymp, streckte die goldene Waage vor und legte zwei Todeslose hinein, das eine für den Peliden (Achill, Sohn des Peleus), das andere für Hektor. Dann fasste er die Waage in der Mitte und wog: Da sank Hektors Waagschale tief nach dem Hades zu, und augenblicklich verließ Phöbos Apollon seine Seite. Zu Achilleus aber trat Athene, die Göttin, und flüsterte ihm ins Ohr: „Steh und erhole dich, während ich jenem zurede, dich kühn zu bekämpfen." Achilleus lehnte sich, der Göttin gehorchend, auf seinen eschenen Speer, sie aber, in Gestalt des Deiphobos, trat ganz nahe zu Hektor und sprach zu ihm: „Ach, mein älterer Bruder, wie bedrängt dich der Pelide! Wohlan, lass uns standhalten und ihn abwehren." Freudig aufblickend, erwiderte Hektor: „Du warst immer mein trautester Bruder, Deiphobos, jetzt aber muss dich mein Innerstes nur um so mehr hoch achten, dass du dich, sobald mich dein Auge wahrnahm, aus der Stadt gewagt hast, während die andern alle hinter den Mauern sitzen!" Athene winkte dem Helden zu und schritt ihm voran, die Lanze gehoben, dem ausruhenden Achilleus entgegen. Diesem rief Hektor zuerst zu: „Nicht länger entfliehe ich dir, Pelide: Mein Herz treibt mich, dir fest entgegenzustehen, dass ich dich töte oder falle! Lass uns aber die Götter zu Zeugen eines Eidschwurs nehmen: Wenn mir Zeus den Sieg verleiht, werde ich dich nimmermehr misshandeln, sondern, nachdem ich dir deine Rüstung abgezogen, die Leiche deinen Volksgenossen zurückgeben. Ein Gleiches sollst du mir tun!"
„Nichts von Verträgen geplaudert!", erwiderte finster Achilleus. [...] Einer von uns muss blutig zu Boden stürzen. Nimm deine Kunst zusammen, du musst Lanzenschwinger und Fechter zugleich sein. Doch du wirst mir nicht entrinnen [...]." So schalt Achilleus und schleuderte die Lanze: doch Hektor sank ins Knie, und das Geschoss flog über ihn hinweg in die Erde; hier fasste es Athene und gab es dem Peliden, unbemerkt von Hektor, sogleich zurück. Mit zornigem Schwung entsandte nun Hektor auch seinen Speer, und dieser fehlte nicht, er traf mitten auf den Schild des Achilleus, aber prallte auch davon ab; bestürzt sah sich Hektor nach seinem Bruder Deiphobos um, denn er hatte keine zweite Lanze zu versenden. Doch dieser war verschwunden. Da wurde Hektor inne, dass es Athene war, die ihn getäuscht hatte. Wohl sah er ein, dass das Schicksal ihn jetzt fassen würde, er dachte daher nur daran, wie er nicht ruhmlos in den Staub sinken wollte.
(*Schwab, Gustav:* Die schönsten Sagen des klassischen Altertums. München/Zürich: Droemer /Knaur 1968. S. 371f.)

3 Begründen Sie mithilfe des Textausschnitts, warum man die Erfahrung Hektors eine illusorische Erschließungserfahrung nennen muss.
4 Nehmen Sie Stellung zu der These: Hektor ist Beispiel für viele tragische Helden der Antike.

ZM 3 „Die Erschließungserfahrung" – Ausschnitt aus der Erzählung „Die Hundeblume" von Wolfgang Borchert

In seiner Erzählung „Die Hundeblume" führt uns der Dichter Wolfgang Borchert (1921–1947) den grausamen Gefängnisalltags des Sträflings 432 vor Augen, einen Alltag, den er selbst als Gefangener kennengelernt hatte, nachdem er wegen Wehrkraftzersetzung und Verstoß gegen das Heimtückegesetz verurteilt worden war.

Die einzige Abwechslung des Häftlings 432 in der furchtbaren Kerkerhaft sind die täglichen Runden im Gefängnishof, bei denen er den Vordermann und Hintermann nicht mehr als Mitmenschen, sondern nur noch als wandernde Leichen empfindet, „zwischen die man eingelattet ist als Latte ohne eigenes Gesicht in einem endlosen Lattenzaun" (S. 28). *Bei einer dieser Runden geschieht das Wunder. Der Sträfling von Nummer 432 entdeckt im Hof in der Nähe des Weges einen Löwenzahn, eine kleine gelbe Hundeblume:*
„Auf der Suche nach Lebendigem, Buntem, lief mein Auge ohne große Hoffnung eigentlich und zufällig über die paar Hälmchen hin, die sich, als sie sich angesehen fühlten, unwillkürlich zusammennahmen und mir zunickten – und da entdeckte ich unter ihnen einen unscheinbaren gelben Punkt, eine Miniaturgeisha auf einer großen Wiese. Ich war so erschrocken über meine Entdeckung, dass ich glaubte, alle müssten es gesehen haben, dass meine Augen festgebackt auf das gelbe Etwas starrten." (S. 32) *Nach einigen Tagen gelingt es ihm endlich, die Blume mit auf seine Zelle zu nehmen.*
„Und plötzlich bückte sich die Latte 432, fummelte an ihrem runtergerutschten Strumpf herum und – fuhr dazwischen blitzschnell mit der einen Hand auf eine erschrockene kleine Blume zu, riss sie ab – und schon klöppelten wieder siebenundsiebzig Latten in gewohntem Schlendrian in die letzte Runde." (S. 38)

Nr. 432 nimmt die Hundeblume mit in seine Zelle. Und dort geschieht es:
Was ist so komisch: Ein blasierter, reuiger Jüngling aus dem Zeitalter der Grammophonplatten und Raumforschung steht in der Gefängniszelle 432 unter dem hochgemauerten Fenster und hält mit seinen vereinsamten Händen eine kleine gelbe Blume in den schmalen Lichtstrahl – eine ganz gewöhnliche Hundeblume. Und dann hebt dieser Mensch, der gewohnt war, Pulver, Parfum und Benzin, Gin und Lippenstift zu riechen, die Hundeblume an seine hungrige Nase, die schon monatelang nur das Holz der Pritsche, Staub und Angstschweiß gerochen hat –und er saugt so gierig aus der kleinen gelben Scheibe ihr Wesen in sich hinein, dass er nur noch aus Nase besteht.
Da öffnet sich in ihm etwas und ergießt sich wie Licht in den engen Raum, etwas, von dem er bisher nie gewusst hat: Eine Zärtlichkeit, eine Anlehnung und Wärme ohnegleichen erfüllt ihn zu der Blume und füllt ihn ganz aus.
Er ertrug den Raum nicht mehr und schloss die Augen und staunte: Aber du riechst ja nach Erde. Nach Sonne, Meer und Honig, liebes Lebendiges! [...]
Er trug sie behutsam wie eine Geliebte zu seinem Wasserbecher, stellte das erschöpfte kleine Wesen da hinein, und dann brauchte er mehrere Minuten – so langsam setzte er sich, Angesicht in Angesicht mit seiner Blume. Er war so gelöst und glücklich, dass er alles abtat und abstreifte, was ihn belastete: die Gefangenschaft, das Alleinsein, den Hunger nach Liebe, die Hilflosigkeit seiner zweiundzwanzig Jahre, die Gegenwart und die Zukunft, die Welt und das Christentum – ja, auch das!
[...] So befreit war er, und nie war er so bereit zum Guten gewesen, als er der Blume zuflüsterte ... werden wie du ...
Die ganze Nacht umspannten seine glücklichen Hände das vertraute Blech seines Trinkbechers, und er fühlte im Schlaf, wie sie Erde auf ihn häuften, dunkle, gute Erde, und wie er sich der Erde angewöhnte und wurde wie sie – und wie aus ihm Blumen brachen: Anemonen, Akelei und Löwenzahn – winzige, unscheinbare Sonnen. (S. 38 f.)

(*Borchert, Wolfgang:* Das Gesamtwerk. Hamburg: Rowohlt 1949.)

1 Stellen Sie die Erfahrung des Sträflings 432 auf dem Hintergrund seiner Lebenssituation dar. Nutzen Sie den Begriff der Disclosure-Erfahrung.
2 Analysieren Sie die Erfahrung des Häftlings in Hinblick auf eine mögliche religiöse Dimension.
3 Interpretieren Sie den Schluss der Erzählung.

Die Erschließungserfahrung als religiöse Erfahrung am Beispiel Abrahams

a) Der Herr sprach zu Abraham: Zieh weg aus deinem Land, aus deiner Heimat und aus deinem Vaterhaus in das Land, das ich dir zeigen werde! Ich werde dich zu einem großen Volk machen, dich segnen und deinen Namen groß machen. Ein Segen sollst du sein. Ich will alle segnen, die dich segnen; wer dich verwünscht, den will ich verfluchen. Durch dich sollen alle Geschlechter der Erde Segen erlangen. Da zog Abraham weg, wie der Herr ihm gesagt hatte.
(Gen 12,1-4)

b) *Der katholische Theologe und Professor für Altes Testament in Tübingen Friedolin Stier (1902–1981) versucht in seinen tagebuchartigen, sehr spontan gehaltenen Aufzeichnungen „Vielleicht ist irgendwo Tag" (sie wurden erst posthum veröffentlicht) auch der Abrahamserfahrung nachzuspüren:*

Über die Namen der Dinge hinaus,
über die Sprache hinaus,
über die Wissenschaft hinaus,
über die Begriffe hinaus –
in die FREMDE,
wie Abraham, dem geheißen war: „Zieh fort aus deiner Heimat, fort aus deiner Stadt, fort aus dem Haus deines Vaters, fort ..., und geh in das Land, das ich dich schauen lassen will ..."
Geh, verlass die Heimat, die Welt, darin du geboren bist, darin du dich eingerichtet hast – das Haus voll von den Namen der Dinge, die um dich sind, lass alles, was dir die Sprache über sie vorspricht, lass auch alles, was dir die Wissenschaft über sie zu wissen gibt, lass auch die Begriffe, mit denen du nach den Dingen greifst –
Lass dieses Haus hinter dir, geh! Dann wirst du, vielleicht wirst du dann dem Anderen begegnen, für das du weder Namen noch Wissen noch Begriffe hast, dem ur- und ingründig Wirklichen und Wirkenden begegnen. Du wirst „schauen" ...
Und wenn du dann in das Land Chaldäa, in das Haus deines Vaters und deiner Mutter und deiner Brüder zurückkehrst, du wirst zurückkehren,
dann werden dich die Namen an das Namenlose,
die Sprache an das Unaussprechliche,
das Wissen an das Unwissbare,
die Begriffe an das Unbegreifliche erinnern,
dann wird noch ein Anderes in deinem Hause wohnen – das Andere,
das Fremde, das – Mysterium.
Dann ist kein Ding mehr, was es dir zuvor gewesen, ein jedes, eins um das andere, wird dir einen Namen sagen, den du nicht nachsprechen kannst.
Und dann wird dir, vielleicht wird dir dann aus allem und jedem, das um dich ist, das Unnennbare erscheinen,
und du wirst jene Stimme hören, die du noch nie gehört, sehr nah und gewaltig wirst du sie rufen hören.
ICH BIN DA!

(*Stier, Fridolin:* Vielleicht ist irgendwo Tag. Freiburg i. Brsg./Heidelberg: Kerle 1981. S. 383 f.
© E. Beck, Tübingen)

c) *Willigis Jäger (* 1925) ist seit 1946 Benediktinermönch und zudem seit 1981 Zen-Meister. Er ist in der mystischen Tradition des Christentums verwurzelt und versucht in seinem Leben und seiner Theologie Verbindendes zwischen Christentum und Zen-Buddhismus aufzuspüren und Menschen unserer Zeit einen Weg in die Erfahrung der Wirklichkeit Gottes zu eröffnen. Auch er weist der Gestalt des Abraham Bedeutung zu:*

Als ich den Text las, hat er mich neu angerührt. Dieses klare „Zieh aus deinem Land und deiner Verwandtschaft aus und auch aus dem Haus deines Vaters in das Land, das ich dir zeigen werde“ wird mystisch gedeutet als Auszug aus den personalen Verhaftungen .Gott sagt Abraham nicht, wohin er ziehen soll. Er sagt nur, wenn die Zeit kommt, werde ich es dir zeigen. Zieh aus! [...] Aber der Mystik ist dies nicht genug und auch nicht das Wichtigste. Für sie gilt: Zieh aus aus deinen religiösen Vorstellungen! Zieh aus aus den Worten, Bildern und Konzepten von Gott! Zieh aus aus der Sicherheit und Geborgenheit einer schützenden und behütenden Hand Gottes! Zieh aus aus deinem Image, dem Nimbus, den andere um dich legen, und der Gemeinschaft, die dich getragen hat. Und das Schwerste von allem: Zieh aus aus deiner vordergründigen Ich-Identität. Der Tod des Ich ist die Voraussetzung für die Erfahrung Gottes. Zieh aus aus deiner Angst vor dem Ich-Tod. Vertraue!
Die wirkliche Gotteserfahrung befreit von aller Angst, einschließlich der Angst vor dem Verlust des Ich. Paulus versucht uns das nahezubringen mit dem Satz: „Nicht ich lebe, sondern Christus lebt in mir.“ (Galaterbrief 2,20) Mit diesen Worten meint er nicht, dass Christus physisch in ihm lebt. Er drückt aus, dass sein tiefstes Sein Christusbewusstsein, das heißt Gottesbewusstsein ist. [...]
Zieh aus! Dieses Wort Gottes an Abraham führt zu einem radikalen Identitätswechsel. Er führt in ein neues Land, es ist ein Land, das Gott denen zeigt, die Mut haben auszuziehen. Und noch etwas sagt Gott: „Ich werde dich zu einem Segen machen“. Ein solcher Auszug bedeutet nicht Rückzug aus der Welt. Im Gegenteil, er führt zu neuer Verantwortung. Er führt zurück in die Familie und in die Gesellschaft.

(*Jäger, Willigis:* Wohin unsere Sehnsucht führt. Mystik im 21. Jahrhundert. Petersberg: Via Nova 2003.)

1 Der Auszug des Abraham, von dem wir im Buch Genesis lesen, ist nicht allein wörtlich – als territoriale Veränderung – zu verstehen. Fridolin Stier und Willigis Jäger versuchen, die religiöse Erfahrung, die Gotteserfahrung, zu beschreiben, die Abraham gemacht hat. Sie sprechen auch über Voraussetzungen einer solchen Erfahrung und Konsequenzen, Veränderungen des Menschseins durch eine solche Erfahrung. Formulieren Sie die diesbezüglichen Textaussagen mit eigenen Worten.

2 Wo bleiben bei dieser schwierigen Thematik Fragen für Sie offen, wo sind Ihnen Zugänge nicht möglich? Formulieren Sie Ihre Anfragen und erörtern Sie sie in der Kleingruppe.

3 Versuchen Sie in einem free write (einem individuell-kreativen Schreibprozess, den Sie möglichst nicht durch Nachdenken unterbrechen sollten) die Erfahrung des „Zieh aus ...“ nachzuvollziehen.

Matthieu Ricard (1946) ist promovierter Molekularbiologe. 1979 wurde er als buddhistischer Mönch ordiniert und lebt heute im Kloster Shechen (Nepal). Gut ein Vierteljahrhundert hat er als Mönch im Himalaya verbracht. Einer der großen buddhistischen Meister Tibets, Dilgo Khyentse Rinpoche, war dort sein Lehrer. Ricard arbeitet mit führenden Vertretern der Kognitionswissenschaften an internationalen Studien, hat zahlreiche Bücher veröffentlicht und ist international als Fotograf anerkannt. Seit 1989 übersetzt er den Dalai Lama bei öffentlichen Auftritten ins Französische:*

Was meinen wir mit Wirklichkeit? Im Buddhismus steht das Wort für die wahre Natur der Dinge, unbeeinträchtigt durch die gedanklichen Projektionen, mit denen wir sie überlagern. Letztere lassen eine Kluft zwischen unserer Wahrnehmung und der Wirklichkeit entstehen und führen zu einem Dauerkonflikt mit der Welt. „Wir interpretieren die Welt falsch und sagen, dass sie uns betrügt", schrieb Rabindranath Tagore. Vergängliches betrachten wir als etwas Dauerhaftes, und Dinge, die zur Quelle von Leid werden, halten wir für Glück: das Verlangen nach Reichtum, Macht, Ruhm und die Befriedigung unserer Vergnügungssucht.

Mit „Wissen" meint der Buddhismus nicht die Aufnahme und Bewältigung einer Unmenge von Informationen, sondern eine Einsicht in die wahre Natur der Dinge. Aus Gewohnheit nehmen wir die Außenwelt als eine Reihe getrennter, autonomer Gebilde oder Begebenheiten wahr, denen wir Eigenschaften zuordnen, die ihnen nach unserer Überzeugung von Natur aus innewohnen. Unsere Alltagserfahrung sagt uns, dass Dinge „gut" oder „schlecht" sind. Und das „Ich", das sie wahrnimmt, erscheint uns als ebenso konkret und real. Dieser Irrtum, der im Buddhismus Unwissenheit genannt wird, führt zu starken Reaktionen von Anhaftung und Ablehnung, die im Allgemeinen Leid zur Folge haben. Etty Hillesum bringt das mit wenigen Worten auf den Punkt: „Das große Hindernis ist immer die Erscheinung und nie die Wirklichkeit." Bei der Welt von Unwissenheit und Leid – auf Sanskrit Samsara – handelt es sich keineswegs um ein geistiges Universum, das auf unsere fehlerhafte Realitätswahrnehmung zurückzuführen ist. Die Welt der Erscheinungen wird durch das Wechselspiel unzähliger, sich ständig verändernder Ursachen und Bedingungen hervorgebracht. Wie ein Regenbogen, der sich bildet, wenn die Sonne durch eine Regenwand scheint und sich wieder auflöst, wenn einer der für seine Entstehung maßgeblichen Faktoren verschwindet, existieren die Phänomene dieser Welt prinzipiell in Form eines wechselseitigen Bedingungsverhältnisses, in wechselseitiger Abhängigkeit voneinander, sind weder eigenständig noch dauerhaft. Alles ist Beziehung; nichts existiert für sich und aus sich selbst, immun gegenüber den Kräften von Ursache und Wirkung. Wenn wir dieses Grundprinzip erst einmal verstanden und verinnerlicht haben, weicht die fehlerhafte Wahrnehmung der Welt einem angemessenen Verständnis, das sich auf die wahre Natur der Dinge und Lebewesen bezieht. So entsteht Einsicht. Mit Einsicht ist hier kein philosophisches Gedankengebäude gemeint. Vielmehr entspringt sie einer Grundhaltung, die es uns ermöglicht, nach und nach unsere geistige Blindheit und die durch sie hervorgerufenen störenden Emotionen – die Hauptursache unseres Leids – zu überwinden.

Jedes Wesen trägt das Potential zur Vervollkommnung in sich, so wie jedes Sesamkörnchen von Öl durchtränkt ist. Unwissenheit bedeutet in diesem Zusammenhang, sich dieses Potentials nicht bewusst zu sein; wie ein Bettler, der nichts weiß von dem unter seiner schäbigen Hütte vergrabenen Schatz. Die Verwirklichung unserer wahren Natur, die Inbesitznahme dieses verborgenen Schatzes, ermöglicht uns ein sinnvolles, erfülltes Leben. Das ist der sicherste Weg zu innerem Frieden und echter Selbstlosigkeit.

Es gibt eine Ebene der Existenz, deren Abglanz sich in all unseren Gefühlszuständen zeigt, die all unseren Erfahrungen von Freude und Leid zugrunde liegt und sie zugleich in sich birgt: ein Glück so tief, dass es, wie Georges Bernanos schrieb, „von nichts berührt werden kann –wie das gewaltige Reservoir stillen Wassers unterhalb einer sturmgepeitschten Oberfläche". Das Sanskrit-Wort für diesen Seinszustand heißt sukha. Sukha bezeichnet jenen Zustand dauerhaften Wohlbefindens, der sich einstellt, wenn wir uns von geistiger Blindheit und quälenden Emotionen befreit haben. Zugleich bezeichnet sukha die Weisheit, die uns die Welt sehen lässt, wie sie ist – ohne Schleier, unverzerrt: außerdem die Freude, sich der inneren Freiheit zu nähern, und schließlich die Güte, die von uns auf andere ausstrahlt.

(*Ricard, Matthieu:* Glück. München: Nymphenburger 2007. S. 40–42)

1 Verdeutlichen Sie die buddhistischen Zentralbegriffe samsara und sukha mithilfe des Textes.

2 Was versteht Ricard Ihrer Meinung nach unter der „wahren Natur der Dinge"?

3 Setzen Sie sich mit der von Ricard dargelegten buddhistischen Sichtweise von Wirklichkeitserkenntnis auseinander.

MENSCH – *auf dem Weg zu Gott*

A. Didaktische Intentionen und Überblick über das Kapitel

Konventionelle Konzepte der christlichen, besonders der katholischen Anthropologie gingen und gehen in der Regel von der Freiheitsthematik aus. Ihnen ist es wichtig, den Menschen als Wesen der „begrenzten Freiheit" zu beschreiben. Demnach ist der Mensch im Rahmen seiner geschöpflichen Gegebenheiten (Bedingungen und Determinanten) eine freie Person, deren Freiheit in Abhängigkeit eben diese Personalität begründet. Dies geschah und geschieht im Kontext einer massiven Infragestellung der menschlichen Freiheit durch die naturwissenschaftlichen Erkenntnisse der vergangenen 200 Jahre. Vor allem auch die in deren Folge formulierten naturalistischen Entwürfe werden als eine Bedrohung der Personalität des Menschen betrachtet, der es entgegenzusetzen gilt, dass der Mensch sehr wohl frei und daher auch zur Verantwortung aufgerufen sei. Vor allem die Auseinandersetzungen mit dem Darwinismus, dem atheistischen Materialismus oder auch den psychologischen Konzepten der Psychoanalyse bestimmten nachhaltig die Debatte.
Damit folgen diese konventionellen Konzepte der katholischen Anthropologie einem apologetischen Ansatz, der primär philosophisch orientiert ist und sich durch externe Anfragen (fremd-)bestimmen ließ und lässt. Diese gilt es nach wie vor wahr- und ernstzunehmen. Sie können jedoch nicht hinreichender Grund sein, das Proprium der christlichen Rede vom Menschen nachrangig zu behandeln.

Die christliche Theologie kennzeichnet den Menschen als ein von Gott geschaffenes und auf Gott hin geordnetes Wesen. Gott ist Ursprung und Ziel der menschlichen Existenz. Das ist als theologische Grundaussage eben auch eine elementare Grundaussage über das Wesen des Menschen. Der Mensch stammt von Gott und ist auf dem Weg zu Gott.
Auf dieser Basis ist das Kapitel konzipiert. Es versucht darzustellen, inwiefern der Mensch durch seinen Gottesbezug gekennzeichnet ist. Damit entwirft es eine explizit theologische Anthropologie. Die Infragestellungen durch die oben beschriebenen ideologischen Konzepte, hier ist vor allem der Naturalismus in den Blick zu nehmen, werden gleichwohl thematisiert.

Das Kapitel gliedert sich in vier Module, die zwar aufeinander bezogen, aber auch in sich abgeschlossen sind.
Ausgangspunkt des Lernweges in **Modul 1** (Was ist der Mensch?; SB S. 46–50) ist die Frage nach diesem Wesen und seiner Identität, seiner Fremd- und seiner Selbstbestimmung: Wer oder was ist der Mensch? Dabei richtet sich zu Beginn der Fokus auf die Körperlichkeit, auf die Leiblichkeit des Menschen. Es gibt wohl kaum eine markantere Signatur unserer Zeit als die Selbstdefinition des Menschen über den Körper und seine Inszenierungen. Gerade junge Menschen stellen sich auf diese Weise dar, etwa in Facebook oder in Casting-Shows. Der moderne Mensch will gesehen und betrachtet werden. Die Idealisierung des Körpers ist allerdings auch verbunden mit Ambivalenzen und Gefährdungen. Die alles entscheidende Leitfrage „Bin ich schön (genug)?" bedroht gerade viele junge Menschen. Im Grunde stellt sich hier die theologische Frage der Rechtfertigung und auch die Frage nach der Identität des Menschen. Individualität und Sozialität sind dabei keine Gegensätze, man kann sie vielmehr in einem produktiven Spannungsverhältnis sehen. Der Mensch wird erst am Du zum Ich.

Modul 2 beschreibt den Menschen als *Homo religiosus* (SB S. 51–61). Auch wenn aus der Perspektive christlicher Theologie Gott schon immer beim Menschen ist, so ist der Mensch selbst doch stets auf der Suche nach Gott. „Wie der Hirsch lechzt nach frischem Wasser, so lechzt meine Seele, Gott, nach dir." (Ps 42,2) Die unruhige Suche und Sehnsucht des Menschen nach Gott korrespondiert mit seiner prinzipiellen Gottesfähigkeit, so die Grundaussage der christlichen Mystik. Der suchende und sehnsüchtige Mensch ist in der Lage, die Gegenwart Gottes in der Welt und in seinem Leben wahrzunehmen und zuzulassen, auch wenn er dies im Einzelfall nicht kann. Die Meister der Mystik leiten den Menschen auf den Weg der Kontemplation als Gewahr- oder Innewerden Gottes in der Welt. Menschen der Gegenwart haben ein großes Interesse an Spiritualität. Die Zahl der Publikationen zur Esoterik in den Buchhandlungen übersteigt bei weitem die der theologischen Literatur. Umso wichtiger ist es, jungen Erwachsenen ein Angebot zu machen, dass bei der Unterscheidung der Geister hilft.

Modul 3 thematisiert die *Geschöpflichkeit des Menschen* (SB S. 62–68). Ihr kommt sowohl in der christlichen Anthropologie wie auch in der Theologie eine zentrale Bedeutung zu. Der Mensch ist von Gott her und auf Gott hin geschaffen. Dieser radikalen Abhängigkeit des Menschen steht eine persönliche Freiheit gegenüber. Der Konflikt zwischen Heteronomie und Autonomie muss stets neu bearbeitet und individuell gelöst werden. Der in Freiheit und Abhängigkeit geschaffene Mensch wird sich dabei immer auch als erlösungsbedürftig erfahren. Darin liegen seine Größe und sein Elend begründet.

Modul 4 spricht *philosophische Perspektiven* an (SB S. 69– 77). Vor allem die Auseinandersetzung mit dem

Naturalismus steht hier im Mittelpunkt. Besonders auf populärwissenschaftlicher Ebene, aber auch im akademischen Diskurs lässt sich gegenwärtig ein radikaler Reduktionismus feststellen, der den Mensch auf seine reine Faktizität begrenzt. Diese im Grunde materialistische Sichtweise steht aus christlicher Perspektive in Frage: Der Mensch ist mehr als nur Materie.
Am Ende des letzten Moduls laufen noch einmal alle Fäden des Kapitels zusammen. Die Frage nach dem Menschen ist und bleibt letztlich offen, vielleicht sogar unbeantwortbar. Der Mensch ist das nicht festgestellte Wesen. Als Kennzeichen seiner Menschlichkeit jedoch lassen sich zwei Haltungen benennen: die Kultur des Scheiterns und die Kultur der Vergebung.

Kombinationen und Ergänzungen

Ergänzend finden sich thematische Anknüpfungspunkte in den folgenden Kapiteln:

Wirklichkeit:	3.	Plädoyer für die Suche nach Zeichen der Transzendenz (SB S. 26 ff.)
Religion:	2.	Das Phänomen Religion (SB S. 87 ff.)
Gott:	1.	Wie lässt sich angemessen von Gott sprechen? (SB S. 120 ff.)
Bibel:	1.	Bevor wir lesen (SB S. 156 ff.)
Jesus:	4.	Bekenntnisse der frühen Kirche (SB S. 217 ff.)
Kirche:	1.	Kirche und Menschen heute (SB S. 224 ff.)
Zukunft:	2.	Der Tod (SB S. 288 ff.)
Ethik:	1.	Mut zur Moral? (SB S. 316 ff.)
Religion ..:	3.	Kirche und Kultur (SB S. 359 ff.)

Weiterführende Literatur:

Jäger, Willigis: Die Welle ist das Meer. Mystische Spiritualität. Freiburg: Kreuz 2010.

Stutz, Pierre: Geborgen und frei. Mystik als Lebensstil. München: Kösel 2008.

Rendle, Ludwig: Ganzheitliche Methoden im Religionsunterricht. München: Kösel 32010.

Precht, Richard David: Wer bin ich – und wenn ja wie viele? Eine philosophische Reise. München: Goldmann 2007.

Ganten, Detlev u. a. (Hrsg.): Was ist der Mensch? Berlin: de Gruyter 2008.

Schnädelbach, Herbert: Religion in der modernen Welt. Frankfurt/M.: Fischer 2009.

Habermas, Jürgen: Zwischen Naturalismus und Religion. Frankfurt/M.: Suhrkamp 2005.

van Breemen SJ, Piet: Im Geheimnis daheim. Hilfen aus der Bibel. Würzburg: Echter 2008.

B. Materialkommentierungen

Kapiteleingangsseiten, SB S. 44–45

AA 1 Das Sedimentbild 47 „Großes Herz" des Fürther Künstlers Hjalmar Leander Weiss (* 1958) übt wegen seiner Größe und Farbe eine enorme Kraft aus. Das rote Herz ist leicht zu erkennen und regt zu vielfältigen Assoziationen an.
AA 1 ist eher meditativ als kognitiv gedacht. Die suggestive Kraft des Bildes kann die Frage nach der eigenen Mitte verstärken. In weiteren Schritten könnten auch Fragen stehen wie: Wo ist die Mitte der Lerngruppe? Wo ist die Mitte der Schule? Wo ist die Mitte der Welt? Wie komme ich in Kontakt zu meiner Mitte? Welche Wege dorthin gibt es?

AA 2 Die Methode des Mindmapping lebt von individuellen Strukturen (vgl. www.mindmapping.de). Daher bietet es sich an, dass die SuS in EA die AA bearbeiten (DIN A4-Blatt) und das Ergebnis in ihrem Ordner verwahren. Es kann dann im Laufe der Arbeit ergänzt werden.

AA 3 Im Anschluss an die benannten Leerstellen kann L Forschungsaufträge formulieren und ggf. arbeitsteilig (Referate/Projekte) verteilen.

1. Was ist der Mensch?, SB S. 46–50

Leitbilder – Leidbilder, S. 46–48

M 1 **M 1** entstammt John von Düffels (* 1966) Roman „Ego". Der Protagonist Philipp ist dem Körperwahn verfallen. Sein Denken, Fühlen und Trachten dreht sich ausschließlich um solche Fragen,

AA 2

wie die, ob er es schafft, die Tiefe seines Bauchnabels mehr und mehr zu reduzieren. Seine sozialen Kontakte sind diesem Interesse völlig nachgeordnet, so dass er schlussendlich in narzistischer Vereinsamung verkümmert.
Die Auswüchse eines exzessiven Körperkultes, wie er gegenwärtig allerorten anzutreffen ist, werden den SuS vertraut sein. Sie können dazu eine Topographie ihrer persönlichen Umgebung erarbeiten. Linktipp: http://www.teachsam.de Stichwort „Körperkult".

M 2
AA 1

Michelangelo (1475–1564) schuf die Plastik zwischen 1501 und 1504 in Florenz. Sie ist die bedeutendste Monumentalstatue der Hochrenaissance. Das Original befindet sich seit 1873 in der Galleria dell'Accademia in Florenz.
Das zweite Bild zeigt einen Ausschnitt aus „La nascità di Venere" („Die Geburt der Venus"; ursprünglich „Venus, die dem Meer entsteigt"). Es stellt die Göttin dar und befindet sich in den Uffizien in Florenz. Sandro Botticelli (1445–1510) schuf das Werk für Lorenzo di Pierfrancesco de' Medici.
Beide Werke haben einen epochalen Stellenwert, vermitteln sie doch in perfekter Gestalt das humanistische Ideal (Leitbild) der ästhetischen Vollkommenheit.
Bevor die SuS mit der Recherche beginnen, legt sich eine eingehende Betrachtung der Bilder nahe (siehe SB S. 385). Hierbei können die SuS bereits Assoziationen zu gegenwärtigen Idealen formulieren.

M 3
AA 3, AA 4

Bettes These „Der Körper wird zum Fetisch" können die SuS mit statistischem Material oder mit eigenen Feldstudien bearbeiten. Das Streitgespräch kann mit Bildmaterial illustriert werden.

Selbstbeobachtung und Identitätssuche, SB S. 49–50

Auf der Suche nach seiner eigenen Identität fragt der Mensch über sich selbst hinaus. Selbstbild und Fremdbild stehen in einem spannungsreichen Wechselverhältnis. Allein auf diesem Wege konstituiert sich Identität.
Das Enneagramm (griechisch: ennea = neun; gramma = Buchstabe, Punkt) ist ein Neunstern. Es bezeichnet ein Symbol, das als grafisches Strukturmodell neun als grundsätzlich angenommene Qualitäten unterscheidet, ordnet und miteinander in Beziehung setzt. Im Gegensatz zu den vier antiken Temperamenten „cholerisch", „sanguinisch", „melancholisch" und „phlegmatisch" wird das Enneagramm dazu benutzt, die Menschen in neun als fest angenommene Persönlichkeitstypen einzuteilen. Mischtypen gibt es nicht, doch kann ein Typ auch Eigenschaften eines seiner direkten Nachbarn aufweisen.

M 4

M 4 wird immer wieder Angelus Silesius zugeschrieben. Es ist jedoch aus unterschiedlichen Quellen überliefert. Zudem hat es im Laufe der Geschichte zahlreiche Rezeptionen und Parodien erfahren. Im Zentrum steht die Frage nach dem Sinn des Lebens. Die Geschäftigkeit des Alltags mag sie in den Hintergrund rücken, in Zeiten von Leid, Krankheit und Not aber tritt sie in den Vordergrund.

M 5
AA 1

Bonhoeffers Gedicht entstand während seiner Haftzeit in Berlin-Tegel. Es beschreibt den Widerspruch zwischen Selbst- und Fremdwahrnehmung. In seinem Ringen um Identität formuliert es zugleich ein tiefes religiöses Bekenntnis.
In beiden Texten sieht das Ich-Bewusstsein angesichts einer existenziellen Fremdbestimmung die eigene Autonomie in Frage gestellt.

M 6
AA 2

Im Mittelpunkt von Bubers Lebenswerks steht das Thema des Dialogs als grundlegendes anthropologisches Prinzip des Menschen, das seine Identität konstituiert: Nur am Du wird der Mensch zum Ich.

AA 3

„Begegnung" als Schlüsselwort der Philosophie Bubers ist eine existenzielle Grunderfahrung, die Menschen in unterschiedlichen Graden erleben können. Die SuS sollten eigene Erfahrungen benennen und hinsichtlich der identitätsbildenden Kraft qualifizieren. Dabei bietet es sich an, Kategorien von Erfahrungen zu bilden und diese voneinander abzusetzen.

Gott suchend, SB S. 51–53

M 8
AA 1

Zu Hjalmar Leander Weiss siehe LB S. 27. Henri Matisse (1869–1954) zählt zu den bedeutendsten Künstlern der Klassischen Moderne. Seine Farblithographie misst lediglich 38 cm x 30 cm. Sie ist Teil einer umfangreichen Sammlung von 250 Arbeiten zum Thema Jazz. Beide Bilder fokussieren die Herzmitte des Menschen als das Zentrum seiner Person. Zur Vertiefung eignet sich das Zitat von Martin Luther „Woran dein Herz hängt, das ist dein Gott."

AA 2

Der Mensch ist ausgespannt zwischen Himmel und Erde. „Der gestirnte Himmel über mir und das moralische Gesetz in mir ..." stellen die beiden Pole seiner Existenz dar. Heteronomie und Autonomie stehen in einer unauflösbaren Spannung.

M 9
AA 4

Solange das Herz des Menschen schlägt, ist dieser unruhig und getrieben auf der Suche nach dem Sinn seines Lebens. Beim Blick in die Gegenwart können SuS darauf hinweisen, welche Wege Menschen gehen, um ihrem Leben einen Sinn zu geben. Dabei gilt es den Blick zu weiten und auch unkonventionelle Suchbewegungen mit der Suche nach Gott in Verbindung zu bringen. Vgl. auch: „Wer die Wahrheit sucht, der sucht Gott, ob es ihm klar ist oder nicht."
(*Edith Stein:* Brief 259, Bd. IX, S. 102)

M 10
AA 3

Die Kernaussagen von **M 10:** Der Mensch soll die innere Leerstelle nicht füllen, sondern freihalten; es gilt die Lebensangst durch Vertrauen aufzuwiegen. Die beiden Haltung (Loslassen und Vertrauen) korrespondieren und lassen sich als solche szenisch darstellen.

Gottes fähig, SB S. 53–55

Der Mensch ist auf Gott hin geschaffen, er ist „capax dei", so die christliche Tradition. Diese Fähigkeit des Menschen allerdings gilt es zu entdecken und einzuüben. Oft genug ist sie verschüttet oder unerkannt verborgen. Die Aktualität der christlichen Mystik und auch der der anderen Religionen deutet darauf hin, dass der moderne Mensch nicht selten jenseits der großen Konfessionen sucht – und findet. Die Textgruppe ist geeignet zu zeigen, wie vielfältig die Wege der christlichen Tradition sind.

M 15
AA 1

Die Areopagrede des Paulus Apg 17,16–28 entfaltet eine natürliche Theologie, nach der Gott in allen Dingen gegenwärtig und zu finden ist. Diese Unmittelbarkeit des Menschen zum göttlichen Geheimnis gilt es fruchtbar zu machen, wenn christlich von Gott gesprochen wird. Hier bieten sich Wege der ästhetischen Grundbildung an, wie sie z. B. Hubertus Halbfas vorgelegt hat. Die Miniatur „Der Kosmosmensch" stammt nicht von Hildegard selbst, sondern von ihrem langjährigen Assistenten, Schreiber und Maler, dem Mönch Volmar, der das Buch „Liber divinorum operum" (Buch der göttlichen Werke) zwischen 1163 und 1174 nach den Anweisungen von Hildegard erarbeitet hat. Im Sinne der Aufgabe ist tatsächlich ein Dialog denkbar, den z. B. Paulus mit dem Bild führt.

AA 2

Bernini hat die überlebensgroße Marmorkomposition der spanischen Mystikerin Teresa von Ávila (1515–1582) zwischen 1647 und 1652 erschaffen. Sie befindet sich in der Kirche Santa Maria della Vittoria in Rom. Der Künstler folgt einer autobiographischen Erzählung der Teresa, in der sie ihre mystischen Erfahrungen ganz körperlich schildert:
„[Es] wollte der Herr, dass ich den Engel in leiblicher Gestalt sehen sollte. Er war nicht groß, eher klein, aber sehr schön. [...] In den Händen des mir erschienenen Engels sah ich einen langen goldenen Pfeil; an der Spitze seines Eisens schien mir Feuer zu sein; es kam mir vor, als durchbohrte er mit dem Pfeil einige Male mein Herz bis ins Innerste, und wenn er den Pfeil wieder herauszog, war mir, als zöge er den innersten Teil meines Herzens mit heraus. Als er mich dann verließ, war ich ganz entzündet von feuriger Gottesliebe. Der Schmerz war so scharf, dass er mich zu vielen Seufzern trieb, und so groß war die Süßigkeit dieser Qual, dass ich niemals wünschen kann, sie zu verlieren, noch dass meine Seele mit weniger als Gott zufrieden sei. Es ist kein körperlicher Schmerz, sondern ein geistiger, obwohl der Körper Anteil daran hat, großen Anteil. Der Liebesverkehr, der seither zwischen meiner Seele und Gott stattfindet, ist so beglückend, dass ich den gütigen Herrn anflehe, er wolle ihn dem zu kosten geben, der etwa meint, ich würde hier lügen."

M 13

AA 3 Im Zentrum der Sentenzen steht die mystische Einheit des Menschen mit Gott, die man in Anlehnung an die chalcedonische Formel (SB S. 218) als unvermischt und ungetrennt beschreiben kann. Gott ist dem Menschen unmittelbar nahe und zugleich doch der ganz Andere.

AA 4 Die SuS sollten nicht zu schnell eine „Lösung" fixieren. Die AA bedarf des meditativen Zugangs und der persönlichen Recherche. Vor allem die Meditation einzelner Sentenzen sollte L anleiten.

M 14

AA 5 Das „Hohelied Salomons" ist eine Sammlung von gut 30 Liebesliedern, deren Sitz im Leben Hochzeitfeiern sind. Die Lieder sind mit einem Dialog zwischen Frau und Mann verbunden. Dabei steht die Frau offenkundig im Zentrum des Geschehens. Die christliche Tradition – besonders die hochmittelalterliche Brautmystik – hat die Texte theologisch bzw. christologisch gedeutet. Gott (der Bräutigam) geht mit der Seele (die Braut) eine Liebesbeziehung ein. So, wie sich die Braut nach dem Bräutigam sehnt, sehnt sich die Seele nach Gott (vgl. www.mechthild-von-magdeburg.de/).

Gott innig, SB S. 56–58

Die dritte Stufe der Mystik beschreibt die *via unitiva*, die Vereinigung der Seele mit Gott bzw. die Anschauung Gottes. Die christliche Mystik kennt keine explizit ausgewiesene Meditationstechnik oder -praxis, wie sie z. B. der Buddhismus entwickelt hat. Gleichwohl gibt es verschiedene Meditationsformen, die in den vergangenen Jahren im christlichen Kontext kultiviert wurden. Das Ziel dieser Materialgruppe ist es, die SuS mit der christlichen Meditation vertraut zu machen. Das wird nicht allein auf dem Wege der kognitiven Auseinandersetzung möglich sein. Deswegen bietet es sich hier besonders an, Raum für persönliche Erfahrungen zu öffnen. Vgl. dazu die Lernsequenz LB S. 35.

M 15

AA 1 Im Zentrum des Gedichtes steht das Substantiv „la paciencia" (die Geduld). Damit ist nicht ein stummes Erdulden gemeint, sondern ein ausdauerndes und sehnsüchtiges Erwarten Gottes. Gebet in diesem Sinne meint: gegenwärtiges Ausschauhalten nach der Gegenwart Gottes.

AA 2 Der Haltung des Wartens, Erwartens, Ausschauens und Gegenwärtigseins entspricht in besonderer Weise das Bild der leeren Schale, die Haltung der geöffneten Hände.

M 16

AA 1 Auch wenn SuS der Oberstufe mit Stilleübungen vertraut sein werden, so ist die Übung des Schweigens immer wieder eine eindrückliche und elementare Erfahrung. Vor der kognitiven Arbeit sollte daher unbedingt eine Schweigeübung stehen (vgl. auch **ZM 2**).

M 17

AA 3 In allen Kulturen spielen Gebetshaltungen eine bedeutende Rolle. Die SuS recherchieren die diversen Gebärden und probieren sie aus. Die Frage nach der „Tauglichkeit" bezieht sich auf die existenzielle Dimension: Inwieweit bieten Gebetshaltungen Möglichkeiten authentischer religiöser Artikulation? Dies sollten die SuS nicht nur beobachtend beschreiben, sondern auch ausprobieren.

M 18

AA 4 Tersteegen stellt in **M 18** den Menschen in die Gegenwart Gottes. Diese ist immer schon da. Sie wird gleichsam als das lebenspendende Biotop beschrieben, in dem der Mensch überhaupt erst leben und existieren kann. Die ausgewählten Strophen bieten eine Fülle von Sprachbildern an, die es zu reflektieren gilt und die sich in vielfältiger Weise darstellen lassen. Das zentrale Bild der der Sonne zugewandten Blume ist wohl am eindrücklichsten.

M 19

AA 6 „Sollten wir nicht auch bei uns öffentlich beten?" Die Diskussion der Frage steht im Kontext zunehmender laïzistischer Tendenzen. Religion wird in den privaten Raum „verbannt". SuS sollten prüfen, welche Motive hinter diesen Tendenzen stehen und welche Folgen das für die persönliche und gemeinschaftliche Glaubenspraxis haben kann.

Der Mensch in der Sicht des Buddhismus, SB S. 59–61

Die westliche Rezeption des Buddhismus ist stark von den Einflüssen der Theosophie des 19. Jahrhunderts geprägt. Vor allem der aus der Evolutionstheorie hervorgegangene Fortschrittsgedanke und das emanzipatorische Autonomiebestreben modulieren aus der fernöstlichen Tradition eine Art Buddhismus „light", der sich in seinem Erscheinungsbild bisweilen weit von den authentischen Grundlagen entfernt und sich gleichsam zu einem Teil der zivilisatorischen

Wellnessbewegung entwickelt hat. Vor diesem Hintergrund ist es wichtig, die ursprünglichen Aussagen des Buddhismus zum Menschen zu thematisieren.

AA 1

Die „vier edlen Wahrheiten“ formulieren die existenzielle Grunderkenntnis des Buddhas:
1. Alles Dasein ist letztlich leidvoll.
2. Die Ursachen des Leidens liegen im Lebensdurst.
3. Im Erlöschen des Lebensdurstes erlischt das Leiden.
4. Zum Erlöschen des Leidens führt der Edle Achtfache Pfad.

Westliche Adaptionen gehen meist schnell darüber hinweg, dass das buddhistische Menschenbild im Grunde negativ bestimmt ist. Beim Blick auf die eigene Lebenserfahrung werden auch skeptische SuS schnell nachvollziehen, inwieweit die buddhistische Daseinsanalyse mit der christlichen korrespondiert. Der markante Unterschied beider Welt- und Lebensdeutungen liegt im jeweiligen Heilsweg. Hier bietet es sich an, die heteronome Perspektive des Christentums der autonomen Perspektive des Buddhismus gegenüberzustellen.

M 20, **M 21**
AA 2

„Jeder ist im Grunde seines Wesens Buddha.“ Die Lebensaufgabe des Menschen ist es, die in seinem eigenen Wesen verborgen gegenwärtige Buddha-Natur zu entdecken und sie zum Tragen kommen zu lassen. Auf diese Weise ist der Mensch ständig unterwegs auf dem Weg zu sich selbst. Die Möglichkeit zur Praxis der Bewusstseinsschulung ist für den Buddhisten Ausdruck der Hoffnung auf die Eröffnung des Innenraums der Wirklichkeit.
Hier ließe sich ein Vergleich zur christlichen Mystik ziehen, wie sie z. B. Angelus Silesius (**M 13**) formuliert hat: „Halt an, wo läufst du hin, der Himmel ist in dir. Suchst du Gott anderswo, du fehlst ihn für und für.“ Auch die Rede von der Christuswirklichkeit z. B. bei Paulus bietet sich zum Vergleich an, besonders die folgenden Stellen:

- Röm 8,10: Wenn Christus in euch ist, dann ist zwar der Leib tot aufgrund der Sünde, der Geist aber ist Leben aufgrund der Gerechtigkeit.
- 2 Kor 5,17: Wenn also jemand in Christus ist, dann ist er eine neue Schöpfung: Das Alte ist vergangen, Neues ist geworden.
- Gal 2,20: Nicht mehr ich lebe, sondern Christus lebt in mir.
- Eph 3,17: Durch den Glauben wohne Christus in eurem Herzen.
- Eph 4,13: So sollen wir alle zur Einheit im Glauben und in der Erkenntnis des Sohnes Gottes gelangen, damit wir zum vollkommenen Menschen werden und Christus in seiner vollendeten Gestalt darstellen.

AA 3

Es geht um die Praxis der Bewusstseinsschulung. Der „Edle Achtfache Pfad“ beschreibt diese wie folgt: rechte Erkenntnis, rechte Gesinnung, rechte Rede, rechtes Handeln, rechter Lebenserwerb, rechtes Streben, rechte Achtsamkeit und rechte Sammlung. Vor allem ist diese Praxis durch eigene Aktivität gekennzeichnet, indem sich der Mensch auf diesen Weg begibt, kann er die Erlösung finden.

AA 4

Folgende Stichworte bieten sich an:

Buddhistisches Menschenbild	Christliches Menschenbild
Alles Dasein ist Leiden.	Die Welt ist erlösungsbedürftig
Autonomie	Heteronomie
Buddha-Natur	Christuswirklichkeit
Erlösung durch eigene Praxis	Erlösung durch Gott
Der Edle Achtfache Pfad	Die Zehn Gebote

3. Geschöpf Gottes, SB S. 62–68

Die biblische Rede vom Menschen stellt dessen Geschöpflichkeit als Gabe und Aufgabe ins Zentrum. „Erkennt: Der Herr allein ist Gott. Er hat uns geschaffen, wir sind sein Eigentum, sein Volk und die Herde seiner Weide.“ (Psalm 100,3) *Gabe* ist die Geschöpflichkeit insofern, als sie die Würde eines jeden Menschen begründet. *Aufgabe* ist sie, da sie seine Verantwortung für die Mitschöpfung betont.

Nach Gottes Bild geschaffen, SB S. 62–65

M 22
AA 1

M 22 ist wohl eines der bekanntesten Gemälde der Weltgeschichte. Es findet sich im Zentrum des Deckengemäldes der Sixtinischen Kapelle. Michelangelo (1475–1564) hat die beiden biblischen Texte in genialer Weise ins Bild gesetzt, indem er über die wortwörtliche Bedeutung der

Texte hinausgeht und die innige Beziehung zwischen Gott und Adam thematisiert. Adam – vom hebr. Adamah (= Erde) – ist hier als Gattungsbegriff zu verstehen und am besten mit *Erdling* zu übersetzen. Vor diesem Hintergrund lassen sich auch die beiden Kurzformeln des Glaubens deuten, auch wenn sie jeweils einen Aspekt der Erschaffung Adams akzentuieren.

M 23
AA 2

Der belgische Künstler René Magritte (1898–1967) ist ein bedeutender Vertreter des Surrealismus. In seinen Werken scheinen sich Traum und Wirklichkeit zu vermischen. Magritte malt zwar naturalistische Darstellungen von Gegenständen, er verfremdet sie jedoch durch eine ungewöhnliche Zusammenstellung und erzeugt so eine surreale Stimmung. „Die Liebenden" hat Magritte in mehreren Versionen geschaffen. Immer sind eine Frau und ein Mann zu sehen, deren Kopf mit einem weißen Tuch umhüllt ist. Es scheint, als wenn der moderne Mensch sich selbst und seinem Gegenüber fremd und entfremdet ist. Im Kontrast dazu steht der Vers 25 aus Gen 2, der den Ur-Zustand des Menschen so beschreibt: „Beide, Adam und seine Frau, waren nackt, aber sie schämten sich nicht voreinander." Die ätiologische Erzählung Gen 2–3 hebt hervor, dass die von Gott gewollte Beziehung der Menschen durchweg harmonisch und derart vertraut (intim) ist, dass es so etwas wie Scham überhaupt nicht gibt. Die SuS werden schnell feststellen, dass die gegenwärtig oft wahrzunehmende medial vermittelte Schamlosigkeit dazu in deutlichem Kontrast steht.

M 24
AA 3

Die biblischen Zitate sollten zunächst ausführlich bearbeitet werden. Als Hilfestellung kann www.bibelwissenschaft.de/wibilex Stichwort „Mensch" dienen.

M 25
AA 4

Nach biblischem Verständnis ist der Mensch das Wesen zwischen Himmel und Erde. Aus den Stoffen der Erde (Adamah) gemacht und mit Gottes Geist (Lebensodem) beseelt, ist jeder Mensch ADAM (Erdling) oder EVA (Lebensspender/-in). Der Mensch ist irdisch und göttlich zugleich:

M 26
AA 5

Die Gottebenbildlichkeit des Menschen ist qualifiziert durch
1. die Aussagen von Psalm 8, in dem der Mensch von Gott her gedacht wird;
2. das Bilderverbot (Ex 20,4), das sich eben auch auf den Menschen bezieht;
3. seine Eigenschaft als Stellvertreter Gottes;
4. seine Bestimmung zur Gemeinschaft;
5. sein verantwortliches Gegenüber zur Mitwelt.

M 27
AA 6

M 27 zielt auf das Zitat „Die Geschlechtlichkeit berührt alle Aspekte des Menschen in der Einheit seines Leibes und seiner Seele. Sie betrifft ganz besonders das Gefühlsleben, die Fähigkeit, zu lieben und Kinder zu zeugen und, allgemeiner, die Befähigung, Bande der Gemeinschaft mit anderen zu knüpfen." (KKK 2332)

AA 1

Dahinter ist deutlich das Konzept erkennbar, welches das Wesen des Menschen von seiner Natur her bestimmt (Naturrecht). Es ist damit zu rechnen, dass die SuS die biologistische Engführung erkennen und nach der kulturellen und sozialen Prägung des Geschlechts (Gender) fragen werden. Vgl. www.genderwiki.de/ Artikel „Queer_Theologie" und **ZM 3**.

AA 7

Umfassende Informationen und vielfältige Anregungen finden sich unter der folgenden Adresse www.kirchlich-heiraten.info/.

Mensch sein vor Gott, SB S. 66–68

Der Mensch lebt jenseits von Eden (vgl. Gen 3,23 f.). Entsprechend erfahren Menschen sich und die Welt als zerrissen und erlösungsbedürftig. Die unheilvollen Verstrickungen sind vielfältig und überfordern tagtäglich. Wie kann der Mensch angesichts dieser Situation leben?

Die Adam-Christus-Typologie des Paulus (1 Kor 15,19–22, 42–58)	
Adam	Christus
Entsprechung	
Durch Adams Übertretung kam die Sünde und damit der Tod zu allen Menschen.	Durch Christi Gehorsam kommen die Auferstehung und das Leben.
Überbietung	
Das Resultat war der Tod.	Das Resultat war überreiche Gnade und Leben.
Eine einzige Übertretung bringt den Tod für alle.	Viele Übertretungen werden aufgehoben.

AA 2 Lucas Cranach d. Ä. (1472–1553) gilt als der Künstler der Reformation (vgl. www.cranach.de/). Er hat eine Fülle von Werken geschaffen. Man geht davon aus, dass etwa 5 000 Gemälde von seiner Hand und in seiner Werkstatt entstanden sind (1 000 sind bis heute erhalten). Der Ausschnitt zeigt das interessante Detail, in dem Adam es ist, der Eva die verbotene Frucht reicht (aus der ein Wurm herausschaut). Der Gesichtsausdruck beider lässt ihre Schicksalsgemeinschaft erkennen.

M 28
AA 3 Reinhard Körner ist Mitglied im Teresianischen Karmel. Seine Beiträge sind stark von dem Bemühen geprägt, Menschen heutiger Zeit theologische Grundaussagen verständlich zu machen. Dabei legt er besonderen Wert auf das Thema Spiritualität und Frömmigkeit. Das Grundübel des Menschen sei die ständige Versuchung, sich selbst zum Mittelpunkt zu machen. In Anlehnung an Kierkegaard ließe sich von einem „Sein zum Ich" sprechen, von einem existenziellen Zugang, der alles vom Ich erwartet und erhofft. Beim Blick in die Gegenwart werden die SuS zahlreiche Anhaltspunkte für diese These finden.

M 29
AA 4 Der renommierte evangelische Theologe Helmuth Thielicke gründete Mitte der 1970er Jahre in Hamburg die Projektgruppe „Glaubensinformation", die gegenwärtig von der Aktion „Andere Zeiten" (www.anderezeiten.de) weitergeführt wird. Für Thielicke meint Erbsünde (besser Ur-Sünde) den Schuldzusammenhang, in dem der Mensch sich immer schon vorfindet. Der Ausdruck „Tatwam asi" stammt aus dem Sanskrit und bedeutet, dass die Außenwelt des Menschen identisch ist mit seinem Ich. Ob wir wollen oder nicht, wir Menschen sind mit der Welt und den Mitmenschen heil- und unheilvoll („auf Gedeih und Verderb") verbunden.

Kaum ein Gleichnis des NT ist derart gut zur Identifikation geeignet wie das vom „verlorenen Sohn" (besser: barmherzigen Vater). Für SuS auch der Oberstufe stellt sich stets die Frage nach der eigenen Rolle, etwa in der Geschwistergruppe, wie auch immer die aussehen mag. Und selbst Einzelkinder werden sich in dieser Geschichte wiederfinden. Die Identifikation kann L auch auf bibliodramatischem (www.die-bibel-lebt.de/bibliodrama.htm) oder bibliologischem Wege (www.bibliolog.de) erschließen.

AA 6 Gen 2–3 stellen eine ätiologische Erzählung dar. Die Erarbeitung kann sich am Schema (Tafelbild) orientieren:

Gen 2–3 – Eine ätiologische Erzählung – Warum die Welt so ist, wie sie ist.			
	Gen 3,8-19	Gen 3,1-7	Gen 2,4b-24
Beziehungen	**Ist-Zustand der Welt**	Ursache (Aitia) der Veränderung:	**Soll-Zustand der Welt**
Mensch / Mensch	Unterdrückung		Harmonie
Mensch / Umwelt	Ausbeutung	Misstrauen Gott gegenüber	friedliches Miteinander
Mensch / Gott	Entfremdung		Partnerschaft

4. Perspektiven, SB S. 69–77

Der Mensch in der Perspektive der Philosophie, SB S. 69–70

M 31
AA 1 Menschenbilder sind auch Bilder vom/von Menschen. Die Kunstgeschichte, aber auch und vor allem die zeitgenössische Werbung bieten eine Fülle von Anregungen.

M 32
AA 2 Es kennzeichnet den Menschen, dass er sich seines Elends bewusst ist. Das jedoch ist zugleich auch seine Größe, da er sich dazu verhalten kann.

Auseinandersetzung mit dem Naturalismus, SB S. 70–73

Die sogenannten Neoatheismen, die gegenwärtig vor allem die populäre Debatte prägen, wurzeln in einem radikalen Naturalismus, der die Welt und den Menschen auf die Materie und deren Funktion reduziert. Drei Varianten lassen sich dabei unterscheiden. Die erste Gruppe zitiert die gängigen Argumente der Philosophiegeschichte. Die zweite Gruppe zeichnet sich primär durch Polemik und starke Vereinfachung aus (Humanistische Union). Die dritte Gruppe schließlich formuliert Anfragen, die auf der Höhe der Zeit sind. Zu dieser Gruppe sind manche Vertreter der Hirnforschung zu zählen, für die auf der Basis ihrer Ergebnisse vor allem der freie Wille in Frage steht (Gerhard Roth). Andererseits gibt es aber auch solche Vertreter, die die Ergebnisse ihrer Disziplin nicht ideologisch engführen (Gerald Hüter).

M 33
AA 5

Informationen zu Rainer Malkowski und seinem Werk finden sich unter www.rainer-malkowski.de/.

M 34

Für die jeweiligen Konzepte stehen ausgewählte Personen: Kosmologie (Kopernikus) / Evolutionstheorie (Darwin) / Psychologie (Freud) / Hirnforschung (Roth) / Weltraumforschung (Hawking) / Gentechnik (N. N.).

AA 3 **AA 3** zielt in erster Linie auf die ganz persönliche, existenzielle Auseinandersetzung. Die SuS sollten nicht zu schnell darüber hinweggehen.

AA 4 Die Disziplinen begründen spezifische Paradigma, die das Bewusstsein der jeweiligen Epoche sehr stark geprägt haben und prägen. Vor allem die Freiheit des Menschen steht/stand in Frage.

M 35
AA 6

Erfahrungsorientierte und alltagspragmatische Perspektiven werden den freien Willen zumindest postulieren. Weiterführend und vertiefend könnte man die Filme „Matrix" (http://wiki.zum.de/Matrix_%28Film%29) und „Die Truman Show" behandeln.

M 36
AA 7

Für Bieri ist die Willensfreiheit bleibendes Datum der menschlichen Existenz. *„Auch wenn die Naturgesetze bestimmen, was wir tun und denken, können wir uns unter Berücksichtigung der jedem Menschen gegebenen Bedingtheiten als frei verstehen. Frei sind wir in diesem Sinne genau dann, wenn wir unseren eigenen Überzeugungen gemäß handeln können. Ein solcher Freiheitsbegriff, der ein bewusstes Reflektieren und eine bewusste Entscheidung voraussetzt, aber auch für möglich hält, steht nicht im Gegensatz zum Determinismus. Die Idee einer ‚absoluten Freiheit', die gegen den Determinismus gerichtet ist, ist begrifflich inkohärent."*

Damit der Mensch Mensch werde, SB S. 73–77

Die letzte Materialgruppe bündelt die verschiedenen Aspekte der christlichen Anthropologie und zeigt, inwiefern das Christentum inmitten einer Gesellschaft des Erfolgs und der Vergeltung mit der Entwicklung einer Kultur des Scheiterns und der Vergebung einen spezifischen Beitrag für ein gelungenes Menschsein liefern kann.

M 37
AA 3

Die Katholische Soziallehre ist im Laufe von inzwischen über 120 Jahren schrittweise entstanden. Sie ist wesentlich bestimmt durch fünf Prinzipien (siehe **ZM 4**).

M 38
AA 1

Der US-amerikanische Künstler Edward Hopper (1882–1967) zählt zu den bedeutendsten Realisten des 20. Jahrhunderts. Seinen Durchbruch erreichte er allerdings erst postum durch die Entstehung der Pop-Art. Vor allem zahllose Reproduktionen machten Hoppers Bilder international bekannt. Inzwischen fungieren seine Werke nahezu als Ikonen einer poetisch-kritischen Sicht auf bestimmte Aspekte des „american way of life". Im Zentrum seiner Bilder steht die Auseinandersetzung mit der Einsamkeit und der menschlichen Isolation. **M 38**, das populärste Bild Hoppers, zeigt eine im Stil des Art Deco gebaute Bar bei Nacht, in der der Betrachter von außen vier isolierte Personen erkennt.

M 39
AA 2

Piet van Breemen SJ (* 1926) ist niederländischer Jesuit und war lange Jahre in der Ordensausbildung tätig. Weltweit ist er als Exerzitienbegleiter und Leiter von Seminaren zum Ordensleben bekannt. Er ist Autor zahlreicher geistlicher Bücher.

M 40

Zum Leben und Werk Karl Rahners gibt es umfangreiche Informationen unter http://www.ub.uni-freiburg.de/index.php?id=1242.

AA 5 Vgl. www.wibilex.de Stichwort Exodusgeschehen / Meerwundererzählung. Siehe dazu ZM 10.

AA 6 Die Zehn Gebote (Dekalog) werden meist zu allererst als einschränkende Vorschriften verstanden. Ihre eigentliche Bedeutung haben sie aber als „Weisungen zum Leben“, die ein Leben in Freiheit ermöglichen sollen. Eine Möglichkeit der Umformulierung könnte lauten:
Gib Gott das Seine. Verteidige die Freiheit. Suche die Gerechtigkeit. Schütze die Würde deiner Mitmenschen. Achte dich selbst. Pflege deine Partnerschaft. Respektiere das Eigentum. Übe Toleranz. Halte dich an die Wahrheit. Bewahre die Schöpfung.

C. Lernsequenz

Gott erfahren – ein Grundkurs Spiritualität

1. Thema
Der Glaube kommt vom Hören, so heißt es bei Paulus (Röm 10,17). Darüber hinaus ist jedoch die konkrete Erfahrung und die angeleitete Praxis nötig. Religiöses Leben will gelernt sein. Es bedarf der Einführung und der Anleitung. Sicherlich ist der Religionsunterricht nicht der erste Ort dafür. Gleichwohl allerdings ist auch er ein Ort, an dem über Religiosität nicht nur gesprochen wird. „Ohne ein zumindest ansatzweises Vertrautmachen mit Vollzugsformen des Glaubens wird die unterrichtliche Einführung in die Wissensformen des Glaubens ohne nachhaltige Wirkung bleiben.“ (DBK: Der RU vor neuen Herausforderungen, S. 24.) Die gymnasiale Oberstufe bietet vielleicht sogar bessere Möglichkeiten für mystagogisches Arbeiten als die Sekundarstufe I. Insofern ist ein Grundkurs Spiritualität durchaus angemessen. SuS leben in einer pluralen Welt, die durch eine Fülle von Angeboten im esoterischen und spirituellen Bereich gekennzeichnet ist. Der Religionsunterricht sollte sich nicht der Aufgabe entziehen, hier Orientierung anzubieten, damit die jungen Menschen ihre Urteilskraft stärken können.

2. Lernanlässe
- Zusammen mit einem Freund/einer Freundin stehen Sie in einer Buchhandlungen vor den Regalen mit Publikationen zum Thema Esoterik und Spiritualität. Er/sie fragt Sie nach den Merkmalen christlicher Spiritualität.
- Im Programm der VHS Ihrer Stadt finden sich Angebote wie „Die eigene Mitte finden“ oder „Meditation für Einsteiger“. Eine Freundin fragt Sie, ob sie sich dort anmelden könne.

3. Kompetenzen
Die SuS können
- religiöse Spuren und Dimensionen in der Lebenswelt aufdecken;
- religiöse Ausdrucksformen (Symbole, Riten, Mythen, Räume, Zeiten) wahrnehmen und in verschiedenen Kontexten wiedererkennen und einordnen;
- religiöse Sprachformen analysieren und als Ausdruck existenzieller Erfahrungen deuten.

4. Lernarrangement
Der Grundkurs Spiritualität ist primär mystagogisch ausgerichtet. Mystagogisches Lernen im Religionsunterricht bedient sich perfomativer Elemente. Sie bieten Gelegenheit, nicht nur über die Sache, um die es geht, zu reden, sondern sie auch zu erfahren. Hier bietet es sich an, dass die SuS eine elementare Einführung in Meditationspraktiken erhalten. Dies kann am besten in einer Art ästhetischer Grundbildung ablaufen. Dazu dienen verschiedene Wahrnehmungs- und Stilleübungen. Hilfreich ist dabei eine regelmäßige und kontinuierliche Praxis. So bietet es sich an, jede Unterrichtsstunde oder -phase mit einer solchen Übung zu beginnen oder abzuschließen. L sollte vertraut sein mit den genannten Formen und deren Rahmenbedingungen. Ein zweiter Zugang erfolgt über Lerngänge und Exkursionen mit Rechercheaufgaben in verschiedensten Kontexten außerhalb der Schule. Die SuS suchen je nach den örtlichen Gegebenheiten Buchhandlungen, Anbieter von Meditationskursen, Kirchengemeinden, Bildungseinrichtungen, Klöster, religiöse Gemeinschaften etc. auf. Vor allem der persönliche Kontakt und Austausch ist dabei wichtig. Der dritte Zugang zum Thema schließlich bietet den SuS Gelegenheit, ihre kognitiven Kenntnisse in Bezug auf Religiosität und Spiritualität auszuweiten und zu vertiefen. Die kognitive Auseinandersetzung erfolgt im Rahmen des Unterrichts. Hier bietet es sich je nach Größe der Lerngruppe an, arbeitsteilig vorzugehen. Auch ist ein Wechsel von Instruktion und Konstruktion zu beachten. Selbständige Aufbereitung, z. B. der individuellen Rechercheergebnisse, und gemeinsame Reflexion z. B. auf der Basis von zentralen Quellentexten sollten sich abwechseln.

5. Lerngegenstände
Die SuS sollen mit den folgenden Lerngegenständen (Inhalten) vertraut werden:
- Wahrnehmung zeitgenössischer religiöser Bedürfnisse und Spiritualität,
- Kenntnis konstitutiver Elemente der Gottesrede,
- Phänomene des Neopaganismus und der Esoterik,
- exemplarische Kenntnis von Charakterlehren: Enneagramm, Taro, Astrologie usw.,
- elementare Meditationsformen und Gebetsformen,
- Grundzüge der Mystik und der mittelalterliche Liebesmystik,

- exemplarische Kenntnis einiger Mystiker: Teresa von Ávila, Johannes vom Kreuz, Hildegard von Bingen, Mechthild von Magdeburg, Angelus Silesius, Gerhard Tersteegen usw.,
- exemplarische Kenntnis zeitgenössischer christlicher Angebote: das Sonnenhaus Beuron; die Cella in der Dreifaltigkeitsgemeinde in Freiburg; weitere Angebote von Klöstern und christlichen Meditationszentren.

6. Lernwege

Die SuS

- klären die Stichworte Spiritualität und Religiosität;
- bearbeiten die Materialien des SB;
- recherchieren esoterische Angebote;
- informieren sich zum Neopaganismus;
- üben in der Lerngruppe Meditationsformen ein;
- erarbeiten in der Lerngruppe die wesentlichen Inhalte zur Mystik;
- erarbeiten Elemente der Gottesrede.

7. Lernaufgaben

- Stellen Sie eine Liste esoterischer Zeitschriften zusammen und formulieren Sie Kategorien.
- Fertigen Sie eine „spirituelle" Landkarte Ihrer Stadt oder Region an.
- Beschreiben Sie drei unterschiedliche Meditationsformen.
- Wählen Sie eine Mystikerin oder einen Mystiker aus und machen Sie sich mit ihren/seinen Texten vertraut.
- Erläutern Sie die Merkmale der christlichen Rede von Gott.
- Beschreiben und prüfen Sie die spirituelle Kompetenz zeitgenössischer religiöser Persönlichkeiten.
- Machen Sie sich vertraut mit der Meditationsform des Zen.
- Befragen Sie kirchliche Vertreter hinsichtlich ihrer Vorstellung und Praxis von Spiritualität.
- Führen Sie eine Feldstudie zum Thema „Spiritualität" durch.
- Verfassen Sie einen Lexikonartikel zum Stichwort christliche Mystik.
- Untersuchen Sie die Briefe des Apostels Paulus auf ihren mystischen Gehalt.

8. Lernoptionen

- Mancherorts bietet sich ein gemeinsamer Besuch in einem Kloster an, bei dem ggf. auch ein Gespräch mit den Ordensleuten über deren Spiritualität möglich ist.
- Im Rahmen von Projekttagen ließe sich ein Projekt „Meditation" durchführen.
- In den Zeiten vor Weihnachten oder Ostern können die SuS für die Schulgemeinschaft meditative „Zeiten der Stille" anbieten.
- Im Blick auf die esoterischen Grenzgebiete bietet sich eine Kontaktaufnahme mit den Weltanschauungsbeauftragten der jeweiligen Diözesen an.

9. Lernerfolg

Die SuS

- verfassen einen „Ratgeber Meditation";
- erarbeiten eine kommentierte Literatur- und/oder Linkliste zum Thema Spiritualität;
- porträtieren einen Mystiker/eine Mystikerin;
- verfassen eine Beschreibung zum Thema „Als spiritueller Mensch leben".

10. Lernquellen

Kapitel „Mensch – auf dem Weg zu Gott", SB S. 51ff., M 8–M 19; Kapitel „Gott – offenbare Verborgenheit", SB S. 120ff., M 1–M 6.

Projekt der Zeitschrift „Christ in der Gegenwart": Was sagt mir Gott?

http://www.christ-in-der-gegenwart.de/aktion

Links zu christlichen Meditationsstätten

http://www.sonnenhaus-beuron.de/;
http://meditationszentrum.bistumlimburg.de/;
http://cella.dreifaltigkeit-freiburg.de/;
http://www.west-oestliche-weisheit.de/

Links zur Mystik

http://de.wikipedia.org/wiki/Liste_von_Mystikern;
http://www.geistundleben.de/spiritualitaet.html;
http://www.christliche-meditation.net/;
http://www.christl-spiritualitaet.de/;
http://www.gfcm.de/

Links zur Esoterik bzw. Spiritualität

http://www.ekd.de/ezw/;
http://www.kamp-erfurt.de;
http://www.einfachlebenbrief.de/brief.html

Literatur

Brantschen SJ, Niklaus/Gyger Pia: VIA INTEGRALIS. Wo Zen und christliche Mystik sich begegnen. Ein Übungsweg. Unter Mitarb. v. Bernhard Stappel. München: Kösel 2011.

Dyckhoff, Peter: Atme auf. 77 Übungen zur Leib- und Seelsorge. München: Don Bosco 2004.

Gosebrink, Hildegard: Das Geheimnis schauen. Grundkurs christliche Mystik. München: Kösel 2007.

Lechner, Odilo/Langer, Michael (Hrsg.): Mystik für Christen. Ein Jahreslesebuch. Gütersloh: Gütersloher Verlagshaus 2010.

Leppin, Volker: Die christliche Mystik. München: C. H. Beck 2007.

Painadath, Sebastian: Befreiung zum wahren Leben. 50 meditative Schritte der Selbsterkenntnis. München: Kösel 2006.

Wehr, Gerhard: Christliche Mystiker. Von Paulus und Johannes bis Simone Weil und Dag Hamarskjöld. Regensburg: Pustet 2008.

Wendel, Saskia: Christliche Mystik. Kevelaer: Topos 2004.

ZM 1 Über das Stehen, Sitzen und Knien im Gottesdienst

Beten ist die Antwort des Menschen auf das Entgegenkommen Gottes. Gott geht auf uns zu, Gott begegnet uns auf menschliche Weise, Gott richtet sein Wort an uns und wird so selber die Erfüllung unserer Sehnsucht nach Sinn und Ziel unserer menschlichen Existenz: Beten, anbeten ist nicht nur eine Sache unseres Geistes, sondern drückt sich vielmehr mit unserem ganzen Körper aus.
Das kennen wir auch aus unserem alltäglichen Umgang miteinander. Wir Menschen sprechen nicht nur mit dem Mund, sondern mit unserem ganzen Körper. Und oft genug ist unsere Körpersprache ja eindeutiger als unsere gesprochenen Worte. Auch im Umgang mit Gott beim Beten ist das so. Wir kennen als Christen in unserem liturgischen Vollzug unterschiedliche Haltungen des Betens. Die häufigsten sind: das Stehen, das Sitzen und das Knien.

Stehen vor Gott

Der aufrechte Gang, der unseren Horizont weitet und die Hände befreit, steht am Anfang der Entwicklung des Menschen aus dem Tierreich heraus. Aufrecht vor Gott stehen ist auch die liturgische Grundhaltung. Im Stehen kommen die Ehrfurcht, aber auch die Freude zum Ausdruck, der Jubel und das Loben.
Wer steht, muss allerdings auch immer sich den Kräften entgegenstemmen, die ihn wieder nach unten drücken wollen. Wer aufrecht vor Gott steht, der hat sich zusammengenommen, der ist wachsam und aufmerksam. Und er ist bereit; denn wer steht, kann sofort auf und davongehen und ungesäumt den Auftrag ausführen, der ihm zuteil wird. Für die ersten Christen ist das Stehen die vornehmste Gebetshaltung.
Wir kennen das Bild der Orante aus den Katakomben: eine aufgerichtete Gestalt mit weit nach oben ausgebreiteten, empfangend geöffneten Händen. Die gleiche Haltung nimmt der Priester ein, wenn er in der Eucharistiefeier an der Spitze der versammelten Gemeinde vor Gott tritt und betet, z. B. beim Tages-, Gaben- und Schlussgebet, bei der Präfation und während des Hochgebets und beim Vaterunser.
„Wir danken dir, dass du uns berufen hast, vor dir zu stehen und dir zu dienen." So heißt es im zweiten eucharistischen Hochgebet. Und diese Haltung des aufrechten Stehens ist auch die angemessene Gebetshaltung der ganze Gemeinde: Wir stehen bei allen Orationen der heiligen Messe (Tages-, Gaben- und Schlussgebet), beim Hallelujavers, beim Hören des Evangeliums, bei der Präfation, dem Vaterunser, beim Segen.

Das Sitzen

In einer frühchristlichen Kirche gab es keine Bänke, wie wir sie kennen. Die sind eine Erfindung der Neuzeit. Einen Stuhl gab es indes in jeder Bischofskirche: die Kathedra, den Lehrstuhl. In der Antike saß ein Philosoph, wenn er lehrte, auf einem Stuhl. Wenn der Bischof im Gottesdienst predigte, saß er ebenfalls. Das fördert die Konzentration auf den Inhalt wie auf die Zuhörer. Sitzen entlastet. Der Funke kann vom Sprecher auf die Zuhörer überspringen, wenn er sich um nichts anderes kümmern muss. Als die Predigt, vor allem in den Kirchen der Reformation, besonderes Gewicht bekam und die Zuhörenden während des Gottesdienstes recht lange auf den Beinen bleiben mussten, wurden Sitzmöbel für die Mitfeiernden eingeführt. Wer von einem Bein aufs andere tritt, der hört schon lange nicht mehr richtig zu.
Das Sitzen soll die Konzentration der Zuhörenden fördern – auch in katholischen Kirchenräumen. Hören ist ein „Tun". Wer wirklich zuhört, ist beteiligt.

Das Knien

ist die Gebetshaltung, die in unserem persönlichen Beten eine größere Rolle spielt. Wem einmal aufgegangen ist, wenigstens ahnend, wer Gott ist, der geht ganz von selbst in die Knie. Es ist die Geste der Huldigung vor dem Herrscher. Wenn wir uns vor Gott knien, dann nicht deshalb, weil er uns in die Knie zwingt, sondern weil wir selbst uns klein machen vor dem großen, geheimnisvollen Gott, der sich niedrig macht und uns emporhebt.
In unseren Weihnachtsbildern und Krippendarstellungen sehen wir die Hirten und Könige, wie sie sich vor dem Kind in der Krippe auf die Knie werfen. Ja, das ist wohl die angemessene Antwort auf die Art und Weise, wie Gott uns entgegenkommt; das Knien ist die Haltung der Demut, die nötig ist, damit wir mit unserem Gott immer wieder auf Augenhöhe kommen.
In der Feier der Liturgie ist das Knien die Haltung der Ehrfurcht und der Anbetung; so knien wir während der Wandlungsworte (und in unserer Gegend und Gemeinde auch während des Hochgebetes), wenn Christus sich uns schenkt in den Gaben von Brot und Wein. Anbetend feiern wir also das Geheimnis unseres Glaubens. – Und es ist auch sinnvoll, während des „Herr, ich bin nicht würdig ..." vor dem Empfang des heiligen Brotes sich hinzuknien und so inne zu werden, dass Jesus Christus selbst sich uns zuwendet und uns im Sakrament nahekommt. Auch das stille, persönliche Gebet nach der heiligen Kommunion verrichten viele von uns gerne kniend.

http://www.kath-see-end.de/html/gebetshaltungen.html?t

1 Erarbeiten Sie aus dem Text die Bedeutung der Gebetshaltungen im Gottesdienst.
2 Machen Sie in Ihrer Lerngruppe eine Übung, indem Sie die jeweiligen Haltungen (stehen, sitzen, knien) im Sinne des Textes einnehmen. Tauschen Sie Ihre Erfahrungen aus.
3 Vergleichen Sie diese Gebetshaltungen der christlichen Tradition mit dem muslimischen Ritualgebet. Formulieren Sie Gemeinsamkeiten und Unterschiede.

ZM 2 Acht Erkennungszeichen für die Übung der Meditation als Vertiefung des christlichen Glaubens

In jeder Kultur und jeder Religion wird meditiert. Wenn Christen ihren Glauben durch gemeinsame Übung der Meditation und Kontemplation vertiefen wollen, werden sie aus den Traditionen des Christentums schöpfen.

1. Der Rahmen
Der Raum richtet durch seine klare Gestaltung die Übenden auf die unsichtbare Gegenwart Gottes aus. Bilder und Symbole sprechen vom Geheimnis des christlichen Glaubens und sind zugleich offen für die eigene Deutung.

2. Gemeinsam in Gottes Gegenwart
Die Meditationsübung wird in das Licht und den Schutz Gottes gestellt. Dies wird zu Beginn und zum Abschluss in Wort oder Gebet und Segen deutlich gemacht.

3. Im Schweigen über sich hinaushören
In den Übungen wird dem Schweigen Raum gegeben. Es werden Wege aufgezeigt, sich von den eigenen Vorstellungen, Vorwürfen und Ansprüchen zu lösen und sich im Schweigen dem Wort und der Weisung Gottes zu öffnen.

4. Kontinuierliche Übung als positiv entdecken
Geistliche Übung ruft in Disziplin: Das normale Getriebe muss verlassen, Raum und Zeit müssen bereitet und geschützt werden, hilfreiche Körperhaltung und die Übung der Aufmerksamkeit benötigen inneres Einwilligen. Im treuen Wiederholen und Weiterüben vertiefen sich Erfahrung und Einsicht.

5. Erfahrung der Geschöpflichkeit
Die Aufmerksamkeit auf den Atem lässt die Lebensenergie als Gabe Gottes erkennen. Im Vollzug verschiedener Körperübungen werden das Wunder der eigenen Geschöpflichkeit und die Verbindung mit allen Geschöpfen Gottes beglückend und verpflichtend erfahren.

6. Lebensorientierung finden
Die Übenden suchen nach Deutung ihrer Lebenssituation und nach Lebensorientierung. Im betroffenen Hören auf die Botschaft des Evangeliums im Lauf des Kirchenjahres können sich die Zumutungen des Lebens klären. So wachsen auch Engagement und Verantwortung in den Aufgaben des Alltags.

7. Feier des Geheimnisses des Glaubens
In der Feier des Abendmahles wird die Gegenwart Jesu Christi in Brot und Wein sinnenhaft erfahren. In Taufgedächtnis und Agape, bei Segens- und Salbungsgottesdiensten stärkt sich das heilsame Wissen. „So seid ihr nun nicht mehr Gäste und Fremdlinge, sondern Mitbürger der Heiligen und Gottes Hausgenossen.“
Eph 2,19.

8. In Bewegung bleiben
„Das Leben ist nicht ein Frommsein, sondern ein Frommwerden, nicht eine Gesundheit, sondern ein Gesundwerden, nicht ein Sein, sondern ein Werden, nicht eine Ruhe, sondern eine Übung. Wir sind's noch nicht, wir werden's aber. Es ist noch nicht getan oder geschehen, es ist aber im Gang und im Schwang. Es ist nicht das Ende, aber es ist der Weg. Es glüht und glänzt noch nicht alles, es reinigt sich aber alles.“ Martin Luther

Sr. Edith Krug, Irene Dilling (Nürnberg)

1 Stellen Sie die acht Erkennungszeichen christlicher Meditation dar.
2 Prüfen Sie die einzelnen Kennzeichen auf ihre Tauglichkeit. Benennen Sie ggf. eigene oder zusätzliche Aspekte.
3 Erkundigen Sie sich über die buddhistische Meditationspraxis. Vergleichen Sie diese mit der hier beschriebenen christlichen.

ZM 3 „Sex" gehört dem Dasein als Subjekt und als Person zu

Die Autorin Saskia Wendel (1964) ist seit Oktober 2008 Professorin für Systematische Theologie am Institut für katholische Theologie der Universität zu Köln. Einer ihrer Forschungsschwerpunkte ist die Frage nach dem Stellenwert der Leiblichkeit und Körperlichkeit des Menschen in der Religion.*

Die Leiblichkeit wurde unter anderem als ein Vermögen der Offenheit zum anderen bezeichnet, somit als Vermögen der Relation, die in der Personperspektive markiert ist. Das impliziert nun auch den Aspekt des Begehrens. Das Begehren ist zwar immer Begehren von etwas oder jemandem, doch es basiert auf einem Vermögen, das selbst noch nicht auf Objekte bezogen und so noch nicht inhaltlich bestimmt ist: das Begehrungsvermögen, welches mit der Leiblichkeit verbunden ist. Das Dasein kann vieles begehren: Dinge, Güter, ja das Erleben bestimmter Ereignisse oder von Gefühlen. Es kann aber auch andere Personen begehren, zu denen es in Beziehung steht. Diese Beziehung erhält dann eine erotische Dimension, wenn es auch um das Begehren des Leibes der anderen Person geht. Jenes Begehren anderer Personen in der Dimension des Leibes kann nun auch als „sexuelles Begehren" bezeichnet werden, das zum Vollzug der Existenz des bewussten Daseins in seiner Leiblichkeit hinzugehört. Erst durch dieses Begehren kann mir in der Welt überhaupt eine andere Person als erotisch anziehend erscheinen.

Dieses Begehren lässt sich nun auch mit dem Begriff „Geschlecht" (sex) bezeichnen, und „sex", die Geschlechtsidentität, ist dann zunächst einmal noch nicht an den objektivierten, gedeuteten Körper gebunden, sondern an den Leib und dessen Begehrungsvermögen. „Geschlecht" im Sinne von „sex" bezieht sich dann allerdings auch noch nicht auf besondere Körpermerkmale beziehungsweise Körperbilder, dient somit keineswegs zur Bezeichnung dieser Körperbilder, etwa durch Bezeichnung der Körper in „männliche" und „weibliche" Körper, und ist dementsprechend weder einfach mit der sexuellen Differenz identisch noch ein Gattungsbegriff zur Unterscheidung besonderer Exemplare der menschlichen Spezies in Männer und Frauen.

„Sex", sexuelles Begehren und die damit verknüpfte Geschlechtsidentität konkretisiert sich jedoch im personalen Verhältnis zwischen begehrendem Ich und begehrtem anderem. „Sex" gehört demnach nicht allein der Subjektperspektive zu – als Begehrungsvermögen, sondern auch der Personperspektive – als konkretes Begehren, das in der Beziehung zu anderen empfunden und gelebt wird. „Sex" gehört dem Dasein also nicht nur als Subjekt zu, sondern auch als Person. Doch genau hier kommt erneut die Differenz von Leib und Körper zum Tragen, denn in der Beziehung zu anderen ist der Leib schon Körper mit all den bekannten Diskurspraxen und Konstruktionsmechanismen, die damit verbunden sind. Und genau hier beginnt denn auch die Verschiebung von „sex" in „gender", der Transformation des Leibes als Körper entsprechend.

Diese „gender"-Ebene nun gilt es zu analysieren und dabei auf bestimmte Deutungen etwa von „männlich" und „weiblich" hinzuweisen, die sozialisationstheoretisch und handlungstheoretisch zu erklären sind. Dabei ist zu konstatieren, dass sich im Zuge der Moderne das Selbstverständnis von Frauen insbesondere in westlichen Gesellschaften deutlich geändert hat: Sie definieren sich zumindest in ihrer Mehrheit nicht mehr als „andere" des Mannes, sondern wie die Männer als freie „Subjekt-Personen" und somit mit gleicher Würde und gleichen Rechten, aber auch Pflichten ausgestattet. Das Gleiche gilt für Männer, die nicht mehr in den Bahnen althergebrachter Rollenmuster leben wollen. Von dieser Erkenntnis ausgehend, ergibt sich dann die Kritik an der Festschreibung von Rollenmustern oder Wesenszuschreibungen und an dem Versuch, diese Rollenmuster nicht als „gender"-Bestimmungen zu verstehen, sondern auf der Ebene von „sex" zu verorten, um sie der Dynamik der Selbstdeutung und des Selbstentwurfes auf der Ebene von „gender" zu entziehen und sie so gegen Kritik zu immunisieren.

Was bedeutet dies nun für die theologische Anthropologie und den Gedanken der Gottebenbildlichkeit? Für die Bestimmung der Gottebenbildlichkeit ist die Unterscheidung von „männlich" und „weiblich" zunächst einmal gänzlich unerheblich, denn ein jedes bewusstes Dasein ist Bild Gottes und als solches mit einer unveräußerlichen Würde ausgestattet, unabhängig von allen Differenzen, die in der konkreten Existenz des Daseins zum Tragen kommen können, auch unabhängig von der Geschlechterdifferenz. Gottes Schöpfungswille kommt darin zum Ausdruck, dass er ein Anderes seiner selbst als sein Bild setzen wollte, dass er sich zu diesem seinem Geschöpf in Beziehung setzen wollte, und dass diese Beziehung die unbedingte Zusage Gottes an sein Geschöpf mit einschließt, dass ihm Heil und Befreiung zuteil wird.

Im Schöpfungsakt nun hat Gott jedoch sein Bild auch mit „sex" begabt, so dass es andere zu begehren vermag und von anderen begehrt werden kann. Ebenso gehört es zum Schöpferwillen Gottes, sein Geschöpf, eben weil es sein Bild ist, mit Bewusstsein und Freiheit zu begaben, auf dass es seine Existenz zwar in Verantwortung vor seinem Schöpfer, aber dennoch selbstbestimmt und eigenverantwortlich, somit auch in eigener Kreativität führen kann. Jene Freiheit macht die Würde des Geschöpfes aus und muss keineswegs zwangsläufig zu Willkür und Sünde führen. Zur Willkürfreiheit sinkt sie allein dann herab, wenn die grundlegende Forderung missachtet wird, die Würde eines jeden Daseins zu achten und sich dafür verantwortlich zu fühlen, dass jedes Dasein seine Freiheit unter würdigen Bedingungen realisieren kann.

Zum Vollzug dieser Freiheit gehört nun auch die geschichtliche Verwirklichung der uns geschenkten Freiheit und der uns verliehenen Einmaligkeit. Damit hat Gott uns auch die Fähigkeit verliehen, unsere Existenz als Mann, als Frau performativ auch im Rückgriff auf „gender“-Bestimmungen zu gestalten.

Wie wir das uns geschenkte bewusste Leben und die Dimension von „Geschlecht“ konkret realisieren, welche Rollen wir dabei entwickeln und wie wir diese Rollenmuster verändern, ist unbeschadet gesellschaftlicher Prägungen, denen wir unterworfen sind, in unsere Verantwortung gestellt, eben weil wir als Bild Gottes frei sind. Kriterium dieser Lebensführung ist für Christinnen und Christen die Achtung eines jeden bewussten Daseins als Bild Gottes sowie die Praxis, die uns Jesus von Nazareth als das vollkommene Bild Gottes vorgelebt hat und der wir in seiner Nachfolge zu entsprechen suchen.

Saskia Wendel in: Herder Korrespondenz, 3/2009. S. 135–140. Freiburg/Brsg.: Herder.

1 Erläutern Sie die im Text dargestellte Unterscheidung zwischen „sex“ und „gender“.

2 Stellen Sie die Auswirkungen dieser Unterscheidung auf die „Gottebenbildlichkeit“ des Menschen dar (vgl. M 26, SB S. 64f.).

3 Prüfen Sie, inwieweit die Darstellung der Autorin mit der Auffassung der Internationalen Theologenkommission (vgl. M 27, SB S. 65) zu vereinbaren ist.

Die fünf Prinzipien der christlichen Sozialehre

Die christliche Soziallehre (katholische Soziallehre/ evangelische Sozialethik) hat im Laufe der Zeit vier oder fünf Prinzipien formuliert, die gleichsam als ihre Säulen anzusehen sind. Diese Prinzipien sind die Personalität, die Solidarität, das Gemeinwohl, die Subsidiarität sowie die Nachhaltigkeit. Sie sind sowohl Seins- als auch Sollensprinzipien. Die katholische Soziallehre entstand sukzessiv auf der Basis der päpstlichen Enzykliken (Lehrschreiben): Rerum Novarum 1891, Quadragesimo Anno 1931, Mater et Magistra 1961, Pacem in terris 1963, Populorum Progressio 1967, Laborem exercens 1981, Sollicitudo Rei Socialis 1987, Centesimus Annus 1991, Caritas in veritate 2009.

Das Prinzip der Personalität

Das erste Prinzip ist quasi vorrangig. Der Mensch ist Person mit Vernunft, freiem Willen und Gewissen. Alle anderen Prinzipien sollen auf den Menschen als Person bezogen sein. Als Individuum ist der Mensch einzigartig. Seine Persönlichkeit kann er jedoch nur in Begegnung mit anderen Menschen entfalten. So ist er Individuum und Sozialwesen zugleich. Dieses Prinzip legt dar, dass alle gesellschaftlichen und sozialen Entwicklungen der Entfaltung der menschlichen Person dienen sollen. Die theologische Begründung der Personalität ist darin zu sehen, das Gott personal gedacht wird und der Mensch als sein Ebenbild in Freiheit, Selbstverantwortung und personaler, unverletzlicher Würde leben soll. (Gen 1. 2)

Das Prinzip der Solidarität

Dieses Prinzip legt dar, dass Menschen immer in Gemeinschaft leben und füreinander sorgen. Der Mensch ist ein zoon politikon, ein animal sociale. Humanität entwickelt sich im Miteinander. Der Einzelne ist auf die Dienste der Gemeinschaft angewiesen, andererseits ist aber auch die Gemeinschaft abhängig von den Leistungen ihrer Glieder, aus denen sie sich zusammensetzt. Darum gilt der Grundsatz: Einer für alle, alle für einen. Die theologische Begründung der Solidarität verweist auf Jesus Christus. In ihm zeigt sich Gott solidarisch mit dem ganzen Menschen, bis in Leiden und Tod. „Sein Leben war das eines Menschen. Er erniedrigte sich und war gehorsam bis zum Tod, bis zum Tod am Kreuz." (Phil 2)

Das Gemeinwohlprinzip

Das Gemeinwohl ist ein übergeordnetes Gut. Aufgabe der Gesellschaft und des Staates ist es, solche Rahmenbedingungen zu setzen, in denen sich das Zusammenwirken der Einzelnen, Gruppen und Verbände wirksam entfalten kann. Das eigentliche Ziel dabei ist die Erhaltung, Entfaltung und Vollendung der menschlichen Persönlichkeit in Individualität und Sozialität. Wesentlich dabei ist, dass der Begriff nicht national enggeführt zu verstehen ist, so als ob er sich nur auf die innere Struktur eines Landes bezieht. Vor allem in Zeiten der Globalisierung betrifft das Gemeinwohl die ganze Menschheit. Die theologische Begründung des Gemeinwohls liegt darin, dass Gott das Heil für alle Menschen will; Gott will keinen Klassen-, Rassen- oder Gruppenegoismus. „Wir, die vielen, sind ein Leib in Christus, als Einzelne aber sind wir Glieder, die zueinander gehören." (1 Kor 12)

Das Prinzip der Subsidiarität

Was einzelne Menschen oder kleinere Gruppen selbständig und von sich aus leisten können, dürfen übergeordnete Instanzen nicht an sich reißen. Dieses Prinzip fordert also, dass einzelne Menschen oder Gruppen, die fähig sind, eine Sache selbst zu bearbeiten oder zu regeln, dies auch tun und dass die übergeordnete Gruppierung sich nicht einmischt. Die Gesellschaft soll z. B. über staatliche Leistungen oder das Engagement von Hilfsorganisationen nur dort helfend eingreifen, wo Einzelne, Familien, Gemeinden oder Völker die notwendigen Leistungen allein nicht erbringen können. Das ist Hilfe zur Selbsthilfe. Die theologische Begründung der Subsidiarität liegt in der Personalität. (Ps 8. 104)

Das Prinzip der Nachhaltigkeit

Das Prinzip der Nachhaltigkeit bezieht sich auf die dauerhafte ökologische und zukunftsfähige Entwicklung der Welt im Ganzen, zu der die Menschen aufgerufen sind. Dieses Prinzip fordert, dass Ressourcen nicht schneller verbraucht werden sollen, als sie sich regenerieren können. Dies bedeutet, dass die Menschen Solidarität und Verantwortungsbewusstsein gegenüber der gegenwärtigen und der nachfolgenden Generationen zeigen sollen. Die heutige Generation soll nicht auf Kosten der nachfolgenden leben. Die theologische Begründung der Nachhaltigkeit hebt hervor, dass zwischen dem Schicksal von Mensch und Natur ein enger Zusammenhang besteht, dass das Heil der Menschen und der Frieden zwischen ihnen auch Harmonie und Frieden für die Natur (Tiere, Pflanzen) und vice versa Unheil der Menschen und Unfrieden zwischen ihnen auch die Zerstörung der Natur und Unfrieden für sie zur Folge hat. (Röm 8)

Wolfgang Michalke-Leicht

1 Fassen Sie die fünf Prinzipien zusammen und ziehen Sie dabei auch die jeweiligen biblischen Bezugsstellen heran.
2 Entwerfen Sie eine Grafik, in der Sie die Prinzipien zueinander in Beziehung setzen.
3 Informieren Sie sich über die evangelische Sozialethik und vergleichen Sie diese mit der katholischen Soziallehre. Prüfen Sie die Vorzüge und Nachteile des jeweiligen Konzeptes. Stellen Sie Ihre Ergebnisse tabellarisch gegenüber.

RELIGION – *was den Menschen unbedingt angeht*

A. Didaktische Intentionen und Überblick über das Kapitel

Die bekannte Struktur der klassischen Fundamentaltheologie weist drei Traktate aus: die *demonstratio religiosa,* die *demonstratio christiana* und die *demonstratio catholica.* In allen drei Perspektiven steht die Frage nach der Religion im Zentrum, vor allem in der ersten. Das Kapitel „Religion" thematisiert dieses Anliegen aus religionsphänomenologischer Sicht. Es geht darum zu zeigen, wo und in welcher Weise Religion in der Welt und im Leben der Menschen vorkommt.

Religion – so die Grundaussage – ist ein konstitutives Moment menschlicher Existenz. Die Schülerinnen und Schüler sind eingeladen, den unterschiedlichen Aspekten des Phänomens Religion nachzugehen. Dabei können sie feststellen, dass Religion nicht einfach nur ein Randphänomen der Gesellschaften aller Zeiten und Orte ist, sondern dass sie als zentrale gesellschaftliche Größe überaus wirkmächtig war und ist, mit positiven wie auch mit negativen Auswirkungen.

Im Kontext der Wahrnehmung religiöser Phänomene in den verschiedenen gesellschaftlichen Bereichen wird zugleich auch die kulturhermeneutische Kompetenz der Schülerinnen und Schüler geschult. In dem Maße, in dem sie für das Phänomen der Religion als wirkmächtige Größe in Geschichte und Gegenwart sensibel werden, finden sie sich in die Lage versetzt, die eigene Lebenswirklichkeit und die anderer Menschen und Kulturen besser zu verstehen. Der sensible Blick auf das Phänomen Religion fördert also immer auch den sensiblen Blick auf den anderen und schult die Fähigkeit zum Perspektivenwechsel, einer zentralen Zielsetzung des Religionsunterrichts.

Die fünf Module des Kapitels nehmen die folgenden Aspekte in den Blick.

Modul 1 („Unterscheidungen: Religiosität – Religion – Glaube"; SB S. 80–86) klärt die Begriffe.

Modul 2 stellt das „Phänomen Religion" (SB S. 87–93) in den Mittelpunkt und erschließt es in seinen vielseitigen Dimensionen.

Modul 3 („Ein Gott – viele Religionen: die Wahrheitsfrage", SB S. 94–101) stellt angesichts der Pluralität von Religion die Frage nach dem Wahrheitsanspruch.

Modul 4 („Religion und Gewalt", SB S. 102–111) thematisiert das Verhältnis der Religionen zur Gewalt. Vor allem die monotheistischen Religionen sehen sich massiven Anfragen ausgesetzt, denen es zu begegnen gilt.

Modul 5 („Konsequenzen: Religionen im Dialog", SB S. 112–117) schließlich eröffnet Perspektiven des Miteinanders und Dialogs der Religionen.

Das Kapitel ist wesentlich propädeutisch ausgelegt. Daher empfiehlt es sich für den Anfang als Einstieg in die Oberstufe/Kursstufe. Im neunjährigen Gymnasium war dieses Thema in aller Regel in der Jahrgangsstufe 11 angesiedelt. Im achtjährigen Gymnasium wird diese Aufgabe in der Jahrgangsstufe 10 zu bewältigen sein. Das bedeutet auch, dass ggf. altersspezifische Rahmenbedingungen zu berücksichtigen sind.

Jüngere Schülerinnen und Schüler werden in der einen oder anderen Frage nicht das gewünschte Maß an Reflexion und Abstraktion erreichen können. Deswegen bietet es sich an, verstärkt handlungsorientiert vorzugehen. Der religionswissenschaftliche und religionssoziologische Ansatz legt es nahe, Befragungen und Feldstudien durchzuführen. Hierbei sollte in Ansätzen eine Thematisierung dieser empirischen Methoden erfolgen.

Weiterführende Literatur

Assmann, Jan: Die Mosaische Unterscheidung oder der Preis des Monotheismus (Edition Akzente). München/Wien: Hanser 2003 (den Anhang des Buches bilden fünf theologische Auseinandersetzungen mit Assmanns Thesen u. a. von Erich Zenger).

Ders.: Monotheismus und die Sprache der Gewalt. Mit e. Vorw. v. *Hubert Christian Ehalt.* Wien: Pictus 52009.

Schieder, Rolf: Sind Religionen gefährlich? Berlin: University Press 2008.

B. Materialkommentierungen

Kapiteleingangsseiten, SB S. 78–79

AA 1 Bei der Zusammenstellung wäre zu klären, welche Merkmale eine Religionsgemeinschaft kennzeichnet und welche Kategorien zur Strukturierung sich anbieten.

AA 2 Die genannten Internetadressen bieten eine Fülle von Daten zum Phänomen in den jeweiligen Kontexten. Ergänzend sei auf den Religionsmonitor der Stiftung Bertelsmann verwiesen und deren Projekte im Rahmen von „Religion und Gesellschaft" (Vgl. AA 5, SB S. 93).

1. Unterscheidungen: Religiosität – Religion – Glaube, SB S. 80–86

M 1 Der lettisch-amerikanische Maler Mark Rothko (1903–1970) war ein Künstler des Abstrakten Expressionismus und der Farbfeldmalerei. Seine großformatigen, bis zu 300 qm großen Ölgemälde zeichnen sich durch die gestapelten, ineinander verschwimmenden Farbflächen aus. Die Werke regen zu einer intensiven, gar meditativen Betrachter-Bild-Beziehung an.

M 2 Der Religionssoziologe Michael N. Ebertz erläutert in **M 2** Erfahrungen der Selbsttranszendenz, die alle Menschen in Unterbrechungen des Alltags machen. Diese können sich auf einer zwischenmenschlichen oder kollektiven Ebene, aber auch auf einer individuellen Ebene des Zweifels oder der Angst vollziehen. In diesen Situationen sieht er das religiöse Gesicht von Menschen hervortreten.

AA 1 **M 1** eignet sich besonders zu einer subjektiven, bildimmanenten Interpretation. Die SuS treten zunächst allein in einen Dialog mit dem Bild. Die Impulsfragen bei der Methodenbeschreibung (SB, S. 346) eignen sich als Anstoß. Beim Austausch mit den Mitschülern schulen die SuS ihre Dialogfähigkeit.

AA 2 **AA 2** geht über die Textarbeit hinaus. Die SuS sollen Ebertz' Thesen im Rahmen ihres persönlichen Erfahrungshorizonts übertragen. Sind sie auf Menschen getroffen, die ein solches Erlebnis hatten, haben sie davon gehört oder gar selbst etwas Ähnliches erlebt?

M 3 **M 3** schildert eindrucksvoll die Atmosphäre am Ufer des Ganges während der rituellen Waschungen der Hindus. Hieraus leitet Mildenberger die Bedeutung der Religion für die Menschen in Indien und weiter auch in der ganzen Welt ab (Z. 63). In jedem Menschen ist Religiosität verwurzelt, er braucht etwas, das über ihn und die erfahrbare Wirklichkeit hinausweist.

AA 3 Wenn die SuS die These prüfen, können und sollen sie an geschichtliche und politische Beispiele anknüpfen und auch eigene Erfahrungen zur Sprache bringen.

AA 4 Wenn die Behauptung stimmt, dann könnte man von unterschiedlichen Konsequenzen für das Miteinander der Menschen ausgehen:

- Friedliches Miteinander (etwa bei einer Religionsausübung im Sinne von an Werten orientierter Lebensweise, gegenseitiger Wertschätzung);
- Konflikte (als Folge des Aufeinandertreffens unterschiedlicher Religionen mit unterschiedlichen Lehren, die jeweils die ihre als Wahrheit erachten);
- Reichtum durch Vielfalt (gegenseitiger Austausch über die jeweilige Religion, Lernen und Lehren).

M 4 Der Pastoraltheologe beschreibt in seinem Text die beiden grundlegenden Aspekte von Religionen: die Suche nach der unbedingten Wahrheit und das Streben nach dem Guten.

Ergriffen sein und vertrauen, SB S. 84–86

M 5
AA 2 Der evangelische Dogmatiker und Religionsphilosoph erläutert hier seine Aussage „Glaube ist das Ergriffensein von dem, was uns unbedingt angeht". Wichtig ist, dass der Glaube ein Akt der ganzen Person ist, der „alle seine Strukturen" umfasst.

AA 3 Das am 27. August 2007 eingeweihte Fenster im Südquerhaus des Kölner Doms misst 19 m in der Höhe und 9,50 m in der Breite. Gestaltet ist es aus 11 263 Quadraten in 72 Farbtönen.
Licht: Jesus als Licht der Welt (Joh 8,12); Ewiges Licht (auch im Judentum);
Farbe: Schöpfung, liturgische Farben;
Wenn die SuS selbst ein Bild von dem entwerfen, was sie „unbedingt angeht", machen sie sich Gedanken darüber, was in ihrem Leben eine unbedingte, von allen Umständen und Bedingungen unabhängige Rolle spielt. Eine abstrakte, assoziative Arbeitsweise ist hier möglich.

M 6
AA 4 **M 6** stellt den Begriff des Heiligen nach Rudolf Otto (1869–1937; evangelischer Theologe und Religionsphilosoph) dar. Wichtig ist das Gegensatzpaar vom *tremendum* und *faszinosum*, durch die das Heilige im Alltag erfahrbar werden kann: zum einen in Momenten des Erschauderns, der Furcht, in denen einem das Heilige als überwältigende Macht gegenübersteht, zum anderen

in Momenten der Faszination, der Glückseligkeit und Erfüllung einer Sehnsucht. Im Kleinen Katechismus Luthers beginnt die Antwort nach den einzelnen Artikeln mit „Wir sollen Gott über alle Dinge *fürchten* und *lieben*", wobei die Betonung auf dem Verb lieben liegt.
Wenn die SuS nun nach Belegen für diese beiden Aspekte von Heiligkeit in ihren persönlichen Erfahrungen und Lebenszusammenhängen suchen, ist es nicht unbedingt erforderlich, dass jeder S seine persönlichen Empfindungen äußert. Auch ein Gespräch über ein oder zwei bedeutende Beispiele, können alle SuS zum Nachdenken und zur eigenen Reflexion anregen.

M 7
AA 5

M 7 gibt hilfreiche Hinweise zu den unterschiedlichen Bedeutungen des Verbs *glauben*. Die Verfasserin unterscheidet zunächst zwischen *glauben* im Sinne von *nicht wissen, vermuten* und *glauben* im Sinne von *an jemanden/etwas glauben, vertrauen*. Die letztgenannte Bedeutung spielt gerade im theologischen Bereich eine große Rolle. Hier eröffnen sich wiederum zwei Ebenen; der personal-existenziell gelebte Glaubensvollzug *(fides qua, Du-Glaube)* und die Glaubensinhalte *(fides quae, Dass-Glaube)*. Beide Dimensionen bedingen sich gegenseitig.

2. Das Phänomen Religion, SB S. 87–93

M 8
AA 1

M 8 liefert wichtige und grundlegende Informationen zur Wortherkunft von *Religion*, einschließlich der geschichtlichen Entwicklung und unterschiedlicher Bedeutungszuschreibungen.

M 9
AA 2

M 9 ermöglicht den SuS eine erste Annäherung an den Begriff der Transzendenz. Wichtig ist seine moderne Funktion als Möglichkeit des Sprechens von Erfahrungen, in denen den Menschen „eine ganz andere Dimension anrührt" (Z. 35).

Paul Klee (1879–1940) war Maler und Graphiker, dessen Werke dem Expressionismus, Kubismus, Primitivismus und Surrealismus zuzuordnen sind. Er gilt als bedeutender Künstler der Klassischen Moderne des 20. Jahrhunderts.
Nach persönlichen Schicksalsschlägen und der Flucht ins Exil begann er, Engel zu malen. Das Werk „Engel, noch tastend" liefert Anstöße beim Nachdenken über den Begriff der Transzendenz:

- Engel als Mittler zwischen Himmel und Erde, als Symbol des Transzendenten;
- Gestaltung des Bildes als Ausdruck des Transzendenten: Unsere Sicht auf den Engel ist verschwommen, durch dunkle Farbe versperrt. Der Engel selbst *tastet*. Der nicht ganz fassbare, geheimnisvoll und nur zu ahnende Charakter des Transzendenten wird deutlich.

M 10
AA 2

M 10 betont die neuartige Bedeutung der Transzendenz nach der Säkularisierung. Während der Mensch früher „‚unmittelbar zu Gott' mit der Wirklichkeit rang" (Z. 24), muss man heute den Spuren nachgehen. Die Suche nach Transzendenz hat für Berger moralische und politische Bedeutung. Denn wenn wir stets von einem Mehr, einem Darüber-Hinaus ausgehen, erscheint die gegenwärtige, diesseitige Situation weniger ausweglos.

AA 3

M 9 und **M 10** beschäftigen sich beide mit Transzendenz, nennen und setzen aber unterschiedliche Aspekte und Akzente. Mit einer Mindmap lassen sich die Informationen ordnen und miteinander in Beziehung setzen.

Das Dasein bewältigen, SB S. 90–93

M 11

M 11 fasst die Gedanken Schleiermachers zum Wesen der Religion zusammen: Anschauung und Gefühl sind für ihn die wesentlichen Merkmale der Religion; der Mensch darf also passiv bleiben. Schleiermacher betont den Gegensatz zu Metaphysik und Moral, hier geht im Denken und Handeln die Bewegung vom Menschen aus.

AA 1

AA 1 schult die Fähigkeit zur Perspektivenübernahme. Der besondere Reiz liegt auch im Vergleich mehrerer verschiedener Lösungsmöglichkeiten.

Die Kathedrale Notre-Dame von Noyon in der Picardie wurde zwischen 1157 und 1221 errichtet. Zusammen mit den Kathedralen von Sens und Laon gehört sie zu den ersten gotischen Sakralbauten und ist ein klassisches Beispiel der Frühgotik. Sie wie die Dorfkirche in Lindum, Oberbayern eignen sich zur Veranschaulichung des Bedeutungswandels von Religion in ihrem jeweiligen geschichtlichen und gesellschaftlichen Kontext.

M 12
AA 2

Franz Xaver Kaufmann ist der wohl z. Z. bedeutendste katholische Religionssoziologe. Sein Modell der sechs Funktionen der Religion gilt als klassischer Entwurf einer sog. „funktionalen Religionstheorie“: Sie beurteilt Religion prinzipiell nicht mithilfe von ontologischen oder erkenntnistheoretischen Kriterien (das wäre eine „substantielle“ Religionstheorie), sondern aus pragmatischen und ethischen Perspektiven.

M 13
AA 4

M 13 zeichnet die Bedeutung der Religion eines Menschen innerhalb eines bestimmten Milieus nach. Für die Bäuerin spielten drei Funktionen der Religion eine wichtige Rolle: die Bewältigung von elementaren Gefühlen, die Sinnstiftung und die Vermittlung sittlicher Wertordnungen. Zusätzlich kann L hier die Frage bedenken, auf welche Weise diese Funktionen gegenwärtig oder im Kontext der SuS realisiert werden.

3. Ein Gott – viele Religionen: die Wahrheitsfrage, SB S. 94–101

Wahrheit und Toleranz, SB S. 94–96

M 14
AA 4–AA 5

In **M 14** ruft die christliche Königin Gyburg dazu auf, die Krieger ungeachtet ihres muslimischen Glaubens zu schonen. Sie argumentiert mit biblischen Figuren, die von Geburt an Heiden waren, durch die Gottes Barmherzigkeit aber sichtbar wurde: Adam und Eva, Noah, Hiob, Elias und Enoch. Aus der Frömmigkeitsgeschichte führt sie die sog. „Heiligen drei Könige“ (bei Mt 2,1 lediglich „Sterndeuter“) Kaspar, Melchior und Balthasar an. Gyburg nennt auch Jesus und Maria wegen ihrer jüdischen Herkunft.

Wolframs „Willehalm“ entstand zur Zeit der mittelalterlichen Kreuzzüge. Das Heilige Land sollte von den Muslimen befreit werden. Aufbauend auf dem Kreuzzugsaufruf Papst Urbans II. auf der Synode von Clermont im Jahr 1095 (begleitet von dem Zuruf „Deus lo vult“ – „Gott will es“) waren viele Kreuzfahrer überzeugt, durch die Vertreibung der Muslime aus dem Heiligen Land Gottes Willen zu erfüllen. Die Teilnahme an einem Kreuzzug erwirkte für die Soldaten zudem einen Ablass für ihre Sünden.

In Anlehnung an die Philosophie von Augustinus und Thomas von Aquin wurden die Kreuzzüge als *bellum iustum* („gerechter Krieg“) gedeutet. Anders als die frühen Kirchenväter, die den Krieg als inkompatibel mit dem christlichen Glauben sahen und einen radikalen Pazifismus vertraten, sah man nun den Krieg gegen Andersgläubige als legitim an, sofern er die Kriterien eines *bellum iustum* erfüllte:

- Es muss ein **gerechter Kriegsgrund** vorliegen. Dies setzt meist eine Unrechtshandlung des Gegners voraus, beispielsweise eine feindliche Aggression.
- Dem Kriegseinsatz müssen **gute Absichten** zugrunde liegen. Er muss von göttlicher Liebe und Barmherzigkeit getragen sein – mit dem Ziel die Erlangung des Friedens und die Wiederherstellung der Ordnung.
- Der Krieg muss durch eine **legitime Autorität** (z. B. des Papstes) gestützt sein.

Wolfram begann sein Versepos am Hof des Thüringer Landgrafen zwischen 1209 und 1217. Er greift inhaltlich auf ein altfranzösisches Heldenepos, das *Chanson d'Aliscans* zurück, das eine blutige Schlacht zwischen Muslimen und Christen zum Thema hat. Es gehört zu einem Zyklus von Heldenepen um den Grafen Guillaume d'Orange. Diese literarische Figur ist aus der historischen Gestalt des Grafen Wilhelm von Aquitanien erwachsen, des Enkels Karl Martells.

Wolfram zeichnet ein für seine Zeit ungewöhnlich tolerantes Bild von Muslimen und proklamiert das christliche Gebot der Schonung des Feindes im „Willehalm“. Damit unterscheidet er sich vom Verfasser des Rolandsliedes, der in diesem wesentlich älteren Heldenlied (um 1100) das gnadenlose Abschlachten der heidnischen Gegner verherrlicht.

Gyburg argumentiert stattdessen im Sinne eines sog. „Naturrechts“, das auch noch heute durch die Theologie des Thomas von Aquin in der Lehre der Katholischen Kirche allgegenwärtig ist: Auch Christen sind in erster Linie wie Juden und Muslime Menschen, die erst durch die Taufe in einen besonderen Status aufgenommen werden. Die Grundrechte aber kommen immer dem Menschen als solchem vor seinem religiösen Bekenntnis oder Status zu. Schließlich haben Juden weite Teile der Heilsgeschichte (für diese stehen die zitierten Namen von Adam bis Enoch) bestimmt und gestaltet. Entsprechend haben alle Menschen – Juden, Muslime wie Christen – ein Recht auf eine menschenwürdige Behandlung, auch als Gegner im Krieg.

M 15

Die Ringparabel ist ein wesentliches Element in Lessings Ideendrama „Nathan der Weise“. Nachdem ihm in einer heftigen theologischen Auseinandersetzung mit dem Hamburger

Hauptpastor Goeze ein Publikations- und Predigtverbot auferlegt worden war, nutzte Lessing nach eigenen Worten „die Bühne als Kanzel". Im „Nathan" entwarf der Dichter die Vision von einem friedlichen Zusammenleben der Juden, Christen und Muslime im Heiligen Land selbst im Kontext einer Religionstheologie, in der sich der Wahrheitsanspruch der verschiedenen Religionen an dem Maß der von ihnen gelebten Liebe messen lassen muss. Lessing entwarf damit ein Bild von Aufklärung, Rationalismus und natürlicher Theologie, das wie eine Kontrastfolie zur heutigen Epoche der postmodernen Irrationalismen und Fundamentalismen erscheint.

Lessing siedelt das Stück in die Zeit des III. Kreuzzuges der Jahre 1189–1192 an. Jerusalem ist inzwischen von den Muslimen unter ihrem Sultan Saladin besetzt, die christlichen Kreuzritter haben nach einem Waffenstillstandsabkommen aber weiterhin Zugang zu den heiligen Städten. Ein junger christlicher *Tempelritter* rettet *Recha*, die Tochter des jüdischen Kaufmanns *Nathan*, aus ihrem brennenden Haus. Obwohl der Ritter zuerst von Dank nichts wissen will und sofort wieder verschwindet, verliebt er sich später in Recha und tritt an Nathan mit dem Wunsch heran, sie zu heiraten. Hier nun beginnen die Verwicklungen: Nathan zögert, der Ritter ist verärgert und erfährt zudem durch die Zofe *Daja*, dass Recha gar nicht Nathans leibliche Tochter ist, sondern eine von Nathan als Säugling aufgenommene Christin. Er inkriminiert Nathan beim *Patriarchen*, schreckt dann aber vor dessen kalter Orthodoxie zurück und wendet sich an den *Sultan Saladin*. Am Ende des Stückes wird nicht nur der Knoten der Verwicklung gelöst, sondern es wird auch klar, warum Nathan gegenüber dem Tempelritter zögerte: Er hat in ihm eine Ähnlichkeit mit seinem verstorbenen christlichen Freund Wolf von Filnek erblickt, der ein jüngerer Bruder des Sultans Saladin war. Es stellt sich heraus, dass der Templer der Sohn von Wolf ist, damit aber der Bruder von Recha. Dass Sultan Saladin folglich der Onkel des jungen Ritters ist, rundet das Bild von der Menschheitsfamilie ab, die in der Schlussszene des V. Aufzugs auf der Bühne Gestalt annimmt: Vertreter aller drei abrahamitischen Religionen finden sich in einer Familie wieder und verweisen somit auf den einen und einzigen Gott, dessen Vorsehung – ein Zentralbegriff der Theologie Lessings – sie alle zur Familie der Kinder Gottes zusammengeführt hat.

Vor die Vereinigung der drei Religionen unter dem Dach einer Familie ist allerdings Misstrauen, Konkurrenz und Streit gesetzt: Das Christentum und der Islam werden jeweils durch ein Tableau von Figuren repräsentiert, die sich durch Exklusivitätsbehauptung und vorurteilbehaftetes Denken auszeichnen. Da sind auf der einen Seite der Tempelritter, Daja und der Patriarch, auf der anderen ein Derwisch, der Sultan Saladin und seine Schwester Sittah. Es ist dem unermüdlichen Wirken des weisen Juden Nathan zu verdanken, dass Szene für Szene das bornierte Denken dieser Personen im Gespräch entlarvt und mittels Vernunftgebrauch eine tolerante Perspektive auf „Glaube und Gesetz" (III,5) der verschiedenen Religionen eröffnet wird. Peripetie des Dramas und zentrales Moment der Handlung ist nun die Begegnung zwischen Nathan und Saladin in III,7: Der bankrotte Sultan will Nathan eine Falle stellen, um an dessen Vermögen zu gelangen. Er zitiert ihn vor sich und legt ihm die Frage vor, welche der drei großen Religionen denn „die wahre" sei. Nach kurzem Nachdenken antwortet Nathan mit einer Geschichte, der „Ringparabel."

AA 7 Eine lehrhafte, gleichnisähnliche Erzählung bezeichnet man als Parabel. Dem Leser sollen moralische Perspektiven und ethische Grundsätze vermittelt werden, die durch Übertragung des im Vordergrund stehenden Geschehens in einen anderen Vorstellungsbereich begreifbar werden.

AA 8 Schon im Jahr 1100 wird die Geschichte von den drei Ringen auf der Iberischen Halbinsel erzählt. In Giovanni Boccacios „Decamerone" (zwischen 1349 und 1353 verfasst) taucht die Parabel ebenfalls als dritte der 100 erzählten Geschichten im Werk auf. Schließlich bildet sie das Zentrum in Lessings „Nathan der Weise" von 1779.

AA 9 Die beiden Parabelseiten können für Bild- und Sachebene der Erzählung stehen. Im Scheitelpunkt steht das abstrakte Bindeglied zwischen Erzähltem und Gemeintem, das *tertium comparationis.*

Eine Parabelseite stellt die Geschichte der drei Ringe dar; der Vater lässt zwei weitere Exemplare anfertigen, die er nicht einmal selbst vom Original unterscheiden kann. Er handelt so, weil er alle Söhne gleich liebt. Die Söhne sollen nun selbst ausfindig machen, welches der wahre Ring ist, indem ein jeder so handelt, als sei sein Ring der echte. Alle drei Söhne sollen versuchen, bei den Menschen beliebt und geachtet zu sein.

Die andere Parabelseite stellt die Übertragung der Ringgeschichte auf die Frage nach der wahren Religion dar. Gott liebt alle Menschen gleich und zieht keine Religion der anderen vor. Alle drei monotheistischen Religionen sind Gottes Werk und können auf unterschiedliche Weise zu

ihm hinführen. Voraussetzung dafür ist aber, dass die Religionen sich so verhalten und so mit Andersgläubigen umgehen, als ob sie der göttlichen Gnade teilhaft sind.
Das *tertium comparationis* ist entsprechend das angestrengte und ehrliche Bemühen der Söhne wie der Religionen, der „unbestochnen/Von Vorurteilen freien Liebe" nachzueifern und dadurch die „Kraft des Steins in seinem Ring' an Tag/zu legen!".

Anfragen an Lessing, SB S. 96–98

M 16

Gerwing macht in **M 16** darauf aufmerksam, dass Lessing in seiner Parabel die Wahrheitsfrage auf eine moralische Frage reduziert: Nicht die Religion, die tatsächlich in ihrem Streben die göttliche Wahrheit erkannt hat, ist die wahre und richtige, sondern die, die sich in den Augen der Menschen moralisch tadellos und ethisch einwandfrei verhält. Das setzt in einem Zirkelschluss voraus, dass die Kategorien menschlicher Moral identisch mit der ontologischen Fülle eines göttlichen Wesens sind. Dies ist nach Gerwing nicht unproblematisch.

AA 4

- Götter und Götzen als Bilder des Menschen – Kritik am altorientalischen Polytheismus im AT und durch Xenophanes.
- Götter als „Schreckmittel für die Schlechten" – Kritias
- Projektionstheorie – Feuerbach

AA 5

Die Vorstellung von der „Religion als Produkt des Menschen" knüpft an die Projektionsthese Feuerbachs an. Religion ist dann etwas, das der Mensch sich selbst macht, etwas, das eben das zum Inhalt hat, was der Mensch sich wünscht, das aber gar nicht wirklich existiert.

M 17
AA 6, AA 7

Moritz Daniel Oppenheim (1800–1882) war ein deutscher Porträt- und Historienmaler. Der jüdische Künstler nahm in vielen seiner Werke Bezug auf das Judentum seiner Zeit. Auf diesem Bild ist statt eines Vertreters des Islams ein protestantischer Geistlicher neben einem katholischen Bischof und einem jüdischen Gelehrten mit der Betrachtung der Ringe beschäftigt. Diese Konstellation entspricht wohl dem historischen und lokalen Kontext, in dem Oppenheim lebte und wirkte: Im Deutschen Reich lebten damals vor allem Katholiken, Protestanten und Juden.

Sich behaupten oder gelten lassen?, SB S. 98–99

M 18
AA 2

In **M 18** wird die ehemals exklusivistische Perspektive der katholischen Kirche deutlich. Wer nicht getauftes und gültiges Glied der katholischen Kirche ist, wird nach seinem Tod nicht das ewige Leben bei Gott erlangen können. Damit greift das Konzil auf die Lehre des Kirchenvater Cyprian von Kathargo (210–258) zurück, der die klassische Formel für den ekklesiozentrischen Exklusivismus begründet hat: *„extra ecclesiam salus non est"* – „Außerhalb der Kirche gibt es kein Heil."

AA 3

Das Konzil von Florenz tagte zwischen 1431 und 1445 eigentlich in Basel, Ferrara und Florenz. In einer Zeit, die auf der einen Seite vom Streit der Päpste, Gegenpäpste und Konziliarismusvertreter geprägt war, auf der anderen Seite aber auch vom latenten Konflikt mit Byzanz und den Muslimen in Spanien, Kleinasien und Palästina, betonte das kirchliche Lehramt zum letzten Mal nachdrücklich die Zugehörigkeit allein zur katholischen Kirche als heilsnotwendig. Bereits das Konzil von Trient (1545–1563) entwickelt hundert Jahr später unter dem Eindruck der neuentdeckten Kontinente und ihrer heidnischen Völker die inklusivistische Idee einer „Begierdetaufe", die sich allein durch eine unthematische Ausrichtung hin auf Christus und seine Botschaft ausdrücken konnte.

M 19
AA 5, AA 6

Die Erklärung *Nostra aetate* vom 28. Oktober 1965 erkennt nunmehr Wahrheitselemente in anderen Religionen an und würdigt sie. Damit ist die Abkehr von der exklusivistischen Perspektive, die die katholische Kirche seit dem Konzil von Florenz vertrat, endgültig vollzogen.
Die Konzilsväter betrachten Religion als „Wahrnehmung jener verborgenen Macht, die dem Lauf der Welt und den Ereignissen des menschlichen Lebens gegenwärtig ist". Alle Religionen suchen Antworten „auf die gleichen Fragen" und sind bemüht, der „Unruhe des menschlichen Herzens auf verschiedene Weise zu begegnen, indem sie Wege weisen".
Nostra aetate gesteht den anderen Religionen einen „Strahl jener Wahrheit [...], der alle Menschen erleuchtet" zu, gleich anschließend wird aber deutlich, dass allein im Glauben an Jesus Christus die volle Wahrheit liegt: „Christus, der ist ‚der Weg, die Wahrheit und das Leben' (Joh 14,6), in dem die Menschen die Fülle des religiösen Lebens finden."

M 20
AA 1

Der katholische Theologe Knitter vertritt die pluralistische Perspektive im Blick auf die Wahrheitsfrage: Alle Religionen werden als gleichberechtigte Heilswege anerkannt. Seine Argumente gegen Exklusivismus und Inklusivismus lauten:

AA 4
- Reduzierung auf den einen wahren Weg begrenzt Gott und nimmt ihm sein Geheimnis.

AA 4
- Gott selbst ist etwas Plurales, etwas Vielfältiges (Trinitätslehre), und auch die Schöpfung ist plural.

M 21
AA 5

M 21 verdeutlicht die Schwierigkeiten der pluralistischen Perspektive: Gott selbst steht auf einer Wolke und jongliert mit den Religionen der Welt, dabei wirkt er angestrengt und besorgt. Er scheint die Vielfalt der Religionen nicht als bereichernd zu empfinden, sondern als eine Belastung seiner göttlichen „Balance". Die Fülle der Religionen scheint für ihn kaum handhabbar zu sein.

M 22
AA 6–AA 8

Dominus Jesus lehnt die Grundsätze der pluralistischen Religionstheologie durch das katholische Lehramt ab. Die für diese Fragen zuständige Kongregation für Glaubenslehre betont stattdessen die Wahrheiten, denen die pluralistische Perspektive nicht gerecht wird, u. a. die Bedeutung der Gottessohnschaft Jesu Christi, die Ökonomie der christlichen Trinitätslehre, die Heilsbedeutsamkeit der Kirche, usw.

Unaufgebbare Glaubenswahrheiten sind:
- Jesus Christus ist fleischgewordener Sohn Gottes;
- Jesus Christus ist „der Weg, die Wahrheit und das Leben";
- In Jesus Christus ist die Fülle der göttlichen Wahrheit geoffenbart.

4. Religion und Gewalt, SB S. 102–111

M 23
AA 1

M 23 thematisiert den Dialog der Religionen und verdeutlicht den Gegensatz zwischen öffentlichem, freundschaftlichem Verhältnis und hintergründiger Aggression. Wenn die SuS eigene Überschriften suchen, sollte diese Ambivalenz deutlich werden.

AA 2

In der Mindmap können die SuS Ereignisse angeben, die sich auf unterschiedlichen gesellschaftlichen Ebenen abspielen. Die Freundschaft zwischen Anhängern unterschiedlicher Religionen in der Klasse, eine Kooperation zwischen einer christlichen und einer jüdischen Gemeinde, ein Austausch zwischen führenden Vertretern der Religionen ... So wird die Vielschichtigkeit und Komplexität der Thematik deutlich.

M 24

Ps 137 drückt die Sehnsucht des jüdischen Volkes im babylonischen Exil nach Zion aus. Nachdem Jerusalem 586 v. Chr. von Nebukadnezar erobert und zerstört worden war, wurde das Volk nach Babylonien verschleppt.

Die Initiale aus dem Albani-Psalter bildet die Situation des jüdischen Volkes kunstvoll ab. Das Werk aus dem 12. Jahrhundert wurde zur häuslichen Andacht oder für das liturgische Gebet verwendet. Es enthält neben den kunstvollen Initialen viele weitere Miniaturen.

AA 4

Der schmückende Anfangsbuchstabe zu Ps 137 illustriert dessen erste Verse: In einem Fluss schwimmen etliche Fische. Daneben sitzen trauernde Menschen mit hängenden Köpfen (V 1). Oben erkennt man zwei Bäume; in den einen hängt gerade ein Musiker seine Harfe (V 2). Unten sind vier Männer in ein Gespräch vertieft: Sinnen sie auf Vergeltung des erlittenen Unrechts (vgl. VV 7–9)?

AA 5

Der Beter beklagt die Zerstörung Jerusalems durch die Babylonier und die mit ihnen verbündeten Edomiter (oder: die im Heer Babylons kämpfenden edomitischen Söldner?) sowie die Deportation nach Babylon.

AA 6

Aufbauschema von Ps 137 (nach Erich Zenger):
1. Rückblick auf die Leidenssituation der Deportierten in Babylon (VV 1–4)
   - 1–2: Trauer und Widerstand der Tempelmusiker
   - 3: Spott der Peiniger
   - 4: Reflexion der Deportierten
2. Emphatisches Festhalten an Jerusalem (VV 5–6)
3. Strafwünsche gegen die Edomiter und gegen Babylon (VV 7–9)
   - 7: Strafgericht über Edom
   - 8–9: Vergeltung an Babylon und seinen Kindern (gemäß Talioprinzip)

AA 7

In einer Situation der Unterdrückung richten sich die Vergeltungswünsche des Beters, die auf eine Wiederherstellung der gestörten Rechtsordnung (Talio) zielen, an die Adresse Gottes (Herr = JHWH).

M 25
AA 8

M 25 geht von zwei hermeneutischen Voraussetzungen aus: Erstens versteht Buggle den biblischen Text – wie manche christlichen Fundamentalisten – wortwörtlich; zweitens sieht er in der Bibel normative, göttlich legitimierte Normen. Unter diesen beiden Voraussetzungen ist seine Entrüstung über die Strafwünsche von Ps 137,7-9 durchaus konsequent.

M 26
AA 8

Die historisch-kritische Exegese in **M 26** kommt zu anderen Ergebnissen: Der Beter ist Opfer der politischen Gewaltherrschaft Babylons; ausgehend von den damals geltenden „Prinzipien der Talio" hofft er darauf, dass Gott dem Recht Geltung verschafft, indem er die Schuldigen zur Rechenschaft zieht und bestraft.

Die These von der religiösen Gewalt, SB S. 105–107

M 27
AA 1, AA 2

Ex 32,26-29 wirkt vor allem bei einer isolierten Betrachtung außerhalb des biblischen Kontexts grausam und erschütternd. Bevor Mose auf den Sinai steigt und die Gesetzestafeln erhält, ernennt er Aaron zu seinem Stellvertreter während der Zeit seiner Abwesenheit (Ex 24,12-14). Bei der Betrachtung von Ex 31,18-32,35 wird in diesem Zusammenhang wichtig, dass die Israeliten sich von JHWH, der sie aus Ägypten befreit hat, abwenden. Als JHWH dies bemerkt, wird er zornig und will das Volk vernichten. Mose spricht sich aber für das Volk aus und bittet um Schonung. Wenn er später die Leviten mit einem Massaker an die abgefallenen Männer beauftragt, tut er es im Namen JHWHs. Moses will den Glauben und die Treue an JHWH im Volk Israels erhalten.

M 28
AA 2

Nicolas Poussin (1594–1665) war ein bedeutender Maler des Barocks. Er hält sich eng an die biblische Vorlage. Nach vierzig Tagen und Nächten auf dem Gottesberg kehrt Mose zusammen mit Josua – dies ist eine Hinzufügung des Malers in Anlehnung an Ex 24,13 – zurück. Die eine steinerne Tafel hält Mose noch in Händen, die andere liegt bereits aus Zorn zerschmettert vor seinen Füßen. Neben Mose und Josua steht ein Baum mit ersten zarten Blättern (Szenerie ganz links in der oberen Bildhälfte). In Opposition dazu steht der verdorrte Baum, unter dem Aaron in weißer Tunika auf das von ihm gegossene, auf ein Podest gestellte goldene Kalb zeigt. Einige umtanzen es, andere haben singend oder betend die Hände gehoben. Rechts unten im Bild sind zwei Kinder zu sehen, die das Treiben überhaupt nicht beachten, und zwei Frauen, deren Blickrichtung sich nicht eindeutig bestimmen lässt: Beobachten sie den wilden Reigen oder haben sie als einzige die zurückkehrenden Männer erkannt?

M 29
AA 5

Jan Assmann prägte gemeinsam mit seiner Frau Aleida Assmann den Begriff des „Kulturellen Gedächtnisses". Mit seinem Buch „Die Mosaische Unterscheidung" (München 2004) hat er eine Debatte angestoßen, in der er zwar manche Details modifiziert, im Kern aber folgende Argumentation vertritt:

a) Die mit der Gestalt des Mose verbundene Unterscheidung zwischen *wahrem* Gott und *falschen* Göttern stellt einen religionsgeschichtlichen „Quantensprung" dar. Die „heidnische" Übersetzbarkeit der Götter der einen Religion in die Götter der anderen Religion ist im Falle des Gottes Israels nicht mehr möglich. – Assmann vermutet, dass Mose in Ägypten der Erinnerung an die monotheistische Revolution des Pharaos Echnaton (14. Jahrhundert v. Chr.) begegnet ist und sie sich zueigen gemacht hat.

b) Der zweite, kontrovers diskutierte Teil des Gedankens besteht in der Behauptung, dass die Unterscheidung zwischen wahr und falsch mit der Differenz zwischen *Freund* und *Feind* (des wahren Gottes) verbunden ist. Folge ist eine religiöse Intoleranz, die in eine neue, spezifisch religiös motivierte Form der Gewalt münden kann. Sie richtet sich im Falle des Judentums, das sich durch die Tora von den anderen Völkern abgrenzt, gegen den Feind in den eigenen Reihen (Belege: Ex 32,26-29; Dtn 13,7-12; 1 Kön 18; 2 Kön 23; Esra 9-10). Die beiden anderen monotheistischen Religionen universalisieren die „Mosaische Unterscheidung": Die christliche Unterscheidung zwischen Christen und Heiden sowie die muslimische zwischen dem Haus des Islams und dem Haus des Krieges haben bis heute im Namen des wahren Gottes zu Gewaltexzessen gegen innere und äußere Feinde geführt.

c) Die Vorstellung eines eifersüchtigen Gottes und der biblische Monotheismus hängen nach Überzeugung Assmanns aufs engste zusammen: Das Verbot, fremden Göttern zu dienen, und das Kultbilderverbot werden mit der *Eifersucht Gottes* begründet (Ex 20,3-5; Dtn 5,7-10). Die göttlichen Affekte, so Assmanns These, dringen auf „menschlichen Mit- und Nachvollzug". Ein drastisches Beispiel ist der in Ex 32,26-29 erzählte Gewaltexzess: Mose vollzieht den Zorn Gottes über die Untreue seines Volkes nach, indem er zunächst den goldenen Stier zerstört und dann ein Massaker unter den Abtrünnigen anrichtet.

Auseinandersetzung mit der Gewaltthese, SB S. 107–109

M 30
AA 2

Mit Bezug auf die rabbinische Auslegung von Ex 32,26-29 wirft Schieder Assmann einen hermeneutischen Trugschluss vor: Anders als der Ägyptologe unterstellt, geht es in diesem „grauenhaften Text" gerade nicht um einen Nachvollzug, sondern um eine Reflexion von Moses Verhalten.

M 31
AA 4

Der bedeutende Alttestamentler Erich Zenger war unter anderem stark im christlich-jüdischen Dialog engagiert. Er vertritt die Ansicht, dass der biblische Monotheismus gewaltkritisch und freiheitsfördernd sei. Dies leitet er aus den Grundprinzipien der Religion JHWHs, Gemeinschaft und Freiheit, ab.
Wie Assmann sieht Zenger in der „Mosaischen Unterscheidung" einen „Quantensprung in der Menschheitsgeschichte". Er versucht aber zu begründen, dass dem biblischen Monotheismus ein gewaltkritisches Potential eigen ist: Die singuläre Verknüpfung von *Gott* und menschlicher *Freiheit* führt zu einer Ethisierung und Humanisierung der Religion, der Zwang und Gewalt entschieden widersprechen.

AA 5

Assmann:
- JHWH als eifersüchtiger Gott, der keine anderen Götter neben sich duldet; vorher existieren mehrere Religionen friedlich nebeneinander.
- JHWH unterscheidet zwischen Freund und Feind; Feinde = Israeliten, die zu anderen Göttern überlaufen, und andere Völker, die die Israeliten verführen wollen.
- Die Gemütsregungen JHWHs wirken sich auf das Handeln der Menschen aus; auch sie unterscheiden als Folge zwischen Freund und Feind, bestrafen beispielsweise.

Schieder:
- Alttestamentliche Erzählungen als Möglichkeit für uns heute, aus den Fehlern der Menschen zu lernen; Mose als fehlbarer Mensch.
- Exegetische Überlegungen: Gott erteilt Mose nicht explizit den Auftrag zu töten; Gott straft nicht eigenhändig; Instrumentalisierung Gottes?

Zenger:
- Grundlegender Aspekt des Paradigmenwechsels zum Glauben an JHWH ist Ethik und Humanisierung des Menschen (Befreiung aus Ägypten durch JHWH);
- Freie Entscheidung für JHWH, kein Aufzwängen anderer Völker und Religionen.

AA 6

Mt 5,39b-42 und Mt 5,44b-47: Jesus Christus radikalisiert in der Bergpredigt die Gesetze JHWHs: Das Böse soll mit Gutem überwunden werden; Gewaltverzicht auch bei eigener Erfahrung von Gewalt und Unrecht und Feindesliebe sind Zentren seiner Lehre.
Mk 10,42b-45: Jesus kündet von der Notwendigkeit, sich klein zu machen, Diener zu sein, um vor Gott gerecht zu sein. Er verurteilt die Mächtigen auf der Erde, die Gewalt ausüben.
Mt 11,15-17: Bei der Tempelreinigung wird Jesus zornig und vertreibt die Händler von dem Ort, der allein zur Anbetung Gottes bestimmt ist, dem Bethaus „für alle Nationen".

Gott und die Vernunft, SB S. 109–111

M 32
AA 1–AA 4

In **M 32** weist Papst Benedikt XVI. religiös motivierte Gewalt grundsätzlich zurück. Mit dem Zitat Manuels II. Palaiologos leitet er seine These ein, dass ein nicht vernunftgemäßes Handeln dem Wesen Gottes zuwider sei. Während Christen nämlich von der Vernünftigkeit Gottes aufgrund der *Analogia entis* (das Sein verschiedener Seiender kann als analog verstanden werden: Gott ist die Liebe, der Mensch ist ein Liebender; Gott ist die Höchste Vernunft, der Mensch ist ein Vernünftiger etc.) überzeugt seien, könnten Muslime über das Wesen Gottes gar keine Aussage machen, da dieser total transzendent und unzugänglich sei. Daher bestünde im Islam immer auch die Möglichkeit, vernunftwidriges Verhalten, wie etwa die Anwendung von Gewalt in Sachen von Religion und Glaube, zu rechtfertigen.

M 33
AA 5–AA 6

Die muslimischen Gelehrten widersprechen in ihrem Brief einigen Aussagen des Papstes über den islamischen Glauben. Vor allem zur Deutung des Islams als einer Religion, die Gott als absolut transzendent wahrnimmt, äußern sich die Verfasser. Gott habe viele Namen im Islam und offenbare sein Wesen im Koran. Deshalb gebe es durchaus eine Analogia entis auch im Islam. Sie betonen zudem die Bedeutung der islamische Theologie, welche das Verhältnis von Vernunft und Offenbarung genauso reflektiere, wie die Beziehung von Geschöpf zum Schöpfer.

AA 7

Die Suche nach typisch christlichen und typisch islamischen Argumentationsformen setzt bei den SuS ein grundsätzliches Vorwissen voraus, an dem L anknüpfen kann. Die SuS aktivieren vorher Gelerntes und setzen es in einen neuen Kontext, entwickeln es weiter.

5. Konsequenzen: Religionen im Dialog, SB S. 112–117

Ein gemeinsames Ethos als Grundlage für den Dialog?, SB S. 113–114

Die Abbildung zeigt das Plakat der Wanderausstellung „Weltreligionen, Weltfrieden, Weltethos“, die Hans Küng im Rahmen der Stiftung Weltethos initiiert hat. Im Zentrum der Ausstellung steht die Frage nach gemeinsamen ethischen Werten, Normen und Maßstäben der Religionen und ihrer Bedeutung für die heutige Zeit.

M 34
AA 1, AA 2

In **M 34** verpflichten sich die Unterzeichner, die den unterschiedlichsten Religionen angehören oder nicht religiös sind, auf das Weltethos, d. h. „auf ein besseres gegenseitiges Verstehen sowie auf sozialverträgliche, friedensfördernde und naturfreundliche Lebensformen“.

1. Verpflichtung auf eine Kultur der Gewaltslosigkeit und Ehrfurcht vor dem Leben (Du sollst nicht töten (Ex 20,13); Liebe Deinen Nächsten wie Dich selbst (Mt 22,39); Gehe hin und handle genau so (Lk 10,37)).
2. Verpflichtung auf eine Kultur der Solidarität und eine gerechte Wirtschaftsordnung (Du sollst nicht stehlen (Ex 20,15-17); Reicher Mann und armer Lazarus (Lk 16,19-31)).
3. Verpflichtung auf eine Kultur der Toleranz und Leben in Wahrhaftigkeit (Du sollst nicht lügen (Ex 20,16); „Goldene Regel“ (Mt 7,12)).
4. Verpflichtung auf eine Kultur der Gleichberechtigung und der Partnerschaft von Mann und Frau (Ex 20,14.17); Von der Ehescheidung (Mt 5,31 f.)).

M 35
AA 4–AA 6

M 35 kritisiert das Projekt Weltethos vor allem mit Blick auf die Reduktion von Religion zu Moral. Das komplexe Wesen der Religionen erfahre bei einer bloßen Betrachtung der sekundären ethischen Wirkungen eine ungenügende Wertschätzung. Dabei ist der Sinn „der Funktion vorgeordnet, und davon leben Religionen zutiefst“ (Z. 31). Weiter zweifelt die Autorin die Nützlichkeit des Weltethos insgesamt an. Ein friedliches Miteinander sei auch mit den unterschiedlichen ethischen Prinzipien der verschiedenen Religionen möglich. Denn die Krisen der Welt entstünden nicht durch religiöse Konflikte, sondern durch ethnische, kulturelle, wirtschaftliche Auseinandersetzungen, in deren Kontext religiöse Aussagen instrumentalisiert würden.

Arbeit für Verständigung und Dialog, SB S. 115–117

M 36
AA 5, AA 6

Weltgebetstreffen in Assisi haben auf Einladung von Papst Johannes Paul II. 1986 und 2002 stattgefunden. Letzteres war vor allem vor dem Hintergrund der Anschläge des 11. Septembers 2001 und des Afghanistan-Kriegs einberufen worden. Unterzeichnet wurde bei diesem Treffen der Friedensdekalog, der zehn Punkte enthält, in denen „Gewalt und Krieg im Namen Gottes“ scharf verurteilt werden und sich die Religionen zum Einsatz für den Frieden und zur Solidarität mit den Ärmsten in der Welt verpflichten.

Die Gebetstreffen in Assisi gelten zum einen als Ausdruck einer Neuorientierung der katholischen Kirche in ihrem Verhältnis zu anderen Religionen. Zum anderen wurden die Treffen durchaus auch als Signal einer religiösen Weltführerschaft der katholischen Kirche in der Person des Papstes gedeutet. Innerhalb der katholischen Kirche gab es auch Kritik an der Offenheit und Initiative des Papstes, u. a. gab es Warnungen vor Synkretismus und Relativismus.

Obwohl Josef Kardinal Ratzinger einer der bedeutendsten Kritiker war, kündigte er am Neujahrstag 2011 als Papst Benedikt XVI. ein drittes interreligiöses Weltgebetstreffen in Assisi an.

Das Bild zeigt verschiedene Vertreter der Weltreligionen auf dem ersten Weltgebetstag in Assisi 1986. Anwesend waren 150 Vertreter von insgesamt zwölf verschiedenen religiösen Gruppen.

Darunter waren beispielsweise der Dalai Lama (Buddhismus), Imam Inamullah Khan (Islam), Oberrabbiner Elio Toaff (Judentum) sowie Vertreter des Hinduismus, der Sikhs und weiterer Religionsgemeinschaften.

M 37
AA 5, AA 6

Karl Kardinal Lehrmann hielt sein Referat vor dem Hintergrund der Anschläge des 11. Septembers 2001. Wenn er hier explizit Kriterien anführt, die bei einem wirklichen interreligiösen Dialog notwendigerweise gegeben sein müssen, hat er wohl vornehmlich bestimmte Strömungen im Islam im Blick.

M 38
AA 7–AA 9

In der Regensburger Vorlesung arbeitet Papst Benedikt XVI. den Zusammenhang zwischen Vernunft und Glauben heraus. Er verweist in diesem Zusammenhang auf das Johannes-Evangelium, in dem von Gott als dem Logos die Rede ist: Gott als das Wort und die Vernunft (beides mögliche Übersetzungen des griechischen Wortes logos im Deutschen), der sich eben durch die Vernunft schöpferisch mitteilt.

C. Lernsequenz

Religion – Megatrend oder mega-out?

1. Thema

Auch SuS, die am katholischen Religionsunterricht teilnehmen, erleben Religion heutzutage in der Regel aus der Beobachterperspektive. Dies liegt einerseits daran, dass Religion mehr und mehr aus dem öffentlichen Bereich verdrängt und dem privaten oder persönlichen Bereich zugewiesen wird; über Religion spricht man nicht (gern). Hinzu kommt, dass lediglich knapp 10 % der Teilnehmer am Religionsunterricht in einer Pfarrgemeinde beheimatet sind.
Andererseits gibt es eine Fülle religiös relevanter oder konnotierter Phänomene. Vor allem die Debatte um das Verhältnis der christlich geprägten Kultur zum Islam ist von hoher gesellschaftlicher Bedeutung. Politisch nachrangig, dafür aber nicht minder bedeutend ist die Anziehungskraft religiöser Praxis vor allem buddhistischer Provenienz.
Die Frage, wie diese Phänomene zu bewerten sind, wird unterschiedlich beantwortet. Während die einen nach dem Zusammenbruch des marxistisch geprägten Ostblocks besonders auch dort ein Wiedererstarken der Religion beobachten, sehen die anderen im Siegeszug des kapitalistischen Materialismus die rein säkulare Gesellschaft entstehen, in der Religion keinen Platz mehr hat. In der Bundesrepublik Deutschland zeigt sich gleichfalls ein zwiespältiges Bild. Die Mitgliederzahlen der beiden großen Kirchen schrumpfen schnell und stetig; eine Trendumkehr ist nicht in Sicht. Demgegenüber lässt sich eine Fülle religiöser Phänomene beobachten. Es kommt zu einer „religiösen Verbuntung der Gesellschaft“ (Paul M. Zulehner). Das Phänomen Religion ist also bei weitem nicht verschwunden. Die Frage ist allerdings, in welchem Maße Religion gegenwärtig das gesellschaftliche wie auch das private Leben prägen wird. Die Lernsequenz will es den SuS ermöglichen, darüber ins Gespräch zu kommen und nach Perspektiven zu suchen.

2. Lernanlässe

- An Ihrer Schule findet ein Austauschprogramm mit einem College aus den USA statt. Die nordamerikanischen SuS erkundigen sich bei Ihnen nach Ihrer Religion und nach der religiösen Landschaft Ihrer Stadt. Sie verabreden einen Themenabend „Religion in Deutschland“.
- Im Seminarkurs „Das christliche Abendland“ taucht die Frage nach dem Verhältnis von Christentum und Islam in Geschichte und Gegenwart auf. Sie bereiten sich auf ein Referat vor.
- In Ihrer Stadt ist ein Symposium „Religionen und Weltfrieden“ geplant. Sie werden eingeladen, einen Beitrag zum Thema „Religion und Gewalt“ beizusteuern.

3. Kompetenzen

SuS können
- religiöse Ausdrucksformen (Symbole, Riten, Mythen, Räume, Zeiten) wahrnehmen und in verschiedenen Kontexten wiedererkennen und einordnen,
- sich aus der Perspektive des katholischen Glaubens mit anderen religiösen und weltanschaulichen Überzeugungen argumentativ auseinandersetzen,
- Kriterien für einen konstruktiven Dialog entwickeln und in dialogischen Situationen berücksichtigen,
- die Präsentation des eigenen Standpunkts und anderer Positionen medial und adressatenbezogen aufbereiten.

4. Lernarrangement

Die Lernsequenz ist in drei Phasen gegliedert, die auch jeweils für sich bearbeitet werden können. Die SuS arbeiten weitestgehend selbständig. Die Phasen der Instruktion haben sowohl informierenden als auch strukturierenden Charakter. Die erste Phase der Lernsequenz ist stark handlungsorientiert ausgerichtet und erfordert in besonderer Weise das eigenständige Arbeiten der SuS.

Im Wesentlichen geht es darum, die unterschiedlichen religiösen Phänomene empirisch zu erheben, die Ergebnisse aufzubereiten und in der Lerngruppe vorzustellen. Die zweite Phase der Lernsequenz stellt das Thema Religion und Gewalt in den Mittelpunkt. Die Erarbeitung wird stärker durch L geprägt sein. Die dritte Phase thematisiert die Ansätze eines konstruktiven Dialogs der Religionen mit dem Fokus der Bemühungen um einen gerechten Frieden. Hier ist erneut die Selbständigkeit der SuS gefordert.

5. Lerngegenstände
Die SuS sollen mit den folgenden Lerngegenständen (Inhalten) vertraut werden:
- Spuren von Religion im Alltag, Ersatzreligiosität, Volksreligion, „Patchworkreligion",
- Religion im gesellschaftlichen und kulturellen Leben,
- religiöser Fundamentalismus und religiös konnotierte Konflikte,
- Grundlagen und Ansätze des Dialogs der Religionen: z. B. die Comunità Sant'Egidio, die Friedensdekade zur Überwindung der Gewalt des ÖRK, das Friedensgebet in Assisi, die Weltfriedenstage, das Projekt Weltethos, usw.

6. Lernwege
Ausgangspunkt der ersten Phase der Lernsequenz ist zunächst eine differenzierte Einführung in das Phänomen Religion. Diese muss so ausgelegt sein, dass die SuS für die Recherchearbeit gut vorbereitet werden. Hier bieten sich **M 1–M 13** aus dem SB an. Im Anschluss daran sollen die SuS gesellschaftliche und kulturelle Segmente ihres Lebensumfeldes und nach ihrer Wahl nach religiösen Spuren und Ausdrucksformen arbeitsteilig durchsuchen. Die Befragungen oder Erhebungen müssen klar definiert und eng begrenzt sein, damit die gewonnene Datenmenge überschaubar bleibt. Die Auswertung der Daten und die Präsentation der Ergebnisse kennzeichnen den weiteren Verlauf der Lernsequenz.
Für die zweite Phase zum Thema „Religion und Gewalt" wird ein Blick in die tagesaktuellen Medienberichte reichlich Anknüpfungspunkte bieten; exemplarisch genannt seien die Konflikte zwischen Christen und Muslimen in Afrika, zwischen Juden und Muslimen in Palästina, zwischen Hindus und Moslems in Pakistan oder Indien, usw. Besonders den monotheistischen Religionen Judentum, Christentum und Islam wird eine latente Neigung zur Gewalt unterstellt. Hier ist eine fundierte Auseinandersetzung mit den Positionen wichtig. Dazu dienen die Materialien **M 22–M 33** im SB.

Für die Arbeit in der dritten Phase zum Dialog der Religionen seien die folgenden Initiativen genannt: die Dekade zur Überwindung der Gewalt des ÖRK, die Weltfriedenstage der katholischen Kirche (jeweils am 1. Januar eines Jahres), die Friedensarbeit der Comunità Sant'Egidio in Rom, das jährliche Friedenstreffen verschiedener Religionsvertreter in Assisi; auch das Projekt Weltethos bietet sich hier an. Bevor sich die SuS mit den einzelnen Projekten und Initiativen vertraut machen, sollten sie eine grundlegende Einführung in die Möglichkeiten und Grenzen des Dialogs der Religion erhalten (vgl. **M 34–M 38**). Erst danach erfolgt die eigenständige Erarbeitung, deren Ergebnisse abschließend in der Lerngruppe vorgestellt werden.

7. Lernanregungen
- Suchen Sie in Ihrem Lebensumfeld nach religiösen Spuren. Schauen Sie sich dazu in Ihrem Stadtteil um. Achten Sie z. B. auf die Gestaltung öffentlicher und privater Gebäude.
- Führen Sie in Ihrer Schule oder im öffentlichen Raum eine Befragung in Sachen Religiosität durch. Planen und entwerfen Sie dazu zunächst gemeinsam einen Fragebogen. Gehen Sie dann arbeitsteilig vor und befragen Sie verschiedene Vergleichsgruppen. Werten Sie Ihre Ergebnisse aus, stellen Sie diese in Ihrer Lerngruppe vor und vergleichen Sie sie.
- Machen Sie eine Bestandsaufnahme zum Thema „Religion in Ihrer Heimatstadt" und fertigen Sie dazu eine Broschüre oder eine Homepage „Stadtplan der Religionen" an.
- Informieren Sie sich über die aktuellen atheistischen Initiativen und Verbände im deutschen Sprachraum. Erarbeiten Sie eine Liste mit deren Kritikpunkten am Christentum. Formulieren Sie Erwiderungen und Antworten aus christlicher Sicht.
- Dialog der Religionen ist ein großes Thema. Stellen Sie eines/e der folgenden Projekte und Initiativen vor: die Dekade zur Überwindung der Gewalt des ÖRK, die Weltfriedenstage der katholischen Kirche (jeweils am 1. Januar eines Jahres), die Friedensarbeit der Comunità Sant'Egidio in Rom, das jährliche Friedenstreffen verschiedener Religionsvertreter in Assisi, das Projekt Weltethos.
- Informieren Sie sich zu einem aktuellen politischen Konflikt, der zugleich auch religiöse Dimensionen hat. Untersuchen Sie die jeweiligen religiösen Anteile und prüfen Sie, inwiefern diese in der jeweiligen Religion tatsächlich begründet sind.
- Gestalten Sie eine von Ihnen selbst entworfene und verantwortete Unterrichtsstunde zum Thema Dialog der Religionen.

8. Lernoptionen
- Suche nach religiösen Spuren in allen Bereichen gesellschaftlichen Lebens: in den Print-Medien, im Fernsehen, in der Musik, in der Kunst, im Film, im Sport, in der Werbung, in den Parteien usw.
- Besuchen Sie ein Museum. Entwickeln Sie eine Bestandsaufnahme, welche der Kunstwerke religiös konnotiert sind. Recherchieren Sie den religiösen Kontext.
- Gehen Sie die aktuellen Titel der Popmusik durch und suchen Sie dort nach religiösen Spuren.
- Suchen Sie (entsprechend der Anzahl der Teilnehmer Ihrer Lerngruppe) literarische Werke der Gegenwart mit religiösen Bezügen und teilen Sie diese untereinander auf. Stellen Sie einander diese Werke vor.

- Beim Thema „Dialog der Religionen“ bietet es sich ganz besonders an, externe Experten (Vertreter anderer Religion) zum Austausch in der Klasse oder ggf. zu einer Podiumsdiskussion einzuladen.

9. Lernerfolg
Zur Feststellung des Lernerfolgs eignen sich einerseits die oben aufgeführten Lernanlässe. Darüber hinaus können die Präsentationen der jeweiligen Befragungen und Erarbeitungen Auskunft darüber geben, in welchem Maße die SuS kompetenter geworden sind. Im Sinne einer transparenten Handhabung ist eine klare Absprache zu Beginn der Lernsequenz unbedingt geboten. Die SuS sollten die Möglichkeit erhalten, eigene Schwerpunkte zu setzen. Bei alledem ist es hilfreich, einen möglichst handhabbaren Kriterienkatalog gemeinsam festzulegen, damit die SuS wissen, worauf sie sich einlassen und welche Erwartungen an sie gestellt werden.

10. Lernquellen
Erste Lernquelle für diese Lernsequenz sind die Materialien M 1–M 13, M 23–M 33 und M 34–38 aus dem Kapitel des SB. Darüber hinaus gibt es eine ganze Reihe von Web-Links, die für die Recherchearbeit der SuS geeignet sind.

Links zu religiösen Phänomenen und Religionen:
http://religionsmonitor.com/
http://bertelsmann-stiftung.de/cps/rde/xchg/bst/hs.xsl/36787.htm
http://www.bpb.de/themen/Z5YLJG,0,0,Religion_und_Gesellschaft.html
http://www.fluter.de/de/100/?tpid=92&tpl=1671
http://www.code-knacker.de/weltreligionen.htm
http://www.remid.de/index.php?text=info_zahlen
http://www.confessio.de/cms/website.php
http://www.zeit.de/schlagworte/themen/Religion
http://www.planet-schule.de/wissenspool/weltreligionen/inhalt.html
http://www.goethe.de/ges/phi/dos/her/deindex.htm
http://www.stadtplan-der-religionen.de/
http://www.religionen-in-hannover.de/
http://www.haus-der-religionen.de

Links zu atheistischen Positionen:
www.giordano-bruno-stiftung.de
www.humanismus.de
http://hpd.de

Links zum Dialog der Religionen:
www.weltethos.de
www.global-ethic-now.de
http://www.religionsforpeace.de
http://www.religionenundweltfrieden.de
http://www.ithf.de
http://www.wcrp.org
http://www.millenniumpeacesummit.com/
http://www.oikoumene.org/de/start.html
http://www.gewaltueberwinden.org/de/
http://weltkloster.de/
http://www.vatican.va/holy_father/benedict_xvi/messages/peace/index_ge.htm

Weiterführende Literatur

Schlensog, Stephan/Lange, Walter (Hrsg.): Weltethos in der Schule. Loseblattsammlung im DIN A4 Ordner. Tübingen 32011. 506 S.
„Fluter“. Magazin der Bundeszentrale für politische Bildung. Thema „Wer weiß? – Glauben“. 1. 12. 2004. Bestellnummer 5813 bei BZFPB Bonn http://www.fluter.de.
Langenhorst, Georg: Literarische Texte im Religionsunterricht. Freiburg/Brsg.: Herder 2011. 200 S.
Sajak, Clauß Peter: Kippa, Kelch, Koran. Interreligiöses Lernen mit Zeugnissen der Weltreligionen. Ein Praxisbuch. Unter Mitarb. v. *Katrin Gergen-Woll, Barbara Huber-Rudolf* u. *Jan Woppowa*. München: Kösel 2010. 288 S.

GOTT – *offenbarte Verborgenheit*

A. Didaktische Intentionen und Überblick über das Kapitel

In diesem Kapitel wird „die christliche Rede von Gott“ (EPA, S. 9) explizit thematisiert und „theologisches Grundwissen“ (EPA, S. 6) in insgesamt sieben Modulen aufbereitet. Dabei sollte L den SuS ausreichend Zeit einräumen, ihre eigenen Überzeugungen und Einstellungen zu artikulieren, um nach der Erarbeitung eines Moduls nochmals darauf zu reflektieren.
Alle Module durchzieht ein theologischer Kerngedanke: Gemäß biblischer und kirchlicher Tradition ist Gott *einerseits* der „ganz Andere“, der von sich sagt: „Meine Gedanken sind nicht eure Gedanken, und eure Wege sind nicht meine Wege“ (Jes 55,8). *Andererseits* bleibt Gott kein ferner Gott, sondern offenbart sich seinen Geschöpfen in seinem Anderssein. Auf diese eigentümliche Dialektik spielt die Kapitelüberschrift – offenbarte Verborgenheit – an.

In einer exemplarischen Offenbarungsgeschichte wie Ex 3,1-15, die im **Basismodul 1** („Wie lässt sich angemessen von Gott sprechen?“, SB S. 120–124), im Zentrum steht, wird erzählt, dass Gott, der das Heil seiner Geschöpfe will, ein verborgener Gott bleibt. Über Gott, der kein Gegenstand empirischer Erfahrung, sondern der Schöpfer von allem ist, muss anders als über die Dinge in der Welt, nämlich analog, gesprochen werden. Die Module 2 bis 4 entfalten das spezifisch christliche, trinitarische Gottesverständnis (dabei ist vorausgesetzt, dass die Lernenden die zentralen christologischen Dogmen kennen). Wenn Gott sich selbst in der historischen Person Jesus von Nazareth und im Geist geoffenbart hat (ökonomische Trinität), dann, so der theologische Rückschluss, kann Gott nicht bloß Einheit sein, sondern muss in sich differenziert, nämlich als drei-einig, gedacht werden (immanente Trinität). Die Begriffe der kirchlichen Trinitätslehre geben keinen Einblick in das „göttliche Innenleben“, sondern sind stets analog zu verstehen; so verweist ein analoger Begriff wie Perichorese darauf, dass Gott immer schon in sich Liebe ist (**Modul 2**: „Der dreieinige Gott – Entstehung und Grundbegriffe der kirchlichen Trinitätslehre“, SB S. 125–127) – ohne dadurch, wie Judentum und Islam vermuten, die Einheit Gottes aufzulösen (**Modul 4**: „Die Kritik des trinitarischen Gottesverständnissein Judentum und Islam“, SB S. 132). **Modul 3** („Das trinitarische Bekenntnis – formuliert für unsere Zeit“, SB S. 128–131) stellt einen theologischen und drei künstlerische Versuche vor, den Glauben an den dreieinigen Gott in der Sprache unserer Zeit zu artikulieren.

Eine weitere Entfaltung bietet **Modul 5** („Gottesbeweise als Verbindung von Glaube und Vernunft“, SB. S. 133–137) an, das mit dem Titel des Arbeitsbuches – „Vernünftig glauben“ – überschrieben sein könnte. Es präsentiert drei theoretische Gedankengänge, welche die Existenz Gottes zu beweisen versuchen. Aus zwei Gründen steht der „Gottesbeweis“ Anselms von Canterbury im Mittelpunkt: Sein theologisches Programm vernünftigen Glaubens will das bereits Geglaubte, die Existenz Gottes, mittels Vernunft prinzipiell allen einsichtig „beweisen“; sein Gottesbegriff – Gott ist nicht nur „etwas, über das hinaus nichts Größeres gedacht werden kann“, sondern „etwas Größeres, als gedacht werden kann“ – bewegt sich ganz auf der Linie des in Modul 1 erarbeiteten Gottesverständnisses.

Die beiden folgenden Module formulieren kritische Anfragen: **Modul 6** („Theodizee: Gottes Leid in der Schöpfung“, SB S. 138–146) stellt sich dem Problem der Theodizee, mit dem die Rationalität des christlichen Gottesglaubens auf dem Spiel steht: Wie kann ein allmächtiger und guter Gott das immense Leid zulassen? Reflektiert wird das göttliche Prädikat der Allmacht, das nicht als ein quantitatives Mehr, sondern als ein qualitatives „Anders“ begriffen werden muss. Theoretische Versuche, Gott angesichts der leiddurchtränkten Schöpfung rechtfertigen zu wollen (Theo-*dizee*), stehen zur Diskussion. Dem Gläubigen indes bleiben die Klage und die Hoffnung auf eine „Selbstrechtfertigung“ Gottes (*Theo*-dizee).

Auch die Religionskritik stellt die Frage nach der Rationalität des Gottesglaubens. **Modul 7** („Religionskritik – Gott oder Götze?“, SB S. 147–153) setzt zwei Schwerpunkte: Die menschliche Tendenz, selbstfabrizierte Götter mit Gott zu verwechseln, ist eine Grundeinsicht der „Biblischen Aufklärung“, für die exemplarisch die beißende Kritik des Deuterojesaja steht. Die Alternative zu den selbstgemachten Göttern besteht für die Biblische Aufklärung in der Vorstellung eines Gottes, der sich offenbart (**Modul 1**). Zum anderen wird der Begründer neuzeitlicher Religionskritik, der Philosoph Ludwig Feuerbach präsentiert, dessen „Projektionstheorie“ so populär ist, dass sie fortan zum Instrumentarium eines jeden Religionskritikers gehört; doch auch die Kritik bedarf einer kritischen Prüfung.

Kombinationen und Ergänzungen
Ergänzend zu den 7 Modulen des Kapitels Gott finden sich weitere Anknüpfungspunkte in den folgenden Kapiteln:

Wirklichkeit	2.	Was ist Wirklichkeit?
	3.	Plädoyer für die Suche nach Zeichen der Transzendenz
Mensch	4.	Perspektiven

Jesus Christus	4.	Bekenntnisse der frühen Kirche und des Zweiten Vaticanums
Zukunft	3.	Das Leben nach dem Tod

Weiterführende Literatur

Nordhofen, Eckhard: Die Zukunft des Monotheismus. In: Merkur. Deutsche Zeitschrift für europäisches Denken Nr. 605/606/1999. S. 828–846.

Greshake, Gisbert: Hinführung zum Glauben an den drei-einen Gott. Freiburg/Brsg.: Herder [5]2008.

Troll, Christian W.: Muslime fragen, Christen fragen. Regensburg: Pustet 2003 (Topos plus TB).

Zirker, Hans: Monotheismus gegen Trinität? Konfrontation und Verständigungsansätze am Beispiel Islam. In: Glaube und Lernen. Zeitschrift für theologische Urteilsbildung, 17/2002. S. 55–67.

Müller, Klaus: Gott erkennen. Das Abenteuer der Gottesbeweise. Regensburg: Pustet 2001 (Topos plus TB).

Kall, Alfred/Menges, Thomas: Theodizee. Wie könnte ein Gott so etwas zulassen? Unterrichtsmaterialien Religion betrifft uns, 2/1996.

Kessler, Hans: Gott und das Leid in der Schöpfung. Nachdenkliches zur Theodizeefrage. Würzburg: Echter [3]2007 (Topos plus TB).

Hoff, Gregor Maria: Religionskritik heute. Regensburg: Pustet [2]2010 (Topos plus TB).

B. Materialkommentierungen

1. Wie lässt sich angemessen von Gott sprechen?, SB S. 120–124

Künstlerische und biblische Sprechversuche, SB S. 120–122

M 2

Gott offenbart sich, indem er sich entzieht – so der Tenor der exemplarischen und theologisch dichten Offenbarungserzählung Ex 3,1-15 (vgl. **M 3**).

Die Idee, sich über zwei Werke der bildenden Kunst diesem komplexen Text zu nähern, hat einen doppelten Grund:

a) Was in einer Geschichte nacheinander erzählt werden muss, präsentiert ein Bild gleichzeitig. Niemals aber setzt ein Bild einen Text eins zu eins um. Vielmehr stellt sich die Frage, was das Bild weglässt, was es aufgreift und betont und was es womöglich hinzuerfindet. Der geduldige Abgleich zwischen Bild und Text führt zu einem vertieften Verständnis beider.

b) Bilder werden erst lebendig, wenn man sie betrachtet, ja mit den Augen abschreitet. Bildtheologisch von besonderem Interesse ist deshalb die Frage, mit welchen Strategien die Künstler die Unsichtbarkeit Gottes und seine Offenbarung im Entzug ins Bild bringen.

AA 1, AA 2

1. Das frühchristliche Mosaik bildet einen Teil des Altarraums der Kirche San Vitale in Ravenna und entstand um 540. In einer zerklüfteten Felslandschaft (V 1) steht ein junger bartloser Mann gekleidet mit einem weißen Gewand. Sein Kopf wird von einem goldenen Nimbus umfangen; der Schriftzug oben rechts kennzeichnet ihn als MOSE. Angelockt von einer „außergewöhnlichen Erscheinung“ (V 3), steht Mose nun auf „heiligem Boden“ (V 5), der durch viele kleine Flammen von der sonstigen Welt abgegrenzt ist (V 2). Sein Kopf ist nach links oben gewendet, von wo er die Stimme Gottes vernimmt (V 4). Gott selbst bleibt unsichtbar; seine Präsenz wird durch das Symbol einer segnenden (der Ringfinger ist eingebogen) Hand Gottes dargestellt. Mose antwortet gerade auf den Befehl Gottes (V 5), indem er die Riemen seiner linken Sandale löst.
   Das Mosaik konzentriert sich ganz auf die Theophanie; das anschließende Gespräch zwischen Gott und Mose (VV 6–12) und die Namensoffenbarung (VV 13–15) sind nicht berücksichtigt.
2. Wesentlich kleiner ist die Lithographie des jüdischen Malers Marc Chagall (1887–1985). In der rechten Bildhälfte dominieren die Farben Blau und Gelb, in der linken Rot und Gelb. Angezogen von der „außergewöhnlichen Erscheinung“ (V 3), hat Mose seine Herde verlassen (V 1) und ist vor einem rotglühenden Baum (V 2) in die Knie gesunken. Die Schuhe hat er bereits abgelegt (V 5). Der blau gekleidete Mose ist als älterer Mann mit Vollbart gestaltet, von dessen Haupt zwei gelbe Lichtbündel als Abglanz der Herrlichkeit Gottes (Ex 34,29 f.) abstrahlen. Mose hält seine rechte Hand an der Brust: Diese Geste lässt sich als ein Zeichen der Demut, vielleicht als ein Zeichen des Erschreckens über den Auftrag, sein Volk aus dem Sklavenhaus Ägypten zu führen (VV 7–12), interpretieren. Chagall hat auch die Namensgebungsgeschichte (VV 13–15) integriert, denn über dem brennenden, aber nicht verbrennenden Baum erscheint in einem strahlenden Kreis das Tetragramm JHWH. Zwischen der

linken, göttlichen Bildhälfte und der rechten, weltlichen Bildhälfte vermittelt, in der Mitte des oberen Bildrandes, der „Engel Gottes“ (V 2).

AA 3 Die SuS erkennen, dass Gott in beiden Bildwerken unsichtbar bleibt: Im frühchristlichen Mosaik wird die göttliche Präsenz durch das Symbol einer segnenden Hand (der Ringfinger ist eingebogen), bei Chagall durch das Tetragramm und den Engel Gottes dargestellt.

AA 6
a) Ein brennender, doch nicht verbrennender Dornbusch (V 2) ist entweder Unsinn oder eine bewusst gewählte erzählerische Figur und symbolisiert die Aufhebung der Zeit. Die ganz und gar ungewöhnliche Erscheinung versetzt Mose in Furcht, deshalb bedeckt er sein Gesicht und bekommt Gott nicht zu sehen (V 6).
b) Die SuS sollen herausarbeiten, dass der offenbarte Gottesname kein üblicher Name ist. Durch zwei Impulse kann L die Fragestellung zuspitzen. 1. Wer den Namen kennt – so die alte Namensmagie, die uns noch im Märchen vom Rumpelstilzchen begegnet –, der gewinnt Macht über seinen Träger. Mose erhält als Antwort „Ehje ascher ehje“ oder „Ähjäh ascher ähjäh“ (V 14), woraus sich das Tetragramm JHWH ableitet. 2. Martin Buber übersetzt den Gottesnamen so: „Ich werde dasein, als der ich dasein werde.“ Der dem Mose offenbarte Name JHWH ist demnach kein eigentlicher Name, sondern eher ein Namensersatz, mit dem Gott seine Gegenwart *zusagt*!
c) In Ex 3,1-15 offenbart sich Gott Mose als der Gott Abrahams, Isaaks und Jakobs, der sein Volk aus Ägypten in die Freiheit führen will. Der Gott der Bibel ist vor allem ein Gott der Freiheit.

AA 7 In beiden Perikopen findet sich die gleiche Struktur: Gott offenbart *und* entzieht sich zugleich. In Ex 33,18-23 möchte Mose Gott sehen (V 18) und bekommt nur seinen Rücken zu Gesicht (V 23); Offenbarung ist ein Vorüberziehen/Vorübergehen (V 18, V 23; vgl. auch Ex 34,6, 1 Kön 19,4 und Mk 6,45).
Hinweis: Die Gotteserfahrung des Mose lässt sich als eine Disclosure-Erfahrung interpretieren: vgl. SB S. 29–30, M 21.

M 3 Siehe **AA 6 b**).

AA 10, AA 11 L klärt mit den SuS die Verwendung des Begriffs Person in Bezug auf Gott: Was sich bei Ex 3,1-15 und Ex 33,18-23 beobachten lässt, die „Kommunikation“ zwischen Gott und Mose, gilt für die biblische (und kirchliche) Tradition: Gott ist kein abstraktes Prinzip, sondern ein ansprechbares Gegenüber und insofern Person. L kann hier die Praxis des Betens ins Spiel bringen: Zu einem Prinzip lässt sich nicht beten.

AA 12 Um den Gottesnamen nicht leichtfertig auszusprechen, wurde in biblischen Texten das Tetragramm durch „Adonai“, Herr, ersetzt. Der Ersatz des Namensersatzes indes weckt patriarchalische Assoziationen.

Theologische Sprechversuche, SB S. 123

M 4, **M 5** Das Problem, von dem ganz anderen Gott nicht reden zu können, aber doch reden zu müssen, damit das Gottesvolk die Freiheit erlangt, wird schon in der Namensgebungsgeschichte Ex 3,13-15. **M 4** und **M 5** reflektieren das Sprachproblem theologisch.

AA 1, AA 2 Die SuS sollen sich eine ganz zentrale theologische Einsicht aneignen: Menschen können nicht anders als menschlich vom unbegreiflichen Gott reden. Deshalb müssen wir uns bewusst sein, dass alle auf Gott bezogenen Begriffe (wie z. B. Person) und Prädikate (wie z. B. Güte, Allmacht) stets *analog* verwendet werden und „automatisch“ eine größere Unähnlichkeit mit sich führen. Wegen dieser Differenz bilden Reden und Schweigen über Gott die beiden Seiten einer Medaille. **ZM 1** vertieft den Gedanken um die drei Wege des Redens über Gott.

AA 3 Auf diesem Hintergrund kann L eine *theologische* Diskussion um die analoge Bedeutung der Prädikate Güte und Allmacht anregen, die im Kontext der Theodizee (vgl. Modul 6) relevant sind.

Poetischer Sprechversuch, SB S. 124

M 6
AA 1 Der Dichter bringt durch formale und gedankliche Konzentration die Unbegreiflichkeit zu Wort. Das letzte Epigramm (Z. 16 ff.) liegt ganz auf der gedanklichen Linie vom **M 5**.

M 11 – M 13

Hintergrund: Was ist ein Gnadenstuhl?
Der Gnadenstuhl, in anderen Zusammenhängen spricht man einfach von „Trinität“, ist eine Bildschöpfung des abendländischen Mittelalters und seit Mitte des 12. Jahrhunderts die vorherrschende Form für die Darstellung der Dreieinigkeit Gottes. „Man versteht unter dem Begriff des Gnadenstuhls in der Kunst jene Darstellungen, in denen Gottvater seinen Sohn am Kreuz oder als Schmerzensmann in seinen Armen trägt. Hinzu kommt der Geist in der Gestalt der Taube. Einzelheiten wandeln sich im Verlauf der Jahrhunderte [...]. Schon im späten 13. Jahrhundert gibt es Darstellungen, die das Kreuz weglassen, an das der Leib Christi geheftet ist. Gott nimmt seinen Sohn unmittelbar zu sich.“
(*Braunfels, Wolfgang:* Die Heilige Dreifaltigkeit. Düsseldorf 1954).
Der Gnadenstuhl setzt die Selbsthingabe Jesu Christi, sein Leben und sein Tod für uns, voraus; der Schwerpunkt liegt auf der heilsgeschichtlichen Trinität. – In der Ostkirche hingegen wird die Trinität im Anschluss an Gen 18 durch drei Engel dargestellt, wofür die Ikone „Dreifaltigkeit“ (1411/22) des russischen Malers Andrej Rubljow das bekannteste Beispiel ist.
Angesichts des (Kult-)Bilderverbotes (Ex 20,4 f.), das Christentum und Islam aus dem Judentum übernommen haben, ist die Tatsache einer bildhaften Darstellung des unsichtbaren Gottes – „Niemand hat Gott je gesehen“ (Joh 1,18) – keineswegs selbstverständlich. Gerechtfertigt werden Gottesbilder im Christentum mit dem Glauben an Jesus Christus, dem „Ebenbild des unsichtbaren Gottes“ (Kol 1,15). Deshalb sind eigentlich nur *christomorphe* Gottesbilder theologisch legitim.
Die Holztafel Semitecolos stammt aus dem Diözesanmuseum in Padua und war vermutlich an einer Reliquienkiste angebracht.

AA 1 Beschreibung und Interpretation sollten folgende Aspekte zur Sprache bringen: 1. Auf goldenem Hintergrund, der die himmlische Sphäre symbolisiert, sind Gott-Vater und Gott-Sohn zu sehen. Neben beiden schwebt die Taube des Heiligen Geistes (Gnadenstuhl). 2. Die unterschiedlich alten Gesichter von Gott-Vater und Gott-Sohn sind sich dennoch überaus ähnlich. 3. Vater, Sohn und Geist (hier nur schwer erkennbar) tragen einen Heiligenschein, der auf die gleiche göttliche Würde der drei verschiedenen göttlichen „Personen“ (vgl. **M 9**) verweist. 3. Die durchbohrten, noch immer blutenden Hände des Sohnes werden von den Händen des Vaters hinterfangen. Es hat den Anschein, als würden auch sie bluten; hinzu kommt sein ernster Gesichtsausdruck. Leidet etwa der allmächtige und gütige Gott am Tod seines Sohnes – und am Leid(en) in seiner Schöpfung? (Dieses Problem ist Gegenstand von Modul 6.)

AA 2 Kol 1,15 (Christus ist das „Ebenbild des unsichtbaren Gottes“) und Joh 10,30 („Ich und der Vater sind eins“) erklären die Ähnlichkeit der Gesichter. Den SuS soll die theologische Pointe klar werden: Gott hat das Gesicht von Jesus Christus. Umgekehrt formuliert: Wer auf Jesus Christus schaut, der sieht Gott.
Hinweis: Die Erarbeitung von **M 8–10** setzt auf Seiten der SuS Grundkenntnisse der Christologie voraus: vgl. SB S. 218, M 36.

M 9

AA 7 Der Tritheismus überbetont die Differenz in Gott und macht aus Vater, Sohn und Geist drei Götter.
Der Subordinatianismus überbetont die Einheit in Gott und bringt Vater, Sohn und Geist in ein Verhältnis der Unter- oder Überordnung.

AA 8 Die drei göttlichen „Personen“ sind zwar als zusammengehörende, aber auch deutlich unterschiedene Größen ins Bild gebracht. Darin liegt die Möglichkeit eines tritheistischen Missverständnisses (vgl. Modul 4).

M 10

Hintergrund: Trinitarische Begriffe formulieren das spezifisch christliche Gottesverständnis. Ihr Fundament bildet zum einen das biblische Zeugnis der Selbstmitteilung Gottes (metaphorisch: dem Gott-über-uns) im Menschen Jesus von Nazaret (metaphorisch: dem „Gott-mit-uns“) und im Heiligen Geist (metaphorisch: dem „Gott-in-uns“) (vgl. **M 8**). Nach heftigen theologischen Kontroversen wurde zum anderen im Rückgriff auf zeitgenössische philosophische Begriffe auf dem Konzil von Nizäa (325) die „Wesensgleichheit“ von „Vater“ und „Sohn“ (gegen den Mönch Arius) und im Nizäno-konstantinopolitanischen Glaubensbekenntnis (381) die

AA 9 Göttlichkeit des Geistes formuliert (gegen die Pneumatomachen; siehe DH 150).
Die SuS können die Umschreibungsversuche in einer Übersicht zusammenfassen:

Person → Differenz in Gott
Wesen → Einheit in Gott
Perichorese → Liebe / wechselseitige Kommunikation in Gott

Bischof Klaus Hemmerle (1929–1994) hat Perichorese so umschrieben: „Nur indem Vater, Sohn und Geist ineinander sind, ‚nichts anderes' sind als gegenseitige Beziehung und Ineinandersein, ist das eine und selbe und unteilbare göttliche Wesen in ihnen und sind sie in ihm."

AA 10 Die verwendeten trinitarischen Begriffe (Wesen, Person, Perichorese) verschaffen keine übernatürliche Einsicht in das innergöttliche Leben, handelt es sich doch – wie bei den göttlichen Prädikaten auch – um analoge Begriffe (vgl. **M 4**).

3. Das trinitarische Bekenntnis – formuliert für unsere Zeit, SB S. 128–131

... in der Sprache der bildenden Kunst, SB S. 129–130

M 12 Ein Versuch, sich der immanenten Trinität künstlerisch zu nähern, stammt von Roland Peter Litzenburger (1917–1988). Seine mit Bleistift, Feder und Tusche gefertigte „Dreifaltigkeit" ist nur auf den ersten Blick verwirrend

AA 1–AA 2 In einem ungleichmäßigen Oval *durchdringen* sich drei Gestalten mit menschlichem Antlitz: Ein quer liegender Kopf am oberen Rand verbindet sich mit zwei am seitlichen Rand befindlichen Köpfen zu einem Gebilde mit fünf Augen. Am unteren Rand sind Füße zu erkennen – ebenfalls fünf. Eine Hand links im Bild weist nach oben, die Hand rechts ist zum Segensgestus erhoben. Zwei weitere, etwas unterhalb der Mitte befindliche Hände zeigen nach unten – vielleicht ein Hinweis auf das göttliche Erlösungswerk.

Litzenburgers Bild lässt sich als eine künstlerische Veranschaulichung der Perichorese (**M 10**) oder der Erklärung der Trinität mithilfe der Pronomen Ich – Du – Wir (**M 11**) interpretieren: Gott ist Einheit in Differenz durch Kommunikation.

M 13
AA 3 Walter Zacharias (1919–2000) hat seinen kreuzförmigen, 98 cm hohen und 68 cm breiten „Gnadenstuhl" aus funktionslos gewordenen Materialien montiert. Ein breiter Querbalken aus Holz betont die Horizontale. Den Mittelpunkt bildet ein auf der linken Seite gesplittertes V-förmiges Holzgebilde, das die Assoziation einer Taube evoziert; ihr Kopf ragt in den Raum hinein. Ein ockerfarbenes ovales Holzmedaillon, auf das die „Taube" genagelt ist, hinterfängt sie wie ein Nimbus. In der Taube überschneiden sich Vertikale und Horizontale und bilden die Figur eines lateinischen Kreuzes. Über ihren weit geöffneten „Flügeln" ist auf einer halbrunden Holzscheibe ein rostiger Eisenring befestigt. Der Taubenkopf zeigt nach unten in das offene Y eines dürren Zweiges. Obwohl sie klar voneinander abgegrenzt sind, stehen Ring, Taube und Astgabel in Beziehung zueinander: Der Ring könnte zwischen den rechtwinklig gespreizten Flügeln der Taube ruhen; sie scheint von den im rechten Winkel geöffneten „Armen" des Ästchens „empfangen" zu werden.

AA 4 Wie Semitecolo hat Zacharias seinen „Gnadenstuhl" ganz aus der Figur des Kreuzes entwickelt. Das Kreuz, so der Künstler, steht für „die Auseinandersetzung mit dem Leben überhaupt, das den Tod einschließt". Die theologische Bedeutungsebene kommt hinzu: Das Kreuz, auf welches die Menschwerdung Gottes in dem Menschen Jesus von Nazareth zuläuft, gibt den einen Gott als den dreieinigen Gott zu erkennen; Kreuz und Trinität weisen wechselseitig aufeinander.

Gott-Vater und Gott-Sohn hat Zacharias nicht wie der spätmittelalterliche Künstler durch menschliche Personen, sondern symbolisch durch einen *Ring* – das einzige Bildelement aus Metall – und einen *Holzzweig* dargestellt. Während die ideale Form des Kreises in der Natur nicht vorkommt, kann man sich gabelnde Zweige bei jedem Waldspaziergang finden; während sich ein Metallring nur schwer zerstören lässt, kann ein Zweig leicht zerbrochen werden. Der Metallring verweist auf Gott, insofern er „jenseits" von Raum und Zeit, also der Ewige ist. Das Gabelkreuz als Chiffre für den geschundenen Christus verweist auf die theologische Vorstellung einer Offenbarung in Knechtsgestalt (Phil 2,6 ff.), der in der künstlerischen Gestaltung die schäbigen Materialien entsprechen. Die Symbolik von metallenem Ring und leicht zerbrechlichem Holz mündet in einem theologischen Paradox: In der Ohnmacht des Kreuzes zeigt sich die Allmacht Gottes. Material und Aussage der Skulptur verweisen aufeinander.

Die *Taube* vermittelt nicht nur zwischen Ring und Gabelkreuz; verstärkt durch die Gloriole und das massige Querbrett bildet sie den Mittelpunkt der gesamten Collage; im Gemälde von Semitecolo fristet die Taube des Heiligen Geistes hingegen ein eher kümmerliches Dasein. Von oben betrachtet, findet der Ring zwischen den geöffneten Flügeln der Taube Platz; von unten betrachtet, fliegt sie den geöffneten Armen Christi entgegen. So wird der Heilige Geist als das „Band der Liebe“ zwischen Vater und Sohn anschaulich (vgl. **M 10** und **M 11**).

... in der Sprache der Literatur, SB S. 131

M 14
AA 1

Die erste Strophe ist an Gott adressiert, der als offen für menschliche Klagen charakterisiert wird. Die zweite Strophe richtet sich an den Sohn, der – hingerichtet am Kreuz – für das Leid sensibel ist und Schuld vergibt. Die dritte Strophe setzt einen feministischen Akzent: Mit Bezug auf das hebräische, weibliche Wort für Geist, ruach, lobt der Dichter die lebensbejahende Kraft der Geist*in*. Die letzte Strophe benennt den Adressaten des Gedichts – den dreieinigen, christlichen Gott.

AA 2

Unter Heranziehung von SB S. 103 können SuS den Titel „psalm“ leicht erläutern: Ein Psalm ist ein an Gott gerichtetes Gedicht in freien Rhythmen.

4. Die Kritik des trinitarischen Gottesverständnisse in Judentum und Islam, SB S. 132

Einig sind sich Judentum und Islam in der Kritik des christlichen Trinitätsglaubens, weil sie ihn als eine Aufweichung des Monotheismus, ja als einen Rückfall in den Polytheismus wahrnehmen. Die Gründe der Ablehnung indes unterscheiden sich.

M 15
AA 1

Weil der jüdische Glaube in Jesus von Nazaret nicht den erwarteten Messias (griech.: Christos) und Erlöser erkennen kann, besteht auch keinerlei Anlass, ihn als zweite „Person“ eines in sich differenzierten Gottes zu denken.

M 16
AA 6

Mit Bezug auf den Koran lehnt der Islam die Trinität als einen Rückfall in den Polytheismus ab: a) Sure 5,73 versteht sie numerisch und deshalb als einen Tritheismus; b) Sure 4,171 deutet sie als eine Trias bestehend aus Gott, Jesus und Maria. Beides widerspricht christlichem Selbstverständnis und stellt im Dialog mit dem Islam eine erhebliche Bürde dar.
ZM 2 vertieft das islamische Gottesverständnis.

5. Gottesbeweise als Verbindung von Glaube und Vernunft, SB S. 133–137

Mit Gottesbeweis verbinden SuS nicht selten die Erwartung, die Existenz Gottes ließe sich mit mathematischer oder naturwissenschaftlicher Stringenz beweisen. Zwei Schritten (**AA 1–AA 2** und **AA 4**) problematisieren dieses verbreitete Vorverständnis.

AA 2

Durch Internetrecherche arbeiten die SuS heraus, dass das, was als Beweis gilt, vom jeweiligen Kontext – etwa der Logik, der Naturwissenschaften (mit großen Unterschieden etwa zwischen Physik und Biologie), der Rechtswissenschaft (Stichwort: Indizienbeweis), des Alltags – abhängt.

M 17
AA 4

Nach der Bearbeitung sollen die SuS die Einsicht gewonnen haben, dass 1. Philosophie und Theologie den Kontext von Gottesbeweisen bilden, 2. die klassischen Gottesbeweise (wie **M 19**) die Existenz Gottes voraussetzen und 3. es ein bereits Glaubender ist, der sich der Vernünftigkeit seines Gottesglaubens durch eine systematische und nachvollziehbare Argumentation zu versichern beabsichtigt.

AA 5

AT, NT und Koran vertreten ein „natürliche Theologie“, die aus der Ordnung der Natur auf einen göttlichen Schöpfer schließt. Ihre Überzeugungskraft lässt sich in einer von L angeregten Diskussion erproben.

M 18
AA 6

Ciceros Argumentationsgang:

1. Auf der Grundlage *empirisch-religionswissenschaftlicher Beobachtungen* lässt sich feststellen: In allen (bislang bekannten) Völkern gibt es die Vorstellung von Gott (oder von Göttern).
2. Zur Erklärung dieser Tatsache präsentiert Cicero drei *Hypothesen* und hält nur die letzte – er ist entschiedener Vertreter des Naturrechts – für zutreffend:
   Der Glaube an Gott/Götter beruht weder a) auf einer Abmachung zwischen den Menschen noch b) auf staatlicher Gesetzgebung, sondern ist c) ein „Naturgesetz“.

Im Anschluss an die Stoa versteht Cicero unter einem Naturgesetz eine höhere – ewige und unveränderliche – Ordnung der Natur, an der sich der einzelne Mensch in seinen sittlichen Entscheidungen und der Staat in seiner positiven Gesetzgebung zu orientieren hat.

AA 7 Cicero bietet lediglich eine gottesbeweisähnliche Argumentation: a) Die Erklärung, dass die Vorstellung „Gott“ zum Wesen des Menschen gehört, ist *induktiv* gewonnen; deshalb lassen sich grundsätzlich weitere mögliche Erklärungen ins Feld führen (vgl. Modul 7, SB S. 147–153). b) Wegen der großen Verschiedenheiten der Religionen liegt ein ganz *unspezifischer Gottesbegriff* zugrunde.

M 19
AA 9 Die von den SuS erwarteten Antworten werden mit einigen systematischen Hinweisen zum Beweisgang Anselms verknüpft.

Gliederung der Gedankenschritte:

Rahmen (1–2):	Gebet und Gottesbegriff
Klärungen (3–8):	Sein im Denken ≠ Sein in Wirklichkeit (Malerbeispiel)
Erster Beweis (9–13):	Existenz > Nichtexistenz
Zweiter Beweis (14–17):	Notwendige Existenz > kontingente Existenz.
Rahmen:	Gebet (18–23)

Rahmen (1–2): Nach dem einleitenden Bittgebet (1) führt Anselm seinen Gottesbegriff „etwas, über das hinaus nichts Größeres gedacht werden kann“ (2) ein, der unanschaulich und mit keinerlei konkreten Assoziationen verbunden ist. Der Einfachheit wegen wird verkürzt nur von „Begriff“ die Rede sein.

Klärungen (3–8): Angestoßen wird der Beweis durch die Denkmöglichkeit eines Atheismus, der die Existenz Gottes – und damit den Ankerpunkt christlichen Glaubens – infrage stellt (3). Als systematische Theorie tritt der Atheismus erst viele hundert Jahre später auf (vgl. Modul 7, SB S. 147–153).

AA 10 Unstrittig zwischen den Kontrahenten ist zweierlei: 1. Der „Begriff“ existiert im Denken (= Verstand) (8). 2. Man muss, wie das Malerbeispiel darlegt (5–6), zwischen einem „Sein im Denken“ (dem gedanklich konzipierten Bild) und einem „Sein (im Denken und) in der Wirklichkeit“ (dem gemalten Bild) unterscheiden.

AA 11 In den beiden folgenden Beweisschritten geht es zunächst um die Existenz, dann um die Modalität der Existenz dessen, worauf der „Begriff“ sich bezieht.

Erster Beweis (9–13): Der Behauptung, dass der „Begriff“ im Denken und in der Wirklichkeit existiert (9), folgt der indirekte Beweis (10–12) und die Konklusion (13). – Anselm geht von folgender, ihm selbstverständlichen *Prämisse* aus: „Existenz im Denken und in der Wirklichkeit“ ist *größer* als „Existenz (allein) im Denken“. Durch die Annahme der gegenteiligen Behauptung – der Begriff existiert nur im Verstand – wird die eigene Behauptung indirekt bewiesen.

Zweiter Beweis (14–17): Der Behauptung, dass der „Begriff“ *notwendig* und nicht bloß *kontingent* existiert (14) – wie dies bei den Geschöpfen der Fall ist –, folgt der wiederum indirekte Beweis (15–16) und der Schluss (17). – Dabei unterstellt Anselm eine weitere ihm evidente *Prämisse:* „Notwenige Existenz“ ist *größer* als „kontingente Existenz“. Durch Annahme des Gegenteils wird die eigene Behauptung begründet.

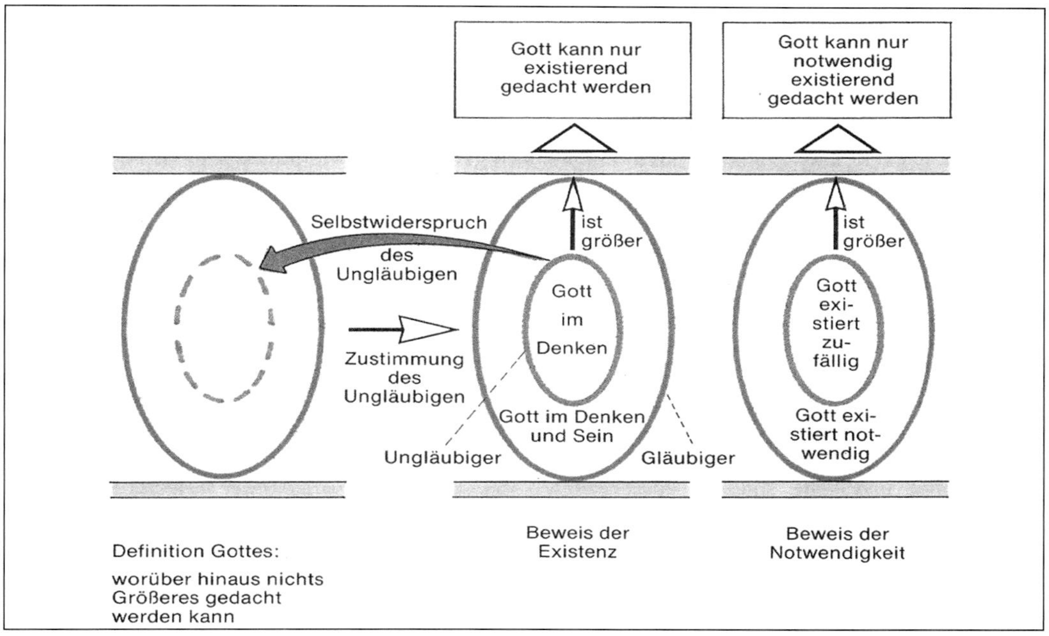

Aus: dtv-Atlas zur Philosophie. Tafeln und Texte. München: dtv 1991. S. 72.

Gebet (18–23): Anselm wechselt vom Vermögen der Vernunft, mit dem er sich der notwendigen *Existenz Gottes* vergewissert hat, zum Vermögen des Glaubens, indem er zu Gott spricht.

AA 12 Anselm rahmt seine Beweisführung durch ein *Gebet*, die direkte Ansprache Gottes: Dem einleitenden Gebet (1–2) folgt ein Zwischengebet (18–23). Nach einer weiteren, im SB ausgelassenen Erörterung, die dem Denkfehler des Toren gilt, endet der gesamte Beweisgang mit einem Dankgebet: „Dank Dir, guter Herr, Dank Dir, weil ich das, was ich früher durch Dein Geschenk geglaubt habe, jetzt durch Deine Erleuchtung so verstehe, dass ich, wollte ich nicht glauben, dass Du bist, es nicht nicht verstehen könnte."

Anselm setzt also den Glauben an Gott voraus, dessen Existenz er sich nicht durch den Rückgriff auf die Bibel, sondern allein durch die Vernunft (sola ratione), genauer: durch eine systematische und intersubjektiv nachvollziehbare Argumentation, vergewissern will. „Vernünftig glauben" – mit dem Titel des SB ließe sich auch Anselms Programm „Fides quaerens intellectum" überschreiben.

AA 13 Der gegen Anselm vorgebrachte „Standardeinwand", er springe aus der Ordnung des Denkens/der Logik in die Ordnung des Seins/der Ontologie, trifft zumindest für den 3. Schritt nicht zu. Er bewegt sich auf der Ebene der Logik und bestimmt den *Modus* der Existenz: Das mit dem „Begriff" Gemeinte existiert *notwendig*. Der „Atheist" wird widerlegt, da unter den vorausgesetzten Prämissen die Nichtexistenz Gottes nicht gedacht werden kann.

AA 14 Begreifen, dass Gott unbegreiflich ist, ist der Gedanke Anselms im 15. Kapitel des „Proslogion". M. a. W.: „Dass Gott größer ist, als er gedacht werden kann, ist etwas, das gedacht werden kann, obwohl Gott selbst nicht gedacht werden kann" (Jos Decorte).

AA 15 Anselm gelingt es, die Unbegreiflichkeit Gottes, die in der Namensgebungsgeschichte Ex 3,13-15 in *narrativer* Form überliefert ist, *begrifflich* zu fassen.

M 20 Anselm wollte Gaunilos Kritik zusammen mit seinem Beweis überliefert wissen, weil er darin ein fruchtbares Missverständnis sah. Er war der Auffassung, dass die Logik seines Arguments allein für den von ihm nach langem Ringen gefundenen Gottesbegriff gilt.

AA 16, AA 17 Tatsächlich setzt Gaunilos Einwand anders an: Während Anselms „Begriff" keine konkrete Vorstellung Gottes evoziert, lässt sich Gaunilos verschwundene Insel (Atlantis) vor dem inneren Auge in einem infiniten Regress immer und immer vortrefflicher denken.

AA 18 Den gedanklichen Hintergrund von Anselms Gottesbeweis bildet die christlich transformierte Ideenlehre Platons: „Wenn die Wirklichkeit tatsächlich [...] ganz von Gott durchwirkt ist, dann wird richtiges Denken, das die Wirklichkeit abbildet, immer auch Denken über Gott" (Wolfgang Klausnitzer). Wenn aber Denken und Wirklichkeit auseinandertreten (können), gerät Anselms Argument in die Kritik.

Unter veränderten erkenntnistheoretischen Voraussetzungen wirft Immanuel Kant dem von ihm als „ontologisch" bezeichneten Gottesbeweis einen unzulässigen Sprung aus der logischen in die ontologische Ordnung vor. In der „Kritik der reinen Vernunft" (1787) finden sich die bekannten Sätze: „Sein ist [...] kein reales Prädikat, d. i. ein Begriff von irgend etwas, was zu dem Begriffe eines Dinges hinzukommen könnte. [...] Hundert wirkliche Taler enthalten nicht das mindeste mehr als hundert mögliche" (B 627 f.). Sprachkritisch formuliert: Die grammatische Ähnlichkeit der Sätze „Anselm ist klug" und „Anselm existiert" verführt zu der falschen Annahme, „existieren" sei ein Prädikat wie „klug".

ZM 3 bietet zwei Texte zur Auseinandersetzung mit dem teleologischen Gottesbeweis von Thomas von Aquin.

M 21 Hintergrund: Spaemann hält daran fest, dass wir uns mittels Vernunft als *wahrheitsfähige* (und freie) Subjekte begreifen. Er vertritt die Überzeugung, dass das Vertrauen in unsere Vernunft letztlich in Gott gründet: „Glaube und Vernunft sind so wenig Gegensätze, dass vielmehr Vernunft selbst auf einem Glauben beruht." (2008) Auf diesem gedanklichen Hintergrund ist der „grammatikalische Gottesbeweis" zu lesen: Um die Gottesbeweise kritisieren zu können, musste auch Nietzsche sich der Grammatik – und damit dem Futurum exactum/Futurum II – anvertrauen.

AA 19 Spaemanns Argumentationsgang lässt sich folgendermaßen rekonstruieren:

These: Wirklichkeit (Wahrheit) setzt die Existenz Gottes voraus.

Prämisse 1: Etwas, was jetzt der Fall ist, ist nicht nur jetzt wirklich (wahr), sondern immer (= ewig) wirklich (wahr).

Prämisse 2: Das Gegenwärtige bleibt *notwendig* als Vergangenheit des künftig Gegenwärtigen wirklich (wahr).

Möglichkeit 1: Das Vergangene (= früher Gegenwärtige) hat seine Wirklichkeit (Wahrheit) nur in der Erinnerung.

In Zukunft wird es keine Menschen und keine Erde und, damit unmittelbar verbunden, keine bewussten Erinnerungen mehr geben. Damit verschwindet auch die Gegenwart.
Diese Konsequenz widerspricht dem Futurum exactum und damit unserem Denken (Vernunft). Deshalb muss gelten:
Möglichkeit 2: Zur Vermeidung eines Selbstwiderspruchs muss die Vernunft ein *absolutes Bewusstsein* postulieren, in dem alles Gegenwärtige aufgehoben ist.

AA 20 Dieses aufgrund eines indirekten Beweises *postulierte* absolute Bewusstsein identifiziert Spaemann mit dem Gott des Glaubens, was in **M 21** nicht mehr ausgeführt ist. Spätestens nach Nietzsche, so Spaemann, sei die Ära klassischer Gottesbeweise zu Ende.

6. Theodizee: Gott und das Leid in seiner Schöpfung, SB S. 138–146

M 22
AA 1 Matt Groening wiederholt das Gebet in der ersten unverändert in der letzten Sprechblase. Mithilfe eines einfachen Schemas können die SuS die vorgestellten Argumente systematisieren und miteinander vergleichen.

Gott und die Übel, SB S. 139–140

M 23
AA 1 Die von Epikur gestellte Theodizeefrage lässt sich so darstellen.

1. Gott ist allmächtig;	→	er kann Leid verhindern;
und		**und**
2. Gott ist gütig;	→	er will Leid verhindern;
		↓
3. es gibt Leid;	↔	es gibt kein Leid.

AA 3 Die Theodizeefrage stellt für Epikur kein Problem dar, weil nach seiner Überzeugung den Göttern das Schicksal der Menschen gleichgültig ist.

M 24
AA 6 Judentum und Christentum hingegen verstehen im Unterschied zu Epikur (vgl. **M 23**) Gott als Person (vgl. **M 3**, SB S. 122). Deshalb stellt sich ihnen das gravierende Problem, ob ihrem Glauben nicht ein in sich widersprüchliches Gottesverständnis zugrunde liegt. Man kann trotzdem am Glauben festhalten (Fideismus), sich im Namen der Vernunft vom Glauben abwenden (Atheismus) oder das Widerspruchsproblem als Anstoß zu vertiefter theologischer Reflexion begreifen.

Theo-dizee: theoretische Lösungsversuche, SB S. 140–144

M 26
AA 3 Während sich die Macht der deutschen Bundeskanzlerin und die Macht des Präsidenten der USA in einem Kontinuum als größer oder kleiner bestimmen lassen, steht das göttliche Prädikat der *All*-Macht für eine alteritäre *Qualität* von Macht. Von dem ganz anderen Gott muss anders als von Dingen in der Welt gesprochen werden – nämlich analog (vgl. **M 5**, SB S. 123).
Der jüdische Philosoph Hans Jonas geht in seinen Überlegungen von einem anderen Verständnis der Allmacht aus.

AA 4 Aus einem logischen Grund – Allmacht ist ein in sich widersprüchlicher Relationsbegriff – und einem theologischen Grund – im Anblick der Shoa hätte ein gütiger und nicht gänzlich verborgener Gott eingegriffen – verabschiedet Jonas die Allmacht.

1. Gott ist allmächtig;	→	er kann nicht alles Leid verhindern;
und		**und**
2. Gott ist gütig;	→	er will Leid verhindern;
		↓
3. es gibt Leid;	↔	jenes, das Gott nicht verhindern kann.

In der Diskussion sollten folgende Gesichtspunkte zur Sprache kommen:

AA 5
1. Durch Verzicht auf die Allmacht entschärft Jonas das Widerspruchsproblem: Ein ohnmächtiger Gott, der die Shoah nicht verhindern konnte, aber mit den Opfern litt, kann von jeder (Mit-)Verantwortung freigesprochen werden.
2. Mit dem Abschied vom allmächtigen Gott lässt Jonas die Hoffnung nach Gerechtigkeit für die unschuldig Leidenden, die biblischen Verheißungen universaler Gerechtigkeit (Jes 11) und einer neuen Welt (Offb 21) fallen. (Außerdem widerspricht sie dem Mainstream jüdischen und christlichen Denkens.)

M 27
AA 6

Swinburnes Ziel ist eine vernünftig begründete Theodizee. Die Ausübung der Freiheit, so der Kern der Argumentation, ist ein derart hohes Gut, dass ihr Missbrauch und die damit verbundenen Folgen – Leid, Schmerz und Tod – in Kauf zu nehmen sind. – Das Ausmaß des von Gott zugelassenen Leids wird durch die „Sicherheitsschranke“ des Todes begrenzt.
Das Freiheitsargument fasst der Theologe Armin Kreiner schematisch so zusammen:

1. Gott ist allmächtig;	→	er kann Leid verhindern, *aber* nur im Rahmen des logisch Möglichen;
und		**und**
2. Gott ist gütig;	→	er will Leid verhindern – aber er will auch Willensfreiheit; ↓
3. es gibt Leid;	↔	jenes, das wegen der Willensfreiheit logisch unvermeidlich ist.

Hinweis:
Das Phänomen menschlicher Freiheit lässt sich philosophisch im Zusammenhang der Auseinandersetzung mit dem Naturalismus (SB S. 71–73, M 35 und 36) und theologisch in Zusammenhang verfehlter Freiheit (SB S. 301–302, M 31) vertiefen.

M 28
AA 8

Manches Leid, so Hoerster, ist derart gravierend, dass ein allmächtiger und allwissender Gott die menschliche Freiheit von vornherein hätte begrenzen müssen.

M 29
AA 9

Ein Männchen hält ein Plakat, auf dem eine Hand mit einem Marionettenkreuz abgebildet ist, in beiden Händen und bemerkt nicht, von Marionettenfäden geführt zu werden. Identifiziert man die das Marionettenkreuz führende Hand mit Gott, lassen sich Hoersters Ausführungen, ein von Gott in seiner Freiheit limitierter Mensch, damit in Verbindung bringen; Swinburne würde einem solchen Verständnis menschlicher Freiheit vehement widersprechen.

M 30
AA 11–AA 12

Knauer macht die Andersartigkeit Gottes – für Gott gibt es keinen „übergreifenden Wertmaßstab“ – sehr stark (vgl. **M 4** und **M 5**, SB S. 123).
Weil es keine spekulative bzw. theoretische Lösung des Theodizee-Problems geben kann, entfällt auch das Widerspruchsproblem. Relevant für Christen ist allein der praktische Umgang mit dem Leid.

Theo-*dizee*: *Hoffnung auf die Selbstrechtfertigung Gottes, SB S. 144–146*

M 31

Jonas und Swinburne versuchen eine theoretisch-spekulative Entlastung Gottes, eine Theo-*dizee*, um das Widerspruchsproblem zu lösen. Metz wechselt die Perspektive. Nach der Shoa stellt sich die Frage nach den ungerecht Leidenden in voller Schärfe und erfordert eine „theodizee-empfindliche“ Gottesrede.

AA 1 Mögliche Überschriften: Gottesfrage als Theodizeefrage – Gottesprädikate als Verheißung – Sprache der Gebete.

AA 2 Der Terminus „Verheißungsvermerk“ steht für die eschatologische Dimension biblischer und theologischer Aussagen. In Ex 3 sagt Gott seine Präsenz zu: „Ich werde dasein, als der ich dasein werde“ (V 14). Mit Blick auf das Prädikat göttlicher Allmacht heißt das: Gott wird sich als der in allen Dingen Mächtige erweisen.

AA 3 Theoretisch-spekulative Rechtfertigungen Gottes sind Reden „über“ Gott und haben ihr Fundament in der Rede „zu“ Gott. Das Gebet ist Rede zu Gott. In einem Gebet wie Psalm 88 bringt ein todkranker und einsamer Beter sein Leid vor Gott und klagt sogar Gott wegen seines schlimmen Schicksals an. – Auf dieser gedanklichen Linie bewegt sich auch das jüdische Märchen **M 32**.

AA 4 Die Schreibweisen Theo-***dizee*** und ***Theo***-dizee markieren das Problem: Theo-***dizee*** ist Rede ***über*** Gott und bezeichnet die theoretisch-spekulative Rechtfertigung Gottes durch Philosophen und Theologen. ***Theo***-dizee ist Rede ***zu*** Gott und bezeichnet die Hoffnung des Gläubigen auf eine Selbstrechtfertigung Gottes.

Frühe Motive der Religionskritik, SB S. 147–149

M 34

AA 1, AA2 Die „Biblische Aufklärung", ein besonders von Nordhofen herausgestellter Strang der hebräischen Bibel, umfasst zwei Aspekte, die sich gut an Jes 44 zeigen lassen: Während des Exils polemisiert ein Prophet mit dem Hilfsnamen Deuterojesaja gegen die Götterstatuen des Neubabylonischen Reiches (Jes 44,9 f.), die in eindrucksvollen Prozessionen herumgetragen werden (vgl. Jes 46,1). Erst werden sie – wie andere Produkte auch – in mühevoller Arbeit durch Menschenhand hergestellt (Jes 44,12-15a), dann werden sie als Abbilder von Gottheiten verehrt (Jes 44,15b). (Der psychische Mechanismus, etwas Menschliches als etwas Göttliches zu verehren, wird viel später als *Projektion* bezeichnet.) Darin liegt der religionskritische, negative Aspekt der Biblischen Aufklärung: Selbstgemachte Götter sind keine Götter, sondern Götzen. Der zweite, *positive* Aspekt der Biblischen Aufklärung ist das Bekenntnis zu dem einen und einzigen Gott, dem Schöpfer von allem („der Erste"), der als Herr der Geschichte („der Letzte") (Jes 44,6) sein Volk trägt (Jes 46,1-5). Es ist der ganz andere Gott, der sich als verborgene Gegenwart *offenbart* (vgl. **M 3**, SB S. 123) hat.

AA 2 Auf der gleichen gedanklichen Linie bewegen sich die in **AA 2** nachzuschlagenden Bibelstellen.

AA 3 Weisheit 13–15 vertieft die biblische Götzenpolemik durch die Angabe psychologischer Gründe des Göttermachens, die wir heute als Projektion bezeichnen würden.

M 35

AA 5 Eine strukturell vergleichbare Auffassung bietet **M 35**:
Negativer Aspekt: Xenophanes klärt darüber auf, dass die griechischen Götter anthropomorph, nach dem Vorbild der Menschen gestaltet seien (Fragm. 14–15).
Positiver Aspekt: Es gibt einen einzigen, dem Menschen unähnlichen und mächtigen Gott (Fragment 23–25).

AA 6 Fast zeitgleich und unabhängig voneinander entstanden, stimmen biblische und griechische Aufklärung in einer zweifachen Grundaussage überein: Ein selbstgemachter Gott ist kein Gott! Gott ist ein ganz anderer.

AA 7 In Xenophanes' philosophischen Fragmenten 23–25 und in der biblischen Geschichte ist übereinstimmend von der Andersartigkeit Gottes die Rede. Darüber hinaus ist Ex 3,13-15 eine Offenbarungsgeschichte (vgl. **M 3**, SB S. 123).

M 36

AA 8 Kritias thematisiert den Gottesglauben im Kontext der Anthropologie: Auf einer ersten Stufe lebt der Mensch seine aggressive und chaotische Natur aus; die Folge: homo homini lupus (Thomas Hobbes). Auf einer zweiten Stufe gesellschaftlicher Evolution schränken Gesetze, deren Übertreten Strafe nach sich zieht, die Gewalt ein. Um zu verhindern, dass weiterhin unbeobachtet Gewalttaten begangen werden, hat ein „schlauer und gedankenkluger Mann" die Götterfurcht ersonnen. Auf der nunmehr erreichten dritten Stufe hat der Gottesglaube die *sozialanthropologische Funktion,* die gewalttätige Natur des Menschen wirksam einzuhegen.

AA 9 Der Gott des Kritias ist ein übermächtiger und furchteinflößender „big brother", ein überaus nützliches Produkt menschlicher Einbildungskraft, trägt er doch entscheidend zur Aufrechterhaltung des gesellschaftlichen Friedens bei.

AA 10 Mögen die Götter auch aus einer Lüge entstanden sein, ausschlaggebend ist für Kritias ihre positive Funktion. Ganz anders argumentiert die Religionskritik der biblischen und griechischen Aufklärung, die zwischen unangemessenen/falschen und angemessenen/wahren Gottesvorstellungen unterscheidet; das wichtigste Unterscheidungskriterium lautet: Ein selbstgemachter Gott ist kein Gott.

AA 11, AA 12 Einige für ein Streitgespräch (**AA 11**) oder eine Diskussion (**AA 12**) relevanten Hinweise:

1. Wenn sich die Götter einer Selbsttäuschung verdanken, dann ist der Gottesglaube unvernünftig. Dieser Zusammenhang lässt sich nur dann erkennen, wenn die Vernunft der Wahrheit fähig ist.
2. Betrachtet man mit Kritias den Gottesglauben allein unter dem Gesichtspunkt seiner anthropologischen Funktion, stellt sich die Frage, ob er nicht durch ein funktionales Äquivalent ersetzt werden kann (etwa durch Erziehung zur Moral).
3. Kritias interessiert sich nur für die für seine Fragestellung relevanten Eigenschaften Gottes. Wie aber stellen sich Menschen, die von der Existenz Gott überzeugt sind, Gott vor?

M 37
AA 4 M 37 ist assoziativ mit **M 38** verbunden: Die riesige schwarze Gestalt, auf die das kleine Männchen schaut, ist kein wirkliches Gegenüber, sondern *nichts anderes* als sein eigener Schatten, dessen Ursache es erkennen könnte, würde es sich nur umdrehen.

M 38
AA 1 Mögliche Überschriften:
Der religiöse Standpunkt – eine frühe Stufe menschlichen Selbstbewusstvseins (Z. 1–13)
Der philosophische Standpunkt – die heutige Stufe menschlichen Selbstbewusstseins (Z. 14–35)
Erste Folgerung: Rettung der Religion durch Transformation (Z. 36–69)
Zweite Folgerung: Kritik der Religion als Illusion (Z. 70–82).

AA 2 Feuerbach löst sein Ziel, über das Wesen der Religion aufzuklären, durch eine zweistufige Geschichtsphilosophie ein: „Die Religion ist das erste Selbstbewusstsein des Menschen." Deren Inhalte lassen sich nur dann bewahren, wenn sie auf der jetzt erreichten Stufe in Anthropologie transformiert werden, andernfalls werden sie zu falschem Bewusstsein und führen zu einer Selbstentfremdung der Menschen. Deshalb muss der religiöse Satz „Gott ist die Liebe" in die anthropologische Aussage „Liebe ist göttlich" überführt werden. Auf diese Weise wird der Mensch sich selbst zum höchsten Wesen („Homo homini Deus est."). Deshalb bezeichnete man Feuerbach als einen „frommen Atheisten".

AA 3 Die Projektionsthese behauptet, dass der Mensch aus etwas Eigenem ein verehrungswürdiges göttliches Gegenüber macht: Nicht Gott schafft den Menschen, sondern der Mensch erschafft Gott. Feuerbach kritisiert den Gottesglauben als heute schädliche, eigentlich schon überwundene Form menschlichen Bewusstseins.
Kritias argumentiert anders: Der von einem klugen Mann ersonnene Gottesglauben wirkt sich positiv, nämlich befriedend auf das menschliche Zusammenleben aus (vgl. **M 36**).

AA 5 Die Perikope vom goldenen Stier kann man als eine narrative Gestaltung der Projektionsthese lesen: Aaron gießt aus den goldenen Ohrringen des Volkes Israel einen Stier, den es dann als seinen Gott verehrt (vgl. SB S. 105).

AA 6 Biblische und griechische Aufklärung teilen mit Feuerbach die Kritik an den selbstgemachten anthropomorphen Göttern, ohne dessen atheistische Konsequenz zu ziehen, alle Götter seien selbstgemacht.

AA 7 Der Einwand von Hartmanns schwächt die Projektionsthese Feuerbachs entscheidend. Der Grundgedanke Feuerbachs, der Glaube an Gott sei nicht mehr mit der Vernunft vereinbar, lässt sich nicht aufrechterhalten.

M 39
AA 9, AA 10

Marx teilt die Religionskritik Feuerbachs (**AA 9**), stellt sie aber in den Kontext der von ihm als Selbstentfremdung gedeuteten gesellschaftlichen (Unterdrückungs-) Verhältnisse. Mit der Überwindung der Selbstentfremdung des Menschen wird auch die Religion verschwinden (**AA 10**).

Zusammenfassendes Schaubild

Die Religionskritik von Feuerbach und Marx im Vergleich		
	Feuerbach	Marx
Verständnis vom Menschen	Mensch als Einzelner (= abstraktes Individuum)	Mensch als Teil des Kollektivs; menschliche Gesellschaft geprägt durch soziale, d. h. ökonomische Verhältnisse
Ansatz	Selbstentfremdung des Menschen als Resultat der Projektion des menschlichen Idealbildes auf Gott ↓ Wie lässt sich die Selbstentzweiung des Menschen aufheben?	Projektion eines idealen Reiches (Gottes) ins Jenseits als Resultat der Selbstentfremdung des Menschen ↓ Warum ist diese Projektion (= Religion) notwendig? Wie kann sie überwunden werden?
Forderungen/Folgen aus Religionskritik	Theologie muss zur Anthropologie werden, d. h. Abschaffung Gottes, damit der Mensch sich selbst das höchste Wesen ist.	Die politischen und gesellschaftlichen Verhältnisse im Diesseits müssen durch Revolution verändert werden.

Aus: Müller, Gebhard (Hrsg.): Im Dialog. Kurs Religion für die Sekundarstufe II, Bd. 5: Gott und Gottesbilder. Erarb. v. *E. Breit, H. Buchner, G. Helwig-Meier u. G. Müller.* München: Kösel 1997. S. 39.

M 40

Vertiefung:
Die marxistische Religionskritik gehörte zum Selbstverständnis der DDR, was sich an **ZM 4** erschließen lässt.

AA 14

Beide Forscher teilen ein empiristisches Wirklichkeitsverständnis. Deshalb gilt Gott hier als etwas Dinghaftes in Raum und Zeit, das zum Gegenstand empirischer Verfahren werden kann. Existiert Gott deshalb nicht, weil er sich nicht empirisch verifizieren lässt, oder lässt Gott sich nicht empirisch verifizieren, weil er kein Ding in der Welt ist? Beiden Forschern ist das Gottesverständnis, wie es exemplarisch in Ex 3 (vgl. **M 3**, SB S. 122) zum Ausdruck kommt, völlig fremd. Stehen sich da etwa zwei Fundamentalisten – ein wissenschaftlicher und ein religiöser – gegenüber?

M 41
AA 15
AA 16

Das empiristische Bekenntnis „Ich glaube nur das, was ich sehe“ führt der Cartoon ad absurdum, weil der, der es hier äußert, ja selbst blind ist. Diese „Blindheit“ gilt gleichermaßen für den Theisten wie Atheisten im Gärtnergleichnis.
Hinweis:
M 36, 38, 39 thematisieren den Gottesglauben allein aus einer Außenperspektive, die Innenperspektive der Gläubigen bleibt ausgeklammert. Spaemann weist darauf hin, dass beide Perspektiven zu berücksichtigen sind: SB S. 17 M 7.

Religionskritik

1. Thema

Zu Recht bildet das Thema Religionskritik einen festen Bestandteil innerhalb des Curriculums „Gott" in der Gymnasialen Oberstufe. Die SuS sind in eine weltanschaulich plurale Situation gestellt, in welcher das christliche Verständnis Gottes als eines personalen Gegenübers seine Plausibilität verloren hat und – noch grundsätzlicher – die Existenz Gottes bezweifelt oder bestritten wird: Welche Gottesvorstellung ist es, die kritisiert wird? Ist Gott „nichts anderes als" oder doch mehr als ein Produkt menschlicher Einbildungskraft? Anderen stellt sich die Frage nach der Existenz Gottes schon längst nicht mehr: Was aber waren früher und sind heute die Gründe, die Religionskritiker zur Ausarbeitung ihrer Kritik veranlasst haben?
Wenn die SuS im Rahmen des Religionsunterrichts die Kritik der Religionskritiker beurteilen und in einen Dialog eintreten können sollen, ist es erforderlich, dass sie über Grundkenntnisse des christlichen Gottesverständnisses verfügen.

2. Lernanlass

- Eine/ein kirchlich engagierte/er S, die/den die Kursteilnehmer fragen, ob sie/er wirklich noch an Gott glaube, fragt zurück: Aus welchen Gründen glaubt ihr eigentlich nicht an Gott?
- Die SuS werden auf eine atheistische Äußerung (z. B. durch Berichte im Fernsehen, im Internet, in einem Spielfilm, durch Bücher, eine publikumswirksame Kampagne) aufmerksam und bringen diese im Unterricht zur Sprache.
- In einer Diskussion mit muslimischen Mitschülern fällt der Satz: Ihr Christen glaubt doch sowieso nicht an Gott!
- In der DDR bildete der Atheismus einen wichtigen Bestandteil der „wahren" wissenschaftlichen Weltanschauung: Wie wurde der Zusammenhang begründet?

3. Kompetenzen

In dieser Lernsequenz geht es in erster Linie um eine Weiterentwicklung der Deutungs-, Urteils- und Dialogfähigkeit:

Deutungskompetenz – religiös bedeutsame Sprache und Zeugnisse verstehen und deuten:

- Biblische, lehramtliche, ... Zeugnisse christlichen Glaubens ... erschließen;

Urteilskompetenz – in religiösen und ethischen Fragen begründet urteilen:

- Ansätze und Formen – hier nicht theologischer, sondern religionskritischer – Argumentation vergleichen und bewerten;

Dialogkompetenz – am religiösen Dialog argumentierend teilnehmen:

- sich aus der Perspektive des katholischen Glaubens mit anderen religiösen und weltanschaulichen Überzeugungen argumentativ auseinandersetzen.

4. Lernarrangement

Ausgehend vom Lernanlass tauschen die SuS im Unterrichtsgespräch erste Argumente aus, halten Leitfragen fest und legen Arbeitsschwerpunkte verbindlich fest (eine Doppelstunde).
In einem zweiten Schritt geht es um die Biblische Aufklärung, die die Kritik an den Götzen (= den auf menschlichen Projektionen beruhenden Göttern) und zu dem verborgen daseienden Gott verbindet (eine Doppelstunde).
Anhand der Leitfragen erarbeiten die SuS die vereinbarten religionskritischen Positionen (mindestens zwei Doppelstunden).
In einem vierten Schritt vergleichen sie die Positionen und diskutieren sie kritisch auf der Folie der Biblischen Aufklärung (eine Doppelstunde).
In einem letzten Schritt sind die SuS aufgefordert, sich schriftlich zur Überzeugungskraft der religionskritischen Ansätze zu äußern. Dieses subjektive Resümee ist nur für das Portfolio oder Lerntagebuch bestimmt (nicht mehr als eine Stunde).

5. Lerngegenstände

1. Die inhaltliche Grundlage der Lernsequenz bildet die Biblische Aufklärung (und das mit ihr verbundene Gottesverständnis); auf sie sollen die zu erarbeitenden religionskritischen Positionen bezogen werden (**M 35** und **M 3**).
2. Religionskritische Standpunkte sollte L je nach Interessenlage der Lerngruppe auswählen; die Auseinandersetzung mit der Religionskritik Feuerbachs dagegen ist obligatorisch.
3. Religionskritisch verhält sich der Islam zu polytheistischen Gottesvorstellungen und zum christlichen Trinitätsglauben, weil beide der Einheit und Einzigkeit Gottes zu widersprechen scheinen. Atheistische Überzeugungen spielen in der islamischen Welt kaum eine Rolle und sind erst seit dem 19. Jahrhundert im christlich geprägten Europa (weniger in den USA) verbreitet.
4. Die Katholische Kirche hat sich im Zweiten Vatikanischen Konzil offiziell zum Atheismus geäußert.

6. Lernwege

Es bietet sich an, die vereinbarten religionskritischen Standpunkte in arbeitsteiligen Gruppen zu erarbeiten. Manche atheistischen Vereinigungen bieten außer Material auch Vorträge und Lesungen an.

7. Lernquellen

- Den Bezugspunkt neuzeitlicher Religionskritik bildet das Werk des Philosophen Ludwig Feuerbach (M 38), auf dessen Projektionstheorie sich viele immer wieder beziehen. Dies gilt besonders für Karl Marx (M 39) und den auf seinen Schriften fußenden Marxismus des 20. Jahrhunderts (vgl. **ZM 4**).
- Eine verbreitete Form zeitgenössischer Religionskritik ist der Auffassung, dass mit dem Aufstieg der modernen Naturwissenschaft ein neues, wissenschaftliches Weltbild entsteht, in dem Religionen keinen Platz mehr haben. Für die Giordano Bruno-Stiftung und Richard Dawkins bildet die von Charles Darwin begründetete biologische Evolutionstheorie die Grundlage ihrer Argumentation.

In der *Giordano Bruno Stiftung* (http://www.giordano-bruno-stiftung.de/), die sich als „Denkfabrik" des „evolutionären Humanismus" begreift, organisieren sich vornehmlich Atheisten aus Deutschland. Ihr Denktyp lässt sich an programmatischen Texten untersuchen:

- „Aufklärung im 21. Jahrhundert" (http://www.giordano-bruno-stiftung.de/Archiv/imagebrosch09.pdf)
- „Die zehn Angebote des evolutionären Humanismus" (http://www.giordano-bruno-stiftung.de/human/manangebote.htm).

Durch publikumswirksame Aktionen wie die zum Weltjugendtag in Köln 2005, mit einem heftig diskutierten Kinderbuch (2007) und Videos zum Darwinjahr (2009) macht die Stiftung auf sich aufmerksam:

- Das Kinderbuch „Wo bitte geht's zu Gott? Ein Buch für alle, die sich nichts vormachen lassen." (Aschaffenburg 2007), gelesen von dem Verfasser Michael Schmidt-Salomon und dem Illustrator Helge Nyncke, und die Kurzfilme „Susi Neunmalklug erklärt die Evolution" und „Darwin & The Naked Apes/Children of Evolution" finden sich auf Youtube.

Der Evolutionsbiologe Richard Dawkins (* 1941) hat mit seinem religionskritischen Buch „Der Gotteswahn" (deutsch 2007) einen weltweiten Bestseller geschrieben. Mit missionarischem Eifer kämpft er für ein evolutionistisches Weltbild und bekämpft den Kreationismus. Texte und Videos finden sich auf seiner Homepage (http://richarddawkins.net/). Einen Beitrag über und ein Interview mit Dawkins lässt sich aus dem Archiv des Magazins „Eulenfisch 1–08" herunterladen (http://www.eulenfisch.de/).

- Der Philosoph Herbert Schnädelbach (* 1936) hat sich 2007 in einem bemerkenswerten Aufsatz selbst als „Der fromme Atheist" bezeichnet. Der Beitrag findet sich in der Aufsatzsammlung „Religion in der modernen Welt" (Frankfurt/M. 2009), Ausschnitte im Archiv des Magazins „Eulenfisch 1–08" (http://www.eulenfisch.de/).
- In scharfsinnigen Analysen prüft der Philosoph Norbert Hoerster (* 1937) Grundaussagen des christlichen Glaubens; für den Autor gibt es keinen ausreichenden rationalen Grund, an Gott zu glauben (vgl. **M 28**). Eine Auseinandersetzung mit einzelnen Kapiteln des 125 Seiten starken Buches „Die Frage nach Gott" (München 2005) erfordert eine konzentrierte Lektüre und regt zu einer differenzierten Auseinandersetzung an.

Das Zweite Vatikanische Konzil hat sich in der pastoralen Konstitution über die Kirche in der Welt von heute „Gaudium et spes" (1965) in den Abschnitten 19–21 selbstkritisch mit dem Atheismus auseinandergesetzt. Der Text ist im Internet verfügbar.

8. Lernaufgaben

Mit Blick auf die Erarbeitung und einen Vergleich der religionskritischen Ansätze sind folgende Arbeitsanregungen nützlich:

- Arbeiten Sie Grundzüge der Kritik heraus.
- Analysieren Sie, von welchen Voraussetzungen sich die Kritik leiten lässt.
- Beurteilen Sie die Überzeugungskraft der religionskritischen Argumente.
- Bringen Sie die Position der Biblischen Aufklärung in einen Dialog mit dem Standpunkt der jeweiligen Religionskritik.

9. Lernoptionen

Die SuS recherchieren, ob es in der Nähe eine atheistische Vereinigung gibt, und bitten ggf. um Informationen und ein Gespräch.

Sie entwickeln einen Fragebogen zum Thema und befragen andere SuS der Schule oder Freunde und Bekannte nach ihrem Standpunkt. Die angegebenen Gründe vergleichen sie mit den erarbeiteten religionskritischen Positionen.

10. Lernerfolg

Die Arbeitsgruppen präsentieren dem Plenum ihre Antworten auf die vier Arbeitsanregungen z. B. durch ein Thesenpapier, ein Plakat, einen Flyer, etc.

Eine weitere Form der Präsentation wäre ein Dialog, in dem ein S den Standpunkt der Religionskritik, ein anderer den der Biblischen Aufklärung einnimmt.

Zum Abschluss der Sequenz werden die Lernenden aufgefordert, ein schriftliches Resümee zu ziehen (vgl. 4.).

ZM 1 Drei Wege des Redens über Gott (via triplex)

Ein frühes Beispiel

„Siehe Himmel und Erde, sie sind. Indem sie sich wandeln und verändern, rufen sie, dass sie gemacht sind. In allem, was existiert, aber nicht gemacht worden ist, gibt es nichts, das nicht vorher schon da war, denn das heißt eben ‚sich wandeln' und ‚sich verändern'. Sie rufen auch, dass sie sich nicht selbst gemacht haben: ‚Deswegen sind wir, weil wir gemacht worden sind; wir waren also vorher gar nicht, um aus uns selbst entstehen zu können.' Und diese Evidenz selbst ist ihre Stimme.

(Via affirmationis) Also hast du, Herr, der du schön bist, sie gemacht, denn sie sind schön, du, der du gut bist, denn sie sind gut, du, der du im höchsten Maß bist, denn sie sind.

(Via negationis) Aber sie sind nicht so schön, so gut, und sie sind nicht seiend wie du, ihr Begründer.

(Via eminentiae) Vergleicht man sie mit dir, sind sie weder schön noch gut, noch seiend. Dies wissen wir, dank dir, aber unser Wissen ist im Vergleich zu deinem ein Nichtwissen."

Aurelius Augustinus: Bekenntnisse, 11. Buch, IV.6.
Übers. v. *Kurt Flasch* Stuttgart: Reclam 1989. S. 306f.

1 Erläutern Sie die drei von Augustinus beschriebenen Wege des Redens über Gott.

2 Vertiefen Sie Ihre Erklärung, indem Sie die Bedeutung der Begriffe via affirmationis, via negationis und via eminentiae recherchieren.

3 Wenden Sie Ihr Wissen auf folgende Aussagen über Gott an: Gott ist gütig. Gott ist mächtig.

ZM 2 Islamischer Monotheismus

Das Hauptdogma des Islams und das beherrschende Thema des Korans ist die *Einheit und Einzigkeit* Gottes (tauhid). Zwei exemplarische Texte sollen das verdeutlichen, die Basmala, die 113 der insgesamt 114 Suren einleitet, und die mekkanische Sure 112.

Text 1: Basmala (Übersetzung: Adel Khoury)
Im Namen Gottes, des Erbarmers, des Barmherzigen.

Text 2: Sure 112 (Übersetzung: Adel Khoury)
Der aufrichtige Glaube (al-Ikhlas) zu Mekka

1 Sprich [fordert Gott Mohammed auf]:
Er ist Gott, ein Einziger,
2 Gott, der Undurchdringliche
(andere Übersetzungen: Gott durch und durch; Gott, der Beständige).
3 Er hat nicht gezeugt, und Er ist nicht gezeugt worden,
4 und niemand ist Ihm ebenbürtig.

1 Recherchieren Sie die religiöse Situation in Mekka vor dem Auftreten Mohammeds.

2 Vergleichen Sie die Basmala mit dem trinitarischen Kurzgebet „Im Namen des Vaters, des Sohnes und des heiligen Geistes".

3 Arbeiten Sie das unterschiedliche Gottesverständnis heraus. Ziehen Sie dazu Sure 112 heran.

4 Nehmen Sie Stellung zur Kritik des Korans am christlichen Gottesglauben.

Das teleologische Argument

Dass Gott ist, kann [...] auf fünf Wegen bewiesen werden.

Der fünfte Weg wird von der (zweckvollen) Leitung der Dinge genommen. a) Wir sehen nämlich, dass einige (Dinge), die des Denkens entbehren, nämlich die natürlichen Körper(-dinge), wegen eines Zieles (Zweckes) tätig sind: was daraus deutlich wird, dass sie immer oder meistens auf dieselbe Weise tätig sind, um das zu erreichen, was (jeweils) das Beste ist. Daraus ist offenbar, dass sie nicht aus Zufall, sondern aus (zweckvoller) Absicht zu ihrem Ziel gelangen. b) Diejenigen (Dinge) aber, die kein Denken haben, streben nicht zu ihrem Ziel, außer weil sie geleitet sind von einem Denkenden und vernünftig Erkennenden, wie der Pfeil vom Bogenschützen geleitet wird. c) Also gibt es etwas vernünftig Erkennendes, von dem alle Naturdinge auf ein Ziel hin geordnet werden. Und dies nennen wir Gott.

Thomas von Aquin: Theologische Summe I, q 2, a 3. In: Ders.: Die Gottesbeweise in der „Summe gegen die Heiden" und der „Summe der Theologie". Text, Übers., Einleitung u. Kommentar. Hrsg. v. *Horst Seidl.* Hamburg: Meiner 1982. S. 59.

Die Illusion der gezielten Gestaltung

Eine der größten Herausforderungen für den menschlichen Geist war über viele Jahrhunderte hinweg die Frage, wie im Universum der komplexe, unwahrscheinliche Anschein von gezielter Gestaltung entstehen konnte [...]. Es ist eine natürliche Versuchung, den Anschein von Gestaltung auf tatsächliche Gestaltung zurückzuführen. [...] Der genialste und leistungsfähigste „Kran" [= Erklärung], den man bisher entdeckt hat, ist die darwinistische Evolution durch natürliche Selektion. Darwin und seine Nachfolger haben uns gezeigt, wie Lebewesen mit ihrer ungeheuren statistischen Unwahrscheinlichkeit und ihrer scheinbaren Gestaltung sich langsam und allmählich aus einfachen Anfängen heraus entwickelt haben. Heute können wir mit Sicherheit sagen, dass die Illusion der gezielten Gestaltung von Lebewesen genau das ist: eine Illusion.

Dawkins, Richard: Der Gotteswahn (2006). Berlin: Ullstein 2007, [10]2007. S. 222f.

Religion [lat.] – eigtl.: Verehrung, heiliges Versprechen, Kult. Form des *gesellschaftlichen Bewusstseins* mit Weltanschauungscharakter, deren Besonderheit in einer verzerrten, verkehrten Widerspiegelung der Natur und Gesellschaft im Bewusstsein der Menschen besteht, dergestalt, dass die Erscheinungen der Natur und Gesellschaft auf übernatürliche Ursachen und Zwecke zurückführt bzw. als übernatürliche Vorgänge und Mächte vorgestellt werden, zu denen die Menschen in einem unmittelbaren Abhängigkeitsverhältnis stehen und denen gegenüber sie sich zu ihrem Wohle zum Vollzug bestimmter Handlungen (wie Gebete, Opfer, Kult, Ritus usw.) verpflichtet fühlen. [...]
Die Religion ist erkenntnismäßig verursacht durch die gedankliche Überschreitung jener Erkenntnisschranken, die die jeweiligen Produktions- und Lebensbedingungen dem objektiven Erfassen der tatsächlichen Zusammenhänge der Natur und besonders der Gesellschaft entgegensetzten, und zwar durch die von Emotionen (Furcht-, Ohnmachts-, Abhängigkeits-, Dankbarkeitsgefühle usw.) in Aktion gesetzte Phantasie. Sie ist der Wissenschaft (wissenschaftlichen Erkenntnis) entgegengesetzt. [...]
Einen bedeutenden Beitrag zur Aufdeckung des Wesens der Religion leistete FEUERBACH. Er zeigte, dass der Mensch in Gott sein eigenes menschliches Wesen anbetet, dass Gott die religiöse, phantastische Rückspiegelung des irdischen Menschen im menschlichen Bewusstsein ist [...].
Zur Ursache der *religiösen Selbstentfremdung*, und damit zur eigentlichen Wurzel der Religion in der Klassengesellschaft, drangen jedoch erst MARX und ENGELS vor. Sie bewiesen, dass der religiösen Selbstentfremdung des Menschen eine wirkliche Entfremdung seines Wesens zugrunde liegt, die durch das Joch der Ausbeutung hervorgerufen wird. Solange der Mensch durch dieses Joch niedergedrückt und entwürdigt ist, kann er seine menschlichen Qualitäten nicht entwickeln, sucht er Trost, Freiheit und Menschenwürde in der Religion und erstrebt die phantastische Verwirklichung seines menschlichen Wesens in Gott. [...]
In der *sozialistischen Gesellschaft* gewinnt der Mensch dank der Beseitigung der Ausbeutung des Menschen durch den Menschen seine Freiheit und Würde, vermögen die Menschen ihre besten menschlichen Qualitäten zu entwickeln, werden die gesamten Lebensverhältnisse wahrhaft menschlich und so durchsichtig, dass die Religion objektiv ihre gesellschaftlichen Grundlagen verliert.
Die Macht der Tradition bewirkt allerdings, dass Überreste des religiösen Bewusstseins auch nach der Errichtung der klassenlosen Gesellschaft noch eine Zeitlang am Leben bleiben. Sie werden durch die atheistische Propaganda und durch die Einbeziehung aller Menschen in den kommunistischen Aufbau, in die unmittelbare Verwaltung des Landes und Nutzung der Errungenschaften seiner materiellen und geistigen Kultur im Laufe der Zeit überwunden. [...]
Die Politik der marxistisch-leninistischen Partei und des sozialistischen Staats gegenüber der Religion, religiösen Gemeinschaften und ihren Anhängern geht vom (verfassungsmäßig garantierten) Grundsatz der vollen Glaubens- und Gewissensfreiheit aus. In der Deutschen Demokratischen Republik besteht so eine echte Gemeinschaft von Marxisten und Christen, ohne dass die bestehenden weltanschaulichen Gegensätze negiert werden oder auf weltanschaulich-theoretische Auseinandersetzungen verzichtet wird, auf der Basis gemeinsamer politischer Grundinteressen und verbindender humanistischer Ideale und Ziele. Die wissenschaftlich-atheistische Aufklärungsarbeit, die darauf gerichtet ist, den Bürgern der Deutschen Demokratischen Republik, insbesondere der Jugend, durch Vermittlung der wissenschaftlichen Weltanschauung dazu zu verhelfen, sich ihrer historischen Mission voll bewusst zu werden, erfolgt als geistige Auseinandersetzung in Formen, die die religiösen Menschen nicht verletzen.

Klaus, Georg/Buhr, Manfred (Hrsg.): Philosophischen Wörterbuch, Bd. 2. Leipzig: BI 1976. S. 1046 f., 1051 f.

1 Fassen Sie a) die Kernaussagen des Lexikonartikels zusammen und vergleichen Sie diese b) mit dem Textausschnitt M 39, SB S. 151 f.

2 Nehmen Sie Stellung zu der Aussage: „In der sozialistischen Gesellschaft (verliert) die Religion objektiv ihre gesellschaftlichen Grundlagen."

3 Überprüfen Sie die Aussage, in der DDR habe „eine echte Gemeinschaft von Marxisten und Christen" bestanden.

DIE BIBEL – *glauben und verstehen*

A. Didaktische Intentionen und Überblick über das Kapitel

Die Bibel ist den SuS ein fremdes Buch, fern von ihrer Lebenswelt, voller Texte, die ihnen bestenfalls belanglos, oft aber anstößig erscheinen. Ziel dieses Kapitels ist es, dieses als sperrig empfundene Buch den SuS zugänglich zu machen, und zwar nicht nur als kulturell und theologisch wichtige Schrift, sondern als ein individuell, subjektiv als wertvoll erkanntes Buch. Didaktischer Schwerpunkt sind die Lesarten der Bibel (Modul 2) und die exegetischen Methoden als konkrete Zugangsweisen zur Bibel (Modul 3), anhand derer die Texte der Bibel verständlicher *(historisch-kritische Exegese)* und darüber hinaus „erfahrbar" werden *(existenzielle Auslegung)*. Die existenzielle Auslegung eröffnet unterschiedliche subjektive Zugänge *(ganzheitlich-interaktionale, dekonstruktivistische und tiefenpsychologische Auslegung sowie Auslegung durch Verfremdung)*.

Modul 1 („Bevor wir lesen – Leser und Verfasser in den Blick nehmen", SB S. 156–163) bietet eine Hinführung zu den verschiedenen Lesarten. Die Bedeutung der Rezeption der Texte durch Leser oder Hörer des Wortes und der subjektiven Offenheit werden genauso thematisiert wie die Situation der Verfasser als Hörer des Wortes Gottes und ihrer Intention als Mittler des Wortes Gottes. Auch hier eröffnet das Modul subjektive, affektive Zugänge, vermittelt aber schwerpunktmäßig Basiskenntnisse zum Verständnis der Bibel (Verbalinspiration, Kanonisierung, Entstehung der Texte im historischen und sozio-kulturellen Umfeld, synoptische Frage ...). Darüber hinaus vermittelt das Modul das Verständnis eines Bibeltextes nicht nur in Abhängigkeit von Leser und Verfasser, sondern auch in Abhängigkeit vom Kontext der gesamten Heiligen Schrift (**M 7**, Info, SB S. 163).

Modul 2 („Bevor wir verstehen – Lesarten der Bibel", SB S. 164–171) thematisiert den theoretischen Hintergrund zu den exegetischen Zugängen. Der Weg führt zunächst über die extreme Lesart des Kreationismus. Das wörtliche Verständnis der Texte wird dargestellt, problematisiert und in Abgrenzung zur kirchlichen Lesart reflektiert. Die Auseinandersetzung mit diesem fundamentalistischen Bibelverständnis ist für SuS bildungsrelevant und nicht zuletzt ein interessanter Gegensatz zu dem Verständnis der katholischen Kirche, die die meisten doch als eher konservativ wahrnehmen. Ein zentraler, einleitender Text ist M 14, der Schwierigkeiten und offene Fragen der Bibelauslegung behandelt.

Modul 3 („Wege zum Verstehen – Methoden der Bibelauslegung", SB S. 172–183) vermittelt den SuS theoretische und praktische Kenntnisse zu gängigen exegetischen Methoden, indem sie die Methoden auf exemplarische Perikopen anwenden. Hier finden Sie keine theoretischen, erklärenden Texte, sondern Fragen- und Aufgabenkataloge, die die Exegese systematisch anleiten, und ein breites Repertoire an Bildern.
Die klassische Bibelauslegung ist die historisch-kritische Auslegung, die SuS kennenlernen sollten, um ein Verständnis von theologischer und exegetischer Forschung zu bekommen. Die vier existenziellen Auslegungswege sind in dieser Ausführlichkeit dargelegt, um den SuS die Wahrnehmung der Bibel als ein existenzielles Buch, als ein Buch des Glaubens zu ermöglichen und das Verständnis eines Textes zu vertiefen. Unter dieser Prämisse ist es sinnvoll, neben der historisch-kritischen Methode wenigstens eine der existenziellen Auslegungsmethoden durchzuführen.

Kombinationen und Ergänzungen
Ergänzend zu den Modulen dieses Kapitels finden sich weitere Anknüpfungspunkte in den folgenden Modulen:

Wirklichkeit	2.	Was ist Wirklichkeit?
	3.	Plädoyer für die Suche nach Zeichen der Transzendenz
Mensch	3.	Geschöpf Gottes
Gott	1.	Offenbare Verborgenheit
Jesus	1.	Jesu Ursprung und Berufung
	2.	Jesus verkündet das Reich Gottes in Wort und Tat
	3.	Jesu Leiden, Sterben und Auferweckung

Weiterführende Literaturhinweise:

Halbfas, Hubertus: Die Bibel, kommentiert und erschlossen. Düsseldorf: Patmos 2001 (Halbfas bietet kurz und prägnant und auch für SuS verstehbar vielfältige Basisinformationen und Vertiefungen).

Lamp, Ida/Meurer, Thomas: Basiswissen Bibel. Gütersloh: Gütersloher Verlagshaus 2002.

Leinhäupl, Andreas (Hrsg.): Jetzt verstehe ich die Bibel. Stuttgart: Katholisches Bibelswerk 2010.
Auf geo.de finden sich viele Artikel zum „Kreationismus", die in den letzten 10 Jahren entstanden

Kessler, Hans: Evolution und Schöpfung in neuer Sicht. Kevelaer: Butzon & Bercker 2009 (eine grundlegende und vertiefende Auseinandersetzung mit dem Thema).

Söding, Thomas/Münch, Christian: Kleine Methodenlehre zum Neuen Testament. Freiburg/Brsg.: Herder 2005.

Epping, Josef: Von Anekdote bis Wundergeschichte – Textsorten verstehen. München: Kösel 2009.

Weitere Literaturhinweise finden sich in den Materialkommentierungen.

1. Bevor wir lesen – Leser und Verfasser in den Blick nehmen, SB S. 156--163

Leser der Bibel oder Hörer des Wortes Gottes?, SB S. 156--157

M 1 Der deutsche Bildhauer Toni Zenz hat zahlreiche Plastiken für Kirchenräume entworfen. Die Arbeit „Der Hörende" befindet sich in verschiedenen Kirchen, z. B. in der Heilig-Geist Kirche in Aachen.

AA 1 Ps 115,6 steht im Zusammenhang mit dem Lob des Gottes Israels, der sein Volk befreit hat. Seine Größe stellt der Psalmbeter in Abgrenzung zu den Götzen der anderen Völker heraus: Diese „haben Ohren, und hören nicht" → Nur wer hört, ist lebendig.

Mt 13,13 (Kontext: Mt 13,1-17): Jesus spricht zu den Jüngern, mit „ihnen" meint er die große Menschenmenge (13,2), also die Menschen, die ihm nicht nachfolgen und nicht gerettet werden (13,13-15). Die Jünger, die ihn wirklich hören, d. h. verstehen, sind selig (13,16) → Man muss *richtig* hören, hören allein genügt nicht.

Dtn 4,1 (Kontext Dtn 1-4,43, Rede des Mose): In 4,1-40 ermahnt Mose das Volk noch einmal zur Einhaltung des Gesetzes. Dabei geht es um den Wortlaut des Gesetzes, dem sie folgen und den sie modifizieren sollen → Hören heißt nicht nur verstehen, sondern auch befolgen.

AA 4 Diese meditative Übung trägt dem Anspruch eines performativen RU Rechnung. Sie ermöglicht ein ganzheitliches, nicht nur kognitives Verstehen des bisher Besprochenen, d. h. die SuS erleben selbst, was aufmerksames Hören bedeutet. Da die Stilleübung gleichzeitig regenerierenden Wert hat, lassen sich SuS i. d. R. dazu motivieren.

AA 6 Ex 3,1-12: Gott spricht zu Mose aus dem brennenden Dornbusch. Kommunikationssituation: Mose hört Gott, sieht ihn aber nicht. Gott steuert die Situation, teilt sich mit, gibt Mose einen Auftrag. Mose ist unsicher, wird aber von Gott gestärkt.

Jona 1-2: Kommunikationssituation: Gott spricht zunächst als Stimme zu Jona, dann gibt er sich in Form eines Sturms zu erkennen. Jona ruft Gott im Fisch an: Gott antwortet durch die Tat des Fisches, der ihn rettet.

1 Kön 19,1-13: Kommunikationssituation: Gott handelt durch einen Engel; während Elija schläft, gibt der Engel ihm zu essen und stärkt ihn für die Reise. Danach spricht Gott zu ihm in einer Höhle, er fordert ihn auf, den dunklen Raum zu verlassen und auf den Berg zu gehen. Gott kommuniziert durch mächtige Naturphänomene (Sturm, Erdbeben, Feuer). Elija vernimmt Gottes Stimme wie ein Säuseln, trotz der Naturgewalten ist Gottes Stimme nicht zu überhören.

Beispiele für weitere Offenbarungssituationen, die sich arbeitsteilig erarbeiten lassen und zu einem breiteren Bild führen: Gen 22,1-19: Abrahams Opfer; Gen 28,10-19: Jakobs Traum; Ez 1-2: Ezechiels Berufung.

AA 7 Bevor sich die SuS dieser AA zuwenden, sollte man die *Charakteristika* von Offenbarungssituationen klären:

Gott offenbart sich in Naturphänomenen (Sturm, Feuer, Wind, ...), durch Engel, als unsichtbare Stimme, durch andere Wesen und deren Taten (Fisch), im Traum, im Schlaf, ...

Gott offenbart seine Liebe, Hilfe, Unterstützung, seine Aufträge, seinen Unmut, seinen Ärger über die Menschen, seine Macht.

Bei der Arbeit an der Skulptur ist es wichtig, dass die SuS abstrahieren und nicht nur die jeweilige Situation darstellen, z. B. Jona im Fisch oder Mose am Dornbusch, sondern dass sie anhand der Skulptur die *Charakteristika* von Offenbarungssituationen bildlich darstellen.

Wort Gottes aus Menschenhand?, SB S. 158–159

M 3 Rembrandt Harmensz. van Rijn (1606–1669) gilt als bedeutendster niederländischer Künstler des Barocks. Als Maler, Radierer und Zeichner widmete er sich auch verschiedenen biblischen Themen. Das Gemälde befindet sich heute im Louvre in Paris.

Rembrandts Darstellung eignet sich zur Illustration der Verbalinspiration. Es lohnt sich, eine Bildbetrachtung nach Methode 9, SB S. 385 durchzuführen und das Verhältnis zwischen Engel und Evangelist zu analysieren.

M 4 Das Bild von Réné Magritte (1898–1967), belgischer Maler des Surrealismus, regt zum Nachdenken an und lässt viele Interpretationen zu. Es ist daher ratsam, wenn L den SuS Zeit gibt, Asso-

AA 8, AA 9 ziationen zu sammeln und Interpretationshypothesen aufstellen zu lassen. **AA 8 und AA 9** sind daher offen. Hilfreich sind lediglich Hinweise zu Symbolen: Auge als Spiegel der Seele, Wolken, Himmel – Paradies.

Zum Hintergrund: Die Hauptintention der Surrealisten war es, herkömmliche Erfahrungs-, Denk- und Sehgewohnheiten zu erschüttern und Wirklichkeit mit Traum zu vermischen. Dies gelang Magritte, indem er zwar naturalistische Darstellungen von Gegenständen malte, aber diese durch deren ungewöhnliche Zusammenstellung verfremdete. „Im Hinblick auf meine Malerei wird das Wort ‚Traum' oft missverständlich gebraucht. Meine Werke gehören nicht der Traumwelt an [...]. Es sind eher selbstgewollte Träume ..., die nicht einschläfern, sondern aufwecken wollen." *(R. Magritte)*

Verfasser der Bibel und Entstehungskontext, SB S. 159–163

M 5

M 5 liefert grundlegende Information zur Entstehung biblischer Texte, „die nicht vom Himmel gefallen [sind]". Alttestamentliche Literatur geht meistens auf eine Krisensituation zurück und wird nach der zentralen Krisenerfahrung des Babylonischen Exils in vorexilisch, exilisch und nachexilisch eingeteilt. **AA 1–AA 5** vertiefen und verifizieren den Textinhalt anhand des im Text angesprochenen Beispiels der Schöpfungstexte.

AA 2, AA 3 Form von Gen 1,1-2,4a:

- klare, schematische Struktur:
  - Strophenform, vgl. mit Gedicht oder Refrains von Liedern,
  - 7-Tage-Schema;
- Wiederholungen und Parallelismen:
  - Anfang: „Und Gott sprach: ..."
  - Entstehungsbefehle: z. B. „Es werde ..."
  - Bestätigungen: „Und es ward ...", „Und es geschah so."
  - Gutheißungen „Und Gott sah, dass es (sehr) gut war."

Der Text hat die Form eines *Gedichts, eines Liedes, eines Hymnus'*. Er ist Bekenntnistext und kein wissenschaftlicher Bericht.

AA 4 Gottesbild:

Gott ist erhabener, planvoller Schöpfer, der allein nach Plan, und nicht im Chaos oder durch einen blutigen Kampf, mit klarer Intention den ganzen Kosmos geschaffen hat. Der Gott der Priesterschrift erschafft die Welt durch das Wort, quasi durch seinen Geist. Dieses Gottesbild hebt sich von dem des ersten Schöpfungstextes (Gen 2,4b ff.) ab, in dem Gott mit Händen und konkretem Material die Welt erschafft und dadurch fast „menschlich" erscheint.

AA 5 Menschenbild:

Der Mensch hat in diesem Kosmos eine zentrale, machtvolle Stellung. Ihm ist die Welt anvertraut, ihm traut Gott diese große Verantwortung zu. Der Mensch ist *sehr* gut.

- Gott und Mensch (als von Gott erwählt) werden in diesem Text gepriesen.
- Der Text ermutigt Menschen und stärkt den Glauben an Gott.

M 6

Analog zu **M 5** liefert **M 6** wichtige Informationen zum Verständnis des NT: der Aufbau, das Verständnis der Evangelien als historische Texte, mit denen die Evangelisten Zeugnis ablegen.

M 7

M 7 stellt im Sinne der *kanonischen Exegese* die normative Autorität des Textes im Zusammenhang der gesamten Heiligen Schrift dar. Da die Intention des Autors nie zuverlässig erfasst werden kann, sollte man nur nach der Intention Gottes fragen.

AA 9 Augustinus stellt die Menschlichkeit der Verfasser und Leser heraus, die in ihrer Erkenntnis begrenzt sind und zu falschen Schlüssen kommen können; um eine solche falsche Auslegung zu vermeiden, bleibt man auf den Text als solchen verwiesen.

AA 10 Ps 31,1-8 drückt die Notsituation eines Menschen aus, der sich um Hilfe, Schutz, Zuflucht und Befreiung bittend an Gott wendet und von Gott erhört wird.

Die hohe Identifikation mit dem Verfasser schafft die Verbindung zwischen Verfasser und Leser, gleichzeitig wird für den Leser die Verbindung zwischen Gott und Verfasser, d. h. die Gotteserfahrung des Verfassers zugänglich. Gott spricht durch sein Handeln am Verfasser auch den Leser an.

Die Bibel – das Fremde achten und verstehen, SB S. 164–165

M 8

Die Korrelationsdidaktik sucht den inneren Zusammenhang zwischen den Lebenserfahrungen der SuS und den Glaubenserfahrungen und möchte diesen im Unterricht herausstellen, eine Brücke bauen, die das Gehen in beide Richtungen ermöglicht. Natürlich ist der Erhalt dieser Brücke, ihre Existenzberechtigung darauf angewiesen, dass Menschen diese Brücke auch nutzen, d. h. sie begehen. Hier setzt Thomas Ruster an, der bezweifelt, dass viele junge Menschen heute noch diese Brücke nutzen, so *dass das „Ufer" des Glaubens immer unbekannter wird*, immer unverständlicher. Eine Welt, welche schon für SuS, die diese Welt während ihrer Sozialisation ständig begleitet hat, nicht immer leicht in ihr Leben zu integrieren ist, ist für SuS, die über die Brücke zwischen Leben und Glauben nie gegangen sind, kaum verstehbar.

Dieses Problem legt **M 8** mithilfe der Bilder der Raumschiff-Crew und der Koch-Crew sehr nachvollziehbar dar. Die Frage stellt sich sodann aber, ob der Gehalt des christlichen Glaubens sich nicht dennoch aus existenziellen menschlichen Grunderfahrungen auch heute noch und auch für „religiös unmusikalische" SuS neu erschließen lässt.

AA 2

Diesen Weg der Korrelation kritisiert Ruster (s. Vortrag anlässlich der Mitgliederversammlung des bkrg am 26. 2. 2000: Die Welt verstehen ‚gemäß den Schriften'. Religionsunterricht als Einführung in das biblische Wirklichkeitsverständnis. bkrg.de (Archiv) – im Einzelnen:

- die heutigen Bemühungen, SuS dieses fremde „Ufer" näherzubringen,
- dass der spezifisch biblische Gehalt der behandelten Themen auf der Strecke bliebe: „Das Gleichnis vom verlorenen Sohn wird in eine heutige Familiengeschichte transformiert, in der beide Seiten ihre Fehler zuzugeben haben!" (Ebd. S. 9),
- zum Thema „Wunder", „dass eine Religion nicht wirklich erschlossen werden kann, wenn sie [...] zuvor auf das reduziert wird, was mit unseren Rationalitätskriterien vereinbar ist" (Ebd. S. 11),
- die Krise des Sakramentalen: „Die Sakramente lassen sich als Inszenierung einer fremden, unerfindbaren Erfahrung verstehen, in die die Gläubigen einfach hineingenommen werden, um stets neu an ihr Anteil zu gewinnen. Sie haben mehr als alle Belehrungen das biblische Wirklichkeitsverständnis über die Jahrhunderte präsent gehalten. Die gegenwärtige Krise des Sakramentalen hängt sicher auch mit der symbolisch-korrelativen Engführung ihres Verständnisses zusammen: Wasser, Brot, Mahlzeiten bloß als Symbole verstanden, geben das biblische Wirklichkeitsverständnis nicht her." (Ebd. S. 16 f.)

Was war und ist, das steht geschrieben – die Bibel wörtlich verstehen, SB S. 165–169

M 9 – M 12

Dieses Unterkapitel beschäftigt sich ausführlich mit dem Thema „Kreationismus", das zumindest in den USA in den letzten Jahren immer bedeutender geworden ist und kreationistisches Gedankengut sogar Einzug in schulische Lehrpläne gehalten hat. 40 Prozent der Amerikaner halten die kreationistische Lehre für richtig, immer wieder entstehen Projekte und Arbeitsgruppen, die alttestamentliche Aussagen für historisch nachweisbar halten (Suche nach der Arche Noah am Berg Ararat, Bau der Arche Noah in Kentucky ...; vgl. z. B. Rheinische Post 20. 12. 2010: Biblisches Disneyland). Die Texte sollen helfen,

- eine Begriffsbestimmung vorzunehmen, d. h. die unterschiedlichen Sichtweisen, die sich unter dem Begriff „Kreationismus" zusammenfassen lassen, herauszuarbeiten **(M 9)**;
- die geschichtliche Entwicklung dieser Sichtweisen nachvollziehbar zu machen **(M 10)**;
- sich auf satirische Weise dem Thema und den lebensweltlichen Konsequenzen zu nähern **(M 11)**;
- das Thema „Schöpfungsglaube und/oder Evolutionstheorie" aus christlich-katholischer Sicht zu verdeutlichen **(M 12)**.

M 11
AA 4

Der vollständige Text entfaltet ironisierend noch weitere Fälle, z. B.:

- Wenn ich am Altar einen Stier als Brandopfer darbiete, weiß ich, dass dies für den Herrn einen lieblichen Geruch erzeugt (Lev 1,9). Das Problem sind meine Nachbarn. Sie behaupten, der Geruch sei nicht lieblich für sie. Soll ich sie niederstrecken?
- Ich weiß, dass ich mit keiner Frau in Kontakt treten darf, wenn sie sich im Zustand ihrer menstrualen Unreinheit befindet (Lev 15,19–24). Das Problem ist, wie kann ich das wissen? Ich hab versucht zu fragen, aber die meisten Frauen reagieren darauf pikiert.

- Ich habe einen Nachbarn, der stets am Samstag arbeitet. Ex 35,2 stellt deutlich fest, dass er getötet werden muss. Allerdings: bin ich moralisch verpflichtet, ihn eigenhändig zu töten?
- In Lev 21,20 wird dargelegt, dass ich mich dem Altar Gottes nicht nähern darf, wenn meine Augen von einer Krankheit befallen sind. Ich muss zugeben, dass ich eine Lesebrille trage. Muss meine Sehkraft perfekt sein oder gibt es hier ein wenig Spielraum?

M 13
AA 11

Die Karikatur soll den *Unterschied* zwischen *historischer Wahrheit* (Was und wann ist etwas geschehen?) und der *existenziellen Wahrheit* (Warum ist etwas geschehen?) in den Blick nehmen, z. B.: Das Kind muss nicht im Stall zur Welt gekommen sein, daran hängt unser Glaube nicht, aber was bedeutet es, dass Gott als Mensch in die Armut unserer Welt kommt? Bertolt Brecht spricht in einem Gedicht vom „Würgen der Nachgeburt" Mariens, ein drastischer Hinweis darauf, dass der Gottessohn wie jeder Mensch in diese Welt geboren wurde! Die Menschwerdung ist der entscheidende Aspekt der Wahrheit des biblischen Geschehens, nicht, ob Ochs und Esel dabei waren.
Die Menschwerdung ist nicht auf ein historisch-kulturell eindeutiges Umfeld angewiesen (Stall in Palästina), sie wäre auch in einer zeitgenössischen Favela in Lateinamerika oder einem Neubaughetto in Kreuzberg (mit Kinderwagen dann möglicherweise!) denkbar (dieser Gedanke spiegelt sich auch in vielen modernen Krippendarstellungen wider).

Was geschrieben steht, das ist geworden – die Bibel in ihrer gewachsenen Gestalt verstehen, SB S. 170–171

M 14

M 14 geht von der Spannung zwischen dem Urtext und den veränderten Verstehensbedingungen aus. In einer individualisierten Zeit und unter dem Einfluss des pluralistischen Denkens müssen die Verstehensbedingungen immer neu geprüft werden.

AA 2

Die Autorin bezieht sich im ersten Teil ihrer Ausführungen auf neue Ansätze in der alttestamentlichen Exegese (bis Z. 78). Ihre Schlussfolgerungen zum Verständnis der Bibel (die Bibel als Buch von Christen über die Zeiten hinweg!) sind im Wesentlichen:

AA 3

- Dialogcharakter der Texte (immer wieder Neuschöpfung von Sinn durch das Gespräch mit dem Text);
- Dialogcharakter der biblischen Texte untereinander.

Zu bedenken ist dabei:
- Verstehen bleibt fragmentarisch, vieles bleibt fremd, die historische Rückfrage ist nötig, die Frage nach der Verwendung in bestimmten Kontexten; dennoch: Es gibt keine ursprüngliche „wahre" Intention, die Wahrheit wurde immer schon im Dialog entwickelt.
- Verstehen setzt „hören" voraus und „sich in Frage stellen lassen": Bibelstellen helfen nicht zur „Absicherung" einer vorgegebenen Leserposition.

3. Wege zum Verstehen – Methoden der Bibelauslegung, SB S. 172–183

Historisch-kritische Exegese, SB S. 172--174

M 15

Die Perikope Mk 8,22-26 ist wörtlich übersetzt und segmentiert abgedruckt, so dass die SuS bereits eine sprachliche und visuelle Hilfe bei der historisch-kritischen Exegese haben. Die Arbeitsschritte sind kleinschrittig und den SuS als *sprachliche Analyse* aus dem Deutschunterricht bekannt, so dass ihnen das Verfahren leicht zugänglich ist. Wichtig ist nicht die richtige Lösung jeder Aufgabe, sondern die Ableitung neuer Erkenntnisse und ein vertieftes Verständnis des Textes durch die Analyse der Sprache und der narrativen Struktur des Textes.
Weitere Hinweise zur historisch-kritischen Exegese und Auslegungsbeispiele sind dem Jesus-Kapitel und den entsprechenden Abschnitten im LB (S. 99) zu entnehmen.

M 16

M 16 würdigt die historisch-kritische Exegese, v. a. in ihren Errungenschaften für die historische Forschung. Benedikt XVI. plädiert allerdings für eine Erweiterung der historisch-kritischen Exegese, nämlich die kanonische Exegese, die den Kontext der Heiligen Schrift für das Verständnis jedes biblischen Textes voraussetzt. Erläuterungen zur *kanonischen Exegese* finden sich auch in der Infobox SB S. 183.

M 17 – M 20

An vier exemplarischen Bibeltexten können die SuS eine je eigene *existenzielle Auslegungsmethode* selbst durchführen und auswerten. Die Überschriften machen deutlich, welcher Aspekt des Menschseins im Mittelpunkt der Interpretation steht. Im Unterschied zu den allgemeinen Hinweisen Horst-Klaus Bergs z. B. zu den einzelnen Methoden und zur Herangehensweise in anderen Lehrwerken, in denen SuS die Durchführung einer Methode nachvollziehen sollen, ist hier tatsächlich daran gedacht, die SuS – selbstverständlich mit Hilfestellung durch geeignete Fragen und Methoden, die sich aber konkret auf den Bibeltext beziehen – selbständig eine Bibelstelle auslegen zu lassen.
Jedes der vier Beispiele führt zu Beginn oder am Ende des Auslegungsvorgangs eine unterschiedlich angelegte *methodische Reflexion* durch, bei der die SuS ihr eigenes Tun reflektieren und dabei die Chancen und Grenzen der jeweiligen Methode beleuchten können.

M 17

Die Geschichte von Kain und Abel enthält drei bedeutsame Szenen: die Opferung, die Tat Kains und Kains Rede mit Gott; Standbilder bieten sich an, um diese Szenen nachzuvollziehen und dabei Hintergründe und Entwicklungen in Kains Denken und Verhalten herauszuarbeiten; wesentlich ist hierbei, den inneren Monologen genügend Raum zu geben.

Schritt 3.1
Die Vorgehensweise lässt Abel im Hintergrund und rückt Kain mit der Frage, ob sich hier *exemplarisches Menschsein* zeigt, in den Mittelpunkt.

Schritt 4
Hier stellt die Erzählung die enge Beziehung zwischen Kain und Abel aber wieder her, indem sie die mögliche Entwicklung des Menschen vom *Abel* zum *Kain* thematisiert;

Schritt 2.3
Das Bild Lovis Corinths (1858–1925) vereint den Brudermord mit der folgenden Rede an und mit Gott, es macht durch Bildaufbau, Größenverhältnisse, Perspektive, etc. die Dramatik der Situation offenkundig (Hilfestellung z. B. bei: *Hilger, G/ Reil, E.* (Hrsg.): Bilder der Kunst für den Religionsunterricht. 36 Folien mit Bildinterpretationen und methodischen Anregungen. München: Kösel 2000).

M 18

Die Grundannahme der *dekonstruktivistischen Methode* ist die, dass es nicht einen Textsinn gibt, der zu entschlüsseln ist. Biblische Texte sprechen von Grunderfahrungen des Menschen und erhalten erst in der Aktualisierung oder Aneignung durch den Leser Sinn für den eigenen Lebensvollzug. Die hermeneutische Differenz zwischen Lesendem und Text muss in einem Akt der Interpretation gefüllt werden.
Die dekonstruktivistische Bewegung umfasst den Zugang zum Text, indem der Rezipient Fragen an den Text stellt und immer neue Widersprüche entdeckt, aber auch im Rückbezug die Fragen des Textes an den Leser, der zu sich selbst befragenden Bewegungen herausgefordert wird. Dies versuchen die Arbeitsschritte („Auf den Text zugehen", „Vom Text ausgehen", etc.) anzuregen.

Schritt 2
Mit Marc Chagall (1887–1985) und seinen Bilder kommt ein neuer Rezipient ins Spiel. Es ist zu überdenken, ob in diesem Falle die Bilder ihren Platz als Illustration einnehmen sollten, oder ob es hilfreich sein könnte, Chagalls Deutungen als möglichen dekonstruktivistischen Prozess nachzuvollziehen.

S. 177

Die „Idee zur Weiterarbeit" geht über eine sehr stark auf den individuellen Rezipienten angelegte Dekonstruktion hinaus und nimmt *Ruths Geschichte und Menschsein als exemplarisch wahr* (wie auch Kains Geschichte in der ersten Auslegungsweise), in diesem Falle als eine Geschichte von Leid, Fremdheit und Hoffnung. Esther Mujawayo lädt ebenso wie Ruth dazu ein, sich immer neu dem Leben anzuvertrauen, ins Auge zu fassen, was geblieben ist, und nicht, was verloren ist. Sie sind Exempla dafür, den Menschen mehr zuzutrauen, ja überhaupt, den Menschen zu trauen.

M 19

Auch die Auslegung durch *Verfremdung* geht davon aus, dass Bibeltexte wieder fragwürdig werden müssen, dass sie in ihrem Gehalt neu aufscheinen müssen. Am Beispiel der Frage nach der Gerechtigkeit im Gleichnis der Arbeiter im Weinberg soll dies versucht werden.

Schritt 1
Im ersten Schritt der Annäherung an die Textsituation wird deutlich werden, dass unsere Voreinstellungen (Der Weinbergbesitzer handelt ungerecht, er bezahlt jeden Arbeiter gleich, egal, wie viel Arbeit dieser geleistet hat!) durch eine Identifikation mit dem einzelnen Arbeiter – egal welchem – in Frage gestellt werden, kann doch jeder Arbeiter und wird es auch, wenn er sich nicht im Vergleich mit anderen Arbeitern betrachtet, mit dem Ergebnis des Arbeitstages zufrieden sein.

Schritt 3 — Die Frage, warum uns Gottes Gnade und Güte so „übermenschlich" erscheint, warum wir die Gerechtigkeit seines Handelns diskutieren, kann der Auftakt sein, in einem kreativen Schreibauftrag dieses Problem zu thematisieren und zu befragen, etc.

M 20 — Eine *tiefenpsychologische Auslegung* beginnt mit einer kurzen Reflexion zur Methode. Im Anschluss an die Durchführung kann L diese Ideen durch weiterführende Thesen zu Chancen und Grenzen vertieft.

Schritt 3 — Diese tiefenpsychologische Auslegung lässt sich durch den tiefenpsychologischen Zugang zur Geschichte Jakobs (Gen 25,19-33,22) ergänzen und vertiefen. AA finden sich z.B. im Kapitel „Wirklichkeit" unter M 24 (SB S. 33). Selbstverständlich sind auch Zugänge zu einer Wundergeschichte über moderne Texte möglich (vgl. **ZM 1**).
Eine gute allgemeine Einführung bietet: *Brieden, Norbert:* Zehn Gebote für eine Wunderdidaktik. In: KatBl, 135/2010. S. 262–267.

C. Lernsequenz

Die Bibel als Glaubensbuch heute

1. Thema

Situation: Viele SuS fragen sich, was ein so altes Buch noch zu sagen hat. Sie stellen die „Wahrheit" der Bibel infrage und sprechen von einem Märchenbuch, dem sie sich entwachsen fühlen. Der Wunsch, sich mit der Bibel zu beschäftigen, ist eher gering ausgeprägt.
Daraus können sich zwei Fragen ergeben:

a) Welche Bedeutung hat die Bibel für den modernen Menschen heute? (Ist-Zustand)
b) Wie spreche ich in unserer modernen Welt über die Bedeutung, die die Bibel für einen Christen hat?

Diese Fragen könnten als Basis oder Zugang für das gesamte Bibelkapitel dienen, indem L vom Lernanlass, der herausfordernden Situation ausgeht.

2. Lernanlass

Das Neue Testament als Magazin – zu kaufen an großen Kiosken für 9,50 Euro

Ist ein solches Magazin ein adäquates, wenigstens ein mögliches Mittel, um

a) junge Erwachsene überhaupt erst einmal an die Bibel heranzuführen?
b) die Bedeutung der „Heiligen Schrift" jungen Erwachsenen zu vermitteln?
c) jungen Erwachsenen nachvollziehbare Antworten auf die Frage nach der „Wahrheit" der Bibel zu verdeutlichen.

3. Kompetenzen (vgl. EPA)

a) *Wahrnehmungs- und Darstellungsfähigkeit:*
- religiös bedeutsame Phänomene wahrnehmen und beschreiben:
- religiöse Spuren und Dimensionen in der Lebenswelt aufdecken,
- religiöse Ausdrucksformen wahrnehmen und in verschiedenen Kontexten wiedererkennen und einordnen.

b) *Gestaltungsfähigkeit:*
- typische Sprachformen der Bibel theologisch reflektiert transformieren,
- Aspekten des christlichen Glaubens in textbezogenen Formen kreativ Ausdruck verleihen.

4. Lernarrangement

a) Was bedeutet „Heilige Schrift"?
b) Was heißt „Wahrheit" in Bezug auf die Bibel? Gibt es unterschiedliche „Wahrheiten"?
c) Welche Interpretationsmöglichkeiten gibt es, die „Wahrheit" der Bibel zu verstehen?
d) Wie nähere ich mich als individueller Leser der Bibel?
e) Wo in unserer Gesellschaft stellt sich die Bibel den Menschen vor oder „in den Weg"?
f) Wie sollte die Bibel als Buch sich „präsentieren", um besonders junge Menschen anzusprechen?

5. Lerngegenstände

Zu a): Bibel als Buch: Überblick; Entstehung der Bibel: Wort Gottes aus Menschenhand **(M 3)**: Inspiration; geschichtlich-kulturelle Hintergründe: **M 5** und **M 6**.
Zu b): **Modul 2**: Lesarten der Bibel: Das Fremde achten, die Bibel wortwörtlich verstehen; Modul 3: historisch – kritische Exegese; historisch-chronologische Wahrheit und existenzielle Wahrheit; vgl. auch Kapitel Wirklichkeit: Mythos (M 26).
Zu c): **Modul 3**: Historisch-kritische Exegese und existenzielle Auslegungen.
Zu d): **Modul 1**: Leser der Bibel oder Hörer des Wortes, **M 1, M 2; Modul 3**: existenzielle Auslegungen der Bibel.
Zu e) Bibellesungen in der Kirche; Bibellektüre in der Schule; Bibeltexte in Funk und Fernsehen, z.B. Wort zum Sonntag, Kirche in Eins-Life; Bibeltexte im Internet; professionelle Lesungen" (z.B. Bibelprojekt von Ben Becker); Vorhalten der Bibel in Hotels durch die Gideon-Gesellschaft, neue Bibelausgaben in der Diskussion, z.B. „Bibel in gerechter Sprache" oder „frei nach der Bibel", z.B. die Volxbibel, Bibel als Magazin.

Zu f) Fragen der Übersetzung, z. B. **Modul 1, Info „Übersetzen“** (SB S. 163); Fragen der Verbreitung, Fragen der Präsentation (z. B. Layout ...)

6. Lernwege

- Bearbeitung der entsprechenden Info-Materialien im SB unter Berücksichtigung der Fragestellungen, in Individual-, Partner- oder Kleingruppenarbeit
- Umfragen, Fragen im Umfeld der eigenen Altersgruppe: „Was ist die Wahrheit der Bibel?“;
- Bearbeitung vorhandener Materialien des SB unter der individual-subjektiven Perspektive (z. B. **Modul 3**: Existenzielle Bibelauslegungen);
- Recherche nach dem Vorkommen der Bibel/von Bibeltexten in unserer modernen Umwelt;
- Umfrage: „Wie sollte sich die Bibel präsentieren, damit Sie Interesse daran hätten, sie in die Hand zu nehmen, sich mit ihrem Inhalt zu beschäftigen?“;
- Analyse verschiedener Übersetzungen;
- Analyse bestimmter Präsentationsformen, z. B. im Internet, z. B. BibelalsMagazin, z. B. Bibelprojekt von Ben Becker.

7. Lernaufgaben

Zu „Die Bibel als Magazin am Kiosk“

Blättern Sie im Bibelmagazin (in Papierform oder im Internet unter bibelalsmagazin.de).

- Charakterisieren Sie das Gesamtlayout.
- Wählen Sie ein biblisches Buch aus und analysieren Sie die Bildauswahl und Herkunft sowie das Textlayout. Erörtern Sie die Möglichkeit der Interpretation durch Bildauswahl und Textlayout.
- Charakterisieren Sie die Zielgruppe dieses Projektes.
- Gestalten Sie zu einer ausgewählten Perikope selbst ein Seitenlayout mit Bildeinsatz.

Nehmen Sie Stellung zu der Frage, ob dieses Magazin eine adäquate Möglichkeit darstellt, modernen Menschen, besonders jungen Erwachsenen, die Botschaft der Bibel näherzubringen.

8. Lernoptionen

Möglichkeit der Analyse anderer Formen des Umgangs mit dem biblischen Text heute, z. B.

a) Die Volxbibel (Schwerpunkt Inhalt):
  - Entscheiden Sie sich für eine biblische Perikope. Vergleichen Sie die Übersetzung in der Volxbibel mit der in der Einheitsübersetzung. Kennzeichnen Sie die Unterschiede. Nehmen Sie Stellung zu Ihren Ergebnissen unter Berücksichtigung der Kriterien Inhalt und sprachlicher Ausdruck und des Zusammenhangs.
  - Die Volxbibel ist die erste Bibel, an der jeder im Internet mitschreiben kann. So steht es auf den Internetseiten Volxbibel.de und Volxbibel.com. Arbeiten Sie an ausgewählten Beispielen die Intentionen der Übersetzer heraus. Prüfen Sie, ob die Volxbibel-Übersetzungen eine angemessene Möglichkeit darstellen, jungen Menschen die Botschaft Jesu näherzubringen.
  - Zu lesen auf der Volxbibel-Seite: „Jeden Montag und Mittwoch um 23.40 Uhr lesen Konfirmandinnen und Konfirmanden ihre Lieblingsbibelstellen aus der Volxbibel bei radio ffn und sagen dazu, was ihnen daran gefällt. Zum Beispiel die 13-jährige Jana aus Peine: „Meine Lieblingsstelle steht bei Matthäus im 16. Kapitel, Vers 26: ‚Denn, was hast Du schon davon, wenn alle Dich supergeil finden, Du ein Superstar wirst und Dir alle zujubeln, aber Du dafür einen Platz im Himmel verlierst? Du kannst noch so viele Millionen Euro haben – kaufen kannst Du Dir diesen Platz im Himmel dafür auch nicht.‘ Ich habe diesen Vers ausgesucht, weil es ja stimmt, dass man sich nicht alles kaufen kann. Man kann sich zum Beispiel keine Freunde kaufen.“
  - Nehmen Sie Stellung zu dieser Art des Zugangs zu biblischen Texten.
  - Formulieren Sie eine eigene Stellungnahme zu einer ausgewählten Perikope.
  - Volkxbibelaufshandy.de – Erörtern Sie diese Form der Auseinandersetzung mit der Bibel.

b) Ben Becker: Die Bibel – eine gesprochene Symphonie (Schwerpunkt Präsentation)
  - Hören Sie unter youtube.de eine von Ben Becker gesprochene Perikope.
  - Analysieren Sie Beckers sprachliche und gestalterische Mittel. Welche Intention verfolgt er Ihrer Meinung nach? Was geschieht durch die „Dramatisierung“ des Bibeltextes?
  - Gestalten Sie selbst die Lesung eines von Ihnen ausgewählten Bibeltextes.

c) Das Psalmenprojekt (Schwerpunkt Präsentation)
  - Hören Sie sich unter youtube.de in das „Psalmenprojekt“ ein. Arbeiten Sie wie bei b).
  - Sprechen Sie selbst „Ihren“ Psalm.

9. Lernerfolg

- Kreative Formen: Möglichkeit der Präsentation eines eigenen „Magazins“, eines eigenen „Podcasts“ zu biblischen Lieblingsstellen, einer eigenen inszenierten „Lesung“.
- Diskussionsformen zu den vorgestellten Möglichkeiten des Umgangs mit der Bibel: Darf ich die Bibel als Magazin am Kiosk verkaufen? Darf ich biblische Texte als Lesung inszenieren? ...
- Eigene Wertungen: Leserbrief, Rezension, ...

10. Lernquellen

www.bibelalsmagazin.de
www.volxbibel.com
www.volxbibel.de
www.youtube.de: Ben Becker: Die Bibel
www.youtube.de: Das Psalmenprojekt

ZM 1 Herbert Grönemeyer: Land unter

Der Wind steht schief
die Luft aus Eis
die Möwen kreischen stur
Elemente duellieren sich
Du hältst mich auf Kurs
hab' keine Angst vor'm Untergeh'n
Gischt schlägt ins Gesicht
ich kämpf mich durch zum Horizont
denn dort treff ich Dich

Geleite mich heim
raue Endlosigkeit
bist zu lange fort
mach die Feuer an
damit ich Dich finden kann
steig zu mir an Bord
übernimm die Wacht
bring mich durch die Nacht
rette mich durch den Sturm
fass mich ganz fest an
dass ich mich halten kann
bring mich zu Ende
lass mich nicht wieder los

Der Himmel heult
die See geht hoch
Wellen wehren Dich
stürzen mich von Tal zu Tal
die Gewalten gegen mich
bist so ozeanweit entfernt
Regen peitscht von vorn
und ist's auch sinnlos
soll's nicht sein
ich geb Dich nie verlor'n

Geleite mich heim
...

(Text und Musik: *Herbert Grönemeyer,* Grönland Musiverlag, Berlin)

1 Beschreiben Sie Situation, Stimmung, Gedanken und Gefühle des Ich-Erzählers.
2 Stellen Sie Vermutungen zum „Du“ des Liedes an.
3 Lesen Sie Mt 14,22–33. Arbeiten Sie Gemeinsamkeiten und Unterschiede der Leitfiguren in Lied und Bibeltext heraus.
4 Erörtern Sie die Aussageabsicht dieser Bilbelstelle.

JESUS CHRISTUS – *kennen und bekennen*

A. Didaktische Intentionen und Überblick über das Kapitel

Das Jesuskapitel bewegt sich im Spannungsbereich zwischen historischer Orientierung (Wer war/ist Jesus von Nazaret?) und existenziellem Anspruch (Welche Bedeutung hat Jesus für den christlichen – speziell meinen persönlichen – Glauben?). Die eine Frage ist ohne die andere im Rahmen von Religionsunterricht unzureichend. Für die historische Wissenschaft mag der erste Ansatz genügen, im religiösen Zusammenhang würde hingegen die ausschließlich existenzielle Frage der vernünftigen Grundlage entbehren. Die Gefahr, Jesus einerseits politisch-weltanschaulich zu vereinnahmen oder ihn andererseits zum Mythos zu stilisieren, war in der Vergangenheit in Forschung, Lehre und Lebenspraxis groß und ist es weiterhin. Außerdem ist darauf zu achten, dass nicht der *historische Jesus* gegen den *Christus des Glaubens* ausgespielt wird. Die kirchliche Dogmenentwicklung versuchte dem Rechnung zu tragen.
Bei einem stärker historisch ausgerichteten Kapitel ist eine reine modulare Strukturierung und Umgangsweise nicht unproblematisch, dennoch können die einzelnen Unterkapitel je nach Bedarf und Lernziel gewichtet werden. Obligatorisch sind **Modul 2** (Jesus verkündet das Reich Gottes in Wort und Tat, SB S. 193–200) und **Modul 3** (Jesu Leiden, Sterben und Auferweckung, SB S. 201–216): Modul 2 legt die historische Basis für das Bekenntnis zu Jesus, kurz: es zeigt das Spezifische der Reichgottesbotschaft Jesu, in **Modul 3** liegt der Schlüssel zum heilsgeschichtlichen Verständnis der Person Jesu, kurz: es apostrophiert die Deutung seines Todes als heilsgeschichtlich, soteriologisch.
Die großenteils historische Orientierung und Fragestellung des Kapitels bedingt eine Vielzahl von Informationstexten, biblischen Originaltexten und Quellentexten, die die SuS exegetisch im Wesentlichen mit der historisch-kritischen Auslegungsmethode erschließen müssen.

Modul 1 widmet sich „Jesu Ursprung und Berufung" (SB S. 186–192). Dabei wird erkennbar, wie spärlich die historische Basis in diesem Bereich ist: Mehr als die Existenz, der vermutliche Herkunftsort und eine etwaige zeitliche Einordnung Jesu lässt sich nicht sichern. Umso mehr verdichten sich gerade die theologischen Aussagen und Prädikationen im Zusammenhang mit Ursprung und Herkunft des *Messias und Gottessohnes* Jesus. Didaktisch wird es hierbei in erster Linie auf historische Fragestellungen hinauslaufen (SuS als moderne Menschen interessiert das Wer? Was? Wann? Wo?), gerade die Evangelienprologe (Mt 1–2; Lk 1–2; Joh 1) zeigen aber eine christologische Konzentration, die wiederum auf eine theologische Deutung und existenzielle Umsetzung abzielt.

Nähere Ausführungen über die Ethik Jesu sind dem Ethikkapitel (SB S. 319 ff.) zu entnehmen. Eine ausführlichere Einordnung der Entwicklung Jesu in den Zusammenhang der grundsätzlichen Gewaltproblematik ist hier nicht umfassend zu leisten. Dennoch zeigen die Materialien und verbindenden Texte, dass sich die Bedeutung Jesu für die Menschheit in einer Art Dreiklang auf verschiedenen Tonebenen zusammenfindet. 1. Nach einer sozialpsychologischen Grundstruktur folgt das Schicksal Jesu einer zwanghaften Erfüllung der Gewaltspirale aufgrund mimetischen Verhaltens – nicht nur, wer Gewalt sät, wird Gewalt ernten, sondern paradoxerweise zieht gerade der, der friedlichste Absichten hat, die Front der Gegner auf sich bis zur tödlichen Entladung. 2. Der eigene Anspruch Jesu, bedingt durch seine Persönlichkeitsstruktur und sein Selbst- und Sendungsbewusstsein, polarisiert und spaltet seine Zeitgenossen und lässt ihn schmählich am Kreuz enden. 3. Der Glaube an die Heilsbedeutung Jesu konvergiert mit der sozialpsychologischen Konstellation um Jesu Person und dessen Sendungsbewusstsein, d. h. der Glaube Jesu evoziert den Glauben an Jesus, der das Christentum über zwei Jahrtausende geprägt hat, – oder: Das Verhalten Jesu ruft zur konkreten Nachfolge.

Modul 2 bietet die theoretische Grundlegung und praktische Umsetzung der jesustypischen Reichgottesverkündigung als Froh- und Heilsbotschaft. Dabei zeigt sich, dass die Worte und Taten Jesu zwar nicht historisch exakt rekonstruiert, aber viel stärker profiliert werden können als gemeinhin – auch in der exegetischen Forschung – angenommen. Didaktisch kommt es hier zu einer Verdichtung der jesusspezifischen Verkündigung und eventuell zu einem Transfer auf kirchengeschichtliche bis aktuelle Entwicklungen (Apokalyptik; Zwei-Reiche-Lehre; konziliarer Prozess).

Die Deutung des Leidens und Sterbens Jesu (**Modul 3**) kulminiert in Jesu „ureigenen" Deutung seines Todes beim letzten Mahl und macht so die Nahtstelle für ein heilsgeschichtliches Verständnis seiner Sendung als Erlösung deutlich. Das Bekenntnis zur Auferweckung Jesu ist die Antwort auf Gottes Zusage „ewigen" Lebens. Didaktisch werden hiermit die Weichen für eine heilsgeschichtliche Erschließung der Jesusthematik gestellt und vor allem eine christologische Deutung seines Lebens und Sterbens als Proexistenz bzw. im Rahmen einer Opfertheologie.

Modul 4 (Bekenntnisse der frühen Kirche und des Zweiten Vaticanums, SB S. 217–221) nimmt eine theologisch-systematische Einordnung und Abrundung vor und ver-

sucht, die Glaubensbedeutung des Religionsstifters des Christentums von den historischen Grundlagen her verständlich zu machen, bietet zudem Vernetzungsmöglichkeiten mit dem Gotteskapitel (Trinität, SB S. 125 ff.) und dem Kirchenkapitel. Dieses Modul öffnet die Thematik für eine gesamttheologische Einordnung und Würdigung wie existenzielle Entscheidung.
Die Antwort auf die Herausforderung des Glaubens Jesu und des Glaubens an Jesus weist über schulischen Unterricht hinaus und muss im persönlichen Handeln gegeben werden.

Kombinationen und Ergänzungen
Ergänzend finden sich thematische Anknüpfungspunkte in den folgenden Kapiteln:

Wirklichkeit:	3:	Plädoyer für die Suche nach Zeichen der Transzendenz (SB S. 26 ff.)
Mensch:	3:	Geschöpf Gottes (SB S. 62 ff.)
Religion:	4:	Religion und Gewalt (SB S. 102 ff.)
Gott:	2:	Das trinitarische Bekenntnis (SB S. 128 ff.)
	6:	Theodizee (SB S. 138 ff.)
Bibel:	1–3:	(SB S. 156 ff.)
Kirche:	2:	Stiftung Jesu (SB S. 233 ff.)
	(3:	Kirche als Kontrastgesellschaft, SB S. 245 ff.)
Zukunft:	3:	Das Leben nach dem Tod (SB S. 297 ff.)
	4:	Hoffnung für die Lebenden und die Toten (SB S. 310 ff.)
(Ethik:	2:	Wie kann ich ethisch argumentieren?, SB S. 323 ff.)
Religion ...:	3:	Kirche und Kultur – Christentum in Geschichte und Gegenwart (SB S. 359 ff.)

Weiterführende Literaturhinweise

Gnilka, Joachim: Jesus von Nazaret. Botschaft und Geschichte. Freiburg/Brsg.: Herder [6]2004;
Theissen, Gerd/ Merz, Annette: Der historische Jesus. Ein Lehrbuch. Göttingen: V&R [3]2001;
Pesch, Rudolf/Kratz, Reinhard: So liest man synoptisch. Anleitung und Kommentar zum Studium der synoptischen Evangelien, Bde. 1–7. Frankfurt/M.: Knecht 1975–1982;
Christus in der Kunst, I und II. In: Welt und Umwelt der Bibel, 14/1999, 18/2000;
Kuschel, Karl-Josef: Jesus im Spiegel der Weltliteratur. Eine Jahrhundertbilanz in Texten und Einführungen. Düsseldorf: Patmos 2010.

B. Materialkommentierungen

1. Jesu Ursprung und Berufung, SB 186–192

Außerchristliche schriftliche Zeugnisse über Jesus, SB S. 186–187

M 1
AA 1

Zu allen Zeiten, auch im derzeitigen schulischen Kontext, bleibt die Frage interessant, ob Jesus überhaupt *wirklich* gelebt hat oder eine erfundene Größe ist. Nicht zuletzt davon hängt für jüngere Menschen die Glaubwürdigkeit der auf Jesus basierenden christlichen Religion ab. Die Evangelien sind die wichtigste Quelle für die Frage nach dem historischen Jesus, sie sind aber im streng wissenschaftlichen Sinn als Insiderzeugnisse von vornherein befangen. SuS werden vermutlich zunächst über das sparsame Vorkommen außerchristlicher – und damit neutraler – Quellen erstaunt sein, bedenkt man freilich, welch unbedeutende Rolle der jüdische „Rebell" Jesus von Nazaret am Rand des römischen Weltreiches im ersten Jahrhundert gespielt haben mag, kann man geradezu euphorisch auf das Vorhandensein derart wichtiger Zeugnisse reagieren.
Abgesehen von **M 1.1** als indirekter Quelle stammen die bedeutendsten schriftlichen Zeugnisse über Jesus von den römischen Geschichtsschreibern Tacitus und Flavius Josephus.
Im Kontext der „Jüdischen Altertümer" findet sich der erste der einschlägigen Josephustexte später als der zweite. Ersterer (20,9,1) dürfte authentisch sein. Josephus spricht eigentlich über das Martyrium des Jakobus, des Bruders Jesu. Jesus wird neutral bis distanziert als der „sogenannte Christus" bezeichnet, wobei sich der Jude Josephus der Bedeutung der Messiasbezeichnung natürlich bewusst ist.
Das sogenannte „Testamentum Flavianum" (18,3,3) klingt hingegen wie ein Insiderzeugnis und dürfte an das christliche Credo angelehnt sein. Demzufolge werden drei Hypothesen diskutiert:
1. die Echtheitshypothese (Original Josephus)
2. die Interpolationshypothese (komplette christliche Einfügung)
3. die Überarbeitungshypothese (Aussagen des Flavius christlich gefärbt).
Während die ersten beiden Hypothesen heute eher verworfen werden – obwohl es auch begründete Argumente dafür gibt –, kann man bei der Überarbeitungshypothese sowohl eine

jesusfeindliche als auch eine *neutrale Urform* des Josephustextes rekonstruieren; letztere dürfte die wahrscheinlichere sein (bezogen auf das Täuferbild des Flavius Josephus).
Genauere Hinweise finden sich bei *G. Theissen/A. Merz:* Der historische Jesus. S. 74–82. Wenn SuS zu abweichenden Ergebnissen kommen, sollte L diese würdigen und die SuS sie auf ihre Stichhaltigkeit überprüfen lassen.
Die Annalen von Tacitus sind die wohl wichtigste Quelle über die Historizität Jesu. Wenngleich man Tacitus nicht als Historiker im modernen Sinne verstehen kann, da er auch Legendarisches und Hofklatsch in seinen Werken verarbeitet, dürfte er doch die Hinrichtung Jesu in den richtigen Kontext eingeordnet haben, zumal er hierin mit dem Zeugnis der Passionsgeschichte übereinstimmt.
Die Aussage des Babylonischen Talmuds ist zeitlich und sachlich schwer einzuordnen. Es könnte sich um eine Notiz aus dem 2. Jahrhundert handeln, genau so gut aber auch eine spätere Einfügung sein, in jedem Fall hat die Aussage eine apologetische Tendenz. Der Zeitpunkt der Hinrichtung widerspricht der synoptischen Chronologie, kommt aber der johanneischen entgegen. Dass die Ankläger und Vollstrecker des Urteils nur jüdische Autoritäten seien, dürfte kaum zutreffen. Steinigen und Aufhängen ist eine jüdische und römische Hinrichtungsart, Kreuzigungen sind aber auch im jüdischen Milieu belegt (etwa in Qumrantexten). Die vierzigtägige Suche nach der Unschuld des Delinquenten ist ein deutlich apologetischer Zug. Der Vorwurf der Zauberei bezieht sich auf das Wunderwirken Jesu, ist aber als Anklagepunkt ziemlich unwahrscheinlich (vgl. nur Mk 3,22-30; auch in der Q-Überlieferung Mt 12/Lk 11). Die Aussage, dass Jesus Israel verführt und abtrünnig gemacht habe, ist eine Projektion eines späteren Zustands ins Leben Jesu, erst denkbar nach der Lösung der Christen vom Judentum (Aufgabe der Beschneidung, Sabbatfeier, Speisegebote). Selbst wenn man die Talmudnotiz nicht als ursprünglich erachtet, ist sie doch ein interessantes Indiz für die tendenziöse Berichterstattung.
Weitere Quellen wie Sueton, Claudius 25, 4 und Plinius, Briefe X, 96 sind weniger ergiebig. Die römischen Quellen zeigen, dass „Christus" bereits als Eigenname verstanden wird (bei Sueton sogar eine Verwechslung mit „Chrestus"). Die Angabe bei Sueton ist eher interessant für die Pauluschronologie. Bei Plinius geht es weniger um eine Aussage über Jesus *(Christus als ihrem Gott Lob singen)* als über die Lebensweise der Christen und daraus resultierend juristische Folgen für die römischen Machthaber.
SuS mögen die historisch verwertbaren Ergebnisse der außerchristlichen Zeugnisse über Jesus als gering bis enttäuschend empfinden; L sollte sie aber auch mit der Überlegung konfrontieren, welchen Stellenwert die „Jesusaffäre" und die Entstehung einer „neuen Sekte" in der damaligen Weltpolitik hatte.

Jesus – Gott wird Mensch, SB S. 187–189

M 2

M 2 führt aus, dass die Kindheitserzählungen (Mt 1-2; Lk 1-2; Joh 1,1-17) kaum historisch verwertbare Informationen liefern: Als Geburtsort Jesu liegt Nazaret viel näher als das theologisch motivierte Bethlehem; die Geburtszeit ist umstritten, die matthäische Angabe ist wahrscheinlicher (also vor dem Tod Herodes des Großen 4 v. Chr.); die Eltern sind bei den Großevangelisten übereinstimmend Josef und Maria, der spätere Wohnort ist Nazaret. Die Evangelienprologe sind vielmehr theologische Verdichtungen der Heilsgeschichte mit Jesus Christus und haben programmatischen Charakter. Allein am Stammbaum Jesu nach Matthäus (Mt 1,1-17) lässt sich das gesamte Repertoire der christologischen Hoheitsaussagen studieren.

M 3

Passend zu dem spirituellen Kontext der Kindheitslegenden lassen sich die Buchmalereien des „Book of Kells" eher meditativ erfahren. Sie zeigen übrigens eine einzigartige Symbiose verschiedener kulturgeschichtlicher und stilistischer Empfindungen.

AA 1–AA 3

ZM 1 (LB S. 97) zeigt, dass die matthäische Kindheitsgeschichte weitgehend an der Mose-Haggada orientiert ist: An Jesus wiederholt sich das Mose-Geschick, Jesus ist der „neue Mose" (vgl. Bergpredigt Mt 5-7). Die lukanische Kindheitsgeschichte erzählt (formal und inhaltlich) überbietend zu einer Täuferkindheitserzählung eine Jesuskindheitslegende. Das Schema der Gattung ergibt sich aus alttestamentlichen und apokryphen Vergleichstexten.

AA 6, AA 7

„Seiner Stellung und Funktion nach entspricht der Prolog des Joh diesen Vorgeschichten bei Matthäus und Lukas. Im Unterschied zu ihnen beginnt Joh aber bereits beim vorweltlichen Sein des ‚Wortes' bei Gott. Damit legt er gleichsam das theologische Fundament aller nachfolgenden christologischen Aussagen seines Evangeliums. Der Prolog ist also eine Art ‚Leseanweisung', die den tiefen Sinn der folgenden Jesusgeschichte erschließen soll. Er offenbart dem

Leser gleich zu Beginn, wer dieser Jesus seinem eigentlichen Wesen nach ist. Der Evangelist benutzte dazu wahrscheinlich ein ihm bekanntes Gemeindelied auf die göttliche Weisheit, das er durch erklärende Zusätze christologisch umdeutete, um so einen Eröffnungstext für sein Evangelium zu gewinnen."

(*Porsch, Felix:* Johannes-Evangelium [SKK NT 4]. Stuttgart: Kath. Bibelwerk 1988. S. 23)

Taufe und Versuchung Jesu, SB S. 189–192

M 4 – M 7

Taufe und Versuchung Jesu und sein erstes öffentliches Auftreten ruhen im ältesten Evangelium nach Markus höchstwahrscheinlich auf einer historischen und sozialpsychologisch fassbaren Basis. Sachlich betrachtet, dürfte Jesus aus Galiläa zu Johannes dem Täufer an den Jordan gekommen sein, um sich zumindest eine Zeit lang dieser Endzeitbewegung anzuschließen. Jesus hat sich wohl auch der Johannestaufe unterzogen, die gleichzeitig sein Berufungserlebnis bedeuten könnte. Die Erzählungen von Taufe und Versuchung könnten, tiefenpsychologisch gesehen, eine Komprimierung der Entwicklung und des Reifeprozesses Jesu vor seinem öffentlichen Auftreten darstellen. Die Zeit des Wüstenaufenthalts könnte eine innere Einkehr, Besinnung und Selbstfindungsphase markieren, nach deren bestandener „Prüfung" die Loslösung vom Johanneskreis und das eigenständige öffentliche Auftreten Jesu standen. Ob die 40 Tage und die Wüste neben ihrer Symbolbedeutung auch auf eine Echtzeit und einen tatsächlichen Aufenthaltsort (die „Wüste" ist der prädestinierte Ort von Gottesoffenbarungen) hinweisen, ist kaum festzustellen.

Die neutestamentlichen und apokryphen Tauf- und Versuchungserzählungen sind an der Gattung „Epiphanieerzählung" ortientiert (vgl. zu **M 28**).

M 6
AA 1–AA 8

In Texten und vor allem Bildern werden die Themen Taufe und Versuchung Jesu aufgewertet, problematisiert und symbolisch verdichtet.

Die Taufikone ist nach dem antiken „Stockwerkdenken" strukturiert: Der Goldhintergrund signalisiert die himmlische, die Felsen repräsentieren die irdische, das schwarze Wasser spiegelt die unterirdische Sphäre. Jesus steigt nackt in das schwarze Wasser, um den alten Menschen abzulegen und durch die Taufe gereinigt von Sünden wieder aufzusteigen. Der Täufer fungiert als Mittler durch Handauflegung. In der Vertikalen deutet sich das dreifaltige Heilswirken an: Gott, Vater und Schöpfer, in der Himmelsscheibe das Bild überschreitend, sendet im Gnadenstrahl den Heiligen Geist auf den Sohn herab. Jesus wird durch die Taufe zum Sohn Gottes – wie die Himmelsstimme unterstreicht. Vision und Audition gehören zusammen. Durch die Hingabe in den Willen Gottes besiegt der Sohn das Böse, den Tod; seine Hände sind segnend (weiße Streifen) über die Flussgötter mit ihren Schöpfgefäßen am Boden ausgebreitet. Drei Engel – die das Dreifaltigkeitsmotiv aufgreifen – halten das königliche Purpurgewand für den Sieger über Sünde und Tod bereit. Die Gerichtsbotschaft des Johannes ist durch die Axt angedeutet, die an den Baum gelehnt ist (Mt 8,10/Lk 3,9).

M 5, M 7
AA 3–AA 5

M 7 stellt „Versuchung" in einen größeren Zusammenhang und apostrophiert Herodes (daneben auch die Hohenpriester) als Typus des Versuchers, der Jesus zu Show-Wundern provoziert. (Interessanterweise bezieht er sich auf solche „Taten", die sich der Anschaulichkeit entziehen, Symbolcharakter haben: Totenerweckung, Verwandlungswunder, Wasserwandel, Brotvermehrung.) Im Prinzip trifft er damit die Aussagen der Evangelien, Versuchung sei Herausforderung oder Neigung zum Machtmissbrauch. In etlichen Religionsstifter-Legenden begegnet uns die Versuchungs- oder Versucherthematik genau an der Stelle vor dem öffentlichen Auftreten des Religionsgründers (s. u.). Er muss sich entscheiden – oft im dualistischen Sinn –, ob er seine Sendung unter egoistischen Machtansprüchen, politisch und materiell ausgerichtet und damit unter dem Zeichen des „Bösen" sieht, oder missionarisch, altruistisch, empathisch sich in den Dienst des „guten Geistes" und der guten Sache stellt. (Vgl. etwa auch den Mythos von „Herakles am Scheideweg".) SuS können im Gespräch die Versuchungsthematik auf aktuelle Situationen und Personen ausweiten.

Exkurs: **Sohn Gottes**

Die Beziehung zwischen Vater und Sohn ist die innigste, die sich das Judentum vorstellen kann. Daher hat das frühe Christentum auch diesen Titel für Jesus angezogen, wenn es das Verhältnis zum Vater ausdrücken will, zumal sich die Bezeichnung „Gottessohn" auch im hellenistischen Kulturkreis – wenngleich nicht frei von Missverständnissen – verwenden lässt (besser als Menschensohn, Davidssohn). Der ursprüngliche Zusammenhang der Gottessohn-

prädikation Jesu zeigt sich in den vorpaulinischen Hymnen im Sinne einer „Zweistufenchristologie“: Jesus entäußert sich ins Menschendasein, erniedrigt sich bis zum Tod am Kreuz und wird angesichts dieses Gehorsams gegenüber dem Willen Gottes erhöht, in sein himmlisches Amt in kosmischer Machtfülle eingesetzt (Phil 2,9-11). Paulus nutzt den Hymnus des Römerbriefs, um seine Legitimation als Apostel zu unterstreichen durch die Berufung auf Gottes „Sohn, der dem Fleisch nach geboren ist als Nachkomme Davids, der dem Heiligen Geist nach eingesetzt ist als Sohn Gottes in Macht seit/aufgrund der Auferstehung von den Toten“ (Röm 1,3 f.). Heilstod und Auferweckung garantieren die Sohnschaft Jesu. Die darauf Getauften werden zu *Söhnen Gottes* (Gal 3,26 f.; Röm 8,18 ff.).
Paulus und das Johannesevangelium verstehen Jesu Gottessohnschaft „präexistent“ (vor aller Zeit). Im *Markusevangelium* ist die Erwählung bei der Taufe an die adoptianische Königsideologie angelehnt, wie die Inthronisation des Königs inszeniert (Mk 1,11 zitiert Jes 42,1; Ps 2,7), bei *Matthäus* und *Lukas* die Auszeichnung Jesu als Sohn Gottes bezogen auf seine Zeugung aus Heiligem Geist und Geburt aus der Jungfrau (Mt 1,16. 18-25; 2,15; Lk 1,27.32.35). Entsprechend wird der Gottessohn bei Matthäus durch die Himmelsstimme bei der Taufe nicht mehr eingesetzt, sondern proklamiert (Mt 3,17 diff. Mk 1,11).
Die Hoheitstitel werden in den Evangelien dann weiter ausgeweitet und auf den irdischen Jesus angewandt. Der Namenszauber in Dämonenaustreibungserzählungen (Mk 1,21-28; 3,22; 5,1-20) dürfte noch auf den relativ urtümlichen Machtkampf zwischen gutem und bösem Geist hinweisen (vgl. auch Mt 4,1-11/Lk 4,1-13).
Jesus weist die Identifikation mit dem Sohn Gottes durch andere vermutlich zurück, stimmt allenfalls in seiner äußersten Lebenskrise der Aussage des Hohenpriesters zu (Mk 14,61 f.).

Versuchung in anderen Religionen
Besonders dicht bezüglich der Versuchungserzählung Jesu sind die Parallelen zur Buddha-Überlieferung, ohne dass eine gegenseitige Beeinflussung vorliegen müsste.
„Noch einmal wird der Erleuchtete auf harte Proben gestellt, denn Mara, der Teufel, versucht den in Meditation Versunkenen zu Fall zu bringen, indem er gefährliche Dämonen auf ihn hetzt. Doch alle Vorwürfe und Attacken prallen ab, ohne ihn zu berühren. Mit einer zweiten List lässt Mara seine drei schönen Töchter vor dem Erleuchteten erscheinen, sie sollen Buddha verführen. Doch vor Gautamas in die Zukunft schauenden Augen werden ihre Körper alt und hässlich. Noch will Mara nicht zugeben, dass er besiegt ist, darum berührt Gautama mit den Fingerspitzen der rechten Hand die Erde: Sie möge Maras Niederlage und Gautamas Sieg bezeugen. Die Erde bricht auf, die Erdgöttin Bhumi erscheint vor Buddha, kniet vor ihm nieder und bestätigt: ‚Der Sieg ist dein, die Erde ist dafür Zeuge.‘“ (http://www. Lebensrad.ch/hb009101d09.htm)
In einer weiteren Versuchungsszene will Mara Buddha überreden, *sofort* ins Nirwana einzugehen. Buddha weigert sich, da er zuerst Mönche und Nonnen unterweisen müsse. (Vgl. *Oldenberg, Hermann:* Buddha. Sein Leben – seine Lehre – seine Gemeinde. Stuttgart: Magnus o. J. S. 126 f. mit Anm. 59: „Die buddhistische Versuchungsgeschichte findet sich im Mahâparinibbâna Sutta (Dîgha Nikâya, vol. II, p. 112 f.) und eingereiht in den Zusammenhang der gesamtem Erzählung im Lalita Vistara, Kap. 24.“)
Auch Zarathustra, der Begründer des Mazdaismus, ist der Versuchung ausgesetzt: „Ihm antwortete der böse Schöpfer Ahriman: ‚Vernichte nicht meine Schöpfung, rechtgläubiger Zarathustra! Du bist der Sohn des Pourushaspa. Von Mutterleib an bist du mir bekannt (?). Schwöre ab die gute Religion der Mazdaanbeter. Du sollst ein Glück erlangen, wie es der Fürst Vadhagana erlangte.‘ Ihm entgegnete Spitama Zarathustra: ‚Nicht will ich die gute Religion der Mazdaanbeter abschwören, (solange) nicht Leib, Leben und Bewusstsein sich trennen werden‘.“ (Leben und Legende der Religionsstifter. Texte ausgew. u. erkl. v. *Gustav Mensching*. Darmstadt: Holle o. J. S. 186 f.)
Im Islam ist *Iblis* ein Geschöpf Gottes, ein abtrünniger Geist (Dschinn), der hoffärtig den Kniefall vor Adam verweigert hat und daher aus dem Paradies vertrieben worden ist (Sure 7,12-14) – möglicherweise eine Umkehrung des Motivs von Mt 4,9/Lk 4,7. Als Versucher (Schaitan = Satan) erhält er eine Frist bis zum Ende der Tage. So fungiert er auch als Versucher Adams und Evas (Sure 7,21-23). Als Gegenpol zu Gott spielt er freilich keine Rolle.

Die Wortverkündigung in Gleichnissen; Die Verkündigung Jesu in Heilstaten, SB S. 193–200

Einerseits ist die zentrale Jesusbotschaft der Verkündigung des Reiches Gottes als ganzheitliches Wirken zu betrachten: Jesus spricht nicht nur über eine mögliche endzeitliche Heilsperspektive, sondern demonstriert das Heilwerden durch seine Taten und sein Verhalten. Andererseits hebt Jesus mit seiner Verkündigung auf seine Heilsmittlerschaft ab: Durch ihn und nicht an ihm vorbei wird Gottes Liebesherrschaft jetzt schon gegenwärtig.

M 8 – M 10

M 8–M 10 führen in die Wortverkündigung Jesu in Bildworten und Gleichnissen ein. Es empfiehlt sich, sich nicht einer fixen Gleichnistheorie anzuschließen, sondern Mischformen für die Auslegung heranzuziehen (Übersicht in: Schönberger Hefte, 3/2002. S. 5).

AA 1–AA 5

AA 1–AA 5 geben Hinweise zur didaktischen Erschließung; L kann hier auch die Auslegungshinweise zu M 20 hinzuziehen. Beide Parabeln zeigen beispielhaft das Gottesverständnis Jesu: allzeit liebender Vater (dazu **M 8**, **M 10**, **M 18**).

M 11 – M 15

M 11–M 15 suchen das Heilwirken Jesu in den Kontext antiken Heil- und Wunderwirkens einzuordnen. Außergewöhnliche Ereignisse galten als Wundertaten, man brachte sie mit übernatürlichen Mächten in Verbindung. Wenn Jesus als Mittler Gottes Heilungen und Dämonenaustreibungen vollzieht, werden diese von ihrer Wirkung her nicht bestritten. Ein ganzheitliches dreidimensionales Verständnis des Heilwirkens Jesu stellt gerade seine Beziehung zu Gott nicht in Frage, sondern zeigt als Proprium dieses Heilshandelns die Einbindung in die Ansage der bereits angebrochenen Heilsherrschaft Gottes. Dass Jesuswundergeschichten in der Evangelienüberlieferung vermehrt, übersteigert und christologisch stilisiert werden, hängt mit dem missionarischen Charakter des Christentums zusammen (Werbung für Religionsstifter und Religion).

Die in den letzten Jahrzehnten geführte Diskussion, ob „Wunder" als Durchbrechung der Naturgesetze zu verstehen und damit mit einem naturwissenschaftlichen Weltverständnis vereinbar seien, ist müßig, da die Wundererzählungen des Neuen Testaments und seiner Umwelt dem Alten Weltbild entsprechen und sich somit einer naturwissenschaftlichen Fragestellung entziehen.

M 13

Eine literarkritische Untersuchung von **M 13** wird zu dem Ergebnis kommen, dass ein *Streitgespräch* (VV 6–10) in eine ältere *Wundergeschichte* (VV 1–5.11–12) eingeschoben ist (Unterschiede in Gattung, Sprachstil und Christologie).

Auslöser für den eingeschobenen Disput dürfte das Jesuswort V 5 gewesen sein: Kind, nachgelassen sind deine Sünden! Ursprünglich war mit dem Sündenvergeber sicherlich Gott gemeint, versteht man die Aussage aber auf Jesus bezogen (*nachgelassen sind deine Sünden von mir* = Jesus) ergibt sich ein Problem, das passend in der Form des Streitgesprächs mit dem schriftgelehrten *Schluss vom Leichteren aufs Schwerere* gelöst wird. De facto ist es leichter zu sagen *Deine Sünden sind dir vergeben,* weil es keiner nachprüfen kann, eine Gelähmtenheilung aber überprüfbar ist. Auf der religiösen Ebene ist es leichter zu heilen, weil das auch andere Wundertäter vermögen, Sündenvergebung aber nur Gott vorbehalten ist. Und ab jetzt kann auch Jesus als Menschensohn Sünden nachlassen!

Derart aufgeschlüsselt, ergeben die literarkritischen Operationen einen guten Sinn, die literarischen Schichten lassen sich jeweils einem „Sitz im Leben" zuordnen: Auf der Jesus-Ebene geht es um mögliches ganzheitliches Heilwirken.

Versteht man das Wort der Sündenvergebung anders, erhebt sich das Problem der Vollmacht, wohl in einer judenchristlich-hellenistischen Gemeinde, die Menschensohntheologie beherrscht das Feld.

Matthäus überträgt das Privileg der Sündenvergebung – durch Jesus vermittelt – sogar auf die Gemeinde: Mt 9,1-8; vgl. 18,18.

Die SuS sollen in einer exegetischen Arbeitssequenz zunächst die gattungstypischen Züge der (um das Streitgespräch gekürzten) Wundererzählung benennen, in einem zweiten Schritt „nicht-notwendige", die Gattung übersteigende Züge tabellarisch auflisten und in eine linke Spalte *konkrete Angaben*" und eine rechte Spalte *symbolisch-theologische Züge* einordnen. Die überlieferungskritische Prüfung sollte zu dem Ergebnis kommen, dass der Erzählanlass der Wundergeschichte eine konkrete Begebenheit im Leben Jesu sein könnte. Im Zentrum des Textes steht nicht ein *Heilwort*, sondern das – auf Gott (!) zu beziehende – *Wort der Sündenvergebung.*

Von da aus kann man den Zusammenhang von Sünde/Krankheit und Sündenvergebung/Heilung besprechen und ein „ganzheitliches Heilwirken" Jesu vermitteln. (s. **M 14**, Tabelle).
Ein Wort der Sündenvergebung ist singulär in einer Wundergeschichte, obgleich der Zusammenhang von Sünde und Krankheit als Strafe im Judentum durchaus bekannt ist. Wenn Jesus angesichts des offensichtlichen Glaubens von Gelähmtem und Trägern zuerst die Sündenvergebung *durch Gott* verspricht, setzt er dadurch eine eindeutige Priorität: Wer seine Sünden bereut und mit Gott und den Menschen seinen Frieden macht, kann auch seelisch-körperlich Heil, Heilung erfahren. Die Wundererzählung, die offensichtlich einen historischen Sachverhalt festhält, ist ein Musterbeispiel und historischer Beleg für das ganzheitliche Heilwirken Jesu, das ihn auch von anderen Wundertätern unterscheidet.

M 16

Die Zitatensammlung **M 16** zeigt ein praktisches Beispiel für die Umsetzung der Nächstenliebe: Es kommt gar nicht auf Umstände und Wirkung an, sondern auf die Zuwendung zu allen bedürftigen Menschen, in denen uns Christus begegnet (vgl. Mt 25,40.45).

AA 8

Zu **AA 8** siehe **ZM 3**.

M 17

M 17 unterstützt mit seiner thematischen Zuspitzung, Hell-Dunkel-Wirkung und vieldeutig symbolischen Metaphorik die Vorstellung eines ganzheitlichen Heilswirkens.

M 18

M 18 bietet eine Zusammenfassung und Einordnung der Reichgottesvorstellung. Den übersichtlich gegliederten Text können SuS leicht mit bekannten Erschließungsmethoden erarbeiten.

3. Jesu Leiden, Sterben und Auferstehung, SB S. 201–216

Jesu Gesetzes- und Kultkritik, SB S. 201–203

M 19

M 19 zeigt den historischen Hintergrund, wie es aufgrund der politisch-religiösen Konstellation zur Konfrontation zwischen Jesus und nahezu allen etablierten Größen gekommen sein könnte. Auslöser zu einer Anklage, eventuellen Verhandlungen und zur Verurteilung dürften die Äußerungen Jesu über den Tempel gewesen sein. Die Tempelpriesterschaft und ihre Klientel fürchtet um ihre Pfründe; eine ursprünglich religiöse Anklage wird in eine politische umgemünzt; Pilatus hatte wohl wenig Skrupel, einen potenziellen Aufrührer aus dem Verkehr zu ziehen.

M 20

Mit der Parabel **M 20**, am Montag der letzten Lebenswoche Jesu (Mk 11,19.20) im Tempelbezirk an die Tempelaristokratie gerichtet, dürfte dieser den Dammbruch ausgelöst haben.

AA 1–AA 2

Auslegungshinweise zu Mk 12,1-12:
Das Strukturgitter erleichtert literarkritische Scheidungen bei der Parabel Mk 2,1-12. Das „Wanderlogion", das Zitat Ps 118,22 f., lässt sich unschwer als später eingefügter Kommentar erkennen: Der Schlussstein ist jetzt eindeutig auf Jesus gemünzt. Der Rahmen V 1a, 12 verweist auf die Gegner Jesu als Adressaten, nämlich die Tempelaristokratie der Hohenpriester, Schriftgelehrten und Ältesten (Mk 11,27); den Zusammenhang mit der Vollmachtsfrage (11,17-33) muss man mithören. Die Reaktion der Hörer nach der Parabel ist eindeutig aggressiv, da sie sich in ihrem Gewaltdenken entlarvt fühlen. Mit Mk 12,13 reihen sich dann auch die Pharisäer und die Klientel des Herodes Antipas in die gegnerische Front ein.
Die eigentliche Parabel beginnt mit einer Anspielung auf Jes 5,2 und erzielt damit gleichzeitig einen Verfemdungseffekt: Man kennt sich aus in der Welt der Winzer, aber ist vor einer schnellen Identifikation geschützt.
Eigenartig redundant wirkt die gezielte Steigerung der Sendung von Mittlern: ein Knecht – ein zweiter Knecht – ein dritter Knecht – viele Knechte – der Sohn und Erbe! Das Vorgehen gegen die Gesandten in Anspielung an die alttestamentliche Gewaltlinie (Gen 4,9; 37,20) und die Tradition vom Prophetengeschick ist ebenfalls ins Negative gesteigert: schlagen – an den Kopf hauen und entehren – töten – schlagen und töten vieler Knechte – vorsätzliche Tötung des Sohnes und entehrende Entsorgung. Die Redundanz und Steigerung der Gewalt ist ganz bewusst inszeniert: Spätestens nach der dritten Behandlung würde jedem anderen Weinbergsbesitzer der Geduldsfaden reißen; nicht so dem Herrn in der Parabel, er unternimmt noch einen weiteren Versuch und riskiert schließlich sogar das Leben seines Sohnes. So langmütig kann eigentlich nur Gott handeln – eine deutliche Parallele zur Parabel vom Vater und den beiden Söhnen (Lk 15,11-32).

Der Erzähler spekuliert mit einer rhetorischen Frage über die Reaktion des Weinbergsherrn (V 9). Somit ist die Vernichtungsabsicht weniger als unumstößlicher Sachverhalt, schon gar nicht als Absicht des Herrn, sondern vielmehr als zu erwartende Antwort der sich getroffen fühlenden Adressaten zu lesen. Sie könnten sich weiter hinter dem Schutzschild der Schuldverlagerung verschanzen, aber ihre scharfe Reaktion zeigt, dass sie nun in die Offensive gehen.
Der Erzähler der Parabel kann eigentlich nur Jesus selbst sein. Er reiht sein eigenes Geschick und das göttlicher Sendboten in die Tradition des Prophetengeschicks ein. Indirekt identifiziert er sich mit dem Schicksal des Sohnes des Weinbergbesitzers (letztlich des Sohnes Gottes) und deutet ebenso verschlüsselt auf seinen gewaltsamen Tod hin (vgl. Mk 14,25). Die Falle wird zuschnappen, die Gewaltspirale dreht sich immer schneller. Die Parabel von den bösen Winzern ist eine Schlüsselstelle für die Ermittlung des Selbstverständnisses Jesu und die daraus resultierende *indirekte Christologie*.
Freilich kann die Parabel auch in aktualisierten Kontexten Anwendung finden: Eine feste Glaubensposition, vor allem wenn sie missionarisch vertreten wird, steht immer in der Gefahr der Anfeindung, des Scheiterns, der gewaltsamen Ablehnung. Gleichzeitig ist die Parabel auch ein Beispiel für Aufmunterung und Trost: Gott bleibt immer langmütig und barmherzig.

AA 2 Die SuS sollen die literarkritische Entwicklung des Textes nachvollziehen (Jesusparabel; Rahmen bei der Einstellung in das Markusevangelium; Transfer) und vor allem die überbordende Struktur der Parabel (Vv 1b-9) tabellarisch darstellen. Die Übertragung auf die Situation des historischen Jesus sollte gelingen (Weinbergsbesitzer: Gott; Pächter: die jüdischen Autoritäten und Gegner Jesu; Jesus deutet sich verschlüsselt als den „geliebten = einzigen Sohn" und weist damit indirekt auf seinen Tod hin; die gescheiterten Knechte entsprechen den Propheten).

Die Passion Jesu – das Leiden und Sterben des Gerechten, SB S. 203–205

M 21 Rudolf Pesch hat in seinem Markuskommentar (HthKNT II) und einigen Monographien eine Situierung der Passionsereignisse im Leben Jesu und der Jerusalemer Urgemeinde nachzuweisen versucht. So rückt der vorliegende Textausschnitt das letzte Mahl Jesu mit seinen Jüngern in den Zusammenhang eines Paschamahls. Die Deuteworte knüpfen an die Symbolik eines solchen Mahls an und werden als authentische Jesusworte verstanden. Jesus hat demnach seinen Tod als Sühnetod für alle gedeutet.

AA 4 SuS können durch einen synoptischen Vergleich einerseits die Abhängigkeit der Matthäusfassung von der Markusvorlage und andererseits Lk 22,15-20 als Mischtext von Mk 14,22-25 und 1 Kor 11,23-26 ermitteln. Anhand von Kontextvernetzungen und sprachlichen Wendungen können sie die Markusfassung als Erzählstück der Passionsgeschichte, die Paulusfassung als liturgischen Gebrauchstext bestimmen. L kann als zusätzlichen Impuls die Wandlungsworte der Eucharistiefeier beisteuern. („Gotteslob" Nr. 360)

M 22
AA 5 Leonardo da Vincis „Abendmahl" zeigt – abgesehen von Perspektivenanwendung und Raumnutzung – Jesus in einer Reihe mit den zu vier Dreiergruppen geordneten Zwölfen, gleichsam den Anwesenden im Refektorium zugewandt. Mimik und Gestik der Jünger dokumentieren, dass sie sich offenbar über die Frage ereifern, wer Jesus verraten wird (Joh 13,21-30). Eine reizvolle Aufgabe für SuS ist es, den einzelnen Personen „Sprechblasen" zuzuordnen. Dies lässt sich technisch gut durch übereinanderlegbare OH-Folien lösen. –
Ben Willikens' reduktionistische Darstellung verdankt sich nicht zuletzt biografischen Erlebnissen: Er wuchs in einem stillgelegten Hotel auf. Ihm gelingt es trotzt aller Kühlheit und Nüchternheit ein Bild der Hoffnung zu zeichnen: Ein übernatürliches Licht fällt von hinten ein, Leben siegt über Trauer und Tod. Das Abendmahlsbild wird so fast zu einem Auferstehungsbild (vgl. Willikens' Altarraumgestaltung in St. Theresia, Münster/Westf.).
Wenngleich die beiden Bilder nicht gegeneinander ausgespielt werden sollten, wird doch ein Meinungsbild der SuS interessant sein.

Erlösung durch Jesu Leiden und Sterben, SB S. 206–211

M 23 **M 23** stellt drei Aspekte von Erlösung vor. Alle drei sind heilstheologische/ soteriologische Ansätze. Die Erlösungtheologie ist einer der häufigsten Angriffspunkte von Seiten der Kritiker des Christentums (vgl. auch **ZM 1** und **M 19**)

M 24
AA 2

M 24 ist durch **AA 3–AA 4** didaktisch erschließbar. L sollte den Film (zumindest in Ausschnitten) den SuS zugänglich machen (s. Methode 8, SB S. S. 385). Die dort angeführten Fragen sind großenteils auch auf **M 24** übertragbar.

M 25
AA 5–AA 9

Der Text unter dem Sarg kennzeichnet die Leidensdarstellung als Andachtsbild. Nicht selten wird in der Ikonographie Jesus als Verstorbener und Auferstandener zugleich dargestellt; so auch in **M 25**. Diese Darstellungsweise entspricht der theologischen Sichtweise, dass Jesus quasi in seinem Tod, durch seinen (Opfer-)Tod auferweckt und erhöht worden ist, dass mit seinem Tod die Endzeit angebrochen ist (vgl. die Zeichen bei Jesu Tod Mt 27,51-54; Erhöhung am Kreuz Joh 3,14ff; 8,28; 12,32f; Kontrastschema Apg 4,10).
Die Größenverhältnisse zeigen in Bildern des Mittelalters und der frühen Renaissance die Bedeutung von Personen und Gegenständen an (Bedeutungsperspektive). Jesus ist mit den Gesichtszügen, den übereinander gekreuzten stigmatisierten Händen und einem schmalen Dornenkranz als Toter dargestellt. Freilich steht er aufrecht im geöffneten Sarg mit Kreuznimbus, gleichsam vor dem Kreuz, dessen Querbalken das ganze Bild durchzieht, dessen Längsbalken durch den Kreuzestitel INRI über Jesu Kopf angedeutet ist: Jesus *gekreuzigt, gestorben, begraben und auferstanden* ist in einem Andachtsbild simultan dargestellt.
Szenen der Passionsgeschichte und „Arma Christi" (s. SB S. 373) umrahmen den Spottkönig, der für uns gelitten hat: die Geißelsäule mit zwei aufgehängten Geißeln, Petrus und die Magd aus der Verleugnungsszene, die Lanze und das Gefäß, aus dem der Gekreuzigte mit einem Schwamm, der rechts an einem gekrümmten Rohr befestigt ist, getränkt wurde; ein Spötter, der ihn anspeit, eine Hand, die ihn schlägt, eine andere, die ihm mit einem Stock auf den Kopf schlägt; der schwarze Hahn ebenfalls aus der Verleugnungsnacht; die schwarze Mondsichel, die verfinsterte Sonne, eine Fackel aus der Getsemani-Szene weisen einerseits auf den Tagesverlauf, andererseits als düstere Vorzeichen auf das üble Geschehen hin; das Ohr, das einem Dabeistehenden im Garten abgeschnitten worden ist, eine Hand, die Münzen in eine weitere aufgehaltene zählt; einer hat dem Gemarterten ein Haarbüschel ausgerissen; Pilatus wäscht seine Hände in Unschuld; die Würfel, die um das Gewand Jesu geworfen wurden; die Leiter, die für Kreuzigung und Kreuzabnahme benötigt wird, an der aber auch der Kopf des erhängten Verräters angebunden ist; Hammer, Zange und Nägel gehören zu den Leidenswerkzeugen. Der Gläubige soll davor betrachtend verharren, sich mit dem leidenden Christus, der für unsere Sünden gestorben ist, identifizieren und kann durch Gebete einen Ablass gewinnen. Die Problematik dieses Zusammenhangs hat besonders Martin Luther offenkundig gemacht.
Leiden, Opfer, Erlösung sind komplexe Zusammenhänge, die leicht fehlgedeutet und als religionskritisches Argument gegen einen grausamen Gott, der seinen Sohn opfert (oder Menschenopfer verlangt), verwendet werden. Hilfreich in dieser Hinsicht ist die Auseinandersetzung mit den Thesen René Girards über den Zusammenhang von Gewalt und Opfer.

M 26

Im Zusammenhang mit **M 26** sei auf den Kommentar zu Modul 6 im Kapitel „Gott" verwiesen (LB S. 63 ff.).

M 27

Corinths „roter Christus" schwebt nahezu frei (Ausnahme: angenagelter linker Fuß) mit ausgebreiteten Armen im Raum, er nimmt die Haltung eines Gekreuzigten ein, öffnet sich aber gleichzeitig für den Klageschrei zu Gott (Ps 22) oder die Aufnahme in Gottes Arme. Er bildet die vertikale Bildmitte, beherrscht aber auch kreuzförmig (?) die Diagonalen. Die direkten Farben Rot und Weiß dominieren: Rot steht für Folter, Qual, Opfertod – Weiß ist die Farbe des Göttlichen, Himmlischen. Obwohl es Corinth auf Flächen- und Farbwirkung ankommt, hält er einige Details der Passionsgeschichte fest: Darreichung des Schwamms; Lanzenstich; der Lieblingsjünger hält die ohnmächtige Mutter Jesu (blaues Gewand) im Arm. Diese Details sind aber eher im Dunkel gehalten, sind Mittel zum Zweck, aber nicht das Entscheidende. Wie in **M 25** hat der Künstler Tod und Auferstehung Jesu zusammengedacht. Wie bei einem Vexierbild blickt ein dunkles, grobes Gesicht nach unten in Abgrund und Tod, ein weiß überhöhtes blickt trotz Schmerz und Leid nach oben, dem neuen Leben entgegen. Auferstehung ist auch ein kosmisches Ereignis, der dunkle Abgrund, Tod und Hölle sind überwunden, der Himmel reißt auf. Die glutrote Sonne am oberen Bildrand (meist Symbol für Gott) bestätigt die Aufnahme des stellvertretend Leidenden und Sterbenden in den Himmel. Wenn auch der Mund des dornengekrönten Gekreuzigten verschlossen ist, so „schreien" im Bild die Farben und die Darstellung des geschundenen Körpers (eine gewisse Ähnlichkeit zu Grünewalds Körperdarstellung).

M 28 – M 30

M 28–M 30 folgen zunächst dem Dreischritt der klassischen Begründungen für die Entstehung des Auferstehungsglaubens: 1. Das leere Grab; 2. Offenbarungserlebnisse der Jünger nach dem Tod Jesu (die zu Bekenntnissen verdichtet sind); 3. Erscheinungen des Auferstandenen (die zu Erzählungen ausgearbeitet sind).

M 28

Auslegungshinweise zu Mk 16,1-8

An Mk 16,1-8 haben drei Gattungen strukturbildenden Anteil:

1. die Gattung „Epiphanieerzählung“ (Erscheinung des himmlischen Wesens; Trostformel; Engelbotschaft; Auftrag; Epiphaniefurcht);
2. die Gattung „Türöffnungs- oder Befreiungswunder“ (frühe Tageszeit; die unmotivierte Frage „Wer wird uns den Stein aus der Tür der Grabstätte wegwälzen?“, die ausschließlich auf die wunderbare „Türöffnung“ vorbereitet: *„Und aufblickend schauen sie, dass der Stein umgewälzt ist“* – Passivum divinum!; die Gottheit, ein Engel, ein Erdbeben [Mt 28,2!] kann für die wunderbare Türöffnung oder Befreiung verantwortlich gemacht werden; das Eingreifen Gottes geschieht in der Nacht und wird in der Morgenfrühe als Wunder konstatiert [vgl. nur Ex 14,24]);
3. die Gattung der „Suche und Nichtauffindbarkeit von entrückten oder auferweckten Personen“ (bes. Mk 16,6 und Lk 24,5 f.; häufig folgt eine Bestätigungsvision oder Beglaubigungsepiphanie [Vergleichstexte: 2 Kön 2,16-18; Testament des Ijob 39-40]).

Die drei Gattungen konvergieren in der Engelerscheinung und der Botschaft des „angelus interpres“. Auch von der strukturellen Anlage des Textes „Gang zum Grab – Aufenthalt im Grab – Flucht vom Grab weg“ liegt der Schwerpunkt eindeutig im Zentrum und damit, linguistisch betrachtet, auf der „besprochenen Welt“ der Engelsbotschaft: Die Perikope ist eindeutig konstruiert und inszeniert auf die zentrale Textaussage, gipfelt in der Offenbarungsaussage (Engelswort/Passivum divinum) *„er ward auferweckt“*!

Die wenigen verbleibenden – im Sinne der verwendeten Gattungen – nicht-notwendigen Erzählzüge: Namentlich genannte Frauen gehen am frühen Sonntagmorgen zur Grabstätte Jesu, können die Beweislast für einen etwaigen historischen Hintergrund oder gar eine Grabverehrungslegende nicht tragen. In narrativer Form münden die Passionsgeschichte und das älteste Evangelium in die Verkündigung der Rechtfertigung des Gerechten Jesus durch Gott, fordern damit zu einer „relecture“ des ganzen Evangeliums auf, das sich dann im Licht des Osterglaubens ganz neu erschließt. So erklärt sich auch der unbefriedigende und sprachlich auffällige Schluss des Markusevangeliums: Woher sollte man die Auferweckungsbotschaft erfahren, wenn die Frauen geschwiegen haben? Von den autorisierten Zeugen (1 Kor 15,3-8, Mk 16,7 und die Erscheinungserzählungen) oder besser noch aus göttlicher Offenbarung!

L muss individuell entscheiden, welche bibelwissenschaftlichen Kompetenzen von den SuS zu erwarten sind. Folgende Arbeitsschritte bieten sich an – etwa in arbeitsteiliger Gruppenarbeit:

1. Grafische Darstellung des Textablaufs -> Gang zum Grab – Verkündigung im Grab – Gang vom Grab weg;
2. Benennung der einzelnen Motive (daher Darbietung in Sinnzeilen);
3. Vergleich mit bekannten Epiphanieerzählungen (Verkündigungs-, Tauf-, Verklärungserzählung; auch Ex 3, SB S. 212 f.); Erarbeitung gattungstypischer Motive;
4. Überlieferungskritische Prüfung: Bewertung der „nicht-notwendigen“ Erzählzüge;
5. Suche nach Störungen der Erzähllogik und deren Beurteilung (Salbungswunsch ist unrealistisch, motiviert aber den *Gang ins Grab;* Frage der Frauen nach dem Stein ist unsinnig verspätet, lenkt aber den Blick auf die *„wunderbare“ Graböffnung;* Flucht der Frauen würde die Verbreitung der Auferstehungsbotschaft unterdrücken, also erfolgt sie *auf anderen Wegen*);
6. Schwerpunkt der Erzählung eruieren und erläutern („besprochene Welt“ der Engeloffenbarung).

M 29

Paulus qualifiziert die Bekenntnisformel 1 Kor 15,3b-7 als ältere übernommene Überlieferung. Er selbst ist mit Sicherheit V. 3a.8 zu greifen, wahrscheinlich auch V.6b. Sprachliche Kriterien deuten darauf hin, dass die Verse 3b-7 vorpaulinisch, in sich aber auch noch einmal geschichtet sind. Literarkritisch sind deutlich verschiedene Listen von Auferstehungszeugen auszumachen: Liste 1: Kephas und die Zwölf; Liste 2: 500 Brüder; Liste 3: Jakobus und alle Apostel. Paulus selbst reiht sich dann als Letzten und Geringsten in die Reihe der Auferstehungszeugen ein („Liste 4“).

Die „und"-Reihung Vv 4-5 deutet auf Übersetzungsgriechisch und damit hebräisch-aramäischen Hintergrund und ist im Markusevangelium oft Kennzeichen der „ureigenen" Worte und Taten Jesu. Die alte Bekenntnisformel „gestorben – begraben – auferweckt – erschienen" (wohl schon vorpaulinisch erweitert um die soteriologischen Zusätze) entspricht also dem Ur-Credo. Kephas = Petrus wird als Erstzeuge einer Erscheinung des Auferstandenen genannt, er hat möglicherweise Maria von Magdala als Erstzeugin verdrängt.
Damit wird deutlich, dass die weiteren Zeugenlisten angehängt sind, um die Gründerautorität der entsprechenden Personen herauszustellen. Paulus beruft sich bezüglich seines Apostelamtes meist auf die Erscheinung des Auferstandenen.
Die alte Bekenntnisformel Vv 3b-5 entspricht genau der narrativen Auferstehungstheologie von Mk 16,6 f. (**M 28**) und könnte damit wie die Passionsgeschichte auf die Jerusalemer Urgemeinde als „Sitz im Leben" hinweisen: Die Grabeserzählung ist Abschluss und Höhepunkt der Gründungslegende der Urgemeinde, die Formel von 1 Kor 15 gehört in liturgische Zusammenhänge.
Weder der Hinweis auf ein leeres Grab Jesu – Paulus kommt ohne diese Vorstellung aus – noch die Berufung auf eine oder mehrere Erscheinungen des Auferstandenen sind hinreichende Argumente für die Entstehung des Osterglaubens. Vielmehr muss es im Leben und Auftreten Jesu selbst Ansatzpunkte gegeben haben, die seine Anhänger zu dem Bekenntnis veranlasst haben: Gott hat ihn von den Toten auferweckt. Jüdisch-apokalyptische Erwartungen bilden den Vorstellungshorizont zu solchen Aussagen. Der Glaube an die vorzeitige Auferweckung eines Einzelnen, eben des Messias Jesus, beruht nicht auf einem beweisbaren Faktum, sondern ist eine Bekenntnisaussage zu Gott als dem Gott des Lebens und verlangt überdies einen Vertrauensvorschuss für die Autorität der Zeugen, die uns diesen Glauben tradieren. Die Zeugen sprechen durchgehend von einem „Sehen" oder „Offenbaren" und transzendieren damit ihre Aussagen; ob man dies als Vision deuten kann, muss offenbleiben, ist eigentlich auch nicht entscheidend.
SuS können das Ur- oder Grundbekenntnis beider Texte herausarbeiten: *gestorben – begraben – auferweckt – erschienen*. Höchstwahrscheinlich hat diese Kurzformel ihren „Sitz im Leben" in der frühen Taufliturgie, also im christlichen Initiationsritual. SuS erfahren zusätzlich, dass Gattungen jeweils einen spezifischen „Sitz im Leben" haben. Eine Kenntnisnahme durch SuS genügt hier. Die Erscheinungserzählungen können von ihrem legendarischen Charakter her eine Beweislast für die Entstehung des Osterglaubens nicht tragen.

M 31 – M 34

Die folgenden **M 31–M 34** zeigen, dass der Glaube an die Auferweckung Jesu zwar an der historischen Person Jesu ansetzt, doch in eine theologische Dimension transzendiert wird und existenziell angenommen werden muss.
Bei den kanonischen Texten bewegt sich die Rede von der Auferstehung Jesu in der „besprochenen Welt" etwa der Engelsbotschaft im/am Grab, erst apokryphe und außerbiblische Texte berichten in der „erzählten Welt" detailliert vom Geschehen der Auferstehung (Petrusevangelium 35–42; *Christus patiens* aus dem 12. Jh.).

M 31

Ein Vergleich der bildlichen Auferstehungsdarstellungen zeigt eine Entwicklung von frühen symbolischen Darstellungen bis hin zu einer zunehmend realistisch-konkreten Darstellungsweise und schließlich wieder eine Rückwendung in der Moderne zu symbolischen oder abstrakten Bildern (nähere Angaben zu den Abbildungen s. SB S. 396).

a) Die Reichenauer Miniatur (um 1000) zeigt zwei Frauen mit Salbgefäß oder Weihrauchfass, die aus dem Stadttor kommen. Das Grab ist kaum als solches zu erkennen, sondern gleicht eher einem Tempelgebäude. Im geöffneten Grab sitzt der Engel vor Goldhintergrund, der die Auferstehungsbotschaft verkündet.
b) Die Ikonendarstellung hält den Abstieg des auferstandenen Jesus (sternenbesetzte Mandorla, weißes Gewand, Heiligenschein) ins Totenreich fest. Der Auferstandene steht auf den aufgebrochenen Türen der Unterwelt, überall sind geborstene Schlösser und Riegel verstreut, der Tod liegt besiegt, gefesselt am Boden. Der Auferstandene zieht Adam und Eva als Erstlinge der Entschlafenen an den Händen aus dem Totenreich (Adam-Christus-Typologie). Die Inszenierung der Anastatis-Ikone gleicht der der Taufikone, die verwandte Topologie (Abstieg – Aufstieg) ist offensichtlich (vgl. die Liturgie der Osternacht).
c) Meister Francke (Anf. 15. Jh.) stellt die Grabwächter in den Mittelpunkt (vgl. Mt 27,62-66; 28,4.11-15). Trotz intensiver Bewachung ist der Deckel vom Grab geschoben, Jesus steigt triumphierend daraus hervor.

d) Dürer (16. Jh.) baut diese Darstellungsform aus: Der Auferstandene scheint schon in einer lichten Wolke in den Himmel aufzufahren.

e) Grünewald (um 1515) behält die realistische Darstellung der schlafenden oder hinstürzenden Grabwächter bei, die Personkonturen des Auferstandenen gehen aber geradezu im Rot, Orange, Gelb des Sonnensymbols auf.

f) Das Auferstehungsbild von Manessier (1991) lässt aufgrund von Farben und Form nur noch die Sonnenassoziation zu: Die strahlende Sonne steht für den Auferstandenen.

AA 4 SuS können die Methode Nr. 9 SB S. 385 f. anwenden; mitunter genügt aber auch eine globale Bildeinschätzung für den Vergleich.

M 32, **M 33** **M 33** erläutert **M 32**. Durch Sprach- und Stilanalyse lässt sich die Interpretation weiter vertiefen (Satzzeichen; Wiederholung; Anapher; Personifikation).

M 34
AA 12–AA 13 König ordnet in seinem bemerkenswerten Aufsatz Tod und Auferstehung in einen weiten Lebenskontext ein. So wie wir „mitten im Leben" viele kleine Tode, aber auch den entscheidenden physischen Tod, dem wir nicht entgehen und den wir nicht „vergeistigen" können, erfahren, dürfen wir – ähnlich wie in **M 32** – schon im Leben manche Erfahrung von „kleinen Auferstehungen" machen, die dann von der letztgültigen „großen Auferstehung" überhöht werden, diese aber auch hinführend vorab bestätigen.

4. Bekenntnisse der frühen Kirche und des Zweiten Vaticanums, SB S. 217–221

M 35 Phil 2,9-11 und Röm 1,3 f. sind vorpaulinische Hymnen, die Paulus möglicherweise aus der Taufliturgie kannte und in seine Briefe eingestellt hat. Sie folgen dem Schema der Zweistufenchristologie: Als Davidssohn ist Jesus Mensch, als Gottessohn eingesetzt seit oder aufgrund der Auferstehung (vom Griechischen her sind beide Übersetzungsvarianten möglich) (Röm 1). Der Philipperhymnus ist von dem Kontrastschema Erniedrigung – Erhöhung getragen; die Namenverleihung weist auf die Einsetzung in die himmlische Macht hin: Die drei Stockwerke des Kosmos huldigen *Jesus Christus, dem Herrn* (Phil 2). Vgl. die Erläuterungen zu „Adoption" im Glossar (SB S. 368).

M 36 Von den Christushymnen führt eine direkte Linie zu den christologischen Bekenntinissen (meist *Symbolon* genannt) der Konzilien von Nizäa (325) und Chalcedon (451).
Die größten Probleme bereitet die Begrifflichkeit. Ein Schaubild mag dies verdeutlichen:

Ein Gott/ein göttliches Wesen (usia)
↓ ↓ ↓
3 göttliche Personen (Hypostase, Prosopon)
Vater Sohn Geist
↓
Jesus
in 2 Naturen, der göttlichen und menschlichen Natur
(Hypostasis für beide Naturen im Sinne von „Substanz")
→ hypostatische Union

M 37, **M 38** Über die dogmatischen Definitionen der lehramtlichen Glaubensbekenntnisse hinaus liefert **M 37** ein Plädoyer für eine offene Christologie, die an judenchristlicher Tradition orientiert ist und ein eher dynamisches, prozesshaftes Bild von Jesus entwirft, das Gott im Zentrum der Heilsgeschichte belässt und Jesus als den Wegführer zum Heil apostrophiert.
Auch **M 38** orientiert seine Christologie an der Reichgottesverkündigung Jesu.

M 39 Baselitz ist ein Künstler, der polarisiert. Seit Ende der 60er Jahre hat er beschlossen, seine Bildgegenstände auf den Kopf zu stellen. „Die Umkehrung von oben und unten verkehrt zugleich unsere gewohnte Wahrnehmungsweise. Sie wurde als Mittel gewählt, Konventionen in Frage zu stellen und den Eigenwert der Gestaltungsmittel wahrnehmen zu können." (Welt und Umwelt der Bibel, 18/2000. S. 72) Manchmal muss man die Dinge erst andersherum anschauen, die Perspektive verändern, um sie richtig zu sehen, den Durchblick zu haben, den Überblick zu gewinnen oder zu behalten. Auch Jesus hat die gültigen Maßstäbe, vordergründiges Gerechtigkeitsdenken, auf den Kopf gestellt und hat dafür Spott, Qualen und Totschlag geerntet.

Bewusst wird zum Schluss noch einmal der Leser/Nutzer des Jesuskapitels einbezogen, durch die Bildgestaltung direkt angesprochen und provoziert. Die Verfremdungen sind ein Appell: Ist man bereit, die Dinge andersherum zu sehen, die Position des Schwachen gegenüber den Stärkeren einzunehmen, dem friedfertigen „Messias" nachzufolgen? Die Gewaltthematik durchzieht das Kapitel wie ein roter Faden: Die Person Jesu und ihre Be-deutung zeigt Ansätze und Lösungswege, der Gewaltspirale zu entkommen, zumindest – unter dem Ansatz des eschatologischen Vorbehalts – eine bessere Welt mitzugestalten.
Zugleich fordert die Inklusion des Anfangs- und Schlussbildes die symboldidaktische Kompetenz der SuS ein. Sie kommen darüber ins Gespräch, welchen Wert, welchen zeitgeschichtlichen Hintergrund, welche existentielle Bedeutung religiöse Symbole haben können.

C. Lernsequenz

Jesus von Nazareth – als Mensch geboren und doch göttlicher Herkunft. Ärgernis oder Frohbotschaft?

1. Thema
„Alle Jahre wieder" feiern wir – wie auch immer – das emotional am stärksten besetzte *christliche* Fest Weihnachten. In einer immer säkulareren und globaleren Gesellschaft verschwindet der religiöse Hintergrund dieses und anderer Feste in seinem Ursprungszusammenhang immer mehr, zumindest wird er sehr stark medial und kommerziell überformt. Die unterrichtliche Beschäftigung sollte den biblischen, kirchengeschichtlichen und persönlich existenziellen Kontext erhellen. Die Lernsequenz macht gleichzeitig die komplexe Verflechtung von Lebenswelt und Glaube, Historie und Christologie transparent.

2. Lernanlass
Junge Menschen stoßen unweigerlich durch Weihnachtsfestzeit, Weihnachtsbräuche, Weihnachtsliturgie auf die Geburts- und Kindheitstexte Jesu. Selbst naive Hörer und Leser werden die Texte heute kaum mehr wörtlich nehmen; ob sie aber die Symbolbedeutung verstehen, ist eine andere Frage. Spätestens oder wenigstens in der Schule sollte daher auch eine kritische Auseinandersetzung mit den „Weihnachtstexten" erfolgen, die entweder zur totalen Ablehnung oder zu einem tieferen Verständnis der theologischen Darstellung führen kann. In den sog. Kindheitsgeschichten oder Evangelienprologen (Mt 1-2; Lk 1-2; Joh 1) ist der Kern der christlichen Heilsbotschaft symbolisch verdichtet: Gottes Sohn ist Mensch geworden und hat durch sein Leben und Sterben die Menschheit erlöst. Lk 2,11 bringt es auf den theologischen Punkt: „Heute ist euch in der Stadt Davids der Retter geboren; er ist der Messias, der Herr." Sollte diese Aussage und damit die christliche Botschaft für heutige Menschen überhaupt noch einen Sinn haben, muss man zunächst fragen: Wie kommt es zu einer solch verdichteten – heute nicht ganz leicht zu verstehenden – Formulierung? Danach: Welche Auswirkungen hat das auf unser heutiges Leben, Verhalten und Hoffen?
Oft sind rudimentäre Kenntnisse der „weihnachtlichen Umstände" und eine gefühlsbetonte Erlebniswelt eher belastend als förderlich und müssen daher konstruktiv eingebunden werden.

3. Kompetenzen
- *Wahrnehmungs- und Darstellungsfähigkeit* – religiös bedeutsame Phänomene wahrnehmen und beschreiben:
  Religiöse Spuren und Gebräuche des Weihnachtsfestkreises wahrnehmen und beleuchten.
- *Deutungsfähigkeit* – religiös bedeutsame Sprache und Zeugnisse verstehen:
  Die Kindheitsgeschichten (der Bibel) gattungs- und literarkritisch erschließen und als Ausdruck existenzieller Erfahrungen deuten.
- *Dialogfähigkeit* – am religiösen Dialog argumentierend teilnehmen:
  Andere Religionen vor allem von ihrer religiösen Praxis und ihren Festgewohnheiten her verstehen und sich darüber austauschen.
- *Gestaltungsfähigkeit* – religiös bedeutsame Ausdrucks- und Gestaltungsformen reflektiert verwenden:
  Im schulischen Kontext und der eigenen Lebenswelt weihnachtliche Ausdrucksformen reflektiert und persönlichkeitsprägend umsetzen.

4. Lernarrangement
Das Thema trifft eine Schnittstelle von Lebenswirklichkeit junger Menschen, Alltagserfahrungen, gesellschaftlichen Einstellungen und curricularen Vorgaben. Vorhandene Kenntnisse und affektive Zugänge ergänzen sich mit exegetischen, literarischen und theologischen Aufarbeitungen. Begleitende Projektarbeiten und vor allem das Gespräch organisieren den Transfer in die Alltagswirklichkeit der SuS; existentielle Grundlegungen, Festigungen und ausbaufähige Ansätze werden ermöglicht.

5. Lerngegenstände
Das Thema Kindheit und Jugend Jesu ist im SB nur kurz angerissen. M 2 weist darauf hin, dass die einschlägigen neutestamentlichen Texte weniger historisch-bio-

grafische Auskünfte als theologische Aussagen und Bekenntnisse enthalten. Die Kindheitsgeschichten des Matthäus- und des Lukasevangeliums sollten literarisch und theologisch in ihrer Gesamtheit gewürdigt und mit alttestamentlichen Vorbildern (und evtl. apokryphen Weiterbildungen) verglichen und auf ihren gemeinsamen Aussagewert hin untersucht werden. Auch ein Vergleich mit anderen Religionen (Buddha-Legende; Koran) ist lohnend. Parallel sollten die SuS eine Sammlung adventlicher und weihnachtlicher Lieder und Texte anlegen, später Vergleiche anstellen und die gefundenen Materialien situativ einordnen (Entstehungszeit; Verwendungszusammenhang, etwa: kirchliche Liturgie, Hausbräuche, Werbezwecke).
Fernsehsendungen, Filme und weitere audiovisuelle Medienbeiträge kann L ergänzend hinzuziehen.

6. Lernwege

- Brainstorming: Wie begegne ich Advent/Weihnachten? Was spielt davon in meinem Leben eine Rolle?
- Exegetische Erarbeitung von Mt 1–2 und/oder Lk 1–2 oder Ausschnitte. Vgl. die dazu angegebenen Vergleichstexte **ZM 3**.
- Betrachtung einer oder mehrer Krippendarstellungen und Recherche, welche Figuren oder Szenen aus welcher Kindheitsgeschichte, aus welchem apokryphen Evangelium oder aus der Volksfrömmigkeit kommen (Tabelle).

Die erschlossenen Materialien müssen in einem Gespräch ausgewertet und auf ihren existenziellen Wert hin befragt werden.

7. Lernquellen

- Gotteslob. Katholisches Gebet- und Gesangbuch
- *Beck, Eleonore:* Gottes Sohn kam in die Welt. Sachbuch zu den Weihnachtstexten. Stuttgart: Kath. Bibelwerk 1979.
- Weihnachten: Welt und Umwelt der Bibel, 4/2007; Geburt und Kindheit: Welt und Umwelt der Bibel, 4/1997.
- Ikone „Die Geburt Christi“, Griechenland (Kreta), 16. Jh., Ikonenmuseum Recklinghausen; jüngst veröffentlicht in: Bibel heute, 4/2010. Stuttgart: KBW.

8. Lernaufgaben

- Führen Sie eine Befragung in Schule, Gemeinde, Bekanntenkreis über die Bedeutung von Advent/Weihnachten durch.
- Legen Sie eine Perikope (Sequenz) der matthäischen oder lukanischen Kindheitserzählung nach der historisch-kritischen Methode aus. (Betrachten Sie beispielsweise Lk 2,1-20 als zentralbetonte Komposition: Höhepunkt Vers 11.)
- Erarbeiten Sie eine Wandzeitung mit den gesammelten Liedern und Texten zu Advent/Weihnachten.

Machen Sie eine Exkursion zu einer lohnenden Krippendarstellung in einer Kirche, einem Dom oder einem Museum und werten Sie Ihre Beobachtungen anschließend aus.
Verfassen Sie Werbeslogans (evtl. als Videoclip) zu weihnachtlichen Produkten und diskutieren Sie über die mögliche Wirkung.
In den Monaten November/Dezember finden Sie in vielen Briefkästen zahlreiche „Bettelbriefe“ und Spendenaufrufe; welche Gefühle werden dabei angesprochen – warum gerade in dieser Zeit? Informieren Sie sich über vorweihnachtliche Spendenaktionen und -organisationen (z. B. Adveniat; Brot für die Welt; Welthungerhilfe; SOS-Kinderdorf).

9. Lernoptionen

a) Das Weihnachtsfest kann man auch von seiner Symbolik als Lichtfest her begreifen (Wintersonnenwende; Lichtsymbolik; vgl. auch Texte wie Mt 2,1 ff. mit Num 24,17; Mt 4,15 f. Zit. Jes 8,23; 9,1). Von daher ist ein Vergleich mit dem jüdischen Chanukkafest denkbar.
b) Eine christologische Ausfaltung, besonders die Sichtweise Jesu als Sohn Gottes, verbietet sich für den strengen Monotheismus des Islams. Die Jesusstellen im Koran sind **ZM 2** zu entnehmen.

10. Lernerfolg

Auf kognitiver Ebene sollen die SuS bestimmte Szenen der Weihnachtsgeschichte dem jeweiligen Evangelium (Evangelienprolog) und eventuell apokryphen Kindheitsevangelien zuordnen können.
In einem Gespräch oder einer (Podiums-)Diskussion sollen die SuS die Bedeutung und existentielle Bezüge der Geburts- und Kindheitstexte Jesu erörtern und protokollarisch festhalten.
Auch und gerade junge Menschen sollten eine Art Weihnachtsliturgie/Weihnachtsfeier für private oder schulische Zwecke (Familie, Freundeskreis, Schulgemeinde, Verein) sinnvoll planen und gestalten.

Kommentar zu ZM 2
Das Vergleichsmaterial „Jesus im Islam“ ist anschlussfähig an M 2, M 5 mit AA 3–5, M 7 mit AA 9–12, Modul 4, besonders AA 6.

Kommentar zu ZM 3
Die folgenden Informationen lassen sich auch auf das Kapitel „Die Bibel – glauben und verstehen“ übertragen. Informationsteil und Lösungsteil sind für L gedacht. Die SuS sollten die überlieferungskritischen Kriterien induktiv erarbeiten.

Didaktischer Kontext
In unserer modernen naturwissenschaftlich und empirisch orientierten Zeit ist für junge Menschen die Frage nicht unerheblich, ob Jesus solche Taten zuzuschreiben sind, die man als Wundertaten, besser Heilstaten bezeichnen kann. Eine solche Zugangsweise bezeichnet die historisch-kritische Bibelexegese als „überlieferungskritische Frage“, genauer die Frage nach dem Entstehungsanlass von Texten. Das folgende Zusatzmaterial kann dabei eine wertvolle Hilfe bieten.
Grundsätzlich kann man bei gebotener methodischer Umsicht zu dem Ergebnis kommen: Die meisten Heilungswunder- und Dämonenaustreibungserzählungen könnten als Entstehungs- bzw. Erzählanlass eine tatsächliche Begebenheit haben, das heißt also, Jesus könnte solche Taten vollbracht haben; damit ist noch nichts über die Deutung solchen Handelns ausgesagt. Die Wundererzählungen, die den weiteren Untergattungen zugerechnet werden können (Totenerweckungen, Rettungswunder, Geschenkwunder, Fernheilungen), sind von vornherein symbolisch angelegt. Allerdings sind auch die Erzählungen von historisch möglichen Wundertaten theologisch-symbolisch verdichtet. Entscheidend ist bei der Textauslegung nicht die „Wahrheitsfrage“, sondern die Frage der Deutung und Einordnung des Heilshandelns Jesu.

Lösung:
Beispiel 1 ist eine konstruierte Erzählung, die sich auf die Umsetzung des reinen Schemas einer Wundergeschichte beschränkt, es finden sich also gar keine gattungstypisch nicht-notwendigen Züge.
Beispiel 2 ist ebenfalls eine erfundene Wundergeschichte mit einer Reihe von nicht-notwendigen Zügen, die alle symbolisch-theologisch geprägt sind. Man müsste also zu dem Ergebnis kommen: frei erfunden zu missionarischen oder didaktischen Zwecken.
Nicht-notwendige Erzählzüge: Wallfahrtsort; Theophilos (Gottlieb); Jesus, der Heiland; Gottesfürchtige; Jesus, Sohn Gottes; Jesus erkannte in seinem Herzen die Wünsche; segnete (?); sofort umstrahlte den Blinden Licht und Helligkeit (Symbolbedeutung); „Dieser ist in Wahrheit der Messias!“
Beispiel 3 ist die markinische Wundererzählung Mk 10,46-52, die bei Markus und in der Passionsgeschichte in einem Kontext verankert ist, der mit hoher Wahrscheinlichkeit auf historischen Informationen basiert (Sammlung der Festpilger aus Galiläa in Jericho; ein Tag Sabbatruhe in Jericho; gemeinsame Prozession nach Jerusalem aus religiösen und Sicherheitsgründen; ein mögliches Heilungswunder, das dazu berechtigt, Jesus als Sohn Davids zu preisen; Aufbruch nach Jerusalem und Ankunft daselbst am Sonntag; der wieder Sehende hat sich dem Zug angeschlossen; Hosianna-Sohn-Davids-Rufe der Anhänger Jesu beim Einzug).
Nicht-notwendige Erzählzüge: Ankunft in Jericho (Freitag?); Aufbruch von Jericho (Sonntag?); Bartimäus; Jesus, der Nazarener; Sohn Davids (zweimal); Schweigegebot der Menge; wiederholtes Schreien; Jesus blieb stehen; der aber warf sein Kleid ab, sprang auf; Rabbuni; folgte ihm auf dem Weg. Die Erzählung ist geprägt von konkreten Einzelheiten, die an den Auszug Jesu mit seinen Freunden aus Jericho gebunden sind (Der blinde Bettler sitzt strategisch günstig; Jesus ist im Vorübergehen; die Prozession will nicht anhalten; Jesus bleibt nach zweifachem Anruf stehen; der Blinde kommt auf ihn zu; er schließt sich dem Zug an. Die verzögerte Heilung ist so geschildert, als ob sie auf Anschauung beruhe. Titelverdächtig ist nur die Anrede Jesu als „Sohn Davids“ (dagegen „der Nazarener“, „Rabbuni“), doch dies kann man auch als eine Anspielung auf die Wundermächtigkeit Jesu verstehen, zumal der Ruf beim Einzug in Jerusalem am Sonntag aufgegriffen wird.
Dies deutet darauf hin, dass die Erzählung eine Begebenheit aus den letzten Tagen Jesu von Nazareth (Passionszusammenhang) festhalten will. Im Zusammenhang des Markusevangeliums gewinnt die Erzählung freilich eine theologische Überhöhung: Der Sohn Davids macht Blinde sehend, zieht sie in die Nachfolge.

Neutestamentliche Kindheitsgeschichten

Aufbau der matthäischen Kindheitsgeschichte

1. *Jesus, der verheißene Messias und Heilsbringer*
   Stammbaum Jesu (Mt 1,1-17)
   Besonderheit der Abstammung Jesu Christi (1,18-25)
2. *Die Aufnahme Jesu durch die Menschheit*
   Huldigung der Magier (2,1-12) (vgl. Num 23,7; 24,16 f.; Jes 2,2-5.60,1-6; Ps 72,10 ff.; Hld 3,6; Ps Sal 17,32-55a)
   Flucht nach Ägypten (2,13-15) (vgl. Ex 2,11-22)
   Kindermord in Bethlehem (2,16-18) (vgl. Ex 1,15-22)
   Rückkehr nach Israel und Wohnungnahme in Nazareth (2,19-23) (Ex 4,18-23)

Aufbau der lukanischen Kindheitsgeschichte

Ankündigung der Geburt des Johannes (1,5-25)	Ankündigung der Geburt Jesu (1,26-38)

Besuch Marias bei Elisabeth (1,19-56)

Geburt des Johannes (1,57-80)	Geburt Jesu (2,1-21)

Darstellung Jesu im Tempel (2,22-40)

Der zwölfjährige Jesus im Tempel (2,41-52)

Schema der Gattung „Ankündigung und Geburt eines bedeutenden Kindes“

1. Situation/Voraussetzung
   meist unüberwindbares Hindernis (hohes Alter von Mann und/oder Frau; Unfruchtbarkeit); Rivalität zwischen zwei Frauen; Gebet
2. Erscheinung (Gottes oder eines Engels des Herrn)
3. Ankündigung von a) Empfängnis, b) Geburt, c) Name, d) Bedeutung des Kindes (meist aus Namen)
4. Zweifel (Zeichenforderung – Zeichengewährung)
5. Erfüllung von a) Empfängnis, b) Geburt, c) Namengebung (Ausführung), d) Bedeutung
6. Beschneidung
7. Heranwachsen – Entwöhnung

Altestamentliche Vergleichstexte:

Gen 16,1-16: Ankündigung an Hagar, Abrahams Magd, und Geburt Ismaels
Gen 17,1.15-22: Ankündigung der Geburt Isaaks an Abraham
Gen 18,1-16: Ankündigung der Geburt Isaaks (Variante): Gen 21,1-8:
Geburt Isaaks Gen 19,31-30,24:
Geburt der Kinder Jakobs
Ri 13,1-14: Ankündigung an Manoachs Frau und Geburt Simsons
1 Sam 1,1-20: Verheißung an Hanna, Elkanas Frau, und Geburt Samuels

Aus jüdischen Apokryphen:

Jub 14,21-24: Ismael; Jub 15,16-22.16,1-19: Isaak; Pseudo-Philo, Ant. Bibl. 42f.: Simson; Pseudo-Philo, Ant. Bibl. 50 f.: Samuel.

Schema der Gattung „Berufungserzählung“

1. Gott spricht eine Berufung aus (Situation/Voraussetzung: Erscheinung. Reaktion des Erscheinungsempfängers; Berufung/Auftrag)
2. Der Berufene äußert ein Bedenken
3. Gott beseitigt dieses Bedenken durch eine Erklärung
4. Gott gewährt zur Bekräftigung der Erklärung ein Zeichen (mitunter geht Zeichenforderung voraus)

Vergleichstexte: Ex 3,1-12 (Mose); Ri 6,11-24 (Gideon); Jer 1,4-10 (Jeremia); Jes 6,1-13 (Jesaja); Ez 1,1-3.11 (Ezechiel); PsPhilo 35 (Gideon); PsPhilo 53 (Samuel).

Während beim Verkündigungsschema der Höhepunkt eindeutig am Schluss in der Offenbarung der zukünftigen heilsgeschichtlichen Bedeutung des Kindes liegt, fällt das Schwergewicht bei den Berufungsgeschichten gleich auf den Anfang, die Berufung oder Beauftragung durch Gott. Bei der Zusammenbindung beider Schemata fallen nun die Höhepunkte gerade an der Nahtstelle, am Knotenpunkt zusammen, verbinden sich zu einem neuen, umso stärker herausgehobenen Sinnzentrum.

(Vgl. *Kratz, R.*: Die ntl. Kindheitsgeschichten. In: rhs, 5/1978. S. 205–215; *Lohfink, G.*: Jetzt verstehe ich die Bibel. S. 109–120)

ZM 2 Jesus im Islam

Im Islam kommt Jesus eine entscheidende Bedeutung zu, er ist einer der bedeutendsten Propheten, Diener Gottes (Sure 19,30), „Gesandter Gottes und sein Wort" (Sure 4,171).

Der Engel Gabriel kündigt der zweifelnden Maria einen „heiligen Sohn" an (Sure 19,18 ff.): (21) *Wie kann ich einen Sohn bekommen, da mich kein Mann berührt hat und ich auch keine Dirne bin? (22) Er erwiderte: „Es wird dennoch so sein; denn dein Herr spricht: ‚Das ist mir ein Leichtes. Wir machen ihn zu einem Wunderzeichen für die Menschen, und er sei ein Beweis unserer Barmherzigkeit.' So ist die Sache fest beschlossen."*

Trotz Geistzeugung, Jungfrauengeburt und besonderen Umständen bei Marias Niederkunft gilt Jesus als Mensch.

Eine eigenartige Auswahl an Wundertaten werden Jesus zugeschrieben. Schon in der Wiege kann der Neugeborene sprechen (Sure 19,30 ff.; 5,110).

Vgl. dazu Pseudo-Matthäus 20; Lk 2,41-52.

Ferner heilt Jesus Blinde und Aussätzige, belebt Vögel aus Lehm und erweckt Tote (Sure 5,110).

Vgl. neben den Evangelien die sog. „Kindheitserzählung des Thomas".

Meist wird Jesus als Sohn der Maria (*Isa bin Maryam*) apostrophiert, aber auch der Titel Messias begegnet im Koran, ist aber Bezeichnung für den Menschen Jesus (Sure 3,45); ungläubig sind die, die Christus „Gottes Sohn" nennen (Sure 9,30 f.) oder gar sagen: „Gott ist Christus, der Sohn Marias" (Sure 5,73; 5,17).

„Jesus stiftet ein Mahl als besonderes und bleibendes ‚Zeichen' für seine Gefolgsleute.

- Das Kreuzigungsgeschehen wird im Koran offenbar bewusst dem menschlichen Verstehen vorbehalten. Muslime deuten die unklare Formulierung unterschiedlich, sind sich jedoch drin einig, dass Jesus nicht am Kreuz starb. Damit lehnt der Islam die sündenvergebende, rettende und heilstiftende Bedeutung des Kreuzes Jesu ab. Die Passionsgeschichte wird im Koran nicht aufgegriffen. Eine Auferstehung wird als Erhebung zu Gott verstanden, aber nicht als Erscheinung des Auferstandenen. Das eschatologische ewige Gericht wird nicht von Jesus Christus, sondern von Gott selbst vorgenommen.

Jesus wird im Koran als vorbildlicher Muslim dargestellt, der sich der ‚Säulen' Gebet und Armensteuer bzw. Sozialabgabe verpflichtet weiß, der die Eltern ehrt und sich nicht mit Gewalttätern einlässt.

- Zahlreich sind die Stellen, welche die Göttlichkeit Jesu, seine Gottessohnschaft und seine ‚Teilhabe' an der Dreifaltigkeit ablehnen. Diese Stellungnahme argumentiert durchweg mit der Wahrung der Einzigkeit Gottes, dem niemand ‚beizugesellen' ist."

(*Wimmer, S. J./Leimgruber, S.:* Von Adam bis Muhammad. Bibel und Koran im Vergleich. Stuttgart: KBW 2005. S. 213 f.)

Die Kreuzigung Jesu als Erlösungstat ist im Islam nicht vorstellbar, dafür wird die Schuld der Juden am Tod Jesu herausgestellt:

Sure 4,155 f.: *Aber nein, Gott hat es (das Herz der Israeliten) wegen ihres Unglaubens versiegelt, so dass sie nur wenig glauben, weil sie nicht glaubten, Maria mächtig verleumdeten und sagten: „Wir haben Christus Jesus, den Sohn Marias, Gottes Gesandten, getötet."*

Sure 61,6: Als Jesus, der Sohn Marias, sagte: ‚Ihr Kinder Israels, ich bin Gottes Gesandter für euch, um zu bestätigen, was schon vor mir von der Tora vorlag, und einen Gesandten zu verkünden, der nach mir kommt. Sein Name ist hoch gepriesen.' Als er ihnen dann die klaren Zeugnisse brachte, sagten sie: „Das ist deutlich Zauber."

Etwas anders Sure 4,157 f.:

... und weil sie [die Juden] sagten: „Wie haben Christus Jesus, den Sohn Marias, den Gesandten Gottes getötet." – Sie haben ihn aber nicht getötet, und sie haben ihn nicht gekreuzigt, sonder es erschien ihnen eine ihm ähnliche Gestalt ... Und sie haben ihn nicht mit Gewissheit getötet, sondern Gott hat ihn zu sich erhoben. Gott ist mächtig und weise.

1 Stellen Sie Bibeltexte, Apokryphe und Koranverse in einer Konkordanz gegenüber.

2 Bringen Sie die Unterschiede der Sichtweise Jesu in den anderen abrahamitischen Religionen auf einen Punkt und überlegen Sie, ob auf dieser Basis ein Dialog/Trialog möglich ist.

3 Suchen Sie das Gespräch mit Juden und Muslimen und sprechen Sie dabei vor allem über das Gottesverständnis, die Bedeutung Jesu in der jeweiligen Religion und die damit verbundene (Trinitäts-) Vorstellung.

Hilfen zur Erschließung von Wundererzählungen

Historisch-kritische Methode: Überlieferungskritik

Bei der überlieferungskritischen Prüfung eines Erzähltextes fragen wir nach dem Entstehungsanlass der Erzählung, nach den historischen Grundlagen oder nach fiktiven Erzählanlässen. *Was überliefert die Geschichte?* (z. B. einen beobachteten Vorfall? oder: die Deutung eines Vorfalls? oder: die erzählerische Einkleidung eines Sachverhalts, einer Idee, eines Programms, einer Anweisung? oder: die Erfindung eines Erzählers?) Man kann sich dies anhand einer Unfallschilderung klar machen:

- Was teilt das Polizeiprotokoll mit?
- Was steht über einen Unfallhergang am nächsten Tag in der Zeitung?
- Hat der Redakteur dazu Anmerkungen gemacht?

Ein Zeitungsreporter hat schon lange auf ein Ereignis gewartet, an dem er einen Appell, eine programmatische Aussage aufhängen will.

Ein Romanschreiber braucht eine Unfallschilderung! Muss er warten, bis er ein Ereignis miterlebt, oder kann er einfach eine fiktive Darstellung verwenden?

Für die überlieferungskritische Prüfung unterscheiden wir *notwendige* und *nicht-notwendige Erzählzüge*. Notwendige Züge sind alle vom Schema der Gattung vorgegebenen, einem Erzähler zur Verfügung stehenden Motive (unabhängig davon, ob er eine wahre Begebenheit schildert oder eine Erzählung konstruiert/erfindet). Nicht-notwendige Züge sind diejenigen, die das Schema der Gattung, das zuhandene Motivgerüst überschreiten. Sie können vom Sachverhalt diktiert werden oder der freien Phantasie und Kreativität des Erzählers entspringen.

Von der Beurteilung solcher nicht-notwendigen Züge hängt die Frage der Historizität oder Fiktionalität der Erzählung ab. Sind die nicht-notwendigen Züge konkrete Namens- oder Ortsangaben, anschauliche Details, die sich kaum erfinden lassen, sondern am ehesten auf realem Hintergrund beruhen, so wird man auf eine tatsächliche Begebenheit als Entstehungsanlass der betreffenden Erzählung schließen können.

Haben die nicht-notwendigen Züge eher symbolisch-theologischen Charakter, so kann man eher von einer erfundenen oder symbolisch angelegten Erzählung ausgehen, die möglicherweise theologische oder kirchliche Fragen und Probleme diskutieren will (z. B. christologische Akzentuierung; Heidenmission; eschatologische Verschärfung).

Zwei Warnungen scheinen angebracht: 1. Die Bibelwissenschaft als historische Wissenschaft kann nur Wahrscheinlichkeitsurteile fällen. 2. Nicht-historisch oder erfunden heißt nicht unwahr/überflüssig. Auch Gleichnisse oder Märchen haben einen Wahrheitsgehalt!

Wir orientieren uns bei unserem Methodendurchgang im Wesentlichen an der Gattung „Wundergeschichte".

Übung zur überlieferungskritischen Frage:

Drei Erzählbeispiele von Wundergeschichten verdeutlichen die überlieferungskritische Frage.

Beispiel 1:

In einer Stadt saß irgendwo ein blinder Mann und bettelte. Als er hörte, dass ein bekannter Wundertäter vorüberkomme, rief er laut: „Du Wundermann, hab Mitleid mit mir!" Der Wundertäter fragte: „Was soll ich dir tun?" Der Blinde antwortete: „Mach mich sehend!" Da streckte der Wundertäter seine Hand aus, berührte die Augen des Blinden und sprach: „Sei sehend!" Da konnte der Blinde auf einmal wieder alles erkennen, dankte dem Wundertäter und lief freudig von dannen. Alle, die dies mit angesehen hatten, staunten und priesen die Macht des Wundermannes.

Beispiel 2:

In einer Stadt, die als Wallfahrtsort bekannt war, saß hilflos und allein ein blinder Bettler mit Namen Theophilos (Gottlieb). Als er hörte, dass Jesus, der Heiland, mit einer Schar Jünger und Gottesfürchtigen vorüberzog, rief er mit lauter Stimme: „Jesus, Sohn Gottes, du bringst allen Heil!" Jesus erkannte in seinem Herzen die Wünsche des Blinden und sprach: „Auf deinen Glauben hin will ich dich heil machen." Er streckte seine Hand aus, segnete den Blinden und sprach: „Ich will, sei sehend!" Sofort umstrahlte den Blinden Licht und Helligkeit, und er konnte alles deutlich erkennen. Er fiel Jesus zu Füßen und dankte Gott für seine Rettung. Alle Umstehenden staunten und riefen aus: „Dieser ist in Wahrheit der Messias!"

Beispiel 3:

Und sie kommen nach Jericho. Und da er hinauszog von Jericho und seine Jünger und eine beträchtliche Schar, saß der Sohn des Timäus, Bartimäus, ein blinder Bettler, am Weg. Und da er hörte, dass es Jesus, der Nazarener ist, fing er an zu schreien und zu sagen: „Sohn Davids, Jesus, erbarme dich meiner!" Und es herrschten ihn viele an, dass er schweige. Er aber schrie viel mehr: „Sohn Davids, erbarme dich meiner!" Und Jesus blieb stehen, sprach: „Ruft ihn!" Und sie rufen den Blinden, sagen ihm: „Fass Mut! Richte dich auf, er ruft dich!" Der aber warf sein Kleid ab, sprang auf, kam zu Jesus. Und Jesus antwortete ihm, sprach: „Was willst du, dass ich dir tun soll?" Der Blinde aber sprach zu ihm: „Rabbuni, dass ich wieder sehe!" Und Jesus sprach zu ihm: „Geh hin, dein Glaube hat dich gerettet!" Und gleich sah er wieder und folgte ihm auf dem Weg.

Arbeitsanregung

Stellen Sie in den drei Erzählbeispielen die nicht-notwendigen Züge fest und versuchen Sie diese zu bewerten (dafür eignet sich die Gegenüberstellung in einer Tabelle).

Hinweise: Die dritte Erzählung ist die komplexeste, von daher nicht ganz leicht zu beurteilen. (Bedenken Sie, dass sie in der alten – wohl schon vormarkinischen – Passionsgeschichte der Schilderung des Pilgerzugs Jesu mit seinen Anhängern von Jericho und des Einzugs am Sonntag in Jerusalem vorausgeht: Mk 10,46-52.)

KIRCHE – *Einheit in Vielfalt*

A. Didaktische Intentionen und Überblick über das Kapitel

Schülerinnen und Schüler wie auch junge Erwachsene begegnen Institutionen in der Regel nutzenorientiert. Zumeist erkennen sie die Notwendigkeit gesellschaftlicher Einrichtungen als Domänen der Daseinsvorsorge an; gleichwohl jedoch filtern sie „öffentliches Einwirkungsverlangen" auf ihr Leben pragmatisch entlang der Kriterien Lebensnähe, Problembewältigungskompetenz und Lifestyle. Unbewusst greifen sie damit im Kern auf eine in der Aufklärung grundgelegte funktionale Sicht gesellschaftlicher Verfasstheit zurück. Demnach können der Staat und andere Lebensmächte Legitimitätsansprüche nur insofern anmelden, wie deren Ziele und Praxis dem Gemeinwohl und der individuellen „Pursuit of Happiness" dienen.
Die katholische Kirche tut sich mit diesem neuzeitlich-funktionalen Verständnis von Institution und Institutionalität schwer. Volkssouveränität und „Massengeschmack" können mit einem der biblischen Tradition von der Souveränität Gottes, dem seiner Berufung und Sendung entlehnten Selbstverständnis, das sich verfassungstheoretisch in absolutistischen Kategorien zur Sprache bringt, nicht in Übereinstimmung gebracht werden. Pastorale, didaktische und pädagogische Strategien können diesen Grundwiderspruch von Kirche und moderner Welt als dauernde und fruchtbare Spannung aufnehmen, nicht jedoch nach einer Seite hin (Anpassung oder Autoritarismus) auflösen. Themen, Aufgaben und Materialien des Kapitels versuchen einer Inszenierung dieser Balance didaktisch den Weg zu bereiten. Dabei sind die zunehmende, wenngleich regional unterschiedlich ausgeprägte Fremdheit der Kirche, ihrer Riten und organisierten Begegnungsräume als Grundherausforderung und die Zumutung von fremden Perspektiven als dem Konzept der (Selbst-) Bildung junger Menschen innewohnende Notwendigkeit zu begreifen.

Das **Modul 1** (Kirche und Menschen heute – wie geht das?, SB S. 224–232) führt in grundlegende Fragestellungen aus Sicht der SuS und der Mehrheit der in Deutschland lebenden Menschen ein. Die verwendete Sprache entspricht der oben skizzierten Perspektive *(Produkt Kirche, potenzielle Abnehmer)* und nimmt gleichzeitig das Anliegen der Fremdexpertise auf, welche die katholische Kirche zur Neujustierung ihres pastoralen Handelns selbst in Auftrag gegeben hat *(Sinus Sociovision)*. Die gewählten Materialien und Arbeitsanregungen sind in ihrer Funktion jedoch nicht auf den Kompetenzbereich der wahrnehmenden Beschreibung beschränkt, sondern zielen auch schon auf eine persönliche Auseinandersetzung mit kirchlicher Präsenz ab (*Jugendkirche,* Milieutableaus). Um Zugänge nicht durch die einseitige Fixierung auf „Krisenphänomene" zu verengen, weitet zum Ende des Unterkapitels hin eine Reflexion über die gesellschaftliche Relevanz kirchlichen Handelns (Steffensky, Wissensanwendung) den Horizont.
Das Modul eignet sich in Konzepten, die stärker systematisch-inhaltsorientiert als kompetenzorientiert ausgerichtet sind, als Einführung in das Thema Kirche. Es steht zudem in enger Korrespondenz mit dem Modul 5. Problemstellungen kann L also durchaus übergreifend formulieren und die Materialien als einander ergänzend und erweiternd nutzen.

Im **Modul 2** (Stiftung Jesu – Vielfalt des Geistes, SB S. 233–244) werden die SuS mit den theologischen Grundlagen des kirchlichen Selbstverständnisses konfrontiert. Damit kommen Konstanten in den Blick, ohne deren Kenntnis eine fundierte Urteilsbildung über den Auftrag und die Gestalt der Kirche wie auch ihrer Reform(un-)fähigkeit nur schwer möglich ist. Eine rein historisierende oder konstatierende Darstellung ist allerdings vermieden. Biblische, lehramtliche und theologische Zugänge münden stets in gegenwartsbezogene *(Eucharistieverständnis)* oder konfessionell-kontroverse Themenstellungen *(Amtsverständnis)* ein. Damit wird einer im Unterricht häufig vorherrschenden Vorbild-Abbild-Didaktik die Spitze gebrochen. Weder die vielgestaltige Bibel noch ein romantisiertes Urchristentum können Antwort auf die Frage geben, wie Kirche heute auszusehen hat. Die zentrale Stellung der Eucharistiefeier in diesem Unterkapitel soll als starker Hinweis verstanden werden, Kirche nicht verkürzend und bequem als „gesellschaftliche Institution für Ethik und sozialen Zusammenhalt" darzustellen, sondern in ihrer sakramentalen Dimension zu erschließen.

Kirche als Kontrastgesellschaft (**Modul 3**, SB S. 245–254) zu deuten, fällt zeitgenössischen Menschen zumeist nicht schwer. Es ist nicht nur Nietzsches Diktum von der „lebensverneinenden Macht" des Glaubens, das in einer entwickelten Konsumgesellschaft kaum mehr der Erläuterung bedarf, sondern in erster Linie beziehen sich die Kontrasterfahrungen auf die Kluft zwischen den Partizipationsmöglichkeiten in modernen Demokratien und der als anstößig empfundenen Vormundschaft im Raum der Kirche. Die theologisch wertvollen Gehalte des Begriffs *Kontrastgesellschaft* hat hingegen in jüngster Zeit besonders Gerhard Lohfink herausgearbeitet. Zeichenhaftigkeit und Zeugenschaft in prophetischer Tradition – so könnte man diesen Ansatz skizzieren, der als Lebensform *(Orden)* und als Verkündigung *(„Evangelium vitae")* vorgestellt wird. Mit den in diesem Kontext relevanten Kategorien Identität, Abgrenzung und Gemeinschaftsverwiesenheit müssen sich freilich alle Institutionen wie auch jedes Individuum auseinandersetzen, so dass die SuS durchaus einen persönlichen Zugang zu dieser Thematik mitbringen. Ob die seit den achtziger Jahren des vergangenen Jahrhunderts im Hintergrund der Konzeption von der Kontrastgesellschaft innerkirchlich deutlich zu vernehmende *Propagierung der „kleinen Herde“* den Auftrag und die Wirkmächtigkeit der katholischen Kirche stärkt oder gefährdet, ist eine offene Diskussion, in welche die SuS durchaus verwickelt werden sollen. *Maria* in diesem Kontext *als ekklesiologischen Maßstab* einzuführen, eröffnet didaktische Optionen, die über das Unterkapitel hinausweisen.

Sehr viele Lehrwerke der Sekundarstufe I verwenden die didaktische Metapher *Kirche als Kontrastgesellschaft* bereits implizit. Vor dem Hintergrund der öffentlichen Wahrnehmung zeichnen sie in pointierter Weise ein Idealbild von Kirche, das populäre Sichtweisen und Vorurteile ins Gegenteil verkehren soll. Da tauchen Bischöfe als Menschenrechtsaktivisten auf, bärtige Priester organisieren in Kirchenräumen Suppenküchen für Obdachlose, mutige Christengemeinden widersetzen sich blutigen Verfolgungen in Asien und Afrika, engagierte Ordensfrauen widerlegen das Image der weltfremden Männerkirche. Modul 3 setzt daher nicht auf einen neuen „Fakteninput“, sondern möchte in zugleich theologischer und allgemeinbildender Absicht dazu anleiten, Kenntnisse in Erkenntnisse zu überführen. In besonderer Weise ist das Modul daher der *Urteilskompetenz* verpflichtet.

Katholizität nicht als Konfessionsbezeichnung misszuverstehen, sondern als kirchliches Kennzeichen und als Auftrag in den Blick zu nehmen, ist theologisch wie didaktisch Gegenstand von **Modul 4** (Mission und Weltkirche, SB S. 255–266). Es erscheint als sinnvoll, die klassischen thematischen Wegweiser (Lateinamerika, Theologie der Befreiung) mit ihren gesellschaftlich und innerkirchlich zumeist dezidierten Werturteilen abzuräumen und den Blick auf andere geografische Regionen zu werfen. China eignet sich aufgrund seiner politischen, wirtschaftlichen und militärischen Potenz in besonderer Weise zu einem kulturgeschichtlichen Exkurs. Die SuS werden in diesem Abschnitt in offene Situationen hineingestellt, die klassische Merkmale des Staat-Kirche-Verhältnisses aufweisen *(Absolutheitsansprüche, Doppelloyalität, Einheit der Kirche, Inkulturation, etc.)*. Fächerübergreifendes Arbeiten mit Politik-Wirtschaft, Erdkunde und Geschichte bietet sich hier in besonderer Weise an. Gleiches gilt für die Besinnung auf die Grundlagen der Judenfeindschaft der europäischen Nationen. Religionsunterricht hat an dieser Stelle die Aufgabe, Kenntnisse über die theologischen Hintergründe einer verhängnisvollen Geschichte bereitzustellen, gleichzeitig aber auch die Wahrnehmung für jüdische Beiträge in der Debatte zu schulen (*Dabru Emet*).

Mission und Glaubensverkündigung sind in der Neuzeit in erster Linie dort „erfolgreich“ gewesen, wo sie mit Waffengewalt „unterstützt“ wurden – in Spanien im fünfzehnten, in Amerika seit dem sechzehnten und in Afrika im neunzehnten Jahrhundert. Die asiatischen Kulturkreise hingegen blieben der „europäischen Religion“ gegenüber widerstandsfähig. Über die Gründe für diesen Befund kann man spekulieren: Mit Blick auf China, Japan und die arabisch oder osmanisch-türkisch geprägten Regionen ist aber deutlich zu erkennen, dass v. a. intakte Staatskörper mit entwickelter (Waffen-)Technologie oder „fortschrittlichen religiösen Symbolsystemen“ (Konfuzianismus, Buddhismus, Islam) den christlichen Eroberern erfolgreich Paroli bieten konnten. Der indische Subkontinent konnte aufgrund seiner kulturellen Heterogenität schon von den muslimischen Eroberern nicht durchgreifend missioniert werden, die englische Kolonialmacht vermied nicht nur deshalb von vornherein jegliche religiöse Infiltration. Vor diesem Hintergrund stellen sich didaktisch und theologisch interessante Fragen:

- Ist *Mission* überhaupt nur mit Gewalt erfolgreich? Legitimiert der Missionsbefehl (M 26) nicht Eroberung und Unterwerfung großer Teile der Welt? Bestätigt er nicht die modernen Vorbehalte gegen monotheistische Religionen, diese seien strukturell gewalttätig (vgl. SB S. 102 ff.)?
- Sind die „Konvertiten“ z. B. in Pakistan, Indien und China nicht in erster Linie Angehörige der untersten Schicht – *Outcasts*, die zu *Outlaws* werden, weil ihr Bekenntnis Ausdruck ihrer sozialen Lage und ihres sozialen Protests ist? Scheitert das Christentum im Gegensatz dazu überall dort mit seiner Botschaft, wo Menschen sich nicht nur die Dinge des täglichen Bedarfs kaufen können, sondern wo sie ihr Leben eigenverantwortlich gestalten können? Wird hier nicht die marxistische („Opium des Volkes“) und die antike Christentumskritik aufs Neue reich bebildert, nach der sich in erster Linie der „gesellschaftliche Bodensatz“ der christlichen Erlösungsreligion zuwende?
- Ist nicht die im Kirchenkapitel immer wieder eingenommene *Perspektive des Marktes* oder *der Agora* die der Gegenwart einzig gemäße: Das Christentum bietet ein Produkt an, das von bestimmten Zielgruppen geprüft, von einigen angenommen, von anderen aber als unzureichend abgelehnt wird?

Für den amerikanischen Kontinent ist die „Conquista“ schon häufig beschrieben worden, wesentliche Aspekte sind – seit den 1970er Jahren auch zunehmend kritisch – in die Schulgeschichtsbücher eingegangen. Asien hingegen ist allenfalls im Geografieunterricht präsent, die Geschichte des Kontinents ist in Europa lange Zeit nur einer Minderheit bekannt gewesen. Im Religionsunterricht herrscht noch eine gewisse Scheu, die interkulturelle Perspektive zu erweitern; vertraute Problemstellungen (islamisch-christlicher Dialog) scheinen griffig und lebensweltbezogen zu sein; warum also sollten „bewährte Gegenüberstellungen“ im Kontext der Integrationsdebatte durch ein vages, allenfalls für die „Economy“ relevantes Thema ersetzt werden?

Das „Reich der Mitte“ wird von der Mehrheit der Menschen im Westen immer noch vor allem als „Werkbank der Welt“ wahrgenommen: Bienenfleißige und bedürfnislose Arbeiterinnen und Arbeiter zerstören den zu teuer produzierenden Europäern die Arbeitsplätze, liefern dafür allerdings billige Textilien und preiswerte Elektronikware. Die Tatsache, dass auch Chinesen nicht vom Brot allein leben, sondern „spirituelle Bedürfnisse" und kulturelle Traditionen besitzen, wird in den Medien in erster Linie in den Dokumentationen der Spartensender thematisiert. Das Modul bemüht sich, in komprimierter und trotzdem verständlicher Weise grundlegende Informationen für die Auseinandersetzung mit dem neuen Thema vorzuhalten, um die beiden im ekklesiologischen Kontext bedeutsamen Fragen *Inkulturation* (SB S. 257–260) und *kirchliche Einheit* (S. 260–262) sachgemäß erörtern zu können.

Modul 5 (Welche Kirche braucht die Welt?, SB S. 267–277) greift die Konsumentensprache des ersten Moduls wieder auf, macht sie aber nicht zum Maßstab eines abschließenden Sachurteils. Die vorgestellten, konfessionell, gesellschaftlich und innerkirchlich strittigen Aspekte *(Papsttum, Gender, Strukturreformen)* sind hinsichtlich ihrer Bedeutung und Dignität zwar unterschiedlich zu gewichten, sie laufen allerdings ohne Besinnung auf den persönlichen und ekklesialen Gottesbezug letztlich ins Leere *(geistliche Gemeinschaften)*. Der rote Faden, der das Modul durchzieht, ist nicht mit dem Blick auf die Abarbeitung klassischer Stoffe gesponnen, sondern er soll die Auseinandersetzung der SuS mit der katholischen Kirche im Horizont der Postmoderne exemplarisch leiten. Die Meditation des späteren Papstes Benedikt XVI. über die katholische *New York Cathedral* inmitten der *Kathedralen des Kapitalismus* mag als Ausgangspunkt oder Klammer dienen.
New York als modernes Babylon: multikulturell, materialistisch, sozialdarwinistisch und gottlos – ein Ort, an dem die riesige Patrick-Kathedrale (SB S. 267) auf Bonsai-Größe schrumpft? Oder ist das der Blick des deutschen Romantikers und Städtereisenden, der inmitten von Fachwerkbauten eine am Marktplatz gelegene Hauptkirche erwartet und damit eine spezifisch mitteleuropäische Entwicklung als normativ erachtet?
Die Erkenntnisse der modernen Wissenschaften haben zusammen mit dem um sich greifenden Bewusstsein globaler Zusammenhänge jedweden Gedanken an Normalität und vorgegebene Normativität in eine Krise gestürzt. Was sich nicht wandelt, verschwindet vom Angesicht der Erde. Nicht das Gute und Richtige, sondern das Viable und Angepasste überlebt. Allenfalls folkloristische Einsprengsel und private „Marotten" gestatten sich Menschen noch, gleichsam als eingekapselte Erinnerung an eine Welt, wie sie scheinbar einmal gewesen ist bzw. wie sie als Kind erträumt wurde. Kirche und Religion als fixe Koordinaten finden häufig hier ihren Ort. Kirche wird unreflektiert mit der Metapher „Heimat" verbunden und evoziert damit Konnotationen, die sich funktional an den Lebensweltsegmentierungen der Gegenwart orientieren, mit dem Geist biblischer Aufbruchserfahrung jedoch wenig zu tun haben.
Kann die katholische Kirche als „Instanz des Gefühlslebens" überdauern oder überlebt sich irgendwann das Gefühl für sie? Wer in Deutschland heute als Katholik in der Kirche engagiert ist, hat die Furcht früherer Generationen vor Pfarrern und Bischöfen, vor Papst und Gott verloren. Er lebt modern, kann aber kaum mehr andere gewinnen für ein Leben in einer Institution, die Autorität und Gehorsam theologisch und juristisch für bedeutsam hält.
Muss sich die katholische Kirche in Deutschland, in Europa, in Amerika gleichsam neu erfinden?

Die Materialauswahl orientiert sich an sachlogisch-didaktischen wie an prüfungstechnisch-pragmatischen Kriterien. Während der Umgang mit theologischen, literarischen und „Gebrauchstexten" sowie mit Bildern (Malerei, Karikaturen etc.), Film und Musik seit langem den Unterricht prägt, fehlen in den Klausuren und Abschlussprüfungen Aufgaben, welche die vielfältigen Verwendungsmöglichkeiten und Präsentationsmodi der Medien behandeln. In den Prüfungen vorherrschendes Medium ist, nicht zuletzt aus logistischen Gründen, der fotokopierte Text eines Universitätsdozenten – eine religiös völlig atypische Form der „Darbietung" von Religion. Das Kirchenkapitel möchte an einigen Stellen zu einer Korrektur dieser Praxis ermuntern:

- Mithilfe von *Statistiken* (vgl. SB S. 224 f.) lassen sich wesentliche Aspekte der Sozialgestalt Kirche erschließen. Zahlen und Daten sind nicht nur Grundlage der vieldiskutierten Strukturreform und Ressourcenkonzentration, sondern ein wichtiges Instrument, um „Verkündigungserfolg zu messen". Eine Pastoral ohne Zahlen ist blind. Unterricht, der sich nicht auf eine Annäherung an das Geheimnis Kirche oder die platonische Erörterung von Wesenszuschreibungen beschränkt, sondern empirisch greifbare Realität darstellen möchte, kommt um statistisches Material nicht herum. Ihren Wert theologisch zu erörtern, ist eine lohnende Auseinandersetzung.
- *Fotoabbildungen* dokumentieren, bebildern und lenken die Aufmerksamkeit der SuS; ihr Konstruktcharakter wird allerdings selten offenbar. Ist das Eröffnungsbild auf SB S. 222 eine Manipulation junger Menschen, um ihnen ein Kirchenverständnis vorzugaukeln, das es de facto nicht gibt? Oder steht das Bild repräsentativ für das Wesen der Kirche gerade auch in Großstädten? Wie wirkt die Fotografie auf SB S. 239 auf junge Menschen? Abstoßend, weil die Unterwerfung von freien Menschen in einem folkloristisch-pittoresken Schauspiel selbstdemaskierend offengelegt wird? Kompetenzorientierter Unterricht wird nicht nur die Wahrnehmung, Beschreibung und Deutung solcher Fotos fördern, sondern die SuS anleiten, eigene Fotografien themenbezogen in den Unterricht einzubringen.
- Die *Internetrecherche* ist aus dem Oberstufenunterricht nicht mehr wegzudenken. Die Arbeitsanregungen im SB und im LB geben hilfreiche Links an; im Interesse der selbständigen Arbeit ist es allerdings sinnvoll, wenn weitere Hinweise auf informative Websites im Kurs gesammelt und hinsichtlich ihrer Relevanz gesichtet würden. L sollten mit Blick auf das

„neue Medium“ nicht versuchen, ihre SuS an Kompetenzen zu überflügeln – ein in der Regel aussichtsloses Unterfangen. Besser wäre es, die häufig exzessive jugendliche Internetnutzung im Sinne des Bildungsauftrages zu kanalisieren. So kann z. B. die Sichtung und ästhetische Beurteilung kirchlicher Websites ein Weg zu einer motivierenden inhaltlichen Auseinandersetzung werden. Die regelmäßige Pflege einer Internetseite des Faches Religion auf der Schul-Homepage ist im Rahmen eines Prüfungsfach-Unterrichtes nicht nur sinnvoll, sondern als Erweiterung klassischer Leistungsüberprüfungen angeraten.

Weiterführende Literaturhinweise

Ebertz, M. N. (Hrsg.): Hinaus ins Weite: Gehversuche einer milieusensiblen Kirche. Würzburg 2008.

Ders.: Wie kommunizieren Katholiken? Freiburg/Brsg.: Herder Korrespondenz 64/2009. S. 344–348.

Kaufmann, F. X.: Kirchenkrise. Wie überlebt das Christentum? Freiburg/Brsg. 2011.

Nagel, G.: Katholisches Milieu. Katholizismus-Forschung in der gymnasialen Oberstufe. In: Katechetische Blätter, 119/1994. S. 656–661.

Katechetische Blätter, 3/2008: Eucharistie.

Schillebeeckx, E.: Christliche Identität und kirchliches Amt. Plädoyer für den Menschen in der Kirche. Düsseldorf: Patmos 1985.

Söding, Th.: Jesus und die Kirche. Was sagt das Neue Testament? Freiburg/Brsg.: Herder 2007.

Endres, E.: Die gelbe Farbe. Die Entwicklung der Judenfeindschaft aus dem Christentum. München/Zürich 1989.

Evers, G.: Konfliktverschärfung statt Verständigung? Bischofsweihen als Stolpersteine im vatikanisch-chinesischen Verständnis. Freiburg/Brsg.:, 60/2006. S. 290–294.

Ders.: Hoffnungsvolles Signal. Der Brief Benedikts XVI. an die chinesischen Katholiken. In: Herder-Korrespondenz, 61/2007. S. 408–413.

Sendker, J.-Ph.: Risse in der Großen Mauer. Gesichter eines neuen China. München 2000.

Gatz, E.: Tiefgreifender Wandel. Die katholische Kirche in Deutschland am Anfang des 20. und 21. Jahrhunderts. Freiburg/Brsg.: Herder Korrespondenz, 63/2009. S. 255–259.

„Neue Formen gemeindlichen Lebens“. Ein Gespräch mit dem Regens Christian Hennecke über Kirchenbilder. In: Ebd. 64/2010. S. 177–181.

B. Materialkommentierungen

1. Kirche und Menschen heute – wie geht das?, SB S. 224–232

„Verdunstet“ der Glaube?, SB S. 224–226

Die „Tradierungskrise des Glaubens“, wie man in den 1980er Jahren den Plausibilitäts-, Glaubens- und Kirchlichkeitsverlust unter Katholiken nannte, erscheint im Nachhinein als Euphemismus. Wie tief die mentalen Einbrüche im Zuge der „Fundamentalliberalisierung“ der Bundesrepublik Deutschland sein würden, offenbarten damals schon die literarischen und filmischen Selbstvergewisserungen katholischer Christinnen und Christen über den Zusammenhang von katholischer Religion und eigener biografischer Prägung (*Nagel* 1994). Diese persönlichen Explorationen veranschaulichen die Motive des Abschieds auch kirchentreuer Menschen von der Institution Kirche. Der Paderborner Theologieprofessor Peter Eicher setzte mit seiner Sammlung „Wie kannst du noch katholisch sein?“ einen ersten Schlussstrich unter diesen bei der Mehrheit der Menschen subkutan ablaufenden Selbsterfahrungsprozess – nicht ohne den Traditionsabbruch in seiner eigenen Familie gleich mit zu dokumentieren. Manuela Eichers Anklage, die aufgrund ihrer kämpferischen Form heute selbst schon überholt zu sein scheint, zielt nicht auf ästhetische und lebensstilprägende Aspekte, wie die abgedruckten Materialien von Sinus-Sociovision (M 4), sondern auf zentrale Inhalte des kirchlichen Selbstverständnisses. Der Text ist im didaktischen Kontext v. a. deshalb interessant, weil die Mütter der heutigen Heranwachsenden derselben Generation angehören wie die damals junge Schweizer Krankenschwester. Die AA laden deshalb ein, das Gespräch zwischen den Generationen zu initiieren, christliche Bindungen und Loslösungen zu thematisieren (Z. 32 ff.: „Was müssen da für Kräfte spielen…“) und damit ein Stück selbst erfahrener bzw. erforschter Kultur- und Glaubensgeschichte offenzulegen.

M 2 | AA 2 | AA 3, AA 4

M 1

Die Balkendiagramme **M 1** liefern gleichsam die statistische Basis der unterrichtlichen Deutungen. Sie zeigen die gravierenden Veränderungen, die mit Blick auf Kirchenmitgliedschaft und Teilnahme am Sonntagsgottesdienst seit den restituierten Hochzeiten des katholischen Milieus in den 1950er Jahren stattgefunden haben.

Die „Abbildung 9“ macht deutlich, dass die Heilige Messe schon vor dem Zweiten Vatikanischen Konzil und dem Beginn der „Studentenunruhen“ nur von einer (freilich starken) Minderheit der Getauften besucht wurde. In einer Zeit, in der dank geburtenstarker Jahrgänge die (absolute) Zahl der katholisch Getauften zunahm (vgl. „Abbildung 1“), wird das Zentrum der katholischen Existenz – die Eucharistiefeier – von Fliehkräften ergriffen. In Gruppen mit interessierten und leistungsstarken SuS könnte L den Thesen Lorenzers („Das Konzil der Buchhalter“) und konservativer Opinion Leaders, die das Zweite Vatikanische Konzil für den „religiösen Substanzverlust“ mitverantwortlich machen, soziologische Überlegungen zur gesellschaftlichen Differenzierung und Institutionalisierung menschlicher Lebensvollzüge gegenüberstellen. Ersetzen die „Pastoralmacht“ des Staates (Rente, Sozialversicherungen) und die Angebote anderer Dienstleister (Altenpflege, Versicherungen) oder Vergemeinschaftungsformen (Selbsthilfegruppen, Vereine, NGOs) ehemals kirchlich gebundene kulturelle und soziale Domänen *(Deutungs- und Urteilskompetenz)*?
Schübe der Kirchenaustritte („Abbildung 8“) sind zu Beginn der Siebzigerjahre, einer Epoche grundsätzlicher Institutionenkritik, und in verschärfter Form in den Neunzigerjahren festzustellen. Bemerkenswert ist, dass die Einführung des „Soli“ viele Katholiken veranlasste, diese Abgabe durch den Kirchenaustritt wieder „hereinzuholen“ – eine Kosten-Nutzen-Rechnung, die für viele Gläubige aufgrund der 2010 noch einmal juristisch bestätigten Kopplung von Kirchenmitgliedschaft und Verpflichtung zur Kirchensteuerzahlung das Verlassen der „Heilsanstalt Kirche“ bedeutet.

Jugendkirchen – Modeerscheinung oder Alternative?, SB S. 226–227

M 3

Mit dem Konzept der Jugendkirchen möchte Kirche aus der Nische ihrer ästhetischen Uniformität heraustreten; es passt deshalb Verkündigungs- und Frömmigkeitsformen den Lifestyle-Gewohnheiten von Heranwachsenden an.

AA 1

Jugendkirchen im Rahmen des Religionsunterrichtes zu besuchen, ist eine Möglichkeit, um sich mit dem Angebot und den Gestaltungsformen dieser Art der Pastoral vertraut zu machen. In vielen Fällen ermöglicht ein solcher Besuch überhaupt wieder oder sogar erstmals Begegnungen der SuS mit Kirche. Ob Jugendkirche „als lebendige Gemeinde funktioniert“, kann jedoch nur mithilfe der im RU zu erwerbenden Kenntnisse geprüft und gedeutet werden. Die Abbildung SB S. 226 ließe sich sehr gut durch weitere Bilder aus dem Internet ergänzen, die Schwerpunktsetzungen und Selbstdarstellungskonzepte der Jugendkirchen visualisieren. Ob das Konzept ausschließlich bürgerliche Jugendliche anspricht und damit nicht aus der Milieusackgasse herausführt, ist eine offene Frage und gleichzeitig ein interessantes (wissenschaftspropädeutisches) Forschungsprojekt im Rahmen eines Leistungskurses oder Seminarfaches.

Marketing-Analysen – ein Weg zu den Menschen?, SB. 227–232

M 4, M 5

Im Jahr 2005 porträtierte das Heidelberger Marktforschungsinstitut Sinus-Sociovision in einer von der katholischen *Medien-Dienstleistung GmbH* in Zusammenarbeit mit der *Katholischen Sozialethischen Arbeitsstelle* als Außenevaluation in Auftrag gegebenen Studie die Präsenz von Kirche in den Lebenswelten der Menschen und umgekehrt die der Menschen in der Lebenswelt der Kirche. Das Modell, dessen Basis inzwischen fortentwickelt worden ist (http://www.sinus-institut.de), verknüpft die beiden Dimensionen *soziale Lage* (y-Achse) und *Wertorientierungen, ästhetische Präferenzen, Lebensstile* (x-Achse) zu einer differenzierten Darstellung der „milieutypischen Sozialnatur des Menschen“ in Deutschland. Die viel beachtete Expertise offenbarte, was unvoreingenommene Beobachter schon lange wussten: Kirche erreicht mit der Art ihrer Selbstdarstellung und ihrer Botschaft nur noch Teilsegmente der bundesdeutschen Gesellschaft (**M 5**).
SuS arbeiten in der Regel gern mit Typologien, die einen Bezug zu ihrer Identität haben. Deshalb lohnt sich ein Abgleich zwischen den primär aus Marketingerwägungen generierten Zuordnungen des Instituts mit den im eigenen Umfeld identifizierbaren Charakteristika. Über diesen Weg werden die für den Bereich Kirche relevanten Fragestellungen transparent und verständlich: Welche pastoralen Konsequenzen sind daraus abzuleiten? Wie muss der „Missionsauftrag“ definiert werden, wenn die Angebote bei näherer Betrachtung nur Minderheiten erreichen? Welche Folgerungen sind aus der Tatsache zu ziehen, dass es „normale Pfarreien“ nicht mehr gibt, sondern alle Christen unter die Rubrik Kategorialpastoral fallen?

AA 1–AA 4

Die AA laden dazu ein, gängige Vorstellungsschemata hinsichtlich der kirchlichen Wirklichkeit in wissenschaftspropädeutischer Absicht zu untersuchen. Besonders die Bilder von Kirche in ihrer Milieuspezifik wahrzunehmen, zu deuten und hinsichtlich der Konsequenzen zu durchdenken (SB S. 229), ist – wenn dieses in Rückkopplung mit schülereigenen Kirchenvorstellungen geschieht – ein lohnendes Unternehmen. Gruppenarbeit mit Internetrecherche und Zeit für die Ergebnispräsentation sind freilich eine notwendige methodische Begleitung der Erschließung von Inhalten dieser Art. Dazu gehört allerdings auch die kritische Sichtung des Instrumentariums selbst: Welchen Ertrag bieten solche „Kartoffelmodelle" (SB S. 228) samt den dahinterstehenden Intentionen eigentlich für den kirchlichen Auftrag? Sind u. U. nicht nur kirchliche Angebote für die Sinus-Milieus im „BC-Bereich" unzumutbar, sondern die gesamte christliche Botschaft?

M 6

Fulbert Steffensky hat sich in den vergangenen Jahren als Repräsentant einer bodenständigen „Schwarzbrot-Spiritualität" hervorgetan. Er plädiert nicht nur für eine an den Lebensbedürfnissen der Menschen orientierte Verkündigung, sondern auch für eine Würdigung „wahrer Autorität". In diesem Kontext durchdenkt er auch die Rolle der Kirche als Hüterin des individuellen wie gesellschaftlichen Gewissens neu. Er fürchtet sich vor einer Zukunft, in der Menschen mit eindimensionalen Existenzentwürfen, ohne Visionen von einem würdigen Leben und ohne Empfindung für das Leid der Menschen in Gegenwart und Vergangenheit ihr Dasein fristen.

AA 5–AA7

Ist das ein typisches Theologen-Ressentiment, um dem bürgerlichen Selbstbestimmungsanspruch am Zeug zu flicken? Die AA möchten zu einer inhaltlichen Auseinandersetzung anleiten, nicht zuletzt über schüleraktivierende Handlungsanweisungen. Freie Rede und mündliche Statements zwingen zur Reorganisation von Vorgaben und ermöglichen somit Festigung und nachhaltige Verfügbarkeit von theologischen Argumentationslinien.

2. Stiftung Jesu – Vielfalt des Geistes, SB S. 233–244

Das zweite Modul ist für die *Deutungskompetenz* von besonderem Wert. In ihm stehen Texte und Aufgaben bereit, welche die normativen Ursprünge des kirchlichen Selbstverständnisses wie auch die Infragestellung desselben durch Protestantismus und Säkularismus theologisch zu erschließen helfen. Dabei stellt die korrelative Anbindung sicherlich die Hauptschwierigkeit dar. Sinnvoll wäre es deshalb, aus den lebensnäheren Problemstellungen der anderen Module heraus konkrete Rückfragen an die hier angebotenen Inhalte heranzutragen. Passende Einstiege im Rahmen der im Modul selbst gebotenen Aspekte könnten folgende sein:

- Auseinandersetzung mit der Karikatur SB S. 240 oder die Entfaltung der problemorientierten Skizze in *Was Sie erwartet* (SB S. 233): Warum kein Zusammenschluss der kirchlichen Gemeinschaften angesichts der Herausforderungen der Gegenwart? Sind die ostentativ gepflegten Unterschiede der Kirchen nicht Folklore und „Kinderkram", gar ein Zeichen dafür, dass Systeme in erster Linie selbstreferenziell funktionieren? Oder positiv formuliert: Gibt es im Rahmen eines im weitesten Sinne verstandenen „Community Organizing" nicht gute Möglichkeiten die christliche Einheit in Verschiedenheit zu praktizieren (SB S. 274 f.). Über die Wahrnehmung der Gegensätze in der Ämterfrage (**M 12/M 13**) wären prüfende Aufträge hinsichtlich des biblischen Befundes möglich.
- Wie bilden sich eigentlich neue Religionen aus? Welche Bedürfnisse erfüllen sie? Von diesem problemorientiert-phänomenologischen Ansatz her wäre eine „chronologische Entfaltung" von **M 7–M 11** möglich, samt der Aufnahme der konstruktivistischen **AA 1** SB S. 236.
- Warum steht im Zentrum der christlichen Erlösung das Essen? Unter Umständen wäre auch ein „ethnologischer Zugang" geeignet, das Verständnis der Eucharistie anzubahnen: Essen zwischen Nahrungsaufnahme und Inszenierung – kulturelle Beobachtungen und Recherchen in Gegenwart und Vergangenheit (McDrive – Tiefkühlpizza – Candlelight-Dinner – Sonntagsbratenkultur etc.). Selbstkritisch ließen sich in diesem Kontext auch Ernährungsgewohnheiten unter die Lupe nehmen und die Frage nach einem möglichen Zusammenhang von fehlenden Haltungen der Dankbarkeit („Eucharistie") mit moderner Lebensmittelproduktion und -verschwendung erörtern.
- Der europäische Antijudaismus, der in jüngster Zeit wieder reaktiviert wird und für zahlreiche, nicht nur postkommunistische Gesellschaften ein Problem darstellt, lässt sich nicht ohne die Elemente der christlichen Tradition verstehen. SB S. 233–236 stellen in Verknüpfung mit **M 33–M 36** Beiträge für eine theologische und interdisziplinäre Fragehaltung bereit.

Von Jesus zur Kirche, SB S. 233–237

M 7, M 8

Die frühe Kirche ist gekennzeichnet durch zahlreiche Transformationsprozesse. Weder die Idee einer unmittelbaren Einstiftung der katholischen Kirche in der Gestalt des Ersten Vatikanischen Konzils durch Jesus Christus noch die entgegengesetzte Vorstellung, Jesus und Kirche hätten gar nichts miteinander zu tun, haben sich als haltbar erwiesen. Nach einer offenen Phase der Erörterung der Verbindungslinien von Jesus und Kirche sowie der Bedeutung des Themas für Theologie und Kirche bietet es sich an, SuS den Konsens hinsichtlich dieser Frage durch die Erschließung von **M 7** und **M 8** (theologische Grundlagen) erarbeiten zu lassen.

M 9

Michel Clévenot hat in den Achtzigerjahren eine narrativ angelegte zwölfbändige Geschichte des Christentums vorgelegt, die in Gestalt von exemplarischen Einzelfallstudien den Zusammenhang von Glauben und umgebender Kultur skizziert. Der vorliegende Ausschnitt aus dem ersten Band versteht sich als Impulserzählung zur selbständigen Ausgestaltung des Rahmens frühchristlicher Geschichte durch Sichtung, Adaption und Gewichtung des „biblische Materials".

M 10

M 10 verweist inhaltlich auf die charismatische Grundlegung der Kirche, die nicht von der christologischen getrennt werden kann, aber den Akzent vom katholisch-juridisch-fixierbaren (Mt 16,18) auf die perturbatorische Wirkung des Heiligen Geistes wegverlagert. Formal gibt Fendrich ein Beispiel für eine theologische Bildinterpretation, welche die bilderschließenden Methoden (vgl. SB S. 385 f.) voraussetzt, aber den Blick sogleich auf die pointierende Aussage

AA 2, AA 3 des Gemäldes legt. **AA 2** und **AA 3** heben ins Bewusstsein, dass Gemälde keine Bebilderungen von Bibel sein wollen, sondern perspektivische Konstruktionen zum (und nicht des) Geheimnis des Glaubens.

AA 1 Die Gestaltungsaufgaben (vgl. EPA) sind keine methodischen, sondern vielmehr anspruchsvolle didaktische Zugriffe im kompetenzorientierten Unterricht. Sie benötigen nicht nur genügend Zeit und ein Mindestmaß an exegetischen und religionskundlichen Kenntnissen, sie verlangen auf der Metaebene auch die Legitimierung der inhaltlichen Entscheidungen und Konstruktionsformen.

Kirche sein in der Nachfolge Jesu, SB S. 237–239

M 11

Wie stark die Entwicklung des frühen Christentums von sozialen Gesetzmäßigkeiten geprägt war, stellt **M 11** heraus. Gemeinschaften und kirchliche Unterstützungssysteme basierten auf bewährten gesellschaftlichen Einrichtungen und funktionierten nach psychosozialen Gesetzmäßigkeiten. Hausgemeinden stellen nicht nur das anschaulichste Beispiel dieses Sachverhalts dar, sie bieten gleichzeitig eine Assoziationskette zu den in Modul 5 thematisierten Suchprozessen einer zukunftsfähigen Kirche in Deutschland. Damit wird der Boden für eine Erörterung der Übertragbarkeit von neutestamentlichen Modellen in die Gegenwart bereitet.

AA 1–AA 5 **AA 1–AA 5** initiieren einen Lernprozess, der inhaltlich auf die Gewinnung eines realistischen Bildes der Großstadtkirche(n) in Korinth und formal auf ein vertieftes Verständnis vom Wert geschichtlicher Kenntnisse bei der Hermeneutik biblischer Texte abzielt (pragmatische Sprachtheorie). Die Perikope 1 Kor 11,17-34 gibt zugleich Einblick in die Praxis und das Verständnis des Herrenmahls in der frühen Kirche und bildet damit eine Basis für die Erschließung des Verständnisses der Eucharistie (**M 15–M 18**).

Das Rollenspiel lässt L die Option, die geschichtlichen Hintergründe von 1 Tim (Bedrohung durch antichristliche Aktionen, Häresien etc.) genauer in den Blick zu nehmen (vgl. E. Schillebeeckx, S. 58 ff, Kommentare zu 1 Tim) oder den Streit um die Gemeindeordnung als eine prinzipielle, und damit auch gegenwartsrelevante, Auseinandersetzung zu definieren. In jedem Fall sollte die Tatsache der zunehmenden Konzentration der Charismen in den bestellten Amtsträgern als Entwicklung des ausgehenden ersten Jahrhunderts als inhaltliches Ergebnis festgehalten werden.

Katholisches und evangelisches Kirchenverständnis, SB S. 239–241

M 12, M 13

Dass Erkenntnisse biblischer Exegese die verhärteten ökumenischen Fronten nicht aufweichen können, ist ein Faktum. Denn sowohl das katholische als auch das evangelische Verständnis von Kirche und Amt finden ihren Anhalt am Neuen Testament. Trotzdem könnten SuS diese

AA 1 Fragestellung zunächst einmal bearbeiten (**A 1**). Für eine sachgerechte Diskussion bieten **M 12** und **M 13** grundlegende Aspekte an:

- die gemeinsame Berufung aller Gläubigen zum Dienst in der Kirche und an der Welt;
- die grundsätzliche Gleichheit aller Gläubigen vor Gott;
- der unaufhebbare Dienstcharakter des Amtes;
- die *christologische* Verankerung des Amtes und die „Inszenierung“ der bleibenden Weitergabe von Vollmacht und Sendungsauftrag in der katholischen Kirche durch das Amt (Abb. SB S. 239)
- die Ablehnung einer „Wesensunterscheidung“ zwischen „Amtsträgern“ und „Gläubigen“ in den Kirchen der Reformation und die „modernere“, jedoch nicht unbiblische funktionale Sicht auf das Amt.

Inwiefern es in diesem Zusammenhang Sinn hat, die klassisch-katholischen Streitpunkte um den Pflichtzölibat, die Frauenordination, den „Klerikalismus“, die hierarchische Struktur der Kirche etc. und die damit verbundenen Begründungen zu thematisieren, bleibt der pädagogischen Verantwortung von L überlassen.

AA 1–AA 4

AA 1–AA 4 veranschaulichen und verankern die theologische Kontroverse im gegenwärtigen gesellschaftlichen Leben und lassen Raum für eine auch aus organisationssoziologischer Sicht naheliegende grundsätzliche Diskussion über Ökumene.

Kirche als Eucharistiegemeinde, SB S. 241–244

M 14 – M 18

Das Verständnis der Eucharistie als „Mitte und Höhepunkt des christlichen Geheimnisses“ bereitet seit jeher Schwierigkeiten. Von den ersten Christenverfolgungen an bis zur provokant-realistischen Abendmahlsdarstellung **M 17** zieht sich eine „vernünftige“ Tradition des Unverständnisses über das, was in der Kommunionfeier eigentlich passiert. Dabei bereiten die Tatsache der Tischgemeinschaft Jesu mit Sündern und die anthropologische Grundlegung der Mahlfeier (**M 15**) dem modernen Denken noch die wenigsten Probleme. Unverständnis herrscht dort, wo der „Opfer“-Gedanke und die Verbindung von Abendmahl und Kreuzestod Jesu ins Spiel kommen. Insofern ist der gestufte Aufbau der inhaltlichen Entfaltung des Themas (von **M 14** zu **M 18**) sowohl sachlogisch als auch psychologisch geboten. Die ausgewählten Texte und Fotografien führen von außen nach innen: Gottesdiensterfahrungen – theologische Grundlegung der Eucharistiefeier – „Erklärung“ des „Geheimnisses des Glaubens“.

AA 1–AA 8

Die Vielzahl der AA weist darauf hin, dass die Erschließung des Zentrums des katholischen Glaubens nicht vielfältige und mehrdimensionale Arrangements, sondern auch Zeit und Geduld erfordert.

M 17

Der „kritische Realist“ Harald Duwe (1938–1984) malte 1978 sein bedeutsames Bild „Abendmahl“. Der Betrachter schaut in einen düsteren Raum; der Spalt eines heruntergelassenen Rollos lässt in eine unbestimmte Außenwelt blicken. Zwölf Männer, die in zeitgenössische, etwas altmodische Anzüge gekleidet sind, haben sich dicht gedrängt um einen Tisch gruppiert. Es handelt sich übrigens um den Maler (mit dem Löffel in der Hand) und seine Freunde. Die Männer schweigen, sie schauen sich nicht an. Sie scheinen sich mit dem auseinanderzusetzen, was sich auf dem Tisch befindet. In einer großen Schüssel ist das Antlitz eines männlichen Kopfes zu sehen. Vom Betrachter aus links neben der Schüssel liegt auf einem Teller ein abgetrennter Fuß. Hinter der Schüssel ist eine geöffnete Hand mit einer tiefen Wunde, am rechten Bildrand ein weiterer Teller mit einem Herz zu erkennen. In der daneben befindlichen geöffneten Konservendose liegen lange Nägel. Halb von einem Brötchen verdeckt, lassen sich die Buchstaben RI entziffern, welche sich zu INRI ergänzen lassen. Auf der schmutzigen Tischdecke liegt noch ein angeschnittenes Stangenbrot; in einem Dreieck um die Schüssel angeordnet stehen drei Weingläser mit rotem Inhalt. Die Mitte des Bildes, etwas durch den sich auf den Tisch aufstützenden Mann verdeckt, bildet jedoch ein leerer Stuhl, dessen Rücklehne buchstäblich aus den Fugen geraten ist.

Das finstere Szenario der stumm vor den Leichenteilen Jesu brütenden zwölf nicht mehr ganz jungen Männer wird durch die gedeckte Farbigkeit verstärkt, die einem vergilbten Foto ähnelt. Die Provokation von Duwes Bild besteht darin, dass er das Abendmahl keineswegs symbolisch, sondern als ein reales Essen dargestellt. Hat der Maler die krasse Metaphorik aus Joh 6 wörtlich genommen, also missverstanden wie zuerst auch die Jünger? Und wenn er sie missverstanden haben sollte: Wie sind Jesu Worte in Joh 6 und seine Deutungsworte über Brot und Wein – beide stehen ja für die Präsenz des erhöhten Christus – zu verstehen?

Eine vertiefte Interpretation stützt sich auf die Beobachtung, dass ein leerer Stuhl im Zentrum des Bildes steht. Diesen jetzt nicht mehr funktionstüchtigen Stuhl hat dennoch niemand beiseitegestellt, vielmehr steht oder sitzt die Abendmahlsgemeinschaft um ihn herum. Was gibt

der leere Stuhl den Zwölf – und uns, den Betrachtern des Bildes – zu denken? Der leere Stuhl lässt sich als eine Spur lesen – als die Spur dessen, der zuvor noch auf diesem Stuhl gesessen hat; als Abwesender ist er dennoch anwesend, als Person präsent. Als physisch Anwesender hingegen – als Haupt, Herz, Hand, Kopf und (im Glas aufgefangenes) Blut – ist er tot und nicht mehr als eine Leiche. Sinnt etwa jeder der zwölf „Jünger" über diese denkwürdige Dialektik von Anwesenheit und Abwesenheit nach, ohne bislang zu einer Lösung gekommen zu sein?
(vgl. http://www.service.bistumlimburg.de/ifrr/unterrichtspraxis32003_2.htm)

3. Kirche als Kontrastgesellschaft, SB S. 245–254

Die Kirche geht aufs Ganze, SB S. 245–247

M 19

Didaktisch-methodisch sinnvoll ist es, **M 19** vor und nach der Bearbeitung der Materialien zu betrachten. Im Sinne einer Selbstevaluation können die SuS feststellen, inwiefern ihre Antwort auf die Frage, was man als Christ denn so mache, vor und nach der Auseinandersetzung mit der Themenstellung andere Akzente und ein anderes Niveau aufweist. Dabei muss genug Raum für die Reflexion der Situationsangemessenheit und des Adressatenbezugs der Antwort bleiben. So kann ein undifferenziertes Bonmot treffender sein als tiefschürfende theologische Darstellungen.

M 20

Das Programm der *Integrierten Gemeinde München* bringt **M 20** theologisch folgendermaßen auf den Punkt: Das Volk Gottes wartet nicht auf die Erfüllung wolkiger Verheißungen in ferner Zukunft, sondern verwirklicht unter der Zusage des Heiligen Geistes bereits jetzt erfülltes Leben. Mitten in den gegenwärtigen Gesellschaften leben Gemeinden als Stadt auf dem Berge,

AA 5

Licht der Welt, Salz der Erde – Gottes Utopie als realisierte Eschatologie. **AA 5** verhilft dazu, das Rahmenkonzept Lohfinks zu bestimmen, zu bebildern und zu fundieren. Die eher in konservativen katholischen Kreisen angesiedelten Gedanken des Neutestamentlers berühren sich mit linken, progressiven Ansätzen der „Reich-Gottes-jetzt"-Bewegung, die in ähnlicher Weise die Botschaft Jesu wörtlich umzusetzen und zu leben sucht (Recherche: www.reich-gottes-jetzt.de).

„Ora et labora" – wie durchlässig sind Klostermauern?, SB S. 247–251

M 21

Veronica Peters erzählt in ihrem lesenswerten Buch die Geschichte ihrer letztlich gescheiterten Suche nach Halt, Orientierung und Klarheit im Rahmen des klösterlichen Lebens. **M 21** zeichnet wie das gesamte Buch ein liebevolles Porträt der Nonnen und ihres Lebensstils, der freilich nicht zur Unstetheit und inneren Unruhe der Autorin passt. Dass sie in der von ihr geführten Klosterbuchhandlung schlussendlich „den Mann fürs Leben" findet, stellt nicht nur eine besondere Pointe dar, sondern kann den Aufhänger zu einer „klassischen Diskussion" bieten: Ist „bürgerliches Christentum" der „Ganzverpflichtung" im Rahmen des Ordens- bzw. des priesterlichen Lebens gleichgestellt oder letztlich ein fauler Kompromiss zwischen Nachfolgeforderung und Wohlleben?

M 22

M 22 bietet eine entscheidende theologische Orientierung an: Berufung und Selbstverwirklichung fallen letztlich zusammen. Ordensleben, priesterliches Leben, Leben in geistlichen Kommunitäten lässt sich ebenso wenig erzwingen wie das Leben nach den *evangelischen Räten*. Ohne die Trias Gnade, Glaube, Freiheit verkrampft der Mensch und wird letztlich unglücklich.

Prophetische Kritik unerwünscht? Die Abtreibungsfrage – ein Testfall, SB S. 251–253

M 23, M 24

Der Streit um die Regelung des Schwangerschaftsabbruchs ist in den letzten Jahren zur Ruhe gekommen. Andere Probleme des medizinethischen Bereichs scheinen vordringlicher zu sein, und der in **M 23** beschriebene „Umdeutungsmechanismus" (vgl. Z. 8–33) funktioniert wirkungsvoll. In Gesprächen sowohl mit SuS als auch mit Erwachsenen wird deutlich: Die Strafbarkeit der Abtreibung ist weitgehend unbekannt, die gesetzlichen Ausnahmen (§ 218 a/b) werden als rechtliche Normalität verstanden. Eine aufmerksame Lektüre der Fassungen des § 218 (http://lexetius.com/StGB/218) belegt allerdings auch, dass die Aufweichung des Lebensschutzes die Rechtsgeschichte der Bundesrepublik Deutschland seit 1969 begleitet.
Didaktisch erscheint es daher als sinnvoll, den Schwangerschaftsabbruch als Beispiel einer „gesellschaftlichen Beratungsresistenz" zu thematisieren. Betroffenheit Heranwachsender,

Reduktion auf ein elementares Prinzip, eine den Grundsätzen der Verfassung der Bundesrepublik entsprechende Lehre der katholischen Kirche und eine Reihe von narrativ aufbereiteten „Fällen" lassen es relativ schnell zu, den Kernpunkt der Auseinandersetzung aufzufinden: Das Kind wird nicht als *Geschenk* erfahren, sondern als Produkt oder Folge des Geschlechtsaktes. Feministische „Mein-Bauch-gehört-mir"-Argumente mischen sich mit wohlstandsbürgerlichem Gedankengut („Wovon wollt ihr denn leben?") sowie echten und scheinbaren Problemen. Freilich bleibt auch im katholischen RU die Erörterung einer liberalen Perspektive in der Abtreibungsproblematik legitim, zumal die Auseinandersetzung um die Form des wirksamen Lebensschutzes die katholische Kirche selbst spaltet *(Donum vitae)*.
Noldes expressionistisch-farbenfrohes Gemälde SB S. 252 bringt den Geschenkcharakter nicht nur des göttlichen Kindes, sondern jedes neugeborenen Lebens besser als viele andere Krippendarstellungen zum Ausdruck:

- dem Himmel entgegengehaltene Hände (Gabendarbringung/Hochgebet);
- ein schutzbedürftiges Menschenknäuel, das dankbar und wohlwollend betrachtet wird;
- eine „zigeunerhafte" Mariengestalt;
- Gefühlsintensität der Szenerie und Distanz zur christlichen Ikonographie mit ihrer gefühlskalten „Hoheit der Demut". Letzteres ist auch der Grund, warum der Maler nicht nur von den Nationalsozialisten, sondern zuvor schon durch die Kirche angegriffen worden ist.

Maria – Urbild des Glaubens, Urbild der Kirche, SB S. 253–254

M 25

Im Kontext der skizzierten Thematik lässt sich für SuS der Grundansatz mariologischer Überlegungen freilegen. Die Mutter Gottes steht in exemplarischer und besonderer Weise dem Anruf Gottes gegenüber, als Urbild menschlichen Vertrauens in Gottes Führung und darin Urbild der Gemeinschaft der Glaubenden.

4. Mission und Weltkirche, SB S. 255–266

Was ist Mission?, SB S. 255–257

M 27

AA 1
AA 3–AA 5

M 27 stellt den sachlichen Zusammenhang zwischen Zeugnisgeben als Aufgabe jedes Christen und jeder kirchlichen Gemeinde einerseits sowie der organisierten Mission in fernen Ländern andererseits her. Diese Begriffsklärung sollten die SuS durch die Wahrnehmung des impliziten Vorverständnisses einleiten (**AA 1**) und durch handlungsorientierte Übungen (**AA 3–AA 5**) vertiefen. In diesem Zusammenhang lohnt eine Auseinandersetzung mit dem Begriff „Neuevangelisierung" Europas, wie ihn Johannes Paul II. geprägt hat: Braucht unser Kontinent Religion, Kirche, Gott? Oder leben die Menschen „ohne" gesünder?
SuS können in der Reflexion der praktischen Übungen und Tätigkeiten durchaus auf Aspekte der anderen Module zurückgreifen (SB S. 224 ff., 246).

Die Begegnung mit einer selbstbewussten Kultur – China, SB S. 257–263

M 28, **M 29**

AA 1–AA 3

M 30

Hans Küng hat schon in seinem Buch „Existiert Gott" (1981, S. 644 ff.) die Entscheidungen von Clemens XI. (1704) und Benedikt XIV. (1742) als Kardinalfehler der Chinamission kritisiert: Das Verbot des Gebrauchs traditioneller Gottesnamen, der Verehrung der Ahnen und des Konfuzius und der Feier der Heiligen Messe in der Landessprache sowie die Verpflichtung auf die positiven Kirchengebote (Fasten und Abstinenz) hätten der Akzeptanz des katholischen Glaubens entscheidende Schläge versetzt. Jedins Kirchengeschichte (Bd. V, 16. Kapitel) urteilt unter Hinweis auf die konkurrierenden politischen Ansprüche von Spanien, Portugal und Frankreich, die sich in unterschiedlichen missionarischen Konzepten niederschlugen, zurückhaltender. Der „bissige" Bericht des inkulturierten und politisch einflussreichen Jesuiten Schall über die Missionsmethoden der von den Philippinen aus operierenden Bettelbrüder, die angeblich vollmundig und „per Sänfte" in die Szenerie Pekings hineinplatzen, gibt einen authentischen, wenn auch stark tendenziösen Einblick in die Zeit und ihre Grundkonzepte von Verkündigung. Es wäre eine Überforderung der SuS, mehr als eine grundlegende Annäherung an die Problematik zu verlangen, wohl aber ist eine Klärung und Würdigung der entgegenstehenden Positionen möglich (**AA 1–AA 3**).
Gleiches gilt für die Einschätzung der gegenwärtigen religiösen und kirchlichen Lage in China. Erling skizziert in seinem Bericht Grundzüge des problembeladenen Verhältnisses zwischen

Vatikan, chinesischen Bischöfen und chinesischen Behörden. Den Text können die SuS durch eigene Recherche erweitern oder überarbeiten. Seine Informationen und die Reaktion des Staatsapparates (**M 32**) sind notwendig zum Verständnis des Papstbriefes **M 31**.

M 31, M 32

M 31 befasst sich nicht nur mit religiösen Aspekten, sondern auch mit solchen des kulturellen und wirtschaftlichen Lebens und setzt mit Blick auf das Verhältnis Staat-Kirche deutlich auf Normalisierung und Entspannung der Beziehungen (Z. 8–48). Deshalb sagt der Papst zum einen, dass die Katholiken die politische Ordnung nicht gefährdeten, wohl aber um Gerechtigkeit bemüht seien. Zweitens betont er die sakramentale Einheit der Kirche (Z. 70 f.), was zur Folge hat, dass den „Untergrundkatholiken" der Sakramentenempfang auch von Bischöfen und Priestern gestattet wird, die der *Chinesisch Katholischen Patriotischen Vereinigung (CCPA)* angehören. Auf der anderen Seite stellt Benedikt die Existenz der *CCPA* als mit den Prinzipien der Kirche unvereinbar dar, da sie im Dienste der Regierung stehe und somit die kirchliche Autonomie verletze (Z. 49–58 und 81–88). „Fingerspitzengefühl" beweist der Papst durch die Stärkung der Entscheidungsbefugnisse der mit Rom in Verbindung stehenden Bischöfe und Priester hinsichtlich des Umgangs mit der Lage vor Ort (Z. 91–105).

Zum Hintergrund: In der *Chinesischen Bischofskonferenz* sitzen „gültig, aber unerlaubt" geweihte und deshalb kirchenrechtlich vom Papst nicht anerkannte Bischöfe. Bis zum Papstbrief war es den Gläubigen nicht gestattet, die Sakramente von Priestern zu empfangen, die mit diesen Bischöfen in Kontakt stehen. Eine Lockerung dieser Regelung, die nicht bei allen Gläubigen auf Zustimmung stößt (vgl. Z. 99–105), ist aus Sicht des Vatikans notwendig geworden, weil viele „patriotische" Bischöfe und Priester im Geheimen den Kontakt mit Rom praktizieren. Letztes Ziel des Papstes ist die Approbation aller unerlaubt geweihten Würdenträger durch Rom und die Eingliederung der „Untergrundbischöfe" in eine von der Regierung unabhängige *Chinesische Bischofskonferenz*.

AA 6

AA 6 dient ausdrücklich nicht der Legitimation der Stornierung von Menschenrechten, sondern eher dem verstehenden Perspektivenwechsel, wie er für die Tätigkeit der Diplomaten kennzeichnend ist.

Gibt es zwei Völker Gottes? – das Verhältnis der Kirche zum Judentum, SB S. 263–266

M 33 – M 35

Die Zusammenbindung des „katholisch-jüdischen Dialogs" mit dem Missionsgedanken kann manches Missverständnis wachrufen. Galt die Bekehrung von Juden von der Antike bis in die Moderne hinein als nachträglicher Sieg des Gottessohnes über seine „halsstarrigen Brüder und Schwestern", so hat das Bewusstsein „nach Auschwitz" in dieser Frage einen Sprung gemacht. Das Zweite Vatikanische Konzil definiert wie auch Johannes Paul II. die Natur der Beziehung zum Judentum als eine von anderen interreligiösen Dialogen kategorial unterschiedene. Für die deutsche Bewusstseinslage bedeutsam waren nach den Auschwitz-Prozessen in den sechziger Jahren der mehrteilige Fernsehfilm „Holocaust" (1979) und die TV-Dokumentation „Der Tod ist ein Meister aus Deutschland" (1988), der die antisemitische Kollaboration der europäischen Bevölkerungen mit dem deutschen Verbrecherregime im Zweiten Weltkrieg offenlegte. Jan T. Gross bewirkte im katholischen Polen mit seiner Dokumentation zu „Jedwabne" einen Schock. Bei unseren östlichen Nachbarn zeigte sich im Gefolge der Offenlegung der polnischen Verbrechen an polnischen Juden, dass das Aussöhnungsverlangen des Papstes (Abb. SB S. 264) sich zwar apologetisch-zaghaft in kirchlichen Dokumenten (**M 35**) niederschlug, die Seelen vieler seiner Landsleute jedoch nicht erreichte.

Die jüngste Kontroverse hat Papst Benedikt XVI. ausgelöst, der 2007 mit der Erlaubnis, die Messe im „außerordentlichen Ritus" von 1962 lesen zu dürfen, gleichzeitig eine vorkonziliare Karfreitagsfürbitte legitimiert hatte. Die deshalb von ihm verfügte Neufassung derselben im Jahr darauf (vgl. *W. Kasper:* http://www.faz.net) konnte weite Teile der Öffentlichkeit nicht zuletzt deshalb nicht überzeugen, weil die Überschrift unverändert blieb: „Pro conversione Judaeorum – für die Bekehrung der Juden". So legte der *Gesprächskreis Juden und Christen beim Zentralkomitee der deutschen Katholiken* im Jahr 2009 ein Dokument vor, das wiederum bei den Bischöfen auf scharfe Ablehnung gestoßen ist: *„Nein zur Judenmission – Ja zum Dialog zwischen Juden und Christen"* (http://www.zdk.de/erklaerungen/erklaerung.php?id=181). Die Kontroverse leuchtet den Hintergrund der im SB abgedruckten Materialien und AA aus. Interessant für den Unterricht sind sicher weniger die Detailargumente als vielmehr die Frage, ob diese Problematik für den Alltag und den Glauben der Menschen Bedeutung hat oder haben sollte oder ob es sich um das berühmte „Glasperlenspiel" von Theologen handelt.

Nicht fehlen darf in dem Kontext der Materialerschließung eine Hinführung zur Problematik des Wiedererwachens von Judenhass – zunächst in den aufgrund der kommunistischen Herrschaft von Aufklärungsdefiziten gekennzeichneten osteuropäischen Staaten, zunehmend jedoch auch in Westeuropa. Die AA gehen von der Tatsache aus, dass eine rein „platonische" Auseinandersetzung mit der Problematik des christlich-jüdischen Verhältnisses unmöglich ist.

AA 2–AA 7

Sowohl die paulinische (**AA 2**) als auch die lehramtliche Aussage der polnischen Bischöfe (**AA 3**) muss L daher nicht nur aus didaktischen, sondern auch aus sachlichen Gründen in Anforderungssituationen hineinstellen (**AA 1, AA 4, AA 5, AA 7**).

M 36

Als zunächst innerjüdisches Diskussionspapier ist **M 36** zu verstehen, eine Initiative nicht der großen „Committees", sondern einzelner amerikanischer Rabbiner und Theologen, die durch Unterschriften zu einem offiziösen Gesprächsangebot der jüdischen Geisteswelt an die christliche Mehrheitsgesellschaft wurde. Formuliert in den Jahren 2000 bis 2002, zwischen *Zweiter Intifada* im Nahen Osten und dem *war on terrorism,* legt es in erster Linie Gewicht auf die theologischen Gemeinsamkeiten der beiden Religionen.

AA 6–AA 8

Das gekürzt abgedruckte Dokument eignet sich zu einer erläuternden oder bewertenden Durchsicht (**AA 6–AA 8**) am Ende des schulischen Bildungsgangs, das die SuS aufgrund der Gliederung auch in Gruppenarbeit interpretieren können:
http://www.ekd.de/download/juedische_stellungnahme_christen_und_christentum_2005.pdf)

5. Welche Kirche braucht die Welt?, SB S. 267–277

M 37

M 37 lässt die Frage offen, inwieweit Kirche und Christentum ihren Platz in der globalisierten Moderne behaupten können, und ermöglicht dadurch eigene Wahrnehmungen und Reflexionen.

AA 1

AA 1 ermuntert die SuS, sich anhand der *Symbolik der Architektur* durch eigenes Tun der eingangs skizzierten Problematik bewusstzuwerden und die normative Kraft des faktisch Präsenten zu befragen (Wahrnehmungs- und Deutungskompetenz). Gleichzeitig ist eine Bezugnahme auf die eröffnende Doppelseite SB S. 222/223 einschließlich der dort erzielten Arbeitsergebnisse möglich.

Petrusdienst und Papstamt, SB S. 268–271

M 38

Vor allem das Feuilleton diskutiert im Kontext des virulenten Neoislamismus die Bedeutung der Religion als strukturreaktionärer Kraft auch mit Blick auf die katholische Kirche. Die Entscheidungen des Konzils von 1870 *(Jurisdiktionsprimat, höchste Lehrgewalt, Unfehlbarkeit des Papstes)* gehören in diesen didaktisch erschließbaren Zusammenhang. Zum rechten Verständnis dieser Definitionen hat es wenig Sinn, entschuldigend oder apologetisch auf die Kulturkämpfe des 19. Jahrhunderts hinzuweisen. Bedeutsam ist, Themen zu finden, an denen sich der Anspruch der Definition konkretisieren lässt. Dabei sind die klassischen Beispiele (Unbefleckte Empfängnis Mariens; Aufnahme Mariens in den Himmel mit Leib und Seele) weniger geeignet als Aspekte der Moraltheologie. Besonders die bedeutende Enzyklika „Evangelium vitae" (vgl. **M 23**) mit ihren semidefinitiven Sentenzen bietet eine sehr gute Orientierung für problemorientierte und lebensnahe Fragestellungen.

M 39, **M 40**

Die seit den sechziger Jahren des 20. Jahrhunderts verschiedentlich diskutierte *gestufte jurisdiktionelle Zuständigkeit des Papstes* (**M 39**, Z. 20) ist allerdings durch die Amtsführung Johannes Pauls II. konterkariert worden. Dessen charismatische Persönlichkeit und Selbstverständnis haben besonders den Protestanten noch einmal eindringlich deutlich gemacht, warum sie Protestanten sind. Unter dem Eindruck der Identifikation von Person und Amt bei diesem können sie weder der Differenzierung zwischen Petrusdienst und Papstamt noch der von Werbick vorgeschlagenen Differenzierung der Zuständigkeiten des Papstamtes etwas abgewinnen.

AA 1–AA 6

AA 1 soll die SuS in Kontakt zur Problematik setzen; die Erarbeitung eines Themenpools kann am Anfang stehen, **AA 5** und **AA 6** schlagen Zielformate für eine solche Beschäftigung vor. In jedem Fall gehört die genaue inhaltliche Erschließung von **M 35** zu den Aufgaben des Unterrichts.

Frauenkirche – Männerkirche, SB S. 271–273

Exemplarisch steht für große Teile der Öffentlichkeit die lehramtliche Sicht auf *„das Wesen der Frau"* (Johannes Paul II.: Mulieris Dignitatem, 1988) für eine wissenschaftlich überholte Anthropologie, für antiquiertes Haften an überlieferten Rollenvorstellungen und die Nähe des

M 41, M 42 Katholizismus zu modernitätsfeindlichen Strömungen im Islam. Die beiden aus feministischer Sicht formulierten **M 41** und **M 42** lassen sich deshalb zum einen im ekklesiologischen Kontext verwenden, sie eignen sich jedoch auch für eine Einbindung in anthropologisch und ethisch ausgerichtete Module. Bedeutsam ist für Sölle wie auch für Rahming die in der Bibel sich spiegelnde frauenfreundliche Praxis urchristlicher Gemeinden. Welche Konsequenzen daraus für die Gegenwart z. B. mit Blick auf die Ämterfrage gezogen werden können, ist umstritten.

M 43 Johannes Paul II. hat für die katholische Kirche „endgültig" ausgeschlossen, dass Frauen die Priesterweihe gespendet werden kann, und den Gläubigen die weitere Diskussion untersagt. Für den staatlichen RU bietet die definitive Entscheidung einen didaktisch fruchtbaren Ausgangspunkt für die Erörterung der Thematik, indem durch handlungsbezogene AA (SB S. 273) eine Einbettung des Problems in relevante Zusammenhänge geleistet wird.

AA 3–AA 5

... und vor Ort? Planen für welche Zukunft, SB S. 273–277

M 44, M 45 Eine praxisnahe und vor allem problemorientierte Sequenz kann die Sichtung von Strukturplanungen der Bistümer darstellen. Rückbau oder Ausbau „kirchlicher Infrastruktur" bedeutet zugleich *ökonomische und geistliche Investitionsentscheidungen* zu treffen, die nachvollziehbar gemacht werden müssen. Bistumsleitungen werben um Zustimmung bei Gläubigen, beziehen diese in Entscheidungsprozesse ein oder treffen Entscheidungen über die Köpfe der Betroffenen hinweg. Für SuS besteht die Möglichkeit, sich in die Diskussion einzuklinken und über die Beschäftigung mit der Verwendung von „Immobilien" Einblick in das Gemeindeleben zu nehmen. Dies ist im Rahmen einer Langzeit-Hausaufgabe oder einer Fachseminararbeit möglich. Das Unterrichtsarrangement bietet Chancen für die Schulung aller fünf EPA-Kompetenzen. Es setzt keine Adressaten voraus, die starke kirchliche Bindungen aufweisen, sondern eher solche, die Interesse haben, Menschen zu begegnen und Problemstellungen zu bearbeiten, für die nicht schon fertige Antworten in den Lehrbüchern zu finden sind. Die einzunehmende Expertise-Perspektive fordert keine Identifikation mit dem „Untersuchungsobjekt", schließt eine parteiische Involvierung allerdings auch nicht aus.

- Kirchenpädagogische Ansätze des RU aus der S I oder im Rahmen von Übungen mit der Methode 11 (SB S. 388) verhelfen zu eigenen Begegnungen mit Sakralräumen.
- Die Recherche vor Ort bedarf der Einhilfe durch L, die den Diskussionsprozess im Bistum und die Konsequenzen für die Pfarreien mindestens in Grundzügen vorstellen muss. Erst durch diesen problemorientierten Aufriss wird wahrnehmende Recherche in deutender und urteilender Intention attraktiv. Es kommt dem Charakter des Moduls 5 entgegen, wenn Inhalte der anderen Module des Kirchenkapitels in die Reflexion einbezogen werden.
- Es wäre für die Anlage einer Lernaufgabe sinnvoll, wenn am Ende ein Ergebnis präsentiert werden würde, das u. U. nicht nur in schulischen, sondern auch in kirchlichen Zusammenhängen verwendet werden könnte (*Gestaltungskompetenz*).

Die im SB präsentierten Materialien und AA (S. 273–275) führen in die Problematik ein und präsentieren zugleich möglichen Dokumentationsformen.

Neue Vergemeinschaftungen – ein Zukunftsmodell von Kirche? SB S. 276–277

M 46 Das Modell der *Kleinen christlichen Gemeinschaften* greift nicht nur auf biblische Inspiration zurück (SB S. 237 f.), sondern unterscheidet theologisch auch deutlich zwischen *Pfarreiorganisation* und *Gemeindeleben*. Die Identifizierung von Parochie und Ekklesia muss nach Meinung der Initiatoren des Projekts gerade im Rahmen einer kirchenorganisatorischen Transformation gewachsener Strukturen aufgelöst und in ein sinnvolles Spannungsverhältnis überführt werden (vgl. *Hennecke* in HK 2010). Offen ist hingegen, ob die nachwachsende Generation überhaupt noch in neue Strukturen eingebunden werden kann oder ob alle Projekte und Initiativen in ihrem Bestreben chancenlos sind, identifikatorische Bindungen herzustellen.

M 47 Um nicht jede Pfarrei mit Jugendarbeit zu „überfordern", hat es sich als sinnvoll herausgestellt, Angebote in größere regionale Räume hineinzustellen. Jugendcafés und Jugendkirchen werden zunehmend zu eigenen pastoralen Begegnungsräumen und Handlungsfeldern, welche nicht nur die Mobilität junger Menschen in Rechnung stellen, sondern aus den häufig „monogenerationellen" Gemeindestrukturen befreien (SB S. 225–230). Events wie der Kölner Weltjugendtag 2005 oder Reisen nach Taizé stellen demgegenüber ergänzende spirituelle „Bemühungen" dar. Auch in unterrichtlichen Zusammenhängen kann die Diskussion der Frage von Interesse

AA 1–AA 3

sein, ob Planungen in erster Linie die „Reproduktion katholischer Kirchenstrukturen" im Blick haben müssen oder den Dienstcharakter an den Menschen. **AA 1–AA 3** nehmen dieses Anliegen auf.

C. Lernsequenz

Darf Hitler auf den Altar schauen? – Kreuzweggestaltung als Herausforderung

1. Thema

Kreuzwegandachten gehören zu den Nischenangeboten der katholischen Frömmigkeitstradition. In der Fastenzeit versammeln sich zumeist ältere Frauen, um den Kreuzweg meditierend zu bedenken. Die Kreuzwegstationen werden dabei nicht abgegangen, sondern zumeist mithilfe des „Gotteslobs" sitzend gebetet. Die Visualisierungen des Weges Jesu von der Verurteilung bis zur Grablege sind nicht selten künstlerisch anspruchslos gestaltet und fallen allenfalls Neugierigen noch ins Auge. Nicht so im niedersächsischen Georgsmarienhütte: In der Krypta der dortigen Heilig-Geist-Kirche sind die Gottesdienstbesucher umfangen von den „Kreuzwegstationen" der Insassen der nationalsozialistischen Konzentrationslager. Bedrängend nah tritt das Leiden des Gottessohnes als Leiden aller Opfer von Gewalt an den Gläubigen heran. *Darf die Marter so dicht am eucharistischen Geschehen sein?* Der katholische Theologe Benno Haunhorst, der die Geschichte der Heilig-Geist-Kirche in seiner Heimatstadt dokumentiert hat, bejaht diese Frage. Der Leiter des Gymnasiums Josephinum in Hildesheim und Metz-Schüler ist überzeugt: Der Glaube an die Auferstehung werde zur Ideologie, wenn er nicht auf die Wunden des Karfreitags blicke.

2. Lernanlässe

Leiderfahrungen gehören zu den unausweichlichen Tatsachen des Lebens von Heranwachsenden. Allerdings fehlen zumeist adäquate Ausdrucksformen für Gedanken und Gefühle. Spontanritualisierungen (gemeinsames Trauern, Blumenniederlegungen, säkulares Massengedenken im Stadion wie beim Fußballnationaltorwart Robert Enke 2009) zeigen an, dass Leben und Leid bedacht sein wollen, Sinnfragen letztlich nicht stillgestellt werden können. Die Kreuzweggestaltung lädt zu einer Integration der christologischen Dimension in das Bedürfnis nach Expression ein. Besonders Jugendkirchen bieten als Kooperationspartner von Schulen auf Kinder und Heranwachsende abgestimmte Kreuzwege an, deren Besuch eine gute Grundlage für die vertiefende theologische Arbeit mit dem hier vorgeschlagenen Thema darstellt.

3. Kompetenzen

Beispielhaft seien einige der im niedersächsischen Kerncurriculum gelisteten inhaltsbezogenen Kompetenzen genannt, um dem Lernvorhaben eine Ausrichtung zu geben. Die SuS

- entfalten unter Berücksichtigung zeitgenössischer Interpretationen die Relevanz von Tod und Auferweckung Jesu;
- veranschaulichen Sinn und Formen christlich-kirchlicher Grundvollzüge;
- bewerten biblische und systematisch-theologische Antwortversuche auf die Theodizeefrage.

4. Lernarrangement

Den Ausgangspunkt kann die Sequenz von christologischen (Modul 3 im Jesus-Kapitel), theologischen (Modul 6 im Gotteskapitel) oder ekklesiologischen (Modul 1 im Kirchenkapitel) Fragestellungen nehmen, um das Problem der Ausdrucksqualität christlicher Glaubenswahrheiten und Grundvollzüge zu thematisieren. Der sarkastische Sprechtext des Liedermachers Hermann van Veen (vgl. **ZM 1**) bietet die Möglichkeit, die seit Nietzsche sprichwörtliche These von der „lebensverneinenden Wirkmächtigkeit von Glauben und Kirche" vorzustellen und mit Blick auf die Erlösungsvorstellung des Christentums zu problematisieren (vgl. *Nocke,* SB S. 206; *Kessler,* SB S. 210).

In einer zweiten Phase stehen mehrere Lernwege offen:

- Entweder präsentiert L zunächst einen virtuellen Rundgang durch die Krypta der Heilig-Geist-Kirche in Georgsmarienhütte, um eine konkrete Anforderungssituation herzustellen. Dabei vertieft der Text von Benno Haunhorst (vgl. **ZM 2**) das Anliegen der Kreuzwegkonzeption.
- Oder SuS erarbeiten im Anschluss an die Eingangsphase zunächst einmal selbst eine Fotodokumentation zur Thematik *Liebt die Kirche das Leiden? Kreuzwege und ihre Wirkung.* Arbeitsteilig kann eine Teilgruppe die theologischen Grundlagen von Kreuzwegen überhaupt erschließen. Die Präsentation, die in besonderer Weise die Wahrnehmungs-/Beschreibungsfähigkeit und die Gestaltungskompetenz schult, bereitet eine zweite Plenumsphase vor, in der die Thesen der Religionskritik überprüft werden. Das Modell Georgsmarienhütte würde erst jetzt in einer dritten Lernphase vorgestellt werden.

5. Lerngegenstände

Die für die Kompetenzgewinnung notwendigen Inhalte sind mit der Benennung der Kompetenzen bereits angedeutet. Im niedersächsischen KC werden exemplarisch genannt:

- Kontingenzerfahrungen und biografische Zeugnisse;
- Mk 14f. (Offenbarung Gottes in Jesus);
- Theologische Interpretationen des Todes Jesu und das Verständnis von Begriffen (Erlösung, Sühne, Opfertod);
- Theologie der Gottesdiensträume, katholische Liturgie von Gründonnerstag bis Ostern.

6. Lernaufgaben

Das Thema eignet sich sehr gut, die in den EPA als Fluchtpunkt jedes kompetenzorientierten Religionsunterrichts vorgestellten Gestaltungsaufgaben in den Blick zu nehmen:

- Fiktive Situation: Die Krypta der Heilig-Geist-Kirche ist sanierungsbedürftig. In den Wänden steckt der „Schwamm", eine Rettung des Kreuzweges ist nur unter großen finanziellen Aufwendungen möglich. Dazu fehlen jedoch die Mittel. Ein Förderkreis hat sich gebildet, der in der Osnabrücker Innenstadt für die Erhaltung des Kreuzweges sammelt. Entwerfen Sie eine Konzeption für eine solche Sammlung.
- Dokumentieren Sie die Kreuzwege der Kirchen Ihrer Umgebung für eine Artikelserie in der Kirchenzeitung Ihres Bistums. Erkundigen Sie sich über das Layout der KIZ und deren Rubriken. Fragen Sie nach, ob die Möglichkeit für eine Veröffentlichung besteht („Zeitung in der Schule").
- Die Kreuzwegandachten in der Passionszeit werden in der Regel von nur wenigen, zumeist älteren Frauen besucht. Die Kreuzwegdarstellungen an den Wänden Ihrer Kirche spielen darin keine Rolle, da die Stationen nicht abgeschritten, sondern mithilfe des „Gotteslobs" meditiert werden. Der Pfarrgemeinderat beschließt, den Adressatenkreis durch eine bewusstere Auswahl von Texten und Bildern zu erweitern.
  a) Legen Sie einige grundsätzliche Überlegungen zur Bedeutung der Kreuzwegandachten vor.
  b) Stellen Sie einen neu gestalteten Kreuzweg vor, der Bilder (Fotos) und Kurzmeditationen enthält. Lehnen Sie sich dabei an das von Benno Haunhorst porträtierte Konzept an.

Zur Unterstützung der Lösung von Gestaltungsaufgaben ist es hilfreich, Arbeitsaufträge anzubieten, die weniger komplexe Zwischenziele ansteuern:

- Schreiben Sie einen kurzen Lexikonartikel über Sinn und Inhalt des „Kreuzwegs" in der katholischen Kirche.
- Vergleichen Sie den Kreuzweg der Heilig-Geist-Kirche mit anderen Gestaltungen. Kontrastieren Sie per Beamer exemplarisch einige „Stationen".
- Führen Sie Haunhorsts Meditation (vgl. **ZM 2**) bzw. Erklärung an einer anderen Station weiter.

Im Rahmen von Facharbeiten oder Projekten bietet es sich an, SuS einen eigenen Kreuzweg mit Bildern (Fotos, Zeichnungen etc.) sowie erklärenden oder meditativen Texten erarbeiten zu lassen.

7. Lernerfolg

Die Überprüfung von Kenntnissen und Fertigkeiten erfolgt in der Regel an ähnlichen „Materialien" und mit den Arbeitsformen, die im Unterricht geschult worden sind. Von daher bietet es sich an,

- einen Kreuzweg-Bilderzyklus ausdeuten zu lassen;
- zwei unterschiedliche Bilderzyklen vergleichen und bewerten zu lassen;
- eine Bilddokumentation mit meditativen Texten zu erarbeiten, die biblische Bezüge aufweisen.

8. Lernquellen

Die Baugeschichte der Heilig-Geist-Kirche sowie die Vorstellung der Krypta und ihres Bildprogramms finden sich in Publik-Forum, 6/2008 und in der kleinen Monografie von Benno Haunhorst (Kreuzwege. Bilder und Texte des Martyriums. Berlin: LIT 2009).

Visuell unmittelbar zugänglich für SuS ist die Krypta unter der Adresse http://www.gvoh.de/index.php?module=photoshare&func=showimages&fid=100.

Der theologische Zugang zum Thema Kreuzweg lässt sich am einfachsten über www.wikipedia.de herstellen, wo einige grundlegende Aspekte dargestellt und mit Bildern belegt werden. Weitere Links finden sich dort ebenfalls.

ZM 1 Herman van Veen: Geschichte von Gott

Der 1945 geborene niederländische Liedermacher und Buchautor lebt in der Nähe von Utrecht.

Als Gott nach langem Zögern wieder mal nach Hause ging, war es sagenhaftes Wetter und das erste, was Gott tat, war die Fenster sperrangelweit zu öffnen, um sein Häuschen gut zu lüften. Und Gott dachte, vor dem Essen werd ich mir noch kurz die Beine vertreten, und er lief den Hügel hinab zu jenem Dorf, von dem er genau wusste, dass es da lag.
Und das erste, was Gott auffiel, war, dass mitten im Dorf während seiner Abwesenheit etwas geschehen war, was er nicht kannte. Mitten auf dem Platz stand eine Masse mit einer Kuppel und einem Pfeil, der pedantisch nach oben wies.
Und Gott rannte mit Riesenschritten den Hügel hinab, stürmte die monumentale Treppe hinauf und befand sich in einem unheimlichen, nasskalten, halbdunklen, muffigen Raum.
Und dieser Raum hing voll mit allerlei merkwürdigen Bildern: viele Mütter mit Kindern mit Reifen überm Kopf und ein fast sadistisches Standbild von einem Mann an einem Lattengerüst. Und der Raum wurde erleuchtet von einer Anzahl fettiger, gelblich-weißer triefender Substanzen, aus denen Licht leckte. Er sah auch eine höchst unwahrscheinliche Menge kleiner Kerle herumlaufen mit dunkelbraunen und schwarzen Kleidern und dicken Büchern unter müden Achseln, die selbst aus einiger Entfernung leicht modrig rochen.
„Komm mal her ... was ist das hier?" „Was das ist? Das ist eine Kirche, mein Freund, das ist das Haus Gottes, Freund."
„Aha ... wenn das hier das Haus Gottes ist, Junge, warum blühen hier dann keine Blumen, warum strömt dann hier kein Wasser, und warum scheint dann hier die Sonne nicht, Bürschchen?"
„Das weiß ich nicht."
„Kommen hier viele Menschen her, Knabe?"
„Es geht in letzter Zeit ein bisschen zurück, mein Freund."
„Und woher kommt das deiner Meinung nach, oder hast du keine?"
„Der Teufel – ... der Teufel ist in die Menschen gefahren, die Menschen denken heutzutage, dass sie selbst Gott sind, und sitzen lieber auf ihrem Hintern in der Sonne."
Und Gott lief fröhlich pfeifend aus der Kirche auf den Platz, da sah er auf einer Bank einen kleinen Kerl in der Sonne sitzen, und Gott schob sich neben das Männlein, schlug die Beine übereinander und sagte: „... Kollege!"

© *Hermann von Veen*, ca. 1975

1 Arbeiten Sie die vom Autor eingesetzten Stilmittel heraus und formulieren Sie sein Anliegen.
2 Setzen Sie sich mit der „Botschaft" des Textes von Hermann van Veen auseinander.

Benno Haunhorst: Die zweite Station – er ist des Todes schuldig

Wir sehen die vier Richter, die den Volksgerichtshof darstellen, und wir sehen, skandalös in der damaligen Zeit – heute auch noch – ein Hitlerporträt oben über dem Volksgerichtshof thronen. Dieses Hitlerbild ist sehr zwiespältig gehalten; erst einmal hat es damals für große Sensationen gesorgt, als 1964 in dieser Krypta der erste Gottesdienst gewesen ist, weil die Menschen damals sagten: Man kann nicht Messe feiern an einem Ort, wo ein Hitlerbild hängt. Das geht nicht. Zumal dieser Hitler auch noch auf den Altar schaut. Das ist völlig unmöglich. Dieser Hitler wird, so könnte man es sogar interpretieren, fast wie ein Dämon, wie ein Teufel dargestellt. Da hat der Künstler ganz bewusst gespielt – mit der Struktur des Bildes. Und die Frage, die sich für uns eigentlich immer stellt: Der schaut uns ja an, der Hitler, uns Betrachter – ist er nun wirklich ein Mensch oder ist er ein Satan, ein Teufel gewesen? Ist er also einer von uns, oder ist er der ewige Widersacher Gottes? Ich finde das eine sehr wichtige Frage, weil diese auch in den vier Richtern wiederkehrt: Die vier Richter, die mit einem blutigen Finger, einer blutigen Hand, wie aus einer Pistole – wenn man so will – auf den Angeklagten zeigen, der ihnen da vorgeführt wird, und ihn für schuldig erklären. Interessant ist: Es gibt zwei Richter, die uns anschauen, die beiden mittleren. Der eine hat auf dem Revers eine 5 stehen. Ich interpretiere das so, dass das eine Erinnerung ist an das fünfte Gebot „Du sollst nicht töten!“ (Und der andere Richter, der zeigt nicht mit der rechten Hand, wie die übrigen drei, sondern mit der linken Hand auf den Angeklagten, und die rechte Hand führt dann zur Brust, wie zur Entschuldigung: Bin ich es? Könnt ihr mir verzeihen? Habe ich eine Schuld auf mich geladen? Diese beiden Richter schauen uns an. Vorgeführt wird hier ein Häftling, der die Nummer „1“ trägt – also eine Häftlingsnummer, die Nummer „1“. Und dieser Häftling kommt in jedem zweiten Bild wieder vor. Vermutlich ist es so, dass mit diesem kleinen Indiz der Künstler andeuten wollte: Das ist Jesus Christus. Er hat ihm nicht die Aura von Jesus verliehen, auch nicht das Aussehen, sondern nur dieses kleine Symbol mit der „1“, das andeuten soll, dass man diesen leidenden Jesus Christus in jedem dieser Häftlinge und Gemarterten hier wiederfindet.

(Publik-Forum, Heft 6/2008)

ZUKUNFT – *Zeit und Ewigkeit*

A. Didaktische Intentionen und Überblick über das Kapitel

Die Frage nach den „Letzten Dingen" ist eine existenzielle Frage, die gerade für junge Erwachsene, die sich mit vielen Sinnfragen befassen, interessant ist. So bietet das Kapitel „Zukunft – Zeit und Ewigkeit" nicht nur theologische, sondern auch philosophische Fragen, die jeden Menschen angehen. Die Intention des Kapitels ist es, den Einzelnen anzusprechen und ihn persönlich in existenzielle Fragen zu involvieren.
Der Begriff Eschatologie bezieht sich zum einen auf das Leben nach dem Tod, zum anderen auf die Zukunft, die jeden Moment bereits anbricht, somit auch auf das Leben im Hier und Jetzt. Um die Reduktion der Eschatologie auf das Leben nach dem Tod – die Engführung des theologischen Begriffs – zu vermeiden, ist das Kapitel so konzipiert, dass **Modul 1** (Zukunftsvisionen; SB S. 280–287) den Blick auf die Zukunft lenkt und dann erst der Tod als ultimative Zukunft des Individuums in den Blick kommt. In **Modul 2** (Der Tod; SB S. 288–296) geht es um das Phänomen des Todes und um Sterben, während **Modul 3** (Das Leben nach dem Tod; SB S. 297–309) verschiedene, vor allem christliche Jenseitsvorstellungen zugänglich macht. **Modul 4** (Hoffnung für die Lebenden und die Toten; SB S. 310–313) bildet den Abschluss, indem die Zukunft im Leben und die Zukunft nach dem Tod zusammengeführt werden. Aspekte aus dem Modul 1, die Modul 2 und 3 im Hinblick auf das Jenseits vertiefen, werden wieder aufgegriffen, so dass der komplexe Zusammenhang von Diesseits und Jenseits, der den SuS evtl. schon durch den Reich-Gottes Begriff bekannt ist, in seiner Bedeutung für die Christen expliziert wird.

Modul 1 beginnt mit einer subjektiven Annäherung an das Thema. Im Sinne performativer Religionsdidaktik haben die SuS die Gelegenheit, sich ganz persönlich mit ihrer Vorstellung und ihrem Verhältnis zur Zukunft zu befassen, bevor sie sich dann auf einer abstrakteren Ebene mit gesellschaftlichen Zukunfts- und Utopievorstellungen auseinandersetzen. Die dritte Materialgruppe „Gott verheißt Zukunft – biblische Zukunftsperspektiven" (SB S. 283–287) erschließt die individuellen und gesellschaftlichen Zukunftsperspektiven der Bibel und vermittelt wichtiges Grundlagenwissen (Apokalypse, Naherwartung, Reich Gottes, das christliche Zeitverständnis), das vor allem für die Arbeit mit **Modul 3** von Bedeutung ist.

Modul 2 widmet sich dem facettenreichen Thema Tod, das sicherlich heikel ist und je nach Lerngruppe mehr oder weniger vertiefend behandelt werden wird. Die erste Materialgruppe „Leben mit Blick auf den Tod" (SB S. 288–291) ermöglicht eine rationale Auseinandersetzung mit unterschiedlichen philosophischen und theologischen Sichtweisen. Die zweite Materialgruppe „Die Angst vor dem Tod" (SB S. 292–294) problematisiert konkrete Umgangsweisen. Wird der Tod einerseits verdrängt, so erleben wir andererseits in den letzten Jahren eine gesellschaftliche Neubelebung des Todes in Kunst und Literatur, vor allem in Filmen. Die SuS sollten die Frage nach der Angemessenheit der Präsenz des Todes diskutieren. Abstumpfung versus Verdrängung? Banalisierung versus Stilisierung? Die Frage, wie jeder Einzelne mit dem Tod – dem eigenen und dem anderer – umgeht oder umgehen kann, kann dazu anregen, neue Optionen zu entwickeln. Die Materialgruppe „Den Abschied gestalten – Trauer- und Begräbniskultur"(SB S. 294–296) vermittelt evtl. verlorengegangenes kulturelles Wissen und leitet über zu **Modul 3**.

Modul 3 geht zunächst der Frage nach der Unsterblichkeit nach (SB S. 297–299). Ohne die Vorstellung eines Lebens nach dem Tod inhaltlich konkret zu definieren, sollen die SuS sich ihrer (bewussten oder unbewussten) eigenen Haltung vergewissern. Sie reflektieren dann die Idee der Unsterblichkeit als eine gewachsene philosophische und theologische Vorstellung. Dabei geht es vor allem um den Grundgedanken der Frankfurter Schule, der „Sehnsucht danach, dass es bei dem Unrecht, durch das die Welt gekennzeichnet ist, nicht bleiben soll. Dass das Unrecht nicht das letzte Wort sein möge". (M. Horkheimer) Dieser Gedanke eint Philosophen (I. Kant, M 26) und Theologen (O. Fuchs, M 27), sogar die Atheisten des 20. Jahrhunderts (z. B. Horkheimer), die den Glauben an einen guten Gott angesichts des Grauens ablehnen, aber dennoch die Sehnsucht nach einer Gerechtigkeit haben, die nur nach dem Tod kommen kann. Die Notwendigkeit der Gerechtigkeit macht die Unsterblichkeit des Menschen zu einem moralischen Postulat.
Die Materialgruppe „Himmel – Hölle – Fegefeuer: Dimensionen des Jenseits" (SB S. 300–304) bietet eine Entschlüsselung der kulturell, teilweise auch emotional besetzten Metaphern. Nach der Klärung alttestamentlicher Grundlagen sind unterschiedliche theologische Sichtweisen auf Hölle und Gericht einander gegenübergestellt und mit der vergleichsweise leichter zugänglichen Vorstellung vom Himmel (M 34) abgerundet. Die Materialgruppe „Die Seele im Himmel – ein interreligiöser Vergleich" (SB S. 305–309) liefert Informationen zu Erlösungs- und Jenseitsvorstellungen östlicher Religionen und leitet die SuS an, zwischen den oft gleichgesetzten und missverstandenen Begriffen von Auferstehung und Wiedergeburt zu unterscheiden.

Modul 4 (SB S. 310–313) leistet eine Synthese der Module 1–3. Der theologische Zukunftsgedanke als Diesseits- und Jenseitshoffnung wird expliziert und als ein unüberwindbares Spannungsverhältnis vermittelt, mit dem wir täglich umgehen müssen und das als Proprium christlichen Glaubens seine Spuren hinterlassen muss.

Kombinationen und Ergänzungen

Ergänzend finden sich thematische Anknüpfungspunkte in den folgenden Kapiteln:

Wirklichkeit:	3.	Plädoyer für die Suche nach Zeichen der Transzendenz (SB S. 26 ff.)
Mensch:	2.	Der Mensch in der Sicht des Buddhismus (SB S. 59 ff.)
Gott:	6.	Theodizee (SB S. 138 ff.)
Jesus:	2.	Jesus verkündet das Reich Gottes in Wort und Tat (SB S. 193 ff.)
	3.	Jesu Leiden, Sterben und Auferweckung (SB S. 201 ff.)
Ethik:	3.	Sterben müssen oder sterben dürfen? (SB S. 337 ff.)
Religion ...:	3.	Kirche und Kultur: Die Ordnung der Zeit (SB S. 363 f.)

Weiterführende Literaturhinweise:

Berger, Klaus u. a.: Bilder des Himmels. Die Geschichte des Jenseits von der Bibel bis zur Gegenwart. Freiburg/Brsg.: Herder 2006.

Fuchs, Ottmar: Das Jüngste Gericht. Hoffnung auf Gerechtigkeit. Regensburg: Pustet 2007.

Kehl, Medard: Und was kommt am Ende? Vom Weltuntergang und Vollendung, Wiedergeburt und Auferstehung. Kevelaer: Topos 2005.

Nocke, Franz-Josef: Eschatologie. Düsseldorf: Patmos 2005.

Themenheft „Religion betrifft uns“: Zeit und Ewigkeit, 5/2006.

Themenheft „Religion betrifft uns“: Zukunft im Reich Gottes, 2/2006.

Themenheft „Religion betrifft uns“: Apokalyptik, 5/2009.

Themenheft „Religion betrifft uns“: Im Angesicht des Todes. Begräbnisrituale, 4/2005.

B. Materialkommentierungen

1. Zukunftsvisionen, SB S. 280–287

Der eigene Blick in die Zukunft, SB S. 280–281

M 3

L sollte diese kurze Phantasiereise vorlesen. Sie lässt sich weiter ausschmücken, so dass die SuS mehr Zeit und Muße haben, sich in die geschilderte Situation zu versetzen und Bilder und Gedanken entstehen zu lassen. Diese meditative Aufgabe als ein Element performativen Religionsunterrichts eröffnet einen subjektiven Zugang zum Thema Utopie.

Menschen gestalten Zukunft – gesellschaftliche Perspektiven, SB S. 281–282

M 4

M 4 liefert die Definition von Utopie und enthält ein Plädoyer für Utopien als Motor gesellschaftlicher Entwicklung. Diese Sicht ist vielen SuS heute nicht mehr geläufig, rechtfertigt aber gleichwohl diesen über 40 Jahre alten Text.

M 5

L sollte Popper in Verbindung mit **M 4** behandeln. Er greift die problematische Seite von Utopien auf und stellt die optimistische gesellschaftliche Haltung in Frage.

M 6

Die Karikatur vertieft Poppers Kritik. Sie lässt sich anschließend oder einleitend verwenden.

Gott verheißt Zukunft – biblische Perspektiven, SB S. 283–287

M 7

Urys Darstellung von Mose auf dem Berg Nebo mit Blick auf das verheißene Land soll v. a. in seiner Wirkung auf die SuS besprochen werden und dient zur Vertiefung der analysierten Charakteristika göttlicher Zukunftsrede, die sich immer im Spannungsfeld von Verheißung und Forderung bewegt. Gott schenkt dem Menschen, erwartet dafür aber auch ein entsprechendes Verhalten. Auf dem Bild, das besonders den Forderungscharakter göttlicher Verheißung akzentuiert, wirkt Mose unsicher, verängstigt, geradezu verloren beim Anblick der Weite und des bedrohlichen Abgrunds.

M 8 – M 11

Theologische Zusatzinformationen und Verständnishilfen ergänzen die alt- und neutestamentlichen Bibeltexte **M 9–M 11** (Infobox „kairos/chronos"). Wichtig ist die Erschließung apokalyptischen Denkens, das gemeinhin als destruktiv und bedrohlich empfunden wird und ein ebenso grausames Gottesbild nahelegt. Die SuS sollen die für den wahrhaft Gläubigen ermutigende Funktion apokalyptischer Rede begreifen.
M 11 liefert keine Definition, sondern benennt die verschiedenen Facetten der Verkündigung des Reiches Gottes. Ergänzend kann L Material aus dem Kapitel „Jesus – kennen und bekennen" (Modul 2, SB S. 193 ff.) hinzuziehen. Hilfreich ist vor allem M 18 (SB S. 199 f.).

M 12

Metz fasst die Einzelaspekte biblischer Zukunftsrede zusammen und verdeutlicht ihre Relevanz in nachbiblischer Zeit. Mit dem Aspekt der Endlichkeit und dem notwendigen Zeit- und Handlungsdruck leitet **M 12** zum Thema Endlichkeit des Individuums über. **M 12** steht in enger Verbindung mit Modul 2 (besonders **M 15** und **M 16**) und lässt sich deshalb auch dort integrieren oder wieder aufgreifen.

M 13

Zu den bedeutendsten Gattungen der europäischen Malerei um 1600 gehört das Stillleben. Der niederländische Maler Pieter Claesz (1597–1660) ist der Hauptvertreter der zweiten Generation der Stilllebenkünstler, die die ganze Komplexität der Wahrnehmung der Gegenstände, ihrer Ordnung in Raum und Fläche, ihrer Erscheinung in Licht und Atmosphäre erschließen. Dieses Vanitas-Stillleben stellt leblose Alltagsgegenstände als Sinnbilder der Vergänglichkeit dar und verdeutlicht die Vergänglichkeit alles Materiellen.
Folgende Hinweise erleichtern die Entschlüsselung der Symbole:
Schädel: Symbol der Vergänglichkeit des Menschen. In Vanitas-Stillleben taucht er gelegentlich mit einem abgetrennten, zur Seite geschobenen Unterkiefer auf und steht damit sinnfällig als Zeichen für die Auflösung der Person. Dahinter steht die christliche Mahnung, dass im Hinblick auf den Tod als letztem Lebensabschnitt nur Rettung verheißen ist, wenn der Mensch in steter Reue und Selbstzerknirschung Buße tut.
Erloschenen Lichtquelle/Rauch: Die erloschene Lichtquelle erinnert an eine Kerze (= Symbol für die individuelle Seele, für das Verhältnis von Geist und Materie). Eine erlöschende Kerze steht unmittelbar für das Sterben, eine erloschene oder umgefallene für den Tod. Die Seele, in diesem Zusammenhang also die Flamme, das Licht, hat den Körper verlassen, die vergängliche Hülle, die Materie bleibt zurück. Stellvertretend tauchen gelegentlich auch Öllampen oder Fackeln als Gegenstände gleicher Bedeutung auf oder – wie hier – das Motiv einer eben erloschenen Lichtquelle, deren dünne Rauchfahne ein Luftzug verweht.
Glas: Instrument der Flüssigkeitsaufnahme, des Lebenserhalts. Das leere, umgefallene Glas ist ein nutzlos gewordener Gegenstand. Die Position des Glases macht es zum Symbol der Vergänglichkeit, das Lebenselixier ist aufgebraucht.
Schlüssel/ Kostbarkeiten (Dose): Zeichen der Macht und Größe, als weltliche Güter, die der Vergänglichkeit ausgesetzt sind.
Bücher: Werke der bildenden Kunst stehen für das tätige und geistige Leben *(vita activa und vita contemplativa)*.
Feder: Symbol des geistigen Schaffens, Produktion von Kunst und Wissenschaft.

Leben mit Blick auf den Tod, SB S. 288–291

M 14
AA 1, AA 2

Die philosophischen Kurztexte lassen sich ggf. paraphrasieren. Die Darstellung der Sichtweisen auf das Leben und den Tod in einem Schaubild fordert die SuS heraus, die Ansätze in Beziehung zu setzen und ihr Verständnis zu vertiefen. Es geht hier mehr um den Prozess der Entwicklung eines Schaubildes, über das die SuS ihr Verständnis der Sichtweisen überprüfen und in Austausch treten können, als darum, ein bestimmtes Schaubild zu entwickeln. Mögliche Anordnung in einem Koordinatensystem:

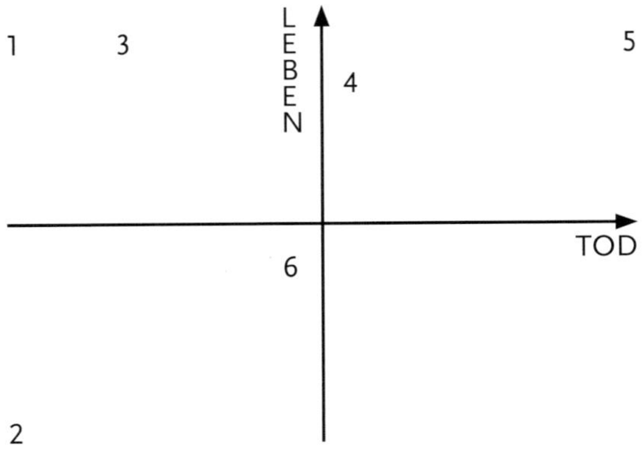

M 15, M 16

Der theologische Text Josef Ratzingers, der die spezifisch christliche Sicht auf den Punkt bringt, und die Karikatur, die eine geradezu unchristliche Haltung darstellt, stehen in engem Zusammenhang mit den philosophischen Kurztexten, beide Sichtweisen lassen sich ebenfalls in das Schaubild einordnen.
Die Analyse von **M 16** erfordert einen Rückgriff auf Inhalte aus Modul 1 (**M 10–M 12**). In gewisser Hinsicht visualisiert sie die Vorwürfe, die der Text „Warten“ (SB S. 278 f.) zum Ausdruck bringt.

M 17

AA 10

Montaignes Strategie gegen die Angst vor dem Tod besteht in der Leidenschaftslosigkeit. Mit der „gleichgültige[n] Mitte“ (Z. 18) beschreibt er die spirituelle Übung der emotionalen Loslösung von allem, den Menschen an das Irdische Bindendem. Durch dieses Loslösen wachsen das Bewusstsein des Todes und auch die Bereitschaft, Abschied zu nehmen – ein Bewusstsein, das es Montaigne dennoch ermöglicht, sein Leben zu genießen. In diesem Punkt unterscheidet sich seine Leidenschaftslosigkeit von dem buddhistischen Streben, sich durch Loslösung vom

AA 11

Leid zu befreien, und erinnert eher an Epikurs Haltung. Im Gegensatz zu Epikur, der den Tod aus seinem Leben und Bewusstsein verdrängt, genießt Montaigne sein Leben, weil er keine Angst vor dem Tod hat.

AA 12

Der Vorwurf der Feigheit liegt darin begründet, dass Montaigne sich nicht wirklich auf das Leben, d. h. die Liebe zum Leben und den Mitmenschen einlässt. In gewisser Hinsicht vermeidet er emotionale Bindungen aufgrund der Angst vor Trennung und Abschied. Zugespitzt formuliert: Er lebt gar nicht erst, um dann nicht sterben zu müssen.

M 18, M 19

M 18 formuliert eine Kritik an der Gleichsetzung Gottes mit dem Tod. Den christlichen Gott stellt Marti als den Gott des Lebens, „der tote erweckte“, vor. Diesem Gott, wie seinen Anhängern, missfällt der Tod und das damit verbundene Leid. Der Tod darf nicht als Intention Gottes schöngeredet, sondern muss als ein Übel bekämpft werden. Diese Sicht des Todes komplementiert die in **M 15** zum Ausdruck gebrachte Sicht. Den Tod nicht verdrängen, aber ihn dennoch nicht wollen, ein christliches Paradox.

Die Angst vor dem Tod, SB S. 292–294

M 20

Die Todesanzeige erscheint zunächst wie eine Standardanzeige, die klassische Formulierung „plötzlich und unerwartet“ sollte den SuS allerdings als naive oder verdrängende Floskel auffallen. Anders dagegen der positive Ausblick auf ein friedliches, hingebungsvolles Sterben des Glaubenden im Text des Kirchenliedes.

M 21

Der in der Graphik des norwegischen Künstlers Edvard Munch (1863–1944) als Skelett personifizierte Tod erscheint hier in sehr ungewöhnlicher Weise als erotische Verführung des Men-

schen. Das Mädchen, das stellvertretend für die Menschheit steht, umarmt und küsst den Tod. Es gibt sich dem Tod hin. Wie das Bild auf SuS wirkt, ist schwer zu antizipieren. Die Darstellung des Todes wirkt sicherlich abschreckend, umso mehr die erotische Umarmung. Das nackte Mädchen mögen die SuS als wehrlos und ausgeliefert empfinden, während der Tod die Macht über das Mädchen ergreift, vielleicht aber auch als initiativ und lustvoll. Die Auseinandersetzung mit den subjektiven Wahrnehmungen führt zur Vertiefung des Komplexes Tod und Sterben, vor allem im Vergleich mit den theologischen Ausführungen (**M 23**) und dem Bild von Bosch (**M 22**).
Methodischer Tipp: Die Gedanken Nockes (**M 23**) können die SuS nach der Auseinandersetzung mit dem Bild in einer Zeichnung visualisieren.

M 22

Das bekannte Bild von Hieronymus Bosch (1450–1516) zeigt die Toten bzw. Sterbenden ebenfalls als nackte Menschen. Anders als bei Munch werden sie aber von Engeln behutsam und umsorgend in den Tod und in das Leben danach begleitet. Der helle Lichttunnel im Zentrum des Bildes verweist auf ein positives Ende, die Gestik der Engel auf einen liebevollen, geradezu zärtlichen Übergang.

Den Abschied gestalten – Trauer- und Begräbniskultur, SB S. 294–296

M 24

Bei dem Grabstein handelt es sich um ein Kunstwerk des Künstlers Timm Ulrichs. Er bezeichnet sich selbst als Totalkünstler, der die Intention hat, auf festgefahrene Wahrnehmungsmuster hinzuweisen. Wie der Grabstein mit der provokativen Inschrift zeigt, beschäftigt Ulrichs sich mit Sprache und setzt Tautologien, Paradoxien und Mehrdeutigkeiten künstlerisch meist als Plastiken oder Installationen um.
Tipp: Die Auseinandersetzung mit dieser stimmungsvollen Installation (Karl-Ernst-Osthaus Museum, Hagen) kann die SuS auch zu einer Exkursion auf einen Friedhof und zum Vergleich von Grabinschriften und Grabgestaltung anregen. Eine solche Exkursion eignet sich als Einstieg oder in Verbindung mit **M 25** (hier evtl. auch Friedwald).

M 25
AA 8, AA 9

Der Text soll im Sinne des performativen Religionsunterrichts zum Nachdenken und zur persönlichen Positionierung anregen. Die Fragen der Bestattungsform werden mithilfe von **AA 8** und **AA 9** vertieft.

Die Unsterblichkeit des Menschen, SB S. 297–299

M 26 – M 28

Die drei Texte zeichnen die parallele philosophische und theologische Entwicklung des Unsterblichkeitsgedankens von der Antike (**M 26**), über die Aufklärung (**M 27**) bis in die heutige Zeit nach, so dass den SuS deutlich wird, dass der Glaube an die Unsterblichkeit des Menschen Philosophie und Theologie verbindet und ein moralisches Postulat (Kant) ist.

Himmel – Hölle – Fegefeuer: Dimensionen des Jenseits, SB S. 300–304

M 31

AA 7, AA 8

Greshake bricht mit dem Bild der Hölle als Strafe. Er stellt die Existenz der Hölle als notwendige Konsequenz der Freiheit des Menschen heraus. Der Mensch, der frei ist, sich für Gott und für das Gute zu entscheiden, hat auch die Freiheit, sich zu verfehlen. Nur mit dieser Möglichkeit bekommt das Leben seinen Ernst und sein Gewicht. Mit der Barmherzigkeit Gottes zu rechnen, egal, was man tut, das ist die „billige Gnade"(Bonhoeffer), die Gott und Mensch zu Spielfiguren macht und alles Handeln relativ werden lässt. Dabei bedeutet Verfehlen nicht, Fehler zu machen, die man schon im Leben bereut und auszugleichen versucht. Mit Grehakes Beispielen wird deutlich, dass es sich dabei um Vergehen der Unmenschlichkeit handelt, die den Menschen zum „Monster" machen.

AA 9

Die Karikatur stellt den Menschen als gedanken- und verantwortungslos dar. Er ist hier alles andere als mit Freiheit und Vernunft ausgestattetes Subjekt. Unlogisch ist die Bewertung des menschlichen Handelns als etwas Unbewusstes, vom Menschen nicht Gesteuertes; interessant die Frage, ob Gedankenlosigkeit zum Bösen, d.h. in die Hölle führen kann.

M 33, M 34

In **M 33** und **M 34** stehen sich zwei gegenwärtige katholische Sichtweisen auf das Gericht gegenüber. Für Benedikt XVI. fällt das Gericht die Unterscheidung zwischen Tätern und Opfern und führt beide auf dem jeweiligen Weg (Hölle und Himmel) zur verdienten Gerechtigkeit. Barmherzigkeit versteht er als Gerechtigkeit: Gnade für die Opfer. W. Beinert bezieht die Barmherzigkeit Gottes auf alle, Täter wie Opfer. Im Gericht wird dem Täter in der Gegenwart Gottes „die eigene Heillosigkeit, Unreinheit und Bosheit, die Verklemmtheit und Verkrampftheit der eigenen Existenz und ihrer Lebensäußerung restlos bewusst" (Z. 27ff.). Der Täter hat zumindest die Chance durch Einsicht „zum Opfer seiner Tat" (Z. 35) zu werden. Laut Beinert ist Gottes Gerechtigkeit Liebe, eine Liebe zu Opfern und zu Tätern, die zur Versöhnung beider führen kann, indem das Leiden der Täter das Mitleid der Opfer erregt.

M 35

AA 13

Kehl betont den Prozess der Versöhnung und verweist darauf, dass damit eine universale Versöhnung mit allen, letztlich „mit der ganzen Schöpfung"(Z. 42f.) gemeint ist, eine Versöhnung von der auch Beinert (**M 34**) spricht. Der Himmel steht nach der im Gericht vollzogenen Versöhnung (anders als es Benedikt XVI. in **M 33** darstellt) allen offen.

Die Seele im Himmel – ein interreligiöser Vergleich, SB S. 305–309

M 36

Der amerikanische Fotograf Duane Michals (* 1932) stellt dar, wie sich Geist und Körper trennen, dabei erscheint der Geist als eine Art zweiter Körper, der sich partiell und graduell vom eigentlichen Körper abhebt. Welche Auffassung vom Menschen (dualistische Trennung von Körper und Seele oder ganzheitliches Menschenbild) sich dahinter verbirgt, lässt sich nicht eindeutig sagen, vielmehr dienen die Fotografien dazu, ein Gespräch über Körper und Seele des Menschen anzuregen.

M 40, M 41

M 40 und **M 41** liefern zwei gegensätzliche katholische Auffassungen der leibhaftigen Auferstehung (1 Kor 15,35ff.). Nocke versteht Auferstehung ganzheitlich, nicht als Auferstehung der Seele und Verfall des Körpers, aber auch nicht als Auferstehung des physischen Körpers: „Es ist nicht ein mirakulöses Endereignis an Knochen, Haut und Sehnen" (Z. 59f.), sondern eine Auferstehung des ganzen Menschen, mit allem, was sein Individuum mitsamt seiner „Lebensgeschichte und alle in dieser Geschichte gewordenen Beziehungen" (Z. 44f.) ausmacht. Die von Nocke bereits benannte Abwertung des Körpers durch die Vorstellung der Trennung der Seele vom Körper führt Ruster (**M 41**) aus. Er bezeichnet das Fleisch als „eine Art widergöttliche Macht [...]. Sie setzt sich den Absichten Gottes entgegen" (Z. 22f.). „Auferstehung des Fleisches" heißt nach Ruster nicht, dass Gott sich mit der Macht des Fleisches versöhnt, sondern dass er die Macht des Fleisches verwandelt und „in den Dienst seiner Sache“ (Z. 61) nimmt. Wichtig ist die Gegenüberstellung und individuelle Bewertung dieser beiden Ansätze.

4. Hoffnung für die Lebenden und die Toten, SB S. 310–313

Ewiges Leben – im Hier und Jetzt, SB S. 310

M 43 , M 44

Text und Bild sollen ergänzend die Verbindung zwischen Jenseits und Diesseits deutlich machen und die Engführung des Begriffs Ewiges Leben als Synonym für das Leben nach dem Tod aufheben. Das Ewige Leben ist eine spirituelle Dimension und beginnt bereits im Hier und Jetzt. Es ist gewissermaßen eine qualitative Aussage über das Leben, im Diesseits wie im Jenseits.

Der belgische Maler René Magritte (1898–1967), Vertreter des Surrealismus, wendet sich der Dingwelt zu und verändert vertraute Dinge derart, dass herkömmliche Vorstellungen nicht mehr gültig zu sein scheinen. So wie die Gegenstände nicht ihren Begriffen oder Bildern entsprechen, ist auch das Verhältnis zwischen Bild und Titel offen. Es gibt Entsprechungen zwischen Titel und Bild, aber keinen linearen Bezug. Auch der Titel des Bildes „Das Jenseits“ löst Verwirrung aus. Die Wüstenlandschaft, die das Gefühl brennender Hitze vermittelt, wird gemeinhin nicht mit dem Jenseits in Verbindung gebracht, lediglich das sehr schlichte, verlassen wirkende Steingrab liefert Anknüpfungspunkte. Das Bild wirft Fragen auf und soll die SuS anregen, das Unsichtbare, das hier sichtbar gemacht wird, zu ergründen.

Es lohnt sich, das Bild offen, ohne konkrete Zielsetzung als Transfer des Gelernten (Modul 3) oder als assoziativen Einstieg in Modul 4 zu nutzen.

Im Spannungsverhältnis leben, SB S. 311–313

M 45 – M 47
AA 5, AA 8

M 45 und **M 46** erschließen den christlichen Hoffnungsbegriff in seiner konkreten Konsequenz für ein bekennendes Leben. Wichtig ist vor allem **AA 5**. Eine (mögliche) Antwort darauf liefert **M 47**. Die Arbeit mit der Karikatur dient als Festigung und Vertiefung, die durch die kreative Auseinandersetzung (**AA 8**) erreicht werden kann.

M 48

M 48 greift die Tradition des Unsterblichkeitsglaubens (s. **M 26–M 28**) auf. Die Auferweckung der Toten ist notwendig, da nur so die ersehnte, aber im Leben nicht herbeizuführende Gerechtigkeit

AA 10

für alles zu Unrecht erfahrene Leid erreicht werden kann. Die Hoffnung auf diese noch ausstehende, den Toten geschenkte Gerechtigkeit lässt uns die Ungerechtigkeit des Lebens ertragen. Nur so können wir mit dem Wissen um das Geschehene, nicht wiedergutzumachende Unrecht leben, ohne es zu verdrängen oder zu ignorieren. Der Beitrag der Lebenden für diese Gerechtigkeit liegt im Gedenken der Toten, im Gebet für sie und ihr Heil. Das versteht Metz als „solidarische Hoffnung“ (Z. 46), nicht nur eine Hoffnung für die Lebenden, sondern auch für die Toten.

AA 11

Schockenhoff spricht zwar nicht explizit von einer Hoffnung für die Toten, stellt aber ebenso wie Metz die Hoffnung auf das Heilshandeln Gottes in dieser Welt als Voraussetzung für ein Leben mit der Realität dieser Welt dar. Für beide ist es eine Hoffnung, für die wir nur bedingt etwas tun können. Damit entlastet sie den Menschen, sie enthebt ihn jedoch nicht der Verantwortung: Aufgabe bleibt es, gegen das Unrecht zu kämpfen und für das Heil, d. h. Gottes Handeln zu beten.

Warum wollen Menschen eine fröhliche Trauerfeier? Haben wir Anlass zur Freude im Tod?

1. Thema

Der Umgang mit dem Tod ist nicht einfach und erst recht nichts Selbstverständliches. Einerseits gibt es die Tendenz zur Verdrängung des Todes, andererseits gibt es einzelne Menschen, die sich ganz bewusst der Realität des Todes stellen und den Abschied von Menschen individuell gestalten. **Modul 2** (Der Tod, SB S. 288–296) widmet sich dem Thema aus unterschiedlichen Perspektiven.
Für diese Lernsequenz ist auch **Modul 3** (Das Leben nach dem Tod, SB S. 297–309) geeignet, da hier der theologische Hintergrund zum Umgang mit dem Tod entwickelt wird.

2. Lernanlass

Ich finde eine Beerdigung sollte lustig sein. Keiner soll schwarz tragen. Ihr sollt lustige Geschichten von mir erzählen, keine traurigen. [...] Ihr dürft traurig sein, aber nicht zu traurig. Wenn ihr immer traurig seid, wenn ihr an mich denkt, wie könnt ihr euch dann an mich erinnern?
Aus: *Nicholls, Sally:* Wie man unsterblich wird.
Jede Minute zählt. München: Hanser 2008. S. 196.

Die zentrale Frage an die SuS lautet: Warum will Sam eine fröhliche Trauerfeier? Wie stelle ich mir eine gelungene Trauerfeier vor? Ist eine fröhliche Trauerfeier nicht völlig unpassend, geradezu respektlos? Im Anschluss an die Präsentation des Textausschnitts werden SuS selbst Fragen formulieren und überlegen, was sie wissen müssen und wie sie vorgehen wollen, um die Ausgangsfrage zu beantworten. Im Folgenden werden mögliche Fragen antizipiert:

- Wie sehen Menschen ihrem Tod entgegen? Welche unterschiedlichen Herangehensweisen an den Tod gibt es?
- Welche Bedeutung hat das Abschiednehmen von Menschen: das Sterben, die Trauerfeier, das Begräbnis oder die Beisetzung?
- Welche Form von Trauerfeier und Begräbnis ist möglich? Welche sagt mir zu?
- Was kommt nach dem Tod? Gibt es Anlass zur Freude über den Tod?

3. Kompetenzen (Bezugnahme zum Bildungsplan)

Wahrnehmungs- und Darstellungsfähigkeit – religiös bedeutsame Phänomene wahrnehmen und beschreiben:
- Situationen erfassen, in denen letzte Fragen nach Grund, Sinn, Ziel und Verantwortung des Lebens aufbrechen;
- religiöse Spuren und Dimensionen in der Lebenswelt aufdecken;
- religiöse Ausdrucksformen wahrnehmen und interpretieren.

Deutungsfähigkeit – religiös bedeutsame Sprache und Zeugnisse verstehen und deuten:
- in Lebenszeugnissen und ästhetischen Ausdrucksformen Antwortversuche auf menschliche Grundfragen entdecken und fachsprachlich korrekt darstellen;
- Glaubensaussagen in Beziehung zum eigenen Leben und zur gesellschaftlichen Wirklichkeit setzen und ihre Bedeutung aufweisen.

Urteilsfähigkeit – in religiösen und ethischen Fragen begründet urteilen:
- Im Kontext der Pluralität einen eigenen Standpunkt zu religiösen und ethischen Fragen einnehmen und argumentativ vertreten.

Dialogfähigkeit – am religiösen Dialog argumentierend teilnehmen:
- die Perspektive eines anderen einnehmen und dadurch die eigene Perspektive erweitern;
- Gemeinsamkeiten und Unterschiede von religiösen und weltanschaulichen Überzeugungen benennen und im Dialog argumentativ verwenden.

Gestaltungsfähigkeit – religiös bedeutsame Ausdrucks- und Gestaltungsformen reflektiert verwenden:
- die Präsentation des eigenen Standpunkts und anderer Positionen medial und adressatenbezogen aufbereiten;
- im Gespräch Beiträge anderer aufgreifen, den jeweiligen Gedankengang sachgemäß in theologischer Fachsprache entwickeln und angemessen darstellen;
- über Fragen nach Sinn und Transzendenz angemessen sprechen.

4. Lernarrangement

Die oben aufgeführten Fragen lassen verschiedene Herangehensweisen zu, die die SuS bestimmen und die L mit ihnen abstimmen sollte. Eine Möglichkeit besteht in folgender Struktur:
Nach der Präsentation des Romanausschnitts folgen ein offenes Gespräch und eine Sammlung von Fragen, die als Struktur der Sequenz für die SuS sichtbar im Klassenraum präsent ist. Unterschiedliche Haltungen zum Tod lassen sich z. B. anhand von Todesanzeigen oder auch anhand von Interviews mit Menschen (innerhalb oder außerhalb der Schule) analysieren. Dabei kann man speziell ältere Menschen befragen (s. Projektidee SB S. 296) oder auch gerade jüngere Menschen.
Des Weiteren können SuS Lieder oder Filmausschnitte mitbringen, die den Tod thematisieren (s. Projektidee SB S. 292). Auf diese Weise können die SuS einen Eindruck des breiten Spektrums an Haltungen, Gefühlen und Fragen der Menschen bekommen. Die Ergebnisse sollten sie auswerten und festhalten, so dass L im Zuge der Vertiefung darauf zurückgreifen kann. Sie könnten in einer Sammlung von Gründen für eine *traurige* Trauerfeier und Gründen für eine *fröhliche* Trauerfeier münden.

Der Frage nach dem Abschiednehmen und der Erinnerung an die Toten (s. AA 2 und AA 3, SB S. 294) gehen die Materialien 24 und 25 (ebd.) nach; hier finden die SuS unübliche Formen. Weitere Beispiele für außergewöhnliche Formen der Abschiednahme bietet das Buch von Sabine Both und Fritz Roth „Der Trauer eine Heimat geben" (s. 10. Lernquellen, LB S. 126). Sinnvoll ist es darüber hinaus, die SuS selbst kreativ werden zu lassen. Dabei ist die Auseinandersetzung mit dem theologischen Hintergrund christlicher Rituale und Begräbnisformen (s. AA 9, SB S. 296) und den kulturellen Rahmenbedingungen (s. AA 8, ebd.) sinnvoll. Trotz einer klaren traditionellen Linie lässt die Kirche viele Freiheiten bei der Gestaltung von Begräbnisfeiern. Dieser Spielraum soll den SuS bewusst werden und sie anregen, kreativ zu werden. SuS sollen Traditionen und kulturelle Bedingungen näher untersuchen und abwägen, wie stimmig bestimmte Konventionen heute noch sind. Symbole ändern sich mit der Zeit; das ermutigt SuS, neue Symbolhandlungen zu finden. An dieser Stelle erscheint auch ein Exkurs zu Begräbnisritualen in anderen Religionen sinnvoll.

Der letzte Themenbereich erfordert einen theologischen Input, den die Materialien M 30–M 35 und M 39–M 41 liefern. Die SuS könnten arbeitsteilig an Vorstellungen von Himmel (M 35), Hölle (M 31, M 32) Fegefeuer/Gericht (M 30, M 33 M 34) arbeiten und ihre Arbeitsergebnisse einander vorstellen (z. B. Expertengruppen/Gruppenpuzzle). M 39–M 41 können gemeinsam behandelt werden und zu einem inhaltlichen Abschluss führen.

5. Lerngegenstände

Inhaltlich geht es um zwei große Themenbereiche: 1. Umgang mit dem Tod (dem Tod anderer und dem eigenen) und das damit verbundene Abschiednehmen von Menschen (Modul 2), 2. Das Leben nach dem Tod (Modul 3). Bei beiden Themenbereichen geht es um theologischen Input und die subjektive Haltung zu diesen existentiellen Fragen. Die Module 2 und 3 bieten eine Fülle an Material, mit dem sich die Fragestellungen bearbeiten lassen.

6. Lernwege

Es ist ratsam, der subjektiven Auseinandersetzung mit dem Tod viel Raum zu geben. Kreative Arbeitsweisen (s. 7. Lernaufgaben) sollten die kognitive Auseinandersetzung mit dem Thema ergänzen, gerade da, wo neue Ansätze und Konzepte für Begräbnis und Trauerfeier gefunden werden sollen. Es ist bei diesem sehr persönlichen Thema sinnvoll, den SuS die Entscheidung über Arbeitsformen und Sozialformen zu überlassen, um die individuellen Bedürfnisse zu respektieren.

7. Lernaufgaben

Neben den Arbeitsanregungen zum angegebenen Material im SB sind folgende umfassendere Lernaufgaben sinnvoll:

- Fertigen Sie eine Wandzeitung an, die die Bandbreite des gesellschaftlichen Umgangs mit dem Tod darstellt. Suchen Sie nach geeigneten Todesanzeigen, Grabsteininschriften und Bildern und nutzen Sie die Ergebnisse Ihrer Umfragen, Interviews oder Filmausschnitte.
- Nehmen Sie Kontakt zu einem Bestattungsunternehmen auf (Brief, Telefonat, evtl. Besuch durch zwei SuS) und stellen Sie Fragen zu Serviceleistungen, Bedürfnisse von Angehörigen. Verschaffen Sie sich ein Bild vom Ablauf eines Begräbnisses.
- Verfassen Sie einen Vortrag über den Sinn eines bewusst gestalteten Abschieds und einer individuell zugeschnittenen Trauerfeier.
- Recherchieren Sie, wie die Menschen in anderen Religionen (Judentum, Islam, Hinduismus, Buddhismus, ...) mit dem Tod und dem Begräbnis von Toten umgehen. Fertigen Sie für die Präsentation ein Plakat an, das ihre Ergebnisse übersichtlich und anschaulich (Bildmaterial) darstellt.
- Stellen Sie sich vor, Sie unterhielten ein modernes Bestattungsunternehmen. Welche Möglichkeiten würden Sie Angehörigen anbieten, welche Serviceleistungen, welche Schwerpunkte wären Ihnen wichtig? Gestalten Sie eine Werbung für Ihr Unternehmen in Form eines Flyers, Plakats, Werbespots ...
- Schreiben Sie einen Brief an Sam (s. das Buch von Sally Nicholls) und nehmen Sie Bezug auf seinen Wunsch einer fröhlichen Trauerfeier. Können Sie seinen Wunsch unterstützen oder halten Sie ihn für unrealistisch? Begründen Sie.

8. Lernoptionen

Wenn das Thema zu heikel erscheint, kann L auch auf fiktionale Texte oder einen Film zurückgreifen. Der Bezug auf fiktionale Personen schafft eine Distanz, die für dieses persönliche Thema hilfreich sein kann. Folgende Romane und Spielfilme bieten sich an:

Nicholls, Sally: Wie man unsterblich wird. Jede Minute zählt. München: Hanser 2008.

Schmitt, Eric-Emmanuel: Oskar und die Dame in Rosa. Zürich: Amman 2003.

Broeckhoven, Diane: Ein Tag mit Herrn Jules. München: C. H. Beck 2005.

Mein Leben ohne mich. Spanisch-kanadischer Spielfilm von Isabel Coixet, 2003.

Das Zimmer meines Sohnes. Italienischer Spielfilm von Nanni Moretti, 2001.

Wer früher stirbt ist länger tot. Deutsche Filmkomödie von Marcus H. Rosenmüller, 2006.

Hereafter – das Leben danach. Amerikanischer Spielfilm von Clint Eastwood, 2010.

9. Lernerfolg
Je nach Schwerpunktsetzung:

- Klausur zum Thema Tod. Das Zusatzmaterial ZM 2, besonders der Text von D. Sölle, eignet sich als Klausurmaterial.
- Projektarbeit kann in Einzel- oder Gruppenprodukten münden (Wandzeitung, Flyer, filmische Werbespots ...).
- Präsentationen, z. B. Verfassen und Halten eines Vortrags zum Thema.

10. Lernquellen
Es gibt eine Fülle an Material zum Thema. Eine Auswahl an Hinweisen finden Sie hier:

Berger, Klaus u. a.: Bilder des Himmels. Die Geschichte des Jenseits von der Bibel bis zur Gegenwart. Freiburg/Brsg.: Herder 2006.

Both, Sabine/Roth, Fritz: Der Trauer eine Heimat geben. Für einen lebendigen Umgang mit dem Tod. Bergisch Gladbach: Lübbe 1998.

Ceelen, Petrus: Den Abschied buchstabieren, das Zeitliche segnen. Stuttgart: Kath. Bibelwerk 2010.

Frevert, Sylvia: FriedWald. Die Bestattungsalternative. Gütersloh: Gütersloher Verlagshaus 2010.

Themenheft „Religion betrifft uns“, 4/2005: Im Angesicht des Todes. Begräbnisrituale.

Voigt, Ulrike (Hrsg.): Trauer und Abschied. Das große Werkbuch für Gottesdienst und Gemeinde. Ostfildern: Schwabenverlag 2010.

D. Zusatzmaterial

ZM 1: Die alternde Gesellschaft (Modul 2)
Das Zusatzmaterial thematisiert die zunehmende Lebenserwartung in unserer Gesellschaft und illustriert persönliche Chancen und Probleme am Beispiel zweier Frauen. Der Text ermöglicht eine Auseinandersetzung mit Lebensperspektiven, individuellen Einstellungen, Träumen vom Altern und die Problematisierung des gesellschaftlichen Wandels, der Konzepte für das Altern erfordert. Er eignet sich als Hinführung zu Beginn von Modul 2 oder auch als Hinführung zum Thema „Angst vor dem Tod“.

ZM 2: Der Tod der anderen (Modul 2)
Das Zusatzmaterial veranschaulicht die Dramatik des Todes, nicht des eigenen, sondern des Todes der anderen. Die Angst der Liebenden, die Mascha Kaléko im Gedicht zum Ausdruck bringt, spitzt Dorothee Sölle in dem fiktionalen Brief an Mr. Death emotional zu und vertieft sie. Dieses Material kann L an unterschiedlichen Stellen im Zusammenhang mit der ersten Materialgruppe (z. B. nach M 14, M 15, M ...) behandeln.

ZM 3: Sehnsucht nach Gerechtigkeit (Modul 3)
Das Interview mit Horkheimer bringt den SuS die Religionskritik des 20. Jahrhunderts (Frankfurter Schule) näher und verdeutlicht gleichzeitig, dass das Thema Unsterblichkeit und Leben nach dem Tod auch von Religionskritikern und Atheisten nicht negiert werden kann. Das Interview bietet sich auch zur Vertiefung von M 27 (Kant) und zum Vergleich mit M 28 (O. Fuchs) an.

ZM 4: Interkulturelles Lernen? (Modul 3)
Das Zusatzmaterial expliziert die Problematik der fragmentarischen Übernahme fremder Glaubensinhalte oder Glaubenspraxis. Die Materialien im SB machen Unterschiede zwischen Hinduismus, Buddhismus und Christentum, vor allem bezüglich der Menschenbilder (M 35, 36) und Erlösungsvorstellungen (M 36, 37) transparent. Das Zusatzmaterial, das hier integriert werden kann, problematisiert die im Westen verbreitete Offenheit und unreflektierte Übernahme von Praktiken und Glaubensvorstellungen, die in unserem Kulturkreis widersprüchlich und z. T. zweckentfremdet sind.

ZM 5: Vom Leben zum Ewigen Leben (Module 3, 4)
Dieses Zusatzmaterial dient als Zusammenfassung und Sicherung und lässt sich sowohl am Ende von Modul 3, als auch in Modul 4 integrieren. Die (hauptsächlich in Modul 2 und 3) erarbeiteten theologischen Begriffe werden hier in ihrer Beziehung zueinander dargestellt. Vorbereitend könnten die SuS die Aufgabe bekommen, eine Reihe der verwendeten Begriffe in einem Schaubild zu veranschaulichen, bevor sie ihre eigenen Ausführungen mit dem Schaubild (ZM 5) vergleichen.

ZM 1 Die alternde Gesellschaft

1 Formulieren Sie Ihre Eindrücke von den beiden alten Damen auf dem Foto.

2 Tauschen Sie sich über folgende Fragen aus: Haben Sie Menschen in ihrem Bekanntenkreis, die 100 Jahre alt sind? Wie geht es ihnen? Ist es für Sie persönlich erstrebenswert, 100 Jahre alt zu werden? Unter welchen Bedingungen?

Der Jahrhundertmensch

Der Spiegel stellt im folgenden Artikel Lina Haag (eine Frau des Widerstands gegen den Nationalsozialismus) und Hanna Merke (ehemalige Tänzerin), beide über 100 Jahre alt, als die Pioniere einer Zukunft vor, in der immer mehr Menschen ein Drittel ihres Lebens als Senioren verbringen. Der Artikel stellt die Frage: Lohnt sich das?

Lina Haag lehnt ihren Stock an das Sofa. Als er langsam auf den tiefen Teppich sinkt, grummelt sie ein paar Wörter, die nicht zu verstehen sind. Sie ist nicht gern 100 Jahre alt. Sie findet vieles anstrengend seit einiger Zeit, seit fünf oder sechs Jahren vielleicht, seit wann genau, das weiß sie nicht. Sie weiß nicht, wann es begann, dass sie Veranstaltungen mied, auf denen andere Gäste über sie denken könnten: Warum ist die Alte nicht zu Hause geblieben?

Lina Haag möchte nicht, dass sie jemand bemitleidet. Es soll niemand merken, dass sie alt geworden ist, dass ihre Beine nicht mehr richtig funktionieren, dass ihr Kopf langsamer geworden ist. Denn ihr Kopf war immer auch ihre Waffe, und durch ihren Kopf war es ihr möglich, anderen überlegen zu sein. Nun, seit einiger Zeit, fehlen ihrem Kopf manchmal die Ideen, er hat Schwierigkeiten, Orte und Zeiten und Inhalte zuverlässig aneinanderzubinden, es fällt ihm zunehmend schwer, immer und immer weiter zu arbeiten, wie ein Motor, der immer lief, aber alt wird irgendwann, der dann stockt und spuckt, der bei Regen nicht gleich anspringt. Lina Haag unterhält sich lieber am Morgen als am Abend. Am Morgen ist ihr Kopf noch verlässlich. Da ist er noch erholt von der Nacht.

Ab 60 sehen die Menschen schlechter, sagen Wissenschaftler, ab 70 Jahren hören sie schlechter, ab 80 verlieren sie nach und nach den Rest ihrer Sinne. Was alten Menschen bleibt von der prächtigen Krone aus Nervenzellen und Verbindungen in ihrem Kopf, ist ein lichtes Geäst. Und trotzdem können sie noch immer viel. Sie sind voller Wissen darüber, wie sich das Denken verändert, das Fühlen, die Erinnerung, der Schmerz.

Hundertjährige sind die Alterselite, sie haben Seuchen, Krankheiten, persönliche Krisen, ein kriegerisches 20. Jahrhundert überstanden. Ob sie genetisch besonders stark sind, ob sie besonders anpassungsfähig sind oder welche Faktoren ihr langes Leben bestimmt haben könnten, beschäftigt Wissenschaftler, weil darin die Antworten liegen für die Zukunft des Alterns. [...]

10 000 Menschen leben heute schon in Deutschland, die 100 Jahre alt sind und älter. In den siebziger Jahren waren es rund 300; inzwischen ist es so, dass einige Bürgermeister nicht mehr zu den Hundertjährigen nach Hause kommen, um ihnen zu gratulieren, sondern nur noch zu den 105-Jährigen. Die älteste Frau der Welt, eine Französin, wurde 122 Jahre alt. Sie hat jeden Tag eine Zigarette geraucht, bis sie 119 war, hat immer viel Schokolade gegessen und starb 1997. Die Menschen leben nicht nur länger, sondern bleiben auch länger gesund. Vor 100 Jahren, als Lina Haag geboren wurde, wurden die Menschen im Durchschnitt nicht älter als 50, sie starben schon als Baby oder an Infektionen, an Hunger, im Krieg. Mittlerweile sind die meisten Menschen in den Industriestaaten gut versorgt, medizinisch vor allem; mittlerweile wird jedes zweite Mädchen aus einer Kindergartengruppe 100 Jahre alt werden, jeder zweite Junge 95. Hundertjährige sind keine Sensation mehr. „100 wird bald jeder", schreibt die Max-Planck-Gesellschaft. [...] Alter bedeutet nicht mehr nur Gebrechen, Armut und Einsamkeit; ein 90-Jähriger, sagen Forscher, fühle sich heute zehn Jahre jünger als der 90-Jährige vor 30 Jahren. [...]

Hanna Merke spricht schnell und lacht hoch und sagt, dass ausgerechnet sie so alt werden würde, hätte sie niemals gedacht. „Meine Mutter wurde nur 73 Jahre alt, mein Vater nur 85." Jemand wie Hanna Merke, die sich erst alt fühlt, seit sie 98 ist, findet es natürlich früh, wenn jemand mit 85 stirbt. In Umfragen antworten die meisten Menschen, dass sie finden, jemand sei alt, sobald er 60 ist. Hanna Merke hält das für Quatsch. Mit 60 Jahren, sagt sie, habe sie sich erst gefühlt wie mit 40. [...] Jeden Donnerstag nimmt sie ihre Klaviernoten und fährt mit der S-Bahn zur Orchesterprobe. Da spielt sie

Bach und Beethoven und Tanzmusik. Da trifft sie auf 70-Jährige, die schon faul geworden seien, sagt sie, weil sie denken, ab 60 sei der Mensch alt, es gehe zu Ende. [...]

Hanna Merke sagt, sie würde gern 110 werden, jetzt, wo sie wieder laufen könne. Alternsforscher beobachten, dass bei den ganz Alten das Risiko, den nächsten Geburtstag nicht zu erleben, langsamer steigt als bei denen, die jünger sind als 85. Wie alt Menschen werden können, darüber streiten die Forscher sich, die einen sagen, bei 130 sei Schluss, die anderen, erst bei 180 Jahren. Warum der eine Mensch älter wird als der andere, darüber wissen sie mehr. Zu einem Drittel bestimmen die Gene die Lebensdauer, zu einem Drittel, wie die Schwangerschaft der Mutter verlaufen ist, und zu einem Drittel, wie das Leben sich entwickelt.

Kündigt sich der Tod an, Frau Haag? „Manchmal klopft das Herz schneller. Dann nehme ich einen Schluck Schnaps, und es ist vorbei." Es wird still im Wohnzimmer von Lina Haag, in dem die Regale vollstehen mit ihren Büchern, einige liegen auf Stapeln, andere sind nach Autoren sortiert in Kartons. Lina Haag beginnt, ihre Bücher zu verschenken. Es sieht nach Auszug aus. Hanna Merke denkt darüber nach, ob Nordic Walking nicht etwas für sie sei, sie will demnächst einen Tanzkursus belegen, sie will wissen, ob sie sich noch drehen kann.

Hardinghaus, Barbara: Der Spiegel,51/2007.

1 Beide Frauen sehen auf ein ereignisreiches, lebendiges Leben zurück, haben körperliche Gebrechen und sind geistig noch relativ vital, dennoch unterscheiden sich ihre Haltungen zum Leben und zum Alter. Beschreiben Sie diese.

2 Bewerten Sie, ob die Erhöhung der Lebenserwartung ein sinnvolles Ziel der Medizin ist. Bedenken Sie gesellschaftliche und staatliche Konsequenzen.

3 Entwickeln Sie ein Konzept des Zusammenlebens von unterschiedlichen Generationen, das das Altwerden erleichtert oder sogar zu einer schönen Zeit des Lebens macht. Denken Sie an Aspekte, wie Wohnsituation, Hobbys, Kontakt zu Freunden, Kontakt zu jüngeren Generationen, ...

Memento

Vor meinem eignen Tod ist mir nicht bang,
Nur vor dem Tode derer, die mir nah sind.
Wie soll ich leben, wenn sie nicht mehr da sind?

Allein im Nebel tast ich todentlang
Und lass mich willig in das Dunkel treiben.
Das Gehen schmerzt nicht halb so wie das Bleiben.

Der weiß es wohl, dem gleiches widerfuhr;
Und die es trugen, mögen mir vergeben.
Bedenkt: den eignen Tod, den stirbt man nur,
Doch mit dem Tod der andern muss man leben.

Mascha Kaléko: Horoskop gefällig? Berlin: arani 1972. S102

Dear Mr. Death,
Sehr geehrter Herr Tod,

ich kenne Ihre Adresse nicht, weiß aber, dass Sie über eine ungeheure Anzahl von Angestellten, Bediensteten und gutbezahlten Beratern in Ihrem erfolgreichen Unternehmen verfügen. Ich habe eine Bitte an Sie und wünsche mir, dass Sie diese Nachricht durchlesen und an einen Zuständigen weitergeben.

Seit über dreißig Jahren lebe ich in einer großen Liebe. Ich habe keine Angst vor Ihnen, Mr. Death, eher Angst vor den vielen Schläuchen und Leitungen im Krankenhaus, die Sie abzuhalten oder aufzuschieben versuchen. Ich bin mit dem „Meister aus Deutschland“[1] aufgewachsen und weiß einiges über die „schwarze Milch der Frühe“[1], die heute vorbereitet wird. Es ist mir bewusst, dass wir nach Ihrer Pfeife zu tanzen haben, und ich, in viele Kämpfe gegen Ihre Angestellten verstrickt, fürchte mich nicht. Was ich fürchte, ist das Alleingelassen werden, wenn mein Lache- und Weine-Partner vor mir fort muss. Ich bin mir zwar ziemlich sicher, dass ich in diesem Fall Ihnen entgegenkommen würde, mit allen mir zur Verfügung stehenden Mitteln. Aber es wäre anders, wenn wir beide zusammen gehen könnten.

Mein Partner weiß, dass ich vor seinem Abgang mehr Angst als vor meinem habe. Er ist fähig, sich zu wünschen, dass er etwas länger bleibt. Bei dieser Prüfung versage ich. Ich kann es mir einfach nicht wünschen – und Sie wissen selbstverständlich, dass Wünschen ein anderes Wort für Beten ist. Vielleicht ist seine Liebe größer als meine, obwohl ich das nicht gern zugebe. Manchmal vermute ich, dass Liebe – falls wir wissen, was wir mit diesem Wort sagen – das Einzige ist, wovor Sie Respekt haben. In diesem Sinn möchte ich Sie bitten, uns nicht zu trennen.

Sölle, Dorothee: Mystik des Todes. Ein Fragment. Freiburg/Brsg.: Herder Neuausgabe 2011. S. 34 f.

1 Erläutern Sie den Anlass dieses Briefes und die Sorge der Verfasserin.

2 Analysieren Sie die Sichtweise des Todes und stellen Sie die Wirkung der Personifizierung des Todes dar. Vergleichen Sie die Haltung der Verfasserin mit der Montaignes (SB S. 290 f.).

3 Stellen Sie sich vor, Michel de Montaigne und Dorothee Sölle begegneten einander. Inszenieren Sie ein Streitgespräch über den Tod.

1 Die Bezeichnungen des Todes als „Meister aus Deutschland“ und als „schwarze Milch der Frühe“ sind Metaphern aus dem Gedicht „Die Todesfuge“ von Paul Celan (1948), ein Gedicht über das Grauen der Judenvernichtung im Nationalsozialismus.

Max Horkheimer im Gespräch über die Zukunft der Religion
Max Horkheimer (1895–1973), deutscher Philosoph und Soziologe. Vertreter einer kritischen, marxistisch orientierten, Gesellschaftstheorie (Frankfurter Schule). In diesem Interview ist eine deutliche Skepsis gegenüber der Vernunft zu erkennen.

Gute, moralische Politik sei also, meinen Sie, nicht ohne Theologie möglich?
[...] Alles, was mit Moral zusammenhängt, geht logisch letzten Endes auf Theologie, jedenfalls nicht auf säkulare Gründe zurück, wie sehr man sich auch bemühen mag, die Theologie behutsam zu fassen.
Also auf Gott?
Zumindest – darin gehe ich mit Kant und Schopenhauer einig – weiß ich, dass die Welt Erscheinung ist. Wie wir sie kennen, ist sie nicht absolut, sondern Ordnungsprodukt unserer intellektuellen Funktionen. Jedenfalls ist sie nicht das Letzte.
Und was ist das Letzte?
Religion lehrt, dass es einen allmächtigen und allgütigen Gott gibt. Ein kaum glaubhaftes Dogma angesichts des Grauens, das seit Jahrtausenden auf dieser Erde herrscht!
Und?
Ich würde sagen, man solle Theologie erneuern. Es ist keine Gewissheit, dass es einen allmächtigen Gott gibt. Ja, wir können es nicht einmal glauben angesichts dieser Welt und ihres Grauens.
Was bleibt dann?
Die Sehnsucht.
Wonach?
Sehnsucht danach, dass es bei dem Unrecht, durch das die Welt gekennzeichnet ist, nicht bleiben soll. Dass das Unrecht nicht das letzte Wort sein möge. Diese Sehnsucht gehört zum wirklich denkenden Menschen.
Also eine neue Religion?
Nein, wir können nicht eine neue Religion gründen. Mögen die alten Konfessionen weiter existieren und wirken in dem Eingeständnis, dass sie eine Sehnsucht ausdrücken und nicht ein Dogma.
Glauben Sie, dass eine solche Sehnsucht ausreicht, um moralisches Handeln zu ermöglichen, zumal auf einem Feld wie dem der Politik? Vor sechs Jahren haben Sie in einem Aufsatz für Ihren Freund Adorno geschrieben: „Einen unbedingten Sinn zu retten ohne Gott, ist eitel." Das führt zu der Frage: Wenn es keinen Gott gäbe, und wenn es infolgedessen keinen unbedingten Lebenssinn gäbe – worauf sollte sich dann der Moralist in der Politik berufen können?
Auf Gott berufen? Das können wir nicht. Zumindest ist das meine Auffassung: Wir können nicht behaupten, es gäbe einen guten und allmächtigen Gott. Aber Sie haben ganz Recht, dann kann man sich also auch nicht auf Gott berufen. Man kann nur handeln mit dem inneren Antrieb, möge es so sein ...
Möge es so sein, dass es einen guten Gott gibt?
Adorno und ich – wer von uns beiden es zuerst formuliert hat, weiß ich heute nicht mehr –, auf jeden Fall haben wir beide nicht mehr von Gott, sondern von der „Sehnsucht nach dem Anderen" gesprochen.
Diese Behutsamkeit im Umgang mit Gottes Namen ist – wie häufig festgestellt – jüdisches Erbe.
Ja. Und zwar auch in der Weise, dass diese Behutsamkeit in unsere Gesellschaftstheorie, die wir die Kritische nannten, eingegangen ist. Du sollst dir kein Bild von Gott machen, heißt es in der Bibel. Du kannst nicht darstellen, was das absolute Gute ist. Der fromme Jude versucht, das Wort „Gott" nach Möglichkeit zu vermeiden, ja er schreibt es nicht aus, sondern macht ein Apostroph. So nennt auch die Kritische Theorie das Absolute vorsichtig „das Andere". Was mich bewegt, ist die theologische Idee angewandt auf eine vernünftige Theorie der Gesellschaft.
Der Spiegel, Nr. 1/2/1970

1 Formulieren Sie in eigenen Worten, was Horkheimer mit der Sehnsucht nach dem Anderen meint und warum er dabei nicht von Gott spricht.
2 Erläutern Sie seine Kritik an der Religion.
3 Vergleichen Sie seinen Ansatz mit I. Kant (M 27) und O. Fuchs (M 28).
4 Was können Theologen diesem Religionskritiker entgegnen? Inszenieren Sie ein Gespräch mit der Intention, Horkheimer von der Theologie und der Religion zu überzeugen.

Entspannung ist bei uns [...] Teil der Leistungsgesellschaft geworden. Entspannung ist notwendiger Bestandteil des Optimierungsprozesses der Leistungsgesellschaft und aller privaten und beruflichen Beziehungen. Genau da liegt die Skurrilität: in dem allgegenwärtigen Bemühen, die Weisheitslehren von Buddhismus, von Yoga und Zen-Meditation mit deutscher Effektivität zu verbinden.
(*Illies, Florian:* Die Zeit 30. 12. 2010)

1 Betrachten Sie das Bild und notieren Sie erste Eindrücke.
2 Begründen Sie, warum dieses Bild so amüsant ist. Welcher Widerspruch wird hier aufgedeckt?
3 Lesen Sie den theologischen Text von M. Kehl und erklären Sie die theologischen Widersprüche.

Medard Kehl:
Reinkarnationsglaube in der westlichen Kultur

Menschen des christlichen Kulturkreises glauben zunehmend an die Reinkarnation und üben sich in als heilsam erfahrenen Praktiken buddhistischer Meditation, um gelassener und entspannter ihren Alltag zu meistern. M. Kehl stellt Probleme dieses gesellschaftlichen Trends heraus.

Die westliche Vorstellung der Wiedergeburt versteht sich bewusst als eine Heilsbotschaft für den einzelnen Menschen und dadurch auch für die Menschheit, insofern erst durch die Folge von Wiedergeburten alle positiven Lebensmöglichkeiten des Individuums und der Menschheit im Ganzen ausgeschöpft werden können. [...] Gerade weil das jetzt gelebte Leben oft doch als ein nur sehr partiell gelungenes Leben erfahren wird, weil der eigentlich ersehnte Sinn des Lebens nur sehr begrenzt verwirklicht werden kann und schließlich durch den Tod völlig in Frage gestellt wird, darum eröffnet die Aussicht auf immer neue Geburten und „Einkörperungen" des ewigen „geistig-göttlichen Funkens" in uns [...] doch die sichere Hoffnung auf einen endgültig zu verwirklichenden Sinn des Lebens.
Die Wiedergeburtenlehre gibt vielen unserer Zeitgenossen eine befriedigende Antwort auf das existentielle Problem: Wie finde ich meine Identität angesichts der unüberschaubar vielen Möglichkeiten, die ich ja nur zu einem ganz geringen Teil nutzen kann? [...] Ständig verpasst es irgendwelche Chancen, ständig muss es sich zwischen mehreren Möglichkeiten und Angeboten entscheiden, ständig auch immer wieder bestimmte Alternativen ausschließen, ohne sicher zu sein, ob diese Wahl auch richtig war. [...] Angesichts solcher Grenzerfahrungen bietet nun die Wiedergeburtslehre eine anziehende Verheißung: Du brauchst dich nicht zu überanstrengen und krampfhaft deinem Glück hinterherzulaufen; was du in diesem Leben nicht findest, wird dir im nächsten oder übernächsten Leben als neue Chance angeboten. Der Mensch [...] hat unendlich viel Zeit, ja sogar die Ewigkeit zur Verfügung, um alle erstrebenswerten menschlichen Lebensmöglichkeiten zu ergreifen und so in sich hinein zu integrieren.
[...] [Die] positive Umformung der in östlichen Religionen und Kulturen ursprünglich beheimateten Wiedergeburtslehre innerhalb der heutigen westlichen Kultur [...] ist noch immer geprägt sowohl von vielen christlichen Traditionsstücken (z. B. der Wertschätzung der Person, der Hoffnung auf „Unsterblichkeit der Seele" usw.) als auch von typisch neuzeitlichen Wertvorstellungen (z. B. der freien, selbstbewussten, sich selbstbestimmenden und selbstverwirklichenden Subjektivität, der fortschreitenden Entwicklung als einem Grundgesetz des ganzen Daseins usw.). In diesem kulturellen Kontext erst kann die Aussicht auf viele Wiedergeburten als Heilsbotschaft verstanden werden.
(*Kehl, Medard:* Und was kommt nach dem Ende? Von Weltuntergang und Vollendung, Wiedergeburt und Auferstehung. © Matthias Grünewald-Verlag der Schwabenverlag AG. Ostfildern 2008. S. 52–68.)

ZM 5 Vom Leben zum Ewigen Leben

1 Erklären Sie den Zusammenhang von Leben, Tod und Ewigem Leben, wie er hier dargestellt wird. Beziehen Sie alle verwendeten Begriffe mit ein.

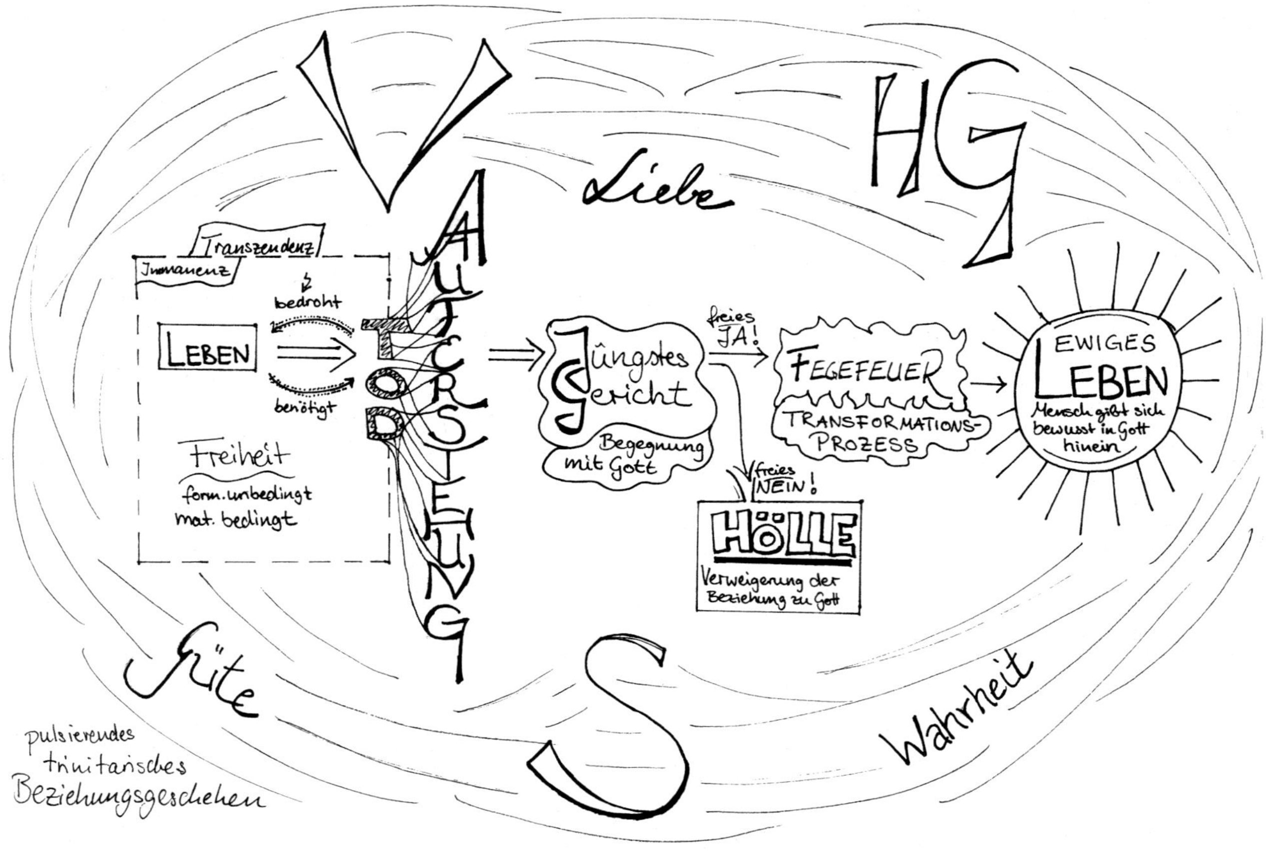

(*Stosch, Klaus v.:* Einführung in die Systematische Theologie. Paderborn: Schöningh 2006. S. 210 f.)

ETHIK – *vernünftig und frei handeln*

A. Didaktische Intentionen und Überblick über das Kapitel

Ethische Fragen gewinnen im Zuge des technologischen, wissenschaftlichen Fortschritts und der Globalisierung zunehmend an Bedeutung. So entstehen immer mehr Bereichsethiken: ökologische Ethik, medizinische Ethik, Wirtschaftsethik, Wissenschaftsethik, Medienethik, ... Die gesellschaftliche Präsenz dieser Ethiken ist uns durch Medien und Politik bewusst, und die Dringlichkeit der Auseinandersetzung mit ethischen Fragen verstärkt sich durch die Globalisierung und vor allem in Forschungsfragen durch die internationale Konkurrenz. Trotz gesellschaftlicher Säkularisierung und der Abwendung von den Kirchen haben Kirche und Glaube in ethischen Fragen weiterhin eine zentrale Funktion. In keinem anderen Bereich hat Kirche eine so große Lobby: Theologen und Kirchenvertreter sind gefragt und werden von Politikern und anderen Verantwortlichen zu Rate gezogen (z. B. in Ethikräten).

Insofern ist die Ethik für SuS nicht nur für das eigene ethische Handeln persönlich relevant, sondern auch gesellschaftspolitisch im Hinblick auf die großen Fragen und gesetzlichen Entscheidungen. Als ethische Subjekte müssen SuS selbst handeln und Entscheidungen treffen, als verantwortliche Bürger müssen sie sich zu komplexen ethischen Fragestellungen reflektiert positionieren können – Gründe, die die Bedeutung des Themas verdeutlichen und die Motivation der SuS nahelegen.

Das Kapitel besteht aus drei Modulen, die aufeinander aufbauen, aber nicht chronologisch bearbeitet werden müssen. Die beiden ersten Module „Mut zur Moral? Der Mensch als sittliches Subjekt“ und „Wie kann ich ethisch argumentieren?“ setzen einen theoretischen, das dritte und umfangreichste Modul einen praktischen Schwerpunkt. Das dritte Modul „Du sollst die Würde des Menschen achten! Ethische Entscheidungsfelder“ bietet konkrete Beispiele aus unterschiedlichen ethischen Bereichen (Lebensbeginn/Schutz des Lebens, Wert behinderten Lebens, Präimplantationsdiagnostik/Klonen, Sterbehilfe, Medienethik). Durch diese Struktur steht der Bereich der angewandten Ethik, der für SuS erfahrungsgemäß der interessanteste ist, im Vordergrund. Es steht L frei, hier eine Auswahl zu treffen, da die Materialgruppen unabhängig voneinander bearbeitet werden können. Genauso kann L sich vorrangig an Modul 3 orientieren und an geeigneten Stellen (Verweise finden sich im SB und im LB) Material aus Modul 1 und 2 hinzuziehen.

Modul 1 (Mut zur Moral? Der Mensch als sittliches Subjekt, SB S. 316–322) bezieht sich auf Aspekte der deskriptiven Ethik. Drei Materialgruppen thematisieren anthropologische und gesellschaftlich-kulturelle Voraussetzungen für ethisches Handeln. Zunächst geht es um die Frage der Moralität des Subjektes: Ist der Mensch moralisch gut oder schlecht? Warum handeln wir richtig oder falsch? Was ist unser subjektiver Antrieb? Handeln wir bewusst oder unbewusst? Verantwortungsvoll oder fahrlässig? Wie vielfältig sind unsere ethischen Handlungsmöglichkeiten? Durch die Auseinandersetzung mit diesen Fragen erhalten die SuS eine Hinführung zu komplexeren Fragen (Modul 2 und 3). Sie reflektieren ihre Haltung und lernen die relevanten Fachbegriffe zu verwenden (s. Info: Begriffsbestimmung, SB S. 315).

Die Materialgruppe „Wovon hängt unsere moralische Gesinnung ab?“ thematisiert den kulturellen und religiösen Kontext, in dem wir agieren und der das Fundament für Werte und Normen unserer Gesellschaft ist. Dabei geht es vorrangig um die Entstehung christlicher Werte und Normen und ihre Bedeutung in der heutigen Gesellschaft.

Modul 2 (Wie kann ich ethisch argumentieren?, SB S. 323-329) stellt als Auseinandersetzung mit der normativen Ethik für die SuS erfahrungsgemäß die größte Herausforderung dar. Sie empfinden die Arbeit mit Theorien oft als Haarspalterei, als langweilig und unnötig. Sie werden aber feststellen, dass Theorien Grundlage für alle konkreten ethischen Entscheidungen sind, die sie selbst – wenn auch unbewusst – täglich treffen. Um die Erarbeitung der Theorien für SuS zu erleichtern, sind sie mit Praxisbeispielen verknüpft und werden nicht nur mithilfe theologischer Texte, sondern auch von Zeitungsartikeln und Karikaturen vermittelt.

Die *deontologische Argumentation* wird anhand von zwei historischen Texten (Kant, Viktor Cathrein) vermittelt und dann mithilfe von aktuellen Fragen der Reproduktionsmedizin reflektiert und problematisiert, indem medizinische Sichtweisen mit der offiziellen kirchlichen Position kontrastiert werden. Die unterschiedlichen Positionen veranschaulichen die Argumentation der Deontologie. Da es im Internet und in der aktuellen Presse viel Material zur Reproduktionsmedizin gibt und diese Disziplin dem ständigen Wandel unterliegt, bietet es sich an, weitere Texte, evtl. neue lehramtliche Texte und aktuelles Bildmaterial hinzuzuziehen. Gerade in diesem Bereich liegt fachübergreifendes Arbeiten mit den Fächern Biologie, Philosophie oder Sozialwissenschaft nahe.

Die *teleologische Argumentation* ist zwar vom angelsächsischen Utilitarismus abzugrenzen, wird aber über eine Karikatur zum Utilitarismus eingeführt, um die Grundidee zu vermitteln. Zentral für das Verständnis der Teleologie als neuere theologische Theorie ist der Text M 16.

Aspekte aus beiden Theorien (Deontologie und Teleologie) werden unter dem Punkt Die *hermeneutische Argumentation* wieder aufgegriffen und in ihrer Komplementarität gewürdigt. Der Text von E. Schockenhoff, der den Ansatz der hermeneutischen Argumentation begründet hat, macht deutlich, dass es nicht um die Theorie als solche, sondern um das Ergebnis (ethische Entscheidung) geht. Das Zusatzmaterial ZM 4 zur Problematik der Samenspende eignet sich zur Vertiefung der Theorien und macht Schockenhoffs Anliegen deutlich.

Modul 3 (Du sollst die Würde des Menschen achten! Ethische Entscheidungsfelder, SB S. 330–345) beginnt mit einem grundlegenden Text zur Würde des Menschen (M 18), der den kategorischen Imperativ Kants erschließt. Dieser Text ist Fundament für die Auseinandersetzung mit allen Themenbereichen dieses Moduls. Die erste Materialgruppe *Wann ist der Mensch ein Mensch? Der Lebensbeginn* befasst sich mit der Frage nach dem Zeitpunkt des Lebensbeginns, der für den Schutz des Lebens, vor allem des ungeborenen Lebens, und für Fragen der medizinischen Forschung (z. B. Stammzellenforschung) und Reproduktionsmedizin unabdingbar ist. Anhand von zwei Texten wird die christliche Auffassung (M 20) mit der provokanten Position P. Singers (M 21) kontrastiert und Konsequenzen dieser Denkweise vor dem Hintergrund von § 218 reflektiert. Zusatzmaterial zur Stammzellenforschung (ZM 3), durch die sich die Problematik des § 218 zuspitzt, findet sich LB S. 153 f.
Die beiden Materialgruppen *Der gesunde Mensch – der wahre Mensch?* und *Heilung um jeden Preis?* befassen sich mit Fragen der Präimplantationsdiagnostik – eine medizinische Errungenschaft, die unlösbare Dilemmata mit sich bringt: Zum einen geht es um die Frage des Wertes behinderten Lebens und zum anderen um die Legitimität der Produktion eines Menschen zum Zwecke der Heilung eines anderen Menschen. Die vierte Materialgruppe *Sterben müssen oder sterben dürfen?* behandelt das Thema Sterbehilfe, das durch die Patientenverfügung eine neue Facette bekommen hat. Theologische und kirchliche Argumentation (M 28, M 29) wird reflektiert und vor dem Hintergrund der Realität des Sterbens und unseres Umgangs damit überprüft (s. auch Info: Hospiz, SB S. 340). Bei der Arbeit mit diesem Thema kann L unterstützend Material aus dem Kapitel *Zukunft – Zeit und Ewigkeit* Modul 2 *Der Tod* hinzuziehen.
Das Material zum Thema Medienethik bietet ein hohes Identifikationspotential für SuS, handelt es sich hier schließlich um einen Bereich ihres Alltagslebens, den sie erfahrungsgemäß nicht mit ethischen Fragen in Verbindung bringen. Kann man ethisch richtig oder falsch kommunizieren? Wie verhalten sich virtuelle Welten zur Würde des Menschen? Auch hierzu bietet der LB Zusatzmaterial.

Kombinationen und Ergänzungen

Wirklichkeit	2.	Was ist Wirklichkeit?
Mensch	1.	Was ist der Mensch?
Religion	4.	Religion und Gewalt
Jesus	2.	Jesus verkündet das Reich Gottes in Wort und Tat
Kirche	3.	Kirche als Kontrastgesellschaft
Zukunft	2.	Der Tod
	4.	Hoffnung für die Lebenden und die Toten
Religion, Kirche und Gesellschaft		
	3.	Kirche und Kultur

Weiterführende Literatur

Schockenhoff, Eberhard: Grundlegung der Ethik. Ein theologischer Entwurf. Freiburg/Brsg.: Herder 2007.
Hofheinz, Marco: Gezeugt, nicht gemacht. Wien: Lit 2008.
Küng, Hans/Jens, Walter: Menschenwürdig sterben. Ein Plädoyer für Selbstverantwortung. München: Piper 1995.
Themenheft „In Würde Sterben. Sterbehilfe und Sterbebegleitung in der Diskussion“. Religion betrifft uns, 6/2004.

B. Materialkommentierungen

1. Mut zur Moral? – Der Mensch als sittliches Subjekt, SB S. 316–322

Wann ist der Mensch moralisch gut?, SB S. 316–318

M 1

AA 3

Diese kleine Erzählung stellt eine für die SuS eventuell etwas ungewöhnliche Begeisterung für die gute Tat dar. Albert Camus provoziert, indem er „frohlockt“ (Z. 10). Die Frage ist, ob es in dieser Situation eigentlich noch um den „Nächsten“, den Hilfebedürftigen geht, oder ob die sittlich gute Tat nicht letztlich dem Täter dient, das heißt: Wird hier der „Nächste“ nicht zum Mittel gemacht, verzweckt für die Möglichkeit einer „guten Tat“?
Die Geschichte der Nonnen, die einem verwundeten Soldaten helfen, ihn kurieren und versorgen, bis er gesund ist, kann diesen Aspekt vertiefen: Der Soldat bedankt sich, die Nonnen erwidern: „Wir haben es für Christus getan.“ Darauf antwortet der Soldat – sichtlich betroffen: „Ach so, ich hatte geglaubt, sie hätten es für mich getan!“

Soll der Aspekt des Unbehagen empfindenden christlichen Freundes bei Camus ebenfalls thematisiert werden, so kann man direkt auf **M 3** Bezug nehmen.

M 2

L kann im Rückgriff **M 1** mit einbeziehen. Um Kants Gedankengänge besser zu verstehen, die Unterscheidung von Moralität und Legalität, kann der folgende Text helfen:
Der Lehrer = L. frägt der Vernunft seines Schülers = S. dasjenige ab, was er ihn lehren will, und wenn dieser etwa nicht die Frage zu beantworten wüsste = 0, so legt er sie ihm (seine Vernunft leitend) in den Mund.

1. L. Was ist dein größtes, ja dein ganzes Verlangen im Leben? S. = 0. – = 0. – L. Dass es dir alles und immer nach Wunsch und Willen gehe.
2. L. Wie nennt man einen solchen Zustand? S. = 0. L. Man nennt ihn *Glückseligkeit* (das beständige Wohlergehen, vergnügtes Leben, völlige Zufriedenheit mit seinem Zustande).
3. L. Wenn du nun alle Glückseligkeit (die in der Welt möglich ist) in deiner Hand hättest, würdest du sie alle für dich behalten, oder sie auch deinen Nebenmenschen mitteilen? S. Ich würde sie mitteilen; andere auch glücklich und zufrieden machen.
4. L. Das beweist nun wohl, dass du noch so ziemlich ein gutes *Herz* hast; lass aber sehen, ob du dabei auch guten *Verstand* zeigest. – Würdest du wohl dem Faulenzer weiche Polster verschaffen, damit er im süßen Nichtstun sein Leben dahin bringe, oder dem Trunkenbolde es an Wein, und was sonst zur Berauschung gehört, nicht ermangeln lassen, dem Betrüger eine einnehmende Gestalt und Manieren geben, um andere zu überlisten, oder dem Gewalttätigen Kühnheit und starke Faust, um andere überwältigen zu können? Das sind ja so viel Mittel, die ein jeder sich wünscht, um nach seiner Art glücklich zu sein. S. Nein, das nicht.
5. L. Du siehst also: dass, wenn du auch alle Glückseligkeit in deiner Hand und dazu den besten Willen hättest, du jene doch nicht ohne Bedenken jedem, der zugreift, Preis geben, sondern erst untersuchen würdest, wie fern ein jeder der Glückseligkeit *würdig* wäre. – L. Für dich selbst aber würdest du doch wohl kein Bedenken haben, dich mit allem, was du zu deiner Glückseligkeit rechnest, zuerst zu versorgen? S. Ja. L. Aber kommt dir da nicht auch die Frage in Gedanken, ob du wohl selbst auch der Glückseligkeit würdig sein mögest? S. Allerdings. L. Das nun in dir, was nur nach Glückseligkeit strebt, ist die Neigung; dasjenige aber, was deine Neigung auf die Bedingung einschränkt, dieser Glückseligkeit zuvor würdig zu sein, ist deine *Vernunft*, und dass du durch deine Vernunft deine Neigung einschränken und überwältigen kannst, das ist die Freiheit deines Willens.
6. L. Um nun zu wissen, wie du es anfängst, um der Glückseligkeit teilhaftig und doch auch nicht unwürdig zu werden, dazu liegt die Regel und Anweisung ganz allein in deiner *Vernunft*; das heißt so viel als: du hast nicht nötig, diese Regel deines Verhaltens von der Erfahrung, oder von anderen durch ihre Unterweisung abzulernen; deine eigene Vernunft lehrt und gebietet dir geradezu, was du zu tun hast. z. B. wenn dir ein Fall vorkömmt, da du durch eine fein ausgedachte *Lüge* dir, oder deinen Freunden, einen großen Vorteil verschaffen kannst, ja noch dazu dadurch auch keinem anderen schadest, was sagt dazu deine Vernunft? S. Ich soll nicht lügen; der Vorteil für mich und meinen Freund mag so groß sein, wie er immer wolle. Lügen ist *niederträchtig* und macht den Menschen *unwürdig* glücklich zu sein. – Hier ist eine unbedingte Nötigung durch ein Vernunftgebot (oder Verbot), dem ich gehorchen muss: wogegen alle meine Neigungen verstummen müssen. L. Wie nennt man diese unmittelbar durch die Vernunft dem Menschen auferlegte Notwendigkeit, einem Gesetze derselben gemäß zu handeln? S. Sie heißt *Pflicht*. L. Also ist dem Menschen die Beobachtung seiner Pflicht die allgemeine und einzige Bedingung der Würdigkeit glücklich zu sein, und diese ist mit jener ein und dasselbe.

(*Kant, I.:* Metaphysik der Sitten, Zweiter Teil: Metaphysische Anfangsgründe der Tugendlehre; Ethische Methodenlehre, In: Werke, Bd. 7. Hrsg. v. *W. Weischedel*. Darmstadt: WBG 1983. S. 620 ff.)

M 3

M 3 macht auf den „inneren Schweinehund" des Menschen aufmerksam, der die moralischen Anforderungen vom Verstand her begreift, aber aufgrund von Lethargie, Faulheit und anderen menschlichen Schwächen diese Anforderungen auch als Zu-mutungen begreift. Es ist ein Unterschied, moralische Anforderungen zu verstehen und zu akzeptieren und sie dann aber auch in die Tat umzusetzen.
Im Kapitel „Wirklichkeit" findet sich eine ähnliche Auseinandersetzung: Am Beispiel des Buchdruckers Gerard Duval aus dem Buch „Im Westen nichts Neues" von Erich Maria Remarque (SB S. 31 f.) kann man die „Epiphanie des Antlitzes" (Levinas) thematisieren: Der Mensch, der dem Antlitz eines anderen Menschen ausgesetzt ist (d. h., dieses Antlitz auch als menschliches Antlitz wahrnimmt), wird durch diese Erfahrung zum Subjekt (lat. sub-iectum = unterworfen).

Das Durchspielen des vorgelegten Falls oder anderer Fälle verdeutlicht, dass die gute Gesinnung und die gute Tat nicht immer und unbedingt übereinstimmen. Wichtig ist hierbei, dass die SuS die Begriffe richtig anwenden.

Wovon hängt unsere moralische Gesinnung ab?, SB S. 318–322

M 5
AA 1

An alltäglichen Beispielen wird hier der Zusammenhang zwischen moralischen Aussagen und ihrer Entwicklung durch Wissen, das aus der Erfahrung entstanden ist, deutlich. **M 5** bereitet auf **M 6** vor.
Ein anderes Beispiel: Das Verbot der Bluttransfusion, welches heute noch von sehr bibeltreuen Christen und z. B. den Zeugen Jehovas befolgt wird, wird heute – unter Hinzuziehung unserer medizinischen Kenntnisse – nicht mehr für zeitgemäß und nicht mehr als Überschreitung eines Gottesgebotes bewertet.

AA 2
Hierzu lässt sich die Lernsequenz zur Beschneidung einsetzen.

M 6

M 6 gibt Auskunft darüber, dass die „Zweite Tafel" des Dekalogs Gebote enthält, die „das Bundesvolk [...] in seiner Geschichte vorgefunden und dann in den Bundesgedanken integriert [...] (hat) (Z. 16–18). Dasselbe lässt sich über die Weisheitsliteratur und die ethischen Forderungen des Neuen Testaments sagen, d. h. das Ethos des AT und NT ist tatsächlich autonom entwickeltes Ethos und nicht spezifisch jüdisches oder christliches Ethos.

AA 3
Dekalog z. B.: Auch in der Welt des AT und NT gibt es moralische Aussagen, die nicht ursprünglich von Gott offenbart oder von Jesus verkündigt wurden, sondern aus der mit dem Verstand verarbeiteten Erfahrung entstanden sind (so ist z. B. das Gebot „Du sollst nicht stehlen" in einer Nomadengesellschaft, in der die einzelnen Gruppen einen Teil ihrer Habe unbeaufsichtigt über einen Teil des Jahres zurückließen, um ihn bei der Rückkehr wieder in Besitz zu nehmen, eine Überlebensnotwendigkeit. Deshalb wurde es als Gebot formuliert, welchem eine zusätzliche Legitimation und Dringlichkeit durch die Qualifizierung als Gottes Gebot gegeben wurde).
Viele moralische Aussagen des AT und des NT sind deshalb auch nicht neu, sondern sie wurden als bekannt vorausgesetzt. Dennoch werden sie erwähnt, wiederholt, es wird ihre Einhaltung angemahnt, denn Menschen wissen um das kognitive Verständnis einerseits und „den

AA 7
inneren Schweinehund" andererseits (vgl. **M 3**). Diese Form der moralischen Mahnung heißt Paränese. Soll dieser Aspekt ethischer Erziehung vertieft werden, kann **ZM 1** mit AA zur Paränese verwandt werden.

M 7

M 7 erzählt von einem jungen Atheisten, der im Zweiten Weltkrieg trotz Folter die Namen seiner Mitstreiter nicht nennt und dafür den Tod in Kauf nimmt. Er hat sich für andere Menschen geopfert! Als Atheist?

AA 7
Atheisten und Christen können sich in der Praxis verstehen, sie können gemeinsam für eine bessere humanere Welt tätig sein. Worin besteht dann der Unterschied?
M 7 macht aus der Perspektive eines Atheisten deutlich, dass der Atheismus nicht soweit geht, in jedem Menschen einen absoluten Wert zu sehen, wie es die Grundüberzeugung des Christen-

AA 8
tums ist (zumindest gibt es für diesen Gedanken aus atheistischer Sicht keine Begründung).

M 8

M 8 vertieft die Gedanken aus **M 7**. Was bringt einen Menschen dazu, das eigene Überleben für einen anderen Menschen aufs Spiel zu setzen? Gibt es tatsächlich Wichtigeres für einen Men-

AA 10
schen als zu überleben? Der „Herr Lehrer" richtet sein Handeln tatsächlich an Werten (z. B. Liebe, Treue, ...) und nicht an Gütern (Leben) aus.

M 9

Die wertebildende und wertestabilisierende Kraft des Christentums thematisiert **M 9**. Zur ausführlicheren Behandlung bietet sich **ZM 2** (LB S. 151 f.) an, der Text ist nach Alfred Angenendt zusammengestellt.

Die deontologische Argumentation, SB S. 323–326

M 10
AA 1, AA 2

Der von Kant postulierte Kategorische Imperativ gilt als Grundlage deontologischer Normenfindung. Da das Verständnis von **M 10** eine Herausforderung für die SuS ist, zielen die AA darauf ab, dass sie den kategorischen Imperativ lediglich mit ihren Worten erklären und anhand von Beispielen veranschaulichen können.

M 11

AA 4

M 11 verweist am Beispiel der Lüge auf das Naturgesetz als weitere Grundlage der Deontologie. Dabei versteht Cathrein den Begriff Naturgesetz hier nicht als Grundgesetze der Natur, z. B. der Physik, sondern als das durch den Schöpfer zugrunde gelegte Gesetz (Bibel). Problematik dieses ethischen Urteilens u. a.: Der Wille des Schöpfers ist in der Bibel festgeschrieben, jedoch nicht immer eindeutig, es gibt oft Interpretationsspielraum, vor allem durch die Unterschiede zwischen AT und NT.

Für viele ethische Fragen unserer Gesellschaft finden wir keine klare Antwort in der Bibel; ein Beispiel dafür sind die diffizilen Fragen der Reproduktionsmedizin. (**M 12–M 14, M 22, M 24–M 26**).

M 12

M 12 stellt mit dem Schwerpunktthema Reproduktionsmedizin exemplarische Verfahren einer kalifornischen Reproduktionsklinik dar.

In der „Spiegel"-Ausgabe 22/2008 gibt es weitere geeignete Artikel, die die Probleme kinderloser Paare und die Lösungsansätze der Reproduktionsmedizin in unterschiedlichen Ländern schildern. Die gesetzliche Regelung der Reproduktionsmedizin unterscheidet sich international sehr stark (selbst zwischen US-amerikanischen Staaten). Die Gesetze sind, besonders in Deutschland, wo es vergleichsweise sehr strenge Regelungen gibt, dem kontinuierlichen Wandel unterworfen, weil es mit wachsendem Kenntnisstand zu modifizierten und optimierten Verfahren kommt. Aus diesem Grund lassen sich AA (z. B. AA 5) nur offen als Rechercheaufträge für jeweils aktuelle Informationen formulieren. Eine Übersicht der internationalen Reproduktionsgesetzte finden Sie z. B. unter www.ivf-gesellschaft.at/uploads/media/MPI_Uebersicht_Fortpflanzungsmedizin.pdf.

M 13

Die Instruktion „Dignitas Personae" (2008) problematisiert neben der Verwerflichkeit des Aktes als solchem die nicht unerheblichen Begleiterscheinungen künstlicher Befruchtung (vor allem die Überproduktion von Embryonen). In diesem Zusammenhang ist die Frage nach dem Beginn des Lebens ausschlaggebend, die in Modul 3 (**M 19, AA 1**) thematisiert ist.

M 14

AA 9

M 14 enthält einprägsame Thesen, die die Argumentation der katholischen Kirche (**M 13**) untermauern. Spaemanns plastische Formulierung wird die SuS vermutlich provozieren, worin ein hohes Diskussionspotential liegt. Aus diesem Grund eignen sich hier szenische Darstellungen von Diskussionen (s. Methode 3.1, SB S. 379), z. B. ein Planspiel zur Veränderung der Gesetzeslage in Deutschland oder ein Streitgespräch zwischen Spaemann und der Ärztin (**AA 9**).

Die Analyse der beiden Ansätze impliziert bereits eine Hinführung zur teleologischen Argumentation (**M 15–M 16**), da die Ärztin die Folgen der medizinischen Verfahren und nicht, wie Spaemann, die Verfahren als solche im Blick hat.

Zur Stellungnahme eigenen sich kreative Schreibaufträge, wie z. B. ein Leserbrief zum „Spiegel"-Artikel, ein Brief an Robert Spaemann, ein Zeitungsartikel in einer Kirchenzeitung, die die Fertilisationsklinik in Kalifornien kommentiert.

Die teleologische Argumentation, SB S. 326–327

M 15

Die Karikatur stellt die utilitaristische Haltung dar und macht die Problematik dieser ethischen Theorie deutlich. Sie eignet sich zur Unterscheidung von angelsächsischem Utilitarismus (auch als Präferenzutilitarismus oder Nützlichkeitsethik bekannt) und christlicher Teleologie, die keinesfalls gleichzusetzen sind.

Der Utilitarismus kennt keine transzendentale göttliche Größe, der der Mensch verpflichtet ist, und keine allgemeingültigen Normen. Das ethische Entscheidungskriterium ist das größtmögliche Glück der größtmöglichen Zahl. Das Wohlergehen der Gemeinschaft, d. h. die Quantität des Glücks, ist hier alleiniges Entscheidungsmoment. Es spielt keine Rolle, was dem Einzelnen als Konsequenz einer Handlung widerfährt, solange die Gemeinschaft dadurch zu größerem

Glück gelangt. Grundlage für die christliche Teleologie (**M 16**) hingegen sind christliche Werte und daraus resultierende Normen (z. B. Du darfst nicht töten.), die nicht verletzt werden dürfen. Zur Vertiefung der Karikatur bietet sich eine kreative Aufgabe an: Z. B. können die SuS weitere Aussagen oder Sprüche zu ethischen Fragen (künstliche Befruchtung oder Reduktion von CO_2-Ausstoß) formulieren.

AA 3 Mögliches TB:

Vorteile:

- Glück ist ein erstrebenswertes menschliches Ziel.
- Jeder ist zum eigenen Urteil verpflichtet, das Individuum als ethisches Subjekt wird ernstgenommen und zur Verantwortung gezogen.
- In jeder Situation muss neu entschieden werden, individuelle Umstände einer Handlung sind relevant.

Probleme:

- Glück ist eine nicht messbare Kategorie.
- Gründe, Absichten und Motive einer Tat bleiben unberücksichtigt.
- Gute Folgen rechtfertigen einen schlechten Weg, z. B. Krieg, Sterbehilfe.
- Das individuelle Glück untersteht dem der Gemeinschaft (Kollektivegoismus), z. B. Todesstrafe.

M 16 Die christlich-teleologische Begründungstheorie stammt von katholischen Moraltheologen (F. Böckle, B. Schüller) aus den 70/80er Jahren, die sie der deontologischen Begründung gegenüberstellten. Trotz der Nähe zum Utilitarismus durch die *Betrachtung der Folgen* einer Handlung und der *Abwägung in jeder neuen Situation* unterscheidet sie sich von dieser Theorie in folgenden Punkten (**AA 5**):

AA 5

- Verwiesenheit des Menschen auf den christlichen Gott;
- Biblische Gebote haben unbedingte Geltung: Gottes- und Nächstenliebe als Maßstab allen Handelns, 10 Gebote als a priori feststehende Normen;
- Abwägungen im Sinne der Konsequenzen ist erst unterhalb des Schutzraumes der Person möglich;
- Goldene Regel (Mt 7,12), d.h. es gilt Unparteilichkeit (auch zwischen Individuum und Gemeinschaft) und nicht die Quantität des Glücks;
- Verständnis von „Ziel" als Strebens- und Vollendungsziel, Handeln ist dementsprechend immer personale Verwirklichung.

AA 6 *Kritik an der Deontologie:*

- Ethische Handlungen sind häufig viel komplexer, als dass sich Normen einfach anwenden oder übertragen lassen;
- Gerade der technologische Fortschritt und die medizinischen Möglichkeiten stellen den Menschen vor immer neue, immer komplexere Fragen, die mit dem Naturgesetz (Cathrein) oder biblischen Gesetz nicht mehr zu beantworten sind;
- Man kann falsche Entscheidungen treffen, wenn man sich einfach an feststehende Normen hält.
- Der Mensch wird als ethisches Subjekt nicht ernstgenommen.

Kritik an der Teleologie:

zu AA 6.1: Die katholische Kirche befürchtet eine Relativierung aller Werte, eine Unverbindlichkeit von fundamentalen Werten (z. B. die Würde des Menschen) und den Verlust der Moral als langfristige Konsequenz. Es besteht die Gefahr, dass der Mensch seine Verantwortung als ethisches Subjekt nicht wahrnimmt und falsch handelt. Es bleibt zu diskutieren, welche Voraussetzungen der Mensch mitbringen muss. Hier bietet es sich an, auf Modul 1 zurückzugreifen (**M 1–M 4**).

zu AA 6.2: Sicherlich kann genau dieser Fall eintreten. Es sollte aber sichergestellt sein, dass der „gute Zweck" die vermeintlich schlechte Handlung zu einer richtigen macht (s. **M 4** und Info: Begriffsbestimmung, SB S. 315).

Es ist darüber hinaus fraglich, ob es um die Wahrung von Normen um jeden Preis geht oder um den Menschen und das Wohlergehen des Menschen (Darum ist es am Sabbat erlaubt, Gutes zu tun. Mt 12,12).

Die hermeneutische Argumentation, SB S. 328–329

M 17 Die Polarisierung von Teleologie und Deontologie, die es lange gegeben hat, bezeichnen Moraltheologen heute als obsolet. Vielmehr versucht man eine Synthese dieser beiden christlichen Ansätze, eine Synthese, die das Anliegen der Begründer der christlichen Teleologie erfasst. Der hermeneutische Ansatz in **M 17** stellt die Vereinbarkeit von Teleologie und Deontologie dar. Den SuS soll bewusstwerden, dass es nicht eine einzige christliche Begründungstheorie gibt und die Entwicklung in der katholischen Theologie letztendlich auf die Komplementarität der Ansätze verweist.

Bei einer Beschränkung auf wenige Texte sollten **M 10**, evtl. **M 11**, **M 16** und **M 17** kombiniert werden.

Sehr gut lässt sich die Argumentation Schockenhoffs anhand von **ZM 4** (LB S. 153 f.) nachvollziehen. Das Beispiel der Samenspende als ein Verfahren der Reproduktionsmedizin verdeutlicht, wie man trotz unterschiedlicher Argumentationsweisen zu gleichen Ergebnissen kommen kann.

AA 1 *Teleologie*

- gilt unterhalb der Personenebene,
- in Bereichsethiken (ökologische Ethik, Tierethik, Wirtschaftsethik, Wissenschaftsethik, ...) und im privaten Bereich,
- sie ist notwendig bei der Vielfalt konkurrierender Güter und den Dilemmata, in denen sich Menschen immer wieder befinden.

Deontologie

- ist notwendig für den Schutz der Person,
- formuliert unabdingbare Unterlassungspflichten, d.h. Verbote von Handlungen, die die Würde einer Person verletzen: Tötungsverbot, Folterverbot, ...

AA 2 Schockenhoff:

- Unterschiedliche ethische Begründungsweisen, die sich im Ergebnis häufig nicht unterscheiden.
- So kommt auch die Teleologie zu praktisch ausnahmslos geltenden Normen (z. B. die direkte Tötung Unschuldiger) genauso wie die Deontologie Normen präzisieren muss, um ihre ausnahmslose Gültigkeit beanspruchen zu können.

AA 3 *Hermeneutische Begründung* meint die vom Subjekt nach Interpretation der Norm oder der Situation vorgenommene ethische Entscheidung. Diese Entscheidung ist immer subjektiv, nämlich von der Einschätzung/Deutung des Kontextes abhängig. Schockenhoff verweist auf die Gründe für ein ethisches Urteil, die überprüft werden müssen.

3. Du sollst die Würde des Menschen achten! Ethische Entscheidungsfelder, SB S. 330–345

M 18

AA 1 **M 18** dient als grundlegende Information für die Auseinandersetzung mit konkreten ethischen Entscheidungen. Der Begriff der „Personenwürde" ist theologisch mit der Ebenbildlichkeit Gottes und philosophisch mit Kants Kategorischem Imperativ begründet.

AA 2 Der Werbespruch erscheint auf dem ersten Blick unproblematisch. Mit dem Kategorischen Imperativ wird deutlich, dass Mütter hier nicht um ihrer selbst willen gesehen werden, d.h. ihr Wohlergehen ist nicht an sich, sondern zum Wohlergehen ihrer Kinder wünschenswert. Zur Diskussion steht, ob Mütter hier nicht mehr als Personen Selbstzweck sind, sondern quasi Mittel zum Zweck (= Wohlergehen der Kinder) geworden sind. Die Aussage ist im Sinne Kants nur deshalb legitim, weil die Mutter hier nicht *nur* als Mittel (zum Wohlergehen ihrer Kinder), sondern auch als Zweck (ihres eigenen Wohlergehens) benutzt wird (s. Z. 7–10).

Würde des Menschen oder Würde der Person?, SB S. 331–332

M 19

AA 1 Bislang fehlt eine einheitliche rechtliche Definition des Lebensbeginns. Der Beginn der rechtlich geschützten Person ist nicht explizit festgelegt und daher in unterschiedlichen Kontexten anders definiert.

Möglich ist der Beginn des Lebens

a) mit der Zeugung (Verschmelzung von Ei- und Samenzelle),

b) mit der Zellteilung (Zeitraum zwischen Verschmelzung und Einnistung),

c) mit der Implantation (oder Nidation) des Embryos in die Gebärmutter (Einnistung); nach der Einnistung ist die Empfängnis abgeschlossen; der Wachstumsprozess ist ein Kontinuum, alle Anlagen, die bereits vorhanden sind, entwickeln sich nun weiter),

d) mit Beginn der Gehirntätigkeit (12. Schwangerschaftswoche).

Feststeht: die Persönlichkeit eines Menschen besteht erst nach der Geburt, dennoch ist der Mensch bereits vor der Geburt schützenswert. Er hat aber nur bedingte Rechtsfähigkeit, d.h. bedingten Lebensschutz, der durch die Gesetze zum Schwangerschaftsabbruch geregelt ist.

AA 8, AA 9 Strafrechtlicher Lebensschutz beginnt erst mit der Geburt. Laut § 218 a StGB gilt eine Abtreibung bis zu 12 Wochen nach Empfängnis (d.h. 14. Schwangerschaftswoche), unter bestimmten Bedingungen bis zur 22. Schwangerschaftswoche, als nicht rechtswidrig, obwohl der Embryo ab der 22. Woche bereits außerhalb des Mutterleibs lebensfähig ist. Der juristische Beginn des Lebens wird damit implizit auf den Zeitpunkt der Geburt festgelegt, was Biologen, Philosophen, Theologen und nicht zuletzt die katholische Kirche vehement kritisieren. So argumentieren Vertreter der Stammzellenforschung, dass Stammzellenforschung lt. § 218 a nicht rechtswidrig sei, d.h. das Abtreibungsgesetzt legitimiert jegliche biomedizinische Forschung am Embryo, die man gemeinhin als Missachtung der Menschenwürde ablehnt (s. **ZM 3**, LB S. 153).

M 20

M 20 konkretisiert den Gedanken der Würde des Menschen und beantwortet die Frage des Lebensbeginns mit dem Zeitpunkt der Zeugung (Empfängnis).

AA 3

Der Mensch besitzt von diesem Moment an Individualität und Identität, eine Identität, die durch die kontinuierliche Entwicklung ausdifferenziert wird. Dieses Wesen, das in seiner Anlage ganz Mensch und ganz Individuum ist, ist von Gott gewollt und geliebt und bedarf deshalb des absoluten Schutzes.

AA 4

Ps 139,16 macht deutlich, dass die Existenz des Menschen im Prinzip der Zeugung schon vorausgeht, da der Mensch schon in Gottes Plan existiert und insofern bereits vor seiner Zeugung von Gott geliebt wird.

M 21

M 21 stellt die Gegenposition zur christlichen Auffassung von der Würde und dem Wert des Menschen dar. Singers auf dem Utilitarismus (s. **M 15**) gründender, SuS provozierender Ansatz eignet sich zur Polarisierung von Positionen. Während sein Ansatz im angelsächsischen Raum als ein legitimer unter vielen verstanden wird, erntete Singer für seine Schrift „Praktische Ethik" in Deutschland scharfe Kritik, vor allem aus dem Bereich der Sonderpädagogik.

AA 6

Problematisch ist der Verlust der Achtung, evtl. auch des Lebensrechtes eines Menschen bei irreparablem Verlust von „Rationalität, Autonomie und Selbstbewusstsein" (Z. 5). Die zentrale Frage lautet: Kann man behinderten, alten und kranken Menschen das Recht auf Leben absprechen? Zu AA 8 s.o.

Der gesunde Mensch – der wahre Mensch?, SB S. 333–334

M 22

M 22 macht Probleme der Präimplantationsdiagnostik deutlich. Evers verdeutlicht einerseits, wie absurd es ist, absichtlich kranke Kinder zu zeugen, andererseits, wie diskriminierend die Selektion von Embryonen durch PID ist. Der Artikel veranschaulicht dieses Dilemma und mahnt an, dass es sich hier um Verfahren der Eugenik handelt. **M 22** stellt den Ansatz Singers (**M 21**) in Frage und bietet ebenfalls großes Diskussionspotential.

Nach der Auseinandersetzung mit **M 21**, **M 22** und auch **M 23** empfiehlt es sich abschließend, Streitgespräche, eine Podiumsdiskussion oder auch ein Planspiel zu inszenieren (s. Methode 3.1, SB S. 379).

M 23

M 23 des evangelischen Systematikers Hofheinz begründet das christliche Menschenbild (Der Mensch wird erst durch seine Endlichkeit und Schwäche ganz Mensch). Das Bild des gebrochenen, geschundenen, gekreuzigten Christus widerspricht dem Idealbild des gesunden, schönen, perfekten Menschen. In diesem Christus, der sich der Kranken und Schwachen angenommen hat, besteht die Gottebenbildlichkeit des Menschen.

AA 8, AA 9

Gottesebenbildlichkeit wird oft mit der Göttlichkeit des Menschen, d.h. einem perfekten Menschen assoziiert. Hofheinz korrigiert dieses Missverständnis, indem er auf die Bedeutung der Schwächen des Menschen hinweist.

Heilung um jeden Preis?, SB S. 334–337

M 23, **M 26**

Der Roman „Beim Leben meiner Schwester" (original: My Sister's Keeper) beschreibt das Drama des Ehepaars Fitzgerald, die wegen der Leukämieerkrankung ihrer Tochter ein genetisch maßgeschneidertes sogenanntes „Designerbaby" zeugen, welches als lebendes Ersatzteillager dient. Das Buch enthält Science-Fiction-Einflüsse, da es zum Zeitpunkt seines Erscheinens noch nicht gelungen war, ein genetisch identisches Baby zu produzieren. Dennoch ist die Problematik aktuell, da dies inzwischen möglich und z.B. in Großbritannien seit 2009 gesetzlich erlaubt ist, mittels PID das Genmaterial von Embryonen zu untersuchen und einen ausgewählten Embryo zum Zwecke der Heilung in den Mutterleib zu implantieren.

Das Buch eignet sich als Unterrichtsmaterial (Ganzschrift!), da der Roman durch die vielfältigen Perspektiven der Familienmitglieder ein hohes Identifikationspotenzial bietet, emotional anspricht und die Komplexität des Themas unterstreicht.
Der Roman, in dem Picoult eigene Erfahrungen mit ihrem krebskranken Sohn verarbeitete, wurde 2009 unter gleichem Titel verfilmt.
Vertiefend könnten die SuS

- in Form eines Rollenspiels das Interview fortführen,
- ein Interview mit Anna führen,
- Gedanken oder innere Monologe von Sara und Brian in den Text einfügen,
- einen Zeitungsartikel über den Fall „Anna“ für eine Ärztezeitung, eine Jugendzeitschrift, eine Kirchenzeitung, ... schreiben,
- einen Brief an das Nachrichtenmagazin schreiben, das das Interview gesendet hat.

M 25, **M 26**

Das Gedicht des österreichischen Schriftstellers Martin Auer (* 1951; weitere Gedichte auf seiner Homepage www.martinauer.net) thematisiert das Wunder unserer individuellen Existenz. Wir sind ein genetisches Zufallsprodukt, aber damit nicht weniger wertvoll, sondern eigentlich erst dadurch so besonders.

AA 5, AA 6

Anna skizziert ihre eigene Besonderheit als von ihren Eltern und von den Ärzten genetisch determiniertes Wesen. Sie hat einen Zweck, sie ist damit besonders wichtig, aber kein Selbstzweck, sondern Mittel. Der letzte Satz macht die Dramatik ihrer Existenz deutlich. Der Rückgriff auf den Kategorischen Imperativ Kants (**M 18**) ist hier wichtig. Damit wird deutlich, dass eine solche Zeugung eine Missachtung der Menschenwürde ist.
Hier bieten sich kreative Schreibaufträge an: ein Gedicht aus Annas Perspektive, ein Gedicht zur eigenen Vorstellung von Individualität, einen Brief an Anna, einen Brief an die Eltern Sara und Brian, ...
Abschließen könnte man mit einer Grundsatzdiskussion: Ist medizinischer Fortschritt immer gut? Was bedeutet dieser Fortschritt für den Menschen? Am Beispiel von Anna wird deutlich, wie Menschen dazu verleitet werden, falsche Entscheidungen zu treffen. Eine grundsätzliche Frage zum Verhältnis von Forschung und Ethik liegt nahe.

M 27

Im Zusammenhang mit der in **M 27** thematisierten Grundsatzfrage zum Vorgehen der Forschung eignet sich die Auseinandersetzung mit rechtlichen Regelungen in unterschiedlichen Ländern. Hilfreich sind folgende Internetadressen:
www.ivf.hez1-1.srv.hoster03.de/uploads/media/MPI_Uebersicht_Fortpflanzungsmedizin.pdf (Seite des Max-Planck-Instituts mit einem Überblick über die rechtliche Lage zum Klonen in einzelnen Ländern der Europäischen Union),
www.cloning.ch/cloning/staatlich/eu.html,
www.biotechnologie.de/ (Seite des Bundesministeriums für Bildung und Forschung)
ZM 4 (LB S. 155) lässt sich in Verbindung mit **M 27** oder **M 22** und **M 23** behandeln.

Sterben müssen oder sterben dürfen?, SB S. 337–342

AA 2

Pro	Contra
• Liebe zum Nächsten, verpflichtet uns, dem Leiden ein Ende zu setzen. • Durch Sterbehilfe können Kosten für die Behandlung und Pflege von unheilbar Kranken eingespart werden.	• Möglichkeit der Sterbehilfe stellt Menschen vor unzumutbare Entscheidungen. Mensch ist nicht Schöpfer seiner selbst und hat nicht das Verfügungsrecht über sein Leben. • Es ist Aufgabe des Menschen, besonders des Arztes, für das Leben zu kämpfen. • Menschen sind aufgefordert, durch liebevolle Sterbebegleitung schmerzhafte Sterbeprozesse zu erleichtern. • Durch die Sterbehilfe erhöht sich der Druck auf Kranke, anderen nicht zur Last zu fallen. • Sterben und Leid wird mit zunehmender Praxis aus unserer Lebensrealität verdrängt.

AA 4 *Aktive (direkte) Sterbehilfe*
Bei der aktiven Sterbehilfe verabreicht jemand einem Patienten ein unmittelbar tödlich wirkendes Mittel. Der Patient nimmt es also nicht selbst zu sich (das ist der Unterschied zum assistierten Suizid), sondern es wird dem Patienten von außen „aktiv" zugeführt. Aktive Sterbehilfe ist in Deutschland ausnahmslos verboten, wie fast weltweit.

Passive Sterbehilfe
Unter passiver Sterbehilfe versteht man den Verzicht auf lebensverlängernde Maßnahmen oder deren Beendigung, entweder weil sie (in der unmittelbaren Sterbephase) medizinisch nicht mehr indiziert sind oder weil der Patient solche Maßnahmen ablehnt. Im Unterschied zur aktiven Sterbehilfe lässt man nur den natürlichen Sterbeprozess geschehen.
Falls der Betroffene nicht mehr einwilligungsfähig ist, kommt es auf seinen früher geäußerten Willen (Patientenverfügung) an. Fehlt eine solche Verfügung, muss der mutmaßliche Wille festgestellt werden. In solchen Fällen entscheidet der Vorsorgebevollmächtigte. Die passive Sterbehilfe ist nicht strafbar, sondern Ausdruck des Selbstbestimmungsrechts des Patienten.

Indirekte Sterbehilfe
Nur zur Vollständigkeit zu dieser eigentlich überflüssigen, jedenfalls unglücklich bezeichneten Kategorie: Als „indirekte Sterbehilfe" bezeichnete man bis vor einiger Zeit noch manche palliativmedizinischen Maßnahmen, also vor allem die Gabe schmerzlindernder Medikamente mit möglicherweise lebensverkürzenden Nebenwirkungen. Der Begriff trifft jedoch in doppelter Hinsicht nicht zu: Zum einen besteht die Intention des Arztes hier in der Linderung von Beschwerden des Patienten, ist also nicht auf den Tod gerichtet. Zum anderen bestätigen medizinische Untersuchungen, dass palliativmedizinische Maßnahmen die letzte Lebensphase eher verlängern.

Assistierter Suizid (Beihilfe zum Freitod)
Hier handelt es sich um eine Beihilfe zur autonomen Selbsttötung des Patienten. Dem Betroffenen wird ein Mittel nicht aktiv verabreicht, sondern „nur" zur Verfügung gestellt, der Patient nimmt dies aber selbst ein. Da die Selbsttötung in Deutschland nicht strafbar ist, macht sich auch der Helfer nicht strafbar. Ärzten ist in Deutschland die Beihilfe zur Selbsttötung durch die Berufsordnung verboten (s. hypokratischer Eid).
Es besteht die Gefahr, dass durch eine steigende gesellschaftliche Akzeptanz des assistierten Freitods von todkranken Menschen irgendwann fast erwartet wird, diesen Weg für üblich und normal zu halten.

AA 6 Der *Eid des Hippokrates,* benannt nach dem griechischen Arzt Hippokrates von Kós (um 460 bis 370 v. Chr.), gilt als erste grundlegende Formulierung einer ärztlichen Ethik. Er enthält mehrere Elemente, die auch heute noch relevant sind, vor allem das Gebot, Kranken nicht zu schaden. Schwangerschaftsabbruch und aktive Sterbehilfe werden durch den Eid des Hippokrates ausdrücklich untersagt.

M 28 Hans Küng ist als katholischer Priester und Theologieprofessor einer der bekanntesten und umstrittensten katholischen Kirchenkritiker. Obwohl ihm 1979 die Lehrbefugnis entzogen wurde, lehrte er bis zu seiner Emeritierung an der Universität Tübingen. Küng ist Befürworter der Sterbehilfe. Sein Buch, das er gemeinsam mit Walter Jens verfasst hat, gab Anlass zur Diskussion. M 28 entkräftet die traditionellen Argumente der katholischen Theologie gegen die Sterbehilfe und liefert dafür eine theologische Begründung.

M 29 **M 29** stellt die Position der katholischen Kirche dar, die der von H. Küng gegenübergestellt werden kann.

M 30 **M 30** stellt einen Sterbeprozess im Rahmen einer Familie dar. Der Sterbende ist nicht zu sehen, er liegt entweder im Bett oder ist die Person auf dem Schaukelstuhl. Wichtiger als die Darstellung des Sterbenden ist die der zahlreichen Angehörigen, die im Raum versammelt sind und auf unterschiedliche Art mit ihrer Trauer umgehen. Sie sind einander zugewandt oder auch in sich selbst versunken, wie die sitzende Frau im Vordergrund. Ihre Gesichter sind nur schemenhaft gezeichnet, und ihre einheitlich schwarze Kleidung vermittelt eine traurige Stimmung. Dennoch wirkt die Atmosphäre durch die Farbgebung warm, geradezu freundlich.

AA 14 Auch wenn die Wahrnehmung des Bildes subjektiv ist, sollten die SuS bei der Schilderung der Situation aus der Sicht eines Angehörigen (**AA 14**) herausstellen, dass die Gemeinschaft stärkt

AA 15 und die Trauer durch den Beistand der anderen erträglicher ist. **AA 15** lässt sich mithilfe von **ZM 5** (LB S. 156) bearbeiten.

M 31
AA 17–AA 29

M 31 gibt eine kurze Beschreibung des sehr empfehlenswerten Films „Das Meer in mir". Die AA sind als Alternativen und Angebote gedacht. Den Film kann L auch in Ausschnitten vorführen, wobei gerade das Ende Anstoß zum Nachdenken liefert.

Du sollst nicht zum Sklaven deiner Vernetzung werden!, SB S. 342–345

M 32

M 32 bietet sich an, um über unser Kommunikationsverhalten ins Gespräch zu kommen: Zwar sitzen sich eine Frau und ein Mann hier noch am Tisch gegenüber, aber – so sie überhaupt noch miteinander kommunizieren, per email oder facebook o. ä. – so geschieht dies nicht per Augen- und Ohrenkontakt, sondern medial gebrochen. Die Frage, was solche virtuellen Dialoge von herkömmlichen unterscheidet, wäre zu diskutieren.
Wäre auf dem Bildschirm des Mannes nicht etwas zu lesen, was auf eine Kommunikation zwischen den beiden schließen lässt, könnte man vermuten, dass hier auch kein Kontakt mehr vorhanden ist, jeder sich mit einer eigenen Fernsehsendung, einer Internetseite, einem Chatroom, etc. beschäftigt, das heißt, die eigentliche Tischgemeinschaft, die ursprünglich als gemeinsames Mahl und damit als wiederkehrende Kommunikationsmöglichkeit und -situation definiert ist, wäre gänzlich ad absurdum geführt. (Vgl. Abb. SB S. 343 oben links).

M 33

Hier sind nur einige Beispiele aus der Lebenswelt der SuS angesprochen. Es wird keine Mühe machen, diese zu ergänzen. Schwieriger wird es sein, die SuS, für die das dargestellte Verhalten Alltag ist, für Probleme eines solchen Umgangs mit den modernen Kommunikationsmedien zu sensibilisieren. Hier helfen möglicherweise Anfragen, z. B. an facebook, die in der Presse in letzter Zeit zunehmen. (Vgl. auch **ZM 6**, LB S. 157 mit AA)

M 34

Die Anfragen in **M 34** sollten die Grenzen des Nutzens unserer Erreichbarkeit deutlich machen, die Grenzen der menschlichen Kapazitäten in Hinblick auf einen menschlich tiefgehenden Dialog (Wer ist wirklich ein Freund?) und auch die Frage, womit neue Zeitfenster inhaltlich gefüllt, wofür sie genutzt werden sollten. Ob eine kurze Kommunikation wie z. B. in Schüler-vz oder facebook, die ohne „leibhaftigen" Bezug stattfindet, tatsächlich Missverständnisse verhindert, ist ebenfalls zu diskutieren.
Ethische Fragen, z. B. nach der Bedeutung der Privatsphäre eines Menschen, des wertschätzenden Umgangs mit Menschen (Talkshows), der Frage z. B., ob die Offenlegung von Geheimnissen Verrat oder politische und sogar moralische Notwendigkeit ist, d. h., die Frage nach dem sittlich richtigen und guten Handeln (z. B. Wikileaks) könnten daran anschließen.

M 35

Sloterdijk (und Nam June Paik desgleichen) ironisiert die Situation von Fernseher und Zuschauer. Fernsehprogramme zu „schlucken", hat nichts mit einer Meditationsform zu tun, die den Menschen in die Stille führt, ihn in die Mitte seiner selbst bringen möchte, ihn befreien möchte von ablenkendem und für seine Identitätsgewinnung unsinnigem Lebensballast. Der Zuschauer ist deswegen keineswegs gottgleich, er ist den auf ihn einströmenden Inhalten ausgeliefert, hat kaum Möglichkeiten, Bilder und Texte genauer zu befragen.

M 36

Die virtuelle 3-D-Welt wie z. B. in „Second Life" nimmt im Leben vieler Jugendlicher einen breiten Raum ein. Hier können sie fast alles, was im „normalen" Leben unmöglich ist (Sex erleben, Macht gewinnen und demonstrieren, Gewalt ausüben, sich neu erfinden, etc.).
Verwischen hier die Grenzen, fällt es uns immer schwerer, zwischen der virtuellen Situation und der Realität zu unterscheiden? **AA 11** nimmt diese Frage auf.

AA 11

Ist es für den Menschen angemessen, z. B. im Bereich der Sexualität, dass alles und zu jeder Zeit denkbar und auch machbar ist? Was, wenn Sex „nur noch ein Programm" ist (Z. 54f.)?
(Wie Second Life und der Avatar religionspädagogisch genutzt werden können, verdeutlicht der Artikel von B. Trocholepczy, J. Pelzer und C. Bohrer: SL-Quests: Entdeckendes Lernen durch Avatare – Religionspädagogische Einsatzszenarien virtueller Welten. In: *Rendle, L.* (Hrsg.): Standorte finden. Religionsunterricht in pluraler Gesellschaft. Donauwörth: Auer 2010. S. 72–85.)

M 38

M 38 stellt die provozierende Frage, ob die Möglichkeiten grenzenloser Machbarkeit den Menschen das Leben als Gabe vergessen lassen. Diesen Gedanken formuliert Sandel interessanterweise ohne jeden religiösen Bezug.

AA 12

Die Beantwortung dieser Fragestellung dient als Zusammenfassung der Erkenntnisse des Unterkapitels.

1. Wie müssen wir uns zur Beschneidung von Mädchen in anderen Kulturen positionieren?

1. Thema

Ethische Urteile sind nicht leicht zu fällen, v.a. wenn man die vielschichtigen Ursachen und kulturellen Bedingungen betrachtet. Das Kapitel „Ethik – vernünftig und frei handeln" will zunächst alle zu betrachtenden Ursachen, Bedingungen und Implikationen als solche deutlich machen (Modul 1, M 1–9) und will in die Lage versetzen, auch in komplexen, andersartigen kulturellen Zusammenhängen ethische Entscheidungen zu fällen (Modul 2, M 10–17).

2. Lernanlass

Franziska (20 Jahre) ist aus Sierra Leone/Sudan/Mali zurückgekehrt, wo sie ein FSJ (Freiwilliges Soziales Jahr) absolviert hat. Zurück in Deutschland erlebt sie die harte Verurteilung von Beschneidungen von Frauen und Mädchen als ignorant und intolerant:

Franziska: „Diese Frauen möchten beschnitten werden und erleben es als eine persönliche Aufwertung. Unsere Werte und Normen kann man ihnen nicht aufdrängen."

Die zentrale Frage an die SuS lautet: Hat Franziska recht? Oder ist es richtig, gegen die Beschneidung von Frauen in anderen Kulturen vorzugehen? Im Anschluss an die Präsentation von Franziskas Zitat werden SuS diese Frage selbst formulieren und überlegen, was sie wissen müssen und wie sie vorgehen wollen, um die Frage beantworten zu können:

a) Wo und wie werden Beschneidungen ausgeführt? Was bedeutet eine Beschneidung in medizinischer und psychologischer Hinsicht?
b) Welche Bedeutung hat eine Beschneidung auf der religiösen, kulturellen Ebene? Welche sittlichen Gründe für eine Beschneidung werden angeführt?
c) Wie beurteilen wir nach unserem christlichen Verständnis die Beschneidung?
d) Wie geht man mit den unterschiedlichen kulturellen Begründungen, v. a. der Kollision von Werten und Normen um?
e) Wer setzt sich gegen Beschneidung ein? Mit welcher Begründung? Mit welchen Mitteln?

3. Kompetenzen

Wahrnehmungs- und Darstellungsfähigkeit – religiös bedeutsame Phänomene wahrnehmen und beschreiben:

- Ethische Herausforderungen in der individuellen Lebensgeschichte als religiös bedeutsame Entscheidungssituationen erkennen

Urteilsfähigkeit – in religiösen und ethischen Fragen begründet urteilen:

- Modelle ethischer Urteilsbildung kritisch beurteilen und modellhaft anwenden; im Kontext der Pluralität einen eigenen Standpunkt zu religiösen und ethischen Fragen einnehmen und argumentativ vertreten.

Dialogfähigkeit – am religiösen Dialog argumentierend teilnehmen:

- die Perspektive eines anderen einnehmen und dadurch die eigene Perspektive erweitern.

Gestaltungsfähigkeit – religiös bedeutsame Ausdrucks- und Gestaltungsformen reflektiert verwenden:

- die Präsentation des eigenen Standpunkts und anderer Positionen medial und adressatenbezogen aufbereiten; im Gespräch Beiträge anderer aufgreifen, den jeweiligen Gedankengang sachgemäß in theologischer Fachsprache entwickeln und angemessen darstellen.

4. Lernarrangement

Wenn man von diesen Fragen ausgeht, gibt es verschiedene Vorgehensweisen. Zwei Ansätze unterschiedlicher Schwerpunktsetzung und Zeitintensität sind exemplarisch vorgestell, wobei Elemente austauschbar sind:

a) Schwerpunkt: *Reflexion von kulturell-bedingten Werten und Normen und ethischen Argumentationsmodellen*

Bei diesem Ansatz stehen die Fragen b)–d) im Vordergrund. Es geht um die Erarbeitung unterschiedlicher Argumentationsweisen, Theorien und theologischer Ansätze. Trotz der kognitiven Ausrichtung des Ansatzes sollten affektive Elemente nicht fehlen. Eine Hinführung zum Thema könnte anhand von literarischen Textausschnitten erfolgen, um so die Identifikation mit beschnittenen Mädchen oder Frauen, überhaupt Frauen anderer Kulturen, zu erleichtern. Ein Filmausschnitt könnte Aspekte, wie die medizinischen, sozialen und psychologischen Implikationen und die moralische Bedeutung der Beschneidung vermitteln. Personen mit unterschiedlichen Interessenslagen lassen sich anhand von Standbildern, Rollenspielen oder inneren Monologen vorstellen, die Einstellungen, Gefühle oder Konflikte zum Ausdruck bringen.

Danach kann L eine spontane Beurteilung der Beschneidung aus unserer christlichen Perspektive anregen, und die SuS erarbeiten je nach Kenntnisstand die konkrete ethische Argumentation anhand der Materialien des SB (**M 10, M 11, M 15, M 16**, bes. **M 17**). Wichtiger ist hier allerdings die anschließende Frage, wie wir mit den Werten anderer Kulturen umgehen und wie wir uns zu ethisch falschen Handlungen trotz vermeintlich guter Absicht (**M 3, M 4**) positionieren (müssen) (**M 9**). Die Frage nach dem Beitrag des Christlichen zur Wahrung der Menschenrechte (s. **ZM 2**) lässt sich hier vertiefend diskutieren.

Am Ende der Sequenz sollten die SuS selbst einen Weg des Transfers oder der Vertiefung wählen und ihr Lernergebnis produktiv umsetzen (s. Lernaufgaben).

b) Schwerpunkt: *Christliche Positionierung: Ablehnung der Beschneidung von Frauen aufgrund der Verletzung der Menschenrechte*

Bei diesem Ansatz stehen die Beschneidung und unsere Handlungsverpflichtung im Vordergrund, so dass eine intensivere Annäherung an die Problematik auf unterschiedlichen Ebenen sinnvoll ist. Da es eine Fülle an Material gibt, bietet es sich an, zum Einstieg Stationen aufzubauen, die eine Annährung an das Thema auf literarischer, sachlich-informativer, audio-visueller Ebene ermöglichen. Die SuS sollten min. vier Std. zur Verfügung haben, um sich angemessen mit der Thematik zu befassen und allein oder mit einem Partner arbeiten können, so dass immer die Möglichkeit des Gesprächs über spontane Gefühle und Gedanken gegeben ist. Es ist dabei nicht erforderlich, dass alle SuS alle Stationen durchlaufen. Dieser ersten Annährung könnte eine Diskussion mit vorgegebenen Rollen (evtl. ein Planspiel) oder auch eine authentische Spontanaussprache mit persönlicher Positionierung erfolgen. Anhand der Texte **M10, M 16, M 17** soll die SuS die persönliche Positionierung reflektiert und fachterminologisch untermauern. Gerade bei diesem konkreten Fall ist es wichtig, die ethischen Fachbegriffe aus der Infobox richtig zu verwenden (s. auch **M 3**). Die Ablehnung der Beschneidung als einer sittlich falschen Handlung fordert uns auf zu handeln. Diese Erkenntnis sollte idealerweise in eine Projektidee umgesetzt werden, d. h. die SuS überlegen sich jeweils ein Projekt, das sich über zwei, max. vier Std. erstreckt und Handlungsverpflichtungen deutlich macht (z. B. Wandzeitung, Werbespots, Theaterstück, Broschüre, ... s. Lernaufgaben).

5. Lerngegenstände

Die Lerngegenstände variieren je nach Vorwissen zu ethischen Begriffen und ethischen Argumentationstheorien. Folgende Lerngegenstände sind möglich:

- Beschneidung von Frauen in anderen Kulturen (ethische Begründung, medizinische, soziale und psychologische Konsequenzen).
- Ethische Begründungen basieren auf kulturell entwickelten Werten und Denkweisen, die sich fundamental unterscheiden können.
- Christliche Argumentationstheorien: Deontologie und Teleologie führen häufig wie auch in diesem Kontext zur gleichen ethischen Entscheidung, daher spricht man heute von der hermeneutischen Theorie.
- Umgangsweisen mit kulturellen Divergenzen müssen gefunden werden. Die christliche Handlungsverpflichtung bewegt sich zwischen Empathie und Toleranz.
- Organisationen, die sich gegen die Beschneidung von Frauen einsetzen, helfen uns, einen persönlichen Standpunkt zu finden und praktisch zu positionieren.

6. Lernwege

Bei dieser Lernsequenz ist es ratsam, dass sich kognitiv-analytische und affektiv-gestalterische Auseinandersetzungen mit der Thematik ergänzen. Die moraltheologischen Theorien, die kognitiv-analytisch erarbeitet werden, werden für SuS verständlich und als in ethischen Entscheidungen grundlegend erkannt, wenn sie in Bezug auf einen konkreten Sachverhalt (Beschneidung) oder einen konkreten Fall angewandt werden. Variabel kann man mit dem Gegenstand Beschneidung umgehen. Hier ist alternativ eine sachliche, konzise Information zur Beschneidungspraxis in unterschiedlichen Ländern denkbar, wobei authentische oder fiktionale Berichte in Form von Interviews, Romanausschnitten, Filmbeiträgen, ... sicherlich zu einer stärkeren Motivation im Hinblick auf das eigene Engagement gegen die Beschneidung von Frauen führen. Es muss eine Identifikation mit dem Thema oder mit einzelnen Personen angebahnt werden, wofür sich affektive Lernwege eignen (Standbilder, kreatives Schreiben, Planspiele, Rollenspiele ...). Anregungen dazu finden sich in dem Buch „Ganzheitliche Methoden im Religionsunterricht“ von Ludwig Rendle.

7. Lernaufgaben

Neben den Arbeitsanregungen zum angegebenen Material im SB, die L teilweise einfach an die Thematik anbinden kann (z. B. Arbeitsanregungen zu **M 3, M 16**), sind folgende Lernaufgaben möglich:

- Recherchieren Sie, was unterschiedliche Organisationen gegen die Beschneidung von Frauen tun und wie man dort mitwirken kann.
- Verfassen Sie einen Leserbrief zu einem von Ihnen ausgewählten Zeitungsartikel zum Thema.
- Fertigen Sie eine Wandzeitung/einen Werbespot/eine Dokumentation mit Informationen unterschiedlicher Organisationen an, die motiviert, sich über diese Organisationen gegen die Beschneidung von Frauen zu engagieren.
- Erarbeiten Sie ein Theaterstück/Musikstück, das die Dringlichkeit der Thematik verdeutlicht und auf emotionaler Ebene zum Engagement motiviert.
- Verfassen Sie einen Vortrag über die Problematik, den Sie als Mitarbeiter einer Organisation für Frauenrechte halten.
- Gestalten Sie Plakate, die auf die Beschneidung von Frauen (in bestimmten Ländern oder auch in Deutschland) aufmerksam machen.
- Schreiben Sie einen Brief an ein Staatsoberhaupt, z. B. an das Staatsoberhaupt des Sudan, wo trotz des Verbots von Beschneidung (1946), 89% der Frauen beschnitten sind.
- Nehmen Sie Kontakt zu einer Organisation oder Einrichtung auf, die sich für Frauenrechte einsetzt, und stellen Sie die Projekte der Organisation im Kurs vor.
- Organisieren Sie einen Themenabend, laden Sie sachkundige Vertreter ein, die Impulsreferate geben oder für eine Diskussion zur Verfügung stehen.

8. Lernoptionen

Wenn das Thema als zu heikel erscheint, kann man auf weniger gravierende Probleme im Bereich von Menschenrechtsverletzungen zurückgreifen. Die Benachteiligung von Frauen oder Mädchen ist in vielfältigen Formen verbreitet und sollte SuS als Verletzung eines Grundrechts bewusstgemacht werden. Alternativ könnte man sich z. B. mit der Mädchenerziehung in muslimischen Familien in Deutschland befassen. Auch die konkrete Frage des Kopftuchverbots bietet sich an.

9. Lernerfolg

Je nach Schwerpunktsetzung:

- Klausur zu ethischen Konflikten, kulturellen Divergenzen, Wertekollisionen, Beurteilung von weiteren Fallbeispielen (z. B. Mädchenerziehung im Islam). **ZM 2** eignet sich (evtl. gekürzt) als Klausurtext.
- Projektarbeit kann in Einzel- oder Gruppenprodukten münden (Wandzeitung, Flyer, Film, Werbespots ...)
- Präsentationen, z. B. Verfassen und Halten eines Vortrags zum Thema.

10. Lernquellen

Es gibt eine Fülle an Material zum Thema. Eine Auswahl an Hinweisen (die Internetadressen bieten weitere Hinweise):

Filme und Texte:
Dokumentation: *Bolokoli* – Mädchenbeschneidung in Mali. v. Rita Erben. Deutschland 2000. Länge: 29 min.
Warrior Marks v. Pratibha Parma. GB 1993. Länge: 51 min (Interviews mit Frauen u. a. auf der Grundlage des Buches „Sie hüten das Geheimnis des Glücks" v. Alice Walker)
Narben, die keiner sieht v. Renate Bernhard und Sigrid Dethloff. Deutschland 2001. Länge: 29 min. (Dokumentation über beschnittene Frauen in Deutschland)
Spielfilm: *Wüstenblume* (2009) v. Sherry Hormann
Roman: *Wüstenblume* v. Waries Dirie. München 1998.
Gute Hinweise bietet die Lehrerinformation Genitalverstümmelung von „Dialog direkt": http://frauenrechte.de/online/images/downloads/fgm/Lehrerinformation-Genitalverstuemmelung.pdf
Gutes Textmaterial liefert die Studie „Schnitte in Körper und Seele. Eine Umfrage zur Situation beschnittener Mädchen und Frauen in Deutschland." (Dokumentation von Unicef, Terre des Femmes, Berufsverband der Frauenärzte e.V.) http://www.unicef.de/fileadmin/content_media/presse/fotomaterial/Beschneidung/I0038_Doku_Beschn.pdf

Organisationen
www.frauenrechte.de (Terre des Femmes e.V.),
www.UNICEF.de/Maedchen, www.intact-ev.de
www.Kindernothilfe.de, www.stop-mutilation.org

Methodische Hilfen:
Rendle, Ludwig (Hrsg.): Ganzheitliche Methoden im Religionsunterricht. München: Kösel [3]2010 (gibt zahlreiche Anregungen zur affektiven Auseinandersetzung mit Inhalten).
Scheller, Ingo: Szenisches Spiel. Handbuch für die pädagogische Praxis. Berlin: Cornelsen 1998 (gibt konkrete methodische Anregungen für szenische Darstellungen).
Müller, Frank: Selbständigkeit fördern und fordern. Handlungsorientierte Modelle – praxiserprobt, für alle Schularten und Schulstufen. Weinheim/Basel: Beltz 2004 (enthält einen Fundus an kompetenzorientierten Methoden).

2. „Eine ethische Entscheidungssituation"

(Die folgende Sequenz arbeitet mit der Methode der „konkreten Diskurse" und ist formal und strukturell eng an die Lernsequenz „Ethische Problemfälle erleben – konkrete Diskurse" von Angelika Scholz angelehnt (in: *Michalke-Leicht, W.* (Hrsg.): Kompetenzorientiert unterrichten. München: Kösel 2011. S. 212–218).

1. Thema

Einen ethischen Problemfall erleben – Wie entscheide ich mich? Worauf basiert meine Entscheidung?
Fast jeder Mensch wird in seinem Leben mit Konfliktsituationen konfrontiert, in der er eine komplexe Entscheidung treffen muss oder eine von anderen gefällte Entscheidung bewerten will/muss.
Hierfür muss er in der Lage sein, die konkrete Situation zu analysieren, sich das hierfür nötige Fachwissen anzueignen, unterschiedliche Argumente zu erkennen und zu bewerten, um dann zu einer fundierten und reflektierten Entscheidung zu kommen. Vielfältige Hilfestellung geben dazu SB und LB, die sich jeweils im ersten Teil des Kapitels mit Fragen zum Menschen als moralischem Subjekt auseinandersetzen (Wann ist der Mensch moralisch gut, wovon hängen seine Entscheidungen ab, welche Rolle spielt die Erfahrung, gibt es spezifisch christliche Überlegungen, Wertungen, ...). Im 2. Teil werden unter der Fragestellung „Wie kann ich ethisch argumentieren?" das deontologische, das teleologische und das hermeneutische Modell der Urteilsbildung vorgestellt und in Ansätzen an Beispielen auch durchgespielt. Der 3. Teil beleuchtet ethische Entscheidungsfelder differenzierter, wie „Ab wann ist der Mensch ein Mensch?", Genmanipulation am Menschen, Sterbehilfe und Medienethik. Argumente und Argumentationswege sowie -hintergründe sind dort dargelegt und lassen sich für einen speziellen Fall nutzen.
Um die kognitive und die affektive Dimension der Auseinandersetzung zu verbinden, ist es sinnvoll, an einem ausgewählten konkreten Fall das ethische Argumentieren und Entscheiden von Schülerseite aus zu üben. Hier setzt die am „Internationalen Zentrum für Ethik in den Wissenschaften", Tübingen (IZEW) entwickelte Methode der „Konkreten Diskurse" an.

2. Lernanlass

Konkreter Fall: Ein Ehepaar nimmt sich zusammen das Leben – nach einem sehr langen gemeinsamen Leben
Die „Anforderungssituation" sollte im Idealfall ein konkreter Fall aus dem Lebensumfeld der SuS sein, den L in Abstimmung mit der Lerngruppe auswählt. Eine betroffene Person (Arzt, Angehöriger, Betroffener, Krankenschwester, Seelsorger, Psychologe etc.), der sog. Fallberichterstatter, sollte dann der Lerngruppe den Fall so konkret wie möglich präsentieren und zum Abschluss die konkrete Frage stellen, die es zu entscheiden gilt.
Bei der Schilderung des Fallbeispiels in der Lerngruppe ist es wichtig, dass die SuS möglichst alle Aspekte kennenlernen, die für die Entscheidung relevant sind. So ist z. B. von Bedeutung, die familiäre, berufliche und

finanzielle Situation der Beteiligten zu kennen, genaue Informationen über eine mögliche Krankheitsdiagnose zu haben, zu wissen, inwiefern im Leben der Betroffenen der christliche Glaube und traditionelle Werte eine Rolle spielen.

Der für diese Sequenz ausgewählte Fall war in den Medien präsent. Insofern ist hier kein Fallberichterstatter nötig:

Im September 2010 hat sich einer der mächtigsten deutschen Industriellen der 70ger Jahre, Eberhard von Brauchitsch, gemeinsam mit seiner Frau das Leben genommen.
„Mit fortschreitender Verschlechterung ihres gesundheitlichen Zustandes haben meine Eltern diesen Schritt in Erwägung gezogen und dann zum für sie geeigneten Zeitpunkt diesen Schritt getan“, sagte die Tochter Bettina von Brauchitsch dem Magazin „Focus“. „Aufgrund ihrer schweren Krankheit wären sie zu dem von ihnen gefassten Entschluss später nicht mehr in der Lage gewesen.“
Beide waren 83 Jahre alt und hatten zuletzt sehr zurückgezogen gelebt. In einer Todesanzeige der Familie hieß es, Eberhard und Helga von Brauchitsch „haben uns nach langen, mit großer Geduld und Disziplin ertragenen Krankheiten nach 58 Jahren Ehe für immer verlassen“.
Nach Informationen der Bild-Zeitung hat die Schweizer Organisation Exit den Freitod unterstützt. Diese begleitet Menschen in den Tod, wenn sie unheilbar krank sind oder schwer leiden müssen.

3. Kompetenzen
Wahrnehmungs- und Darstellungsfähigkeit – religiös bedeutsame Phänomene wahrnehmen und beschreiben:
- Ethische Herausforderungen in der individuellen Lebensgeschichte als religiös bedeutsame Entscheidungssituationen erkennen

Urteilsfähigkeit – in religiösen und ethischen Fragen begründet urteilen:
- Modelle ethischer Urteilsbildung kritisch beurteilen und modellhaft anwenden,
- im Kontext der Pluralität einen eigenen Standpunkt zu religiösen und ethischen Fragen einnehmen und argumentativ vertreten.

Dialogfähigkeit – am religiösen Dialog argumentierend teilnehmen:
- die Perspektive eines anderen einnehmen und dadurch die eigene Perspektive erweitern

Gestaltungsfähigkeit – religiös bedeutsame Ausdrucks- und Gestaltungsformen reflektiert verwenden:
- die Präsentation des eigenen Standpunkts und anderer Positionen medial und adressatenbezogen aufbewreiten,
- im Gespräch Beiträge anderer aufgreifen, den jeweiligen Gedankengang sachgemäß in theologischer Fachsprache entwickeln und angemessen darstellen.

4. Lernarrangement
Die Methode der „Konkreten Diskurse“ hat zwei Schwerpunkte: Zum einen sollen die SuS in einer reflexiven Beratung einen konkreten Lösungsvorschlag für den vorgestellten Konflikt präsentieren, den sie in Gruppen auf der Basis von Fachkenntnissen erarbeitet haben. Zum anderen gewinnen sie durch Rollenspiele und andere Methoden des szenischen Spiels Sensibilität und Empathie für die Betroffenen und ihre Emotionen. Durch den mehrmaligen Wechsel der Rollen in den Phasen des szenischen Spiels können sie die Komplexität der gesamten Konfliktsituation erfassen.
Folgender Aufbau ist denkbar: Die SuS lesen das Material, das L ergänzt (oder der Fallberichterstatter legt den Fall ausführlich dar), und entwickeln in einer Ad-hoc-Beratung erste Lösungsvorschläge. Dann erfolgt eine Annäherung an die Thematik durch ganzheitlich-kreative Methoden (Standbilder, Rollenbiografien und Rollenspiele), die die Konfliktsituation noch einmal auf den Punkt bringen sollen. Erst dann beginnt die Recherchearbeit oder die Arbeit mit dem SB, die für eine reflektierte Entscheidung des konkreten Falles nötig ist. Die SuS sollten sich das nötige Wissen selbständig erarbeiten und eventuell den Kontakt mit Experten suchen (hier z. B. Arzt, Organisation Exit, usw.). Danach erfolgt die Präsentation der Ergebnisse im Plenum. Anschließend erarbeiten sie unter Berücksichtigung der Ergebnisse der Gruppenarbeit zunächst individuelle Lösungsvorschläge. In einem zweiten Schritt versuchen die SuS dann, einen Konsens in der Lerngruppe herzustellen, eventuell wieder mit Rollenspiel und anderen Methoden des szenischen Spiels. Zum Abschluss könnte evtl. der Fallberichterstatter erneut eingeladen werden, die Lerngruppe präsentiert ihren Lösungsvorschlag und die Lernschritte, die sie hierfür gegangen ist. Anschließend folgt eine Diskussion mit dem Fallberichterstatter. In Ermangelung eines Fallberichterstatters von außerhalb kann L oder ein/e S diese Rolle übernehmen. Je nach zeitlichen Möglichkeiten kann die Erarbeitung des Sachwissens aus dem Unterricht herausgenommen werden und in einer Hausaufgabe erfolgen.

5. Lerngegenstände
Bei einem solchen Fallbeispiel zur Sterbehilfe können die SuS Informationen zur Gesetzeslage, zur Patientenverfügung, zur Organisation Exit recherchieren, auf jeden Fall sollte aber die Frage nach der Menschenwürde, der Bedeutung des Leids im menschlichen Leben thematisiert werden, die Bedeutung des Ehegelöbnisses „... bis dass der Tod euch scheidet“, die Bedeutung von Liebe und Treue und die daraus folgenden Konsequenzen, die Frage nach der Beurteilung des Suizids aus katholischer Perspektive und die Bedeutung des Glaubens an ein Leben nach dem Tod.

6. Lernwege
Es ist davon auszugehen, dass die SuS über wenige Erfahrungen bei der Entscheidung komplexer Konfliktsituationen haben und in der Regel „aus dem Bauch heraus“ entscheiden. Daher ist es wichtig, mit ihnen

bewusst alle Schritte der Entscheidungsfindung zu gehen: die erste spontane Entscheidung nach der Darstellung des Falles, die Sensibilisierung für unterschiedliche Aspekte im emotionalen Bereich (Rollenspiel) und auch im Bereich des für die Entscheidung notwendigen Fachwissens (Recherche in Gruppen). So können die SuS in der Endphase des Projekts die Erfahrung machen, dass sie nun eine reflektierte Entscheidung fällen können.

7. Lernaufgaben

Die konkrete Formulierung der Lernaufgaben ergibt sich aus dem gewählten Fallbeispiel. Sie sollte jedoch immer folgende Aspekte enthalten:

Fokus: Reflexive Beratung;

- Versuchen Sie nach der Schilderung des Falls (durch den Fallberichterstatter/Lesen des Materials) ad hoc einen Lösungsvorschlag zu formulieren.
- Suchen Sie Wissensgebiete, die für die Entscheidung von Relevanz sind, und erarbeiten Sie selbständig anhand von geeigneten Quellen (SB, Internet, Fachliteratur, Befragung von Experten) das nötige Wissen.

Ganzheitlich-kreativer Zugang:

- Versuchen Sie sich in die beiden Personen, in ihre Situation und in ihre Gefühle hineinzuversetzen und sie möglichst authentisch darzustellen.
- Entwickeln Sie eine Szene, die den Konflikt der beiden möglichst pointiert darstellt, oder präsentieren Sie einen Lösungsvorschlag in einem Rollenspiel.
- Zur Auswertung des szenischen Spiels: Benennen Sie möglichst viele Aspekte aus dem emotionalen Bereich, die für die Entscheidung relevant sind.

Ergebnis: Lösungsvorschlag für das abschließende Gespräch (mit dem Fallberichterstatter).

- Formulieren Sie anhand des erarbeiteten Fachwissens und der in den Rollenspielen gemachten Erfahrungen einen Vorschlag zur Bewältigung des Konflikts.

8. Lernoptionen

Der Fall von Brauchitsch ließe sich mit einem ähnlich gelagerten Fall, bei dem aber eine Krankheit nicht entscheidungsbestimmend war, vergleichen und differenzierend bereichern. Als Quelle kann hier ein Zeit-Artikel vom 27. 9. 2007 dienen: Über den Tod hinaus:
www.zeit.de/2007/40/Nachruf-Gorz

„Am Ende steht, keiner von beiden wolle den Tod des Anderen überleben. Und ein Wunsch: ‚Oft haben wir uns gesagt, dass wir, sollten wir wundersamerweise ein zweites Leben haben, es zusammen verbringen möchten.' Das ist der letzte Satz des kleinen Buchs ‚Brief an D.', das der französische Philosoph André Gorz verfasst hat, auf Deutsch ist es erst frisch erschienen – ein Brief an seine Frau Dorine, eine Liebeserklärung an die seit Langem schwer erkrankte Gefährtin. Die beiden hatten, seit sich die junge Engländerin und der österreichische Jude im Herbst 1947 in Lausanne trafen, 60 Jahre des Lebens miteinander verbracht. Nun haben sie sich, 84 und 83 Jahre, auch zusammen das Leben genommen [...]. Ein kluges altes Paar hat sich umgebracht und nicht demütig gewartet, bis der Tod einen nach dem anderen holt und sie also scheidet. Der Tod und die Liebe seien einander in ihrer Absolutheit verwandt, hat André Gorz unlängst gesagt [...]. Der Tod sollte diese Liebe nicht scheiden: In ihrem Haus, im Dörfchen Vosnon in der französischen Aube, wurden die beiden alten Menschen tot, Seite an Seite liegend, gefunden. Das Paar hatte keine Kinder, sie hinterließen Briefe an Freunde. An der Tür des Hauses hing ein Zettel, wer ihn lese, möge die Polizei verständigen. Diese Umsicht passt zu dem Paar: Kein Besuch, der in das gastfreundliche Haus käme, sollte dem Tod überraschend begegnen ..."

Weitere Beispiele finden sich ... (z. B. Arthur Koestler und seine Frau Cynthia, 1983)

9. Lernerfolg

Neben der Qualität der Präsentationen des erarbeiteten Fachwissens dürfte vor allem die begründete Entscheidungsfindung am Ende des Projekts Aufschluss über den Lernerfolg geben. Die SuS sollten gelernt haben, selbst fundiert zu argumentieren, fremde Argumente zu verstehen und darauf zu reagieren und sowohl Fachwissen als auch Empathie mit den betroffenen Personen in ihren Lösungsvorschlag mit einzubeziehen.

Alternative: Es ist denkbar, die SuS während der gesamten Projektphase ein Portfolio führen zu lassen, in dem sie persönliche Eindrücke (bei dem Besuch des Fallberichterstatters) ebenso festhalten wie die Ergebnisse eigener und fremder Recherche von Fachwissen. Am Ende des Portfolios sollte dann eine begründete eigene Entscheidung stehen. Wenn die SuS mit der Portfolioarbeit vertraut sind, dürfte die Bewertung von fachlicher und ästhetischer Qualität anhand bekannter Bewertungskriterien kein Problem sein.

10. Lernquellen

- Informationen über diesen und ähnlich gelagerte Fälle lassen sich im Internet recherchieren. A. Gorz hat ein kleines Bändchen veröffentlicht (2007), in dem er von der Liebe zwischen seiner Frau Dorine und ihm erzählt „Brief an D.": „Dieses Buch erzählt von dem vielleicht begehrtesten aller Güter: von der Liebe, die dauerhaft ist." (*Elisabeth von Thadden:* Die Zeit)
- Die Methode wird in folgender Veröffentlichung ausführlich dargestellt: *Dietrich, Julia* u. a.: Konkrete Diskurse zur ethischen Urteilsbildung. München: Oekom 2008.
- Der kleinn Band „‚Muss das alles noch sein'. Wege zur ethischen Entscheidung am Krankenbett" (Würzburg: Königshausen & Neumann 2005) von Rainer Schäfer und Günter Schuhmann schildert den Fall von „Frau Schmidt", die mit 42 Jahren unheilbar an Krebs erkrankt ist. Hier findet man nicht nur die Perspektive der Patientin, sondern auch die des Arztes, ihres Ehemanns und einer Krankenschwester.
- Das Buch „Szenisches Spiel. Handbuch für die pädagogische Praxis" von Ingo Scheller (Berlin: Cornelsen 1998) gibt zahlreiche methodische Anregungen, die sich gut in den Unterricht integrieren lassen.

ZM 1: Paränese

Die im SB vornehmlich in den Blick genommene Thematik der Entstehung ethischer Normen ist nur ein Aspekt einer umgreifenden Thematik, gilt es doch, wenn der Mensch Normen kennt und für lebensrelevant erachtet, diese auch einzuhalten und sich für sie einzusetzen. Diese Aufgabe tritt in ihrem Anforderungscharakter keineswegs hinter die Erarbeitung/Formulierung von Werten und Normen zurück. Insofern spielt die Paränese, die ethische Mahnrede, im praktischen Leben des Menschen eine große Rolle.

Das Zusatzmaterial stellt diese Bedeutung auch schon für die alttestamentliche und neutestamentliche Umwelt (AT und NT) heraus. Vielen SuS ist nicht klar, dass z. B. die 10 Gebote eben nicht ethisch Neues anordnen, sondern das bereits Bekannte durch die Legitimation als Gottes Gebot zusätzlich untermauern und dadurch den Schriftleser in seinem Tun unterstützen. Deshalb beginnt die Info-Box mit einer sprachlichen Analyse eines Gebotes, um genau dies deutlich zu machen.

Die Aufgabenstellungen zu Paulus (Frauenbild und Onesimus) machen sichtbar, dass Paulus im Bemühen um ethische Ermahnung auf Werte und Normen seiner Zeit und Umwelt zurückgriff, diese dann aber durchaus mit einem christlichen, über das Bekannte hinausgreifenden radikalisierenden Akzent versah.

ZM 2: Die wertebildende Kraft des Christentums

Im SB ist dieser Aspekt nur angeschnitten. Gerade für historisch interessierte SuS wird aber eventl. eine ausführlichere Betrachtung dieser wertebildenden Kraft in der Geschichte interessant sein.

ZM 3: Stammzellenforschung

Der *Text* von E. Schockenhoff stellt in der gebotenen Kürze die Position der Kirche dar. Die *Aussage* von H. Schöler verdeutlicht die Position der Forscher und die internationalen Zwänge, d. h. die Notwendigkeit in größeren Kontexten zu denken. Die angedeutete Problematik lässt sich mithilfe der *Karikatur* entfalten. Es wird deutlich, dass die Forschung im Ausland und unsere Positionierung dazu ethisch relevant ist. Interessant ist auch die Position W. Hubers (kurz und prägnant vermittelt im *Interview* in der SZ), die sich doch von der der katholischen Kirche unterscheidet.

Nach der Auseinandersetzung empfiehlt sich eine Podiumsdiskussion, bei der die vielen Positionen und Sichtweisen konfrontiert und argumentativ entfaltet werden. Die Rollenkarten sind als Impulse zur Vorbereitung der Vertreter gedacht. Die Vertreter können sich auch in PA oder GA auf ihre Rolle vorbereiten.

Das Zusatzmaterial lässt sich im Zusammenhang mit unterschiedlichen Themen des Kapitels einbauen. Es kann an die Frage des Lebensbeginns angebunden (M 19–M 21), als Anwendung der Argumentationswege genutzt (M 10–M 17) oder als Vertiefung des Themas „Der gesunde Mensch – der wahre Mensch?" (M 22–M 23) oder „Heilung um jeden Preis?" (M 24–M 26).

Der Text von Schockenhoff eignet sich (v. a. mit AA 1 und AA 2) als Klausurtext, weil die SuS daran die teleologische Argumentation nachzeichnen und exemplarisch erläutern können. Denkbar wäre auch die Kontrastierung mit der Deontologie.

Hier weitere Beispiele für eine AA 3:

1. Nehmen Sie selbst Stellung zur Stammzellenforschung und begründen Sie Ihre Position.
2. Verfassen Sie eine Ansprache gegen die Stammzellenforschung und argumentieren Sie deontologisch.

ZM 4: Samenspende – eine Zumutung für die Kinder?

Der Artikel stellt die langfristigen Folgen einer Zeugung durch Spendersamen dar, indem er die Problematik aus der Perspektive eines Spenderkindes vermittelt. Der Text eignet sich, um die Nähe der deontologischen und teleologischen Argumentationsweisen in ihrem Ergebnis, wie sie Schockenhoff (M 17) herausstellt, zu realisieren.

Es bietet sich an, die Aussagen Sonjas sukzessive zu präsentieren und zunächst über Adoptivkinder oder vaterlose Kinder von alleinerziehenden Frauen ins Gespräch zu kommen, auf dieser Grundlage lassen sich die Konsequenzen einer Samenspende nach Lesen der letzten Aussage anders einschätzen.

ZM 5: Die Würde des Sterbenden – auf der Intensivstation

Das Foto eignet sich zur Kontrastierung mit dem Gemälde von Munch (M 30). Ein Krankenzimmer Ende des 19./Anfang des 20. Jahrhunderts unterscheidet sich stark von einem Krankenzimmer in heutigen Krankenhäusern, etwa auf einer Intensivstation. Die SuS arbeiten die Unterschiede heraus, lassen sich von den unterschiedlichen Stimmungen ergreifen und ziehen Konsequenzen aus ihrer Bildanalyse. Die Auseinandersetzung mit dem Bild lässt sich nahtlos in die Arbeit mit M 30 und den AA 13–AA 16 integrieren.

ZM 6: Wir Simultanten

Dieser Text bietet eine weitere Möglichkeit, auf humorvolle Weise den heutigen menschlichen Umgang mit Kommunikationsmitteln und Kommunikationspartnern zu thematisieren und auch die daraus erwachsenden Probleme ins Auge zu fassen.

Als Möglichkeit der „Verleiblichung" des Problems bietet es sich an, solche Situationen vielleicht in einem Standbild oder einem Rollenspiel darzustellen oder eigene Erfahrungen der SuS in den Blick zu nehmen.

Abb.: *Tomi Ungerer:* Im Griff der Verallgemeinerung. © Tomi Ungerer, Strasburg.

1 Beschreiben Sie die Abbildung, besonders die Stimmung, die darin zum Ausdruck kommt.
2 Überlegen Sie, wofür die große Schattenfigur stehen kann.

Paränese (griech.: Empfehlung, Rat, Ermahnung)
Das 5. Gebot in verschiedenen Formulierungen:
a) Du sollst nicht morden!
b) Du sollst nicht rechtswidrig töten!
c) Du sollst nicht töten, falls du nicht ausnahmsweise berechtigt sein solltest!
d) Du sollst nicht töten, es sei denn, du tätest es in Notwehr, im gerechten Krieg oder im Vollzug der Todesstrafe!
e) Du sollst dann nicht töten, wenn du nicht töten sollst!
Nach den rechtlichen und ethischen Anschauungen Israels sind diese fünf Verbotssätze als inhaltsgleich zu betrachten. Sie unterscheiden sich nur durch den Grad sprachlicher Ausführung. Bei dieser Form ethischer Rede handelt es sich um Paränese, eine ethische Mahnrede oder Scheltrede. Paränese betrifft Ableitungen aus ganz bestimmten Voraussetzungen, die von allen Mitgliedern der Gemeinschaft geteilt werden und deshalb nicht mehr argumentativ verhandelt werden müssen. Dennoch ist Paränese nicht sinn- und zwecklos, denn die Aufstellung und Begründung sittlicher Forderungen genügt dem Menschen nicht. Es bedarf der ständigen Wiederholung von Gesetzen, damit ethisches Denken und vor allem Handeln gelingen kann.

3 Verfassen Sie analog zum Beispiel des 5. Gebots verschiedene Formulierungen anderer Gebote des Dekalogs, z. B. des Verbots des Ehebruchs.
4 Arbeiten Sie mit den Paulusbriefen:
- Lesen Sie 1 Tim 2,8-15; 1 Kor11,3; 1 Kor 11,7-9; Eph 5,21-24: Welches Bild von der Stellung der Frau vermittelt Paulus? Kontrastieren Sie diese mit Gal 3,27-29; 1 Kor 11,11 f.; Eph 5,25-33. Vergleichen Sie Ihre Ergebnisse. Wie erklären Sie die Unterschiede, zum Teil innerhalb eines Briefes?
- Lesen Sie den Brief an Philemon, den Paulus ca. 56 in Ephesus geschrieben hat. Dort stand er unter Hausarrest und lernte den entlaufenen Sklaven Onesimus kennen, den er nun mit diesem Brief an seinen Herrn zurückschickt. Stellen Sie die Anteile erinnernder Mahnrede und Ansätze neuer Normen im Brief dar.

5 Begründen Sie, warum es hohe Anteile paränetischer Rede gibt und nehmen Sie Stellung zu der These, dass die Bibel eine reine Mahnschrift sei.

ZM 2 Exkurs: Historischer Rückblick: Das Christentum und die gesellschaftliche Werteentwicklung

Auch wenn wir nicht von einer materialen christlichen Ethik sprechen können, gibt es nicht dennoch einen Zusammenhang zwischen christlichen Überzeugungen und Haltungen und den sich gesellschaftlich konkret entwickelnden Normen und Werten? Dieser Frage geht der Münsteraner Kirchenhistoriker Arnold Angenendt (1934) nach:*

Nach Angenendt zehrt auch jeder säkulare Staat von normativen Voraussetzungen, die er selbst nicht garantieren kann. Daraus lässt sich schließen, dass der Staat auf kollektiv verbindliche ethische Überlieferungen angewiesen ist, dass infolgedessen „die Säkularisierung als ein doppelter Lernprozess zu verstehen ist, der die Traditionen der Aufklärung ebenso wie die religiösen Lehren zur Reflexion auf ihre jeweilige Grenze nötigt."
Angenendt erläutert, dass auch Philosophen die Religion als respektablen und lebenswichtigen Faktor bei der Werteentwicklung betrachten. So verweist er auf den Philosophen Jürgen Habermas (1929), der eingestehe, dass eine abstrakte Verfassung nicht genüge, wenn die moralischen Gehalte von Grundrechten in Gesinnungen Fuß fassen sollen.*
Die Philosophie habe Gründe, sich gegenüber religiösen Überlieferungen lernbereit zu halten. Dies um so mehr, als in den Religionsgemeinschaften jenseits von Dogmatismus und Gewissenszwang etwas intakt geblieben sein könne – hinreichend differenzierte Ausdrucksmöglichkeiten und Sensibilitäten für verfehltes Leben, für gesellschaftliche Pathologien, für das Misslingen individueller Lebensentwürfe und die Deformation entstellter Lebenszusammenhänge.
Speziell das Christentum habe dank seiner Durchdringung mit griechischer Metaphysik auch eine Aneignung genuin christlicher Gehalte durch die Philosophie gefördert. Als Beispiel benenne Habermas die Gottebenbildlichkeit des Menschen mit der gleichen und unbedingt zu achtenden Würde aller Menschen (nach Angenendt, S. 579f.). Hierzu führt Angenendt aus:

Wegen der Gottebenbildlichkeit verurteilten Kirchenväter die Sklaverei; kein Mensch dürfe ob seiner Ebenbildlichkeit mit schnödem Geld bezahlt werden. Frühmittelalterliche Bußbücher bestraften Mord, weil der „Mensch nach dem Bild Gottes geschaffen ist". Burkhard von Worms († 1025) [...] deutete das Gottebenbild-Argument universal: Auch wer einen Nichtchristen, einen Juden oder Heiden tötet, „hat ein Abbild Gottes und der Hoffnung auf zukünftige Bekehrung ausgelöscht" [...]. Es ist insgesamt eine beeindruckende Zeugniskette [...].
Eine rettende Übersetzung ist nicht minder für das christliche Liebesgebot zu leisten. Bündig formulierte Augustinus († 430): „Liebe den Sünder, aber nicht insofern er Sünder, sondern Mensch ist." Das bedeutete: Trennung von Person und Sache. Thomas von Aquin († 1274) wiederholte: „Wir müssen nämlich in den Sündern das hassen, was sie zu Sündern macht, und das lieben, was sie zu Menschen macht." Hiermit ist für jeden Menschen ein bleibendes Existenzrecht formuliert, das auf von Gott begründetem Respekt beruht: Jeder ist, unabhängig von Stand, Bildung, Rasse, Nationalität und sogar Sündigkeit, zu akzeptieren, letztlich zu lieben. Jede Person behält eine bleibende Würde, auch wenn sie ob ihrer Untaten vor Gericht gezogen wird: Liebe selbst auch den Feind, aber verabscheue, was jeweils seine Bosheit ausmacht [...].
Weiter schuf das Christentum Internationalität, oder in heutiger Sprache: Globalität. Vom christlichen Selbstverständnis her wollte man erst dann und dort von Kirche sprechen – so die altkirchliche Eigendeutung –, wo Menschen verschiedener Völker zusammenkämen, nämlich aus der ganzen bewohnten Welt. Im Christentum sei, so der Frankfurter Soziologe Karl O. Hondrich, eine menschheitsumfassende Brüderlichkeitsethik konstitutiv geworden und die bedeute „eine gewaltige Leistung der prophetischen Erlösungsreligion und einen ungeheuerlichen Affront gegen alle bekannte Moral", die immer „der eigenen Sippe den Vorrang" gebe. [...]
Radikal hat das Christentum die Geschlechter-Beziehung verändert, nämlich zur Gleichberechtigung hin. Die Ehe beruhte christlicherseits auf dem „Ein-Fleisch-Werden", das inneren Konsens wollte und die Mitte der Paarbeziehung bilden sollte. Zwei Punkte waren christlicherseits zu ändern: zum einen wegen der Gleichheit eine Bestrafung des Ehebruchs auch des Mannes und nicht nur der Frau, zum anderen wegen der Gewaltlosigkeit gegenüber Sündern die Aufhebung der Todesstrafe bei Ehebruch. [...]
Weiter weckte das Christentum das Gewissen für die Armen-Sorge. „Grundsätzlich gehörte das ‚Selig sind die Armen' nicht in die griechisch-römische Vorstellungswelt." Der antiken Ethik fehlte – wie gesagt worden ist – die Würdigung der vorbehaltlosen Hingabe und der Selbstentäußerung zugunsten des Nächsten: „Ohne große Gewissensbisse hatte das Heidentum die Hungernden, die Alten oder die Kranken ihrem Schicksal überlassen. Altersheime, Waisenhäuser, Krankenhäuser usw. sind Institutionen, die erst zur Zeit des Christentums eingerichtet werden. Selbst ihre Namen sind im Griechischen und Lateinischen neu." [...]
Als weltgeschichtlich einmalig ist weiter die Abschaffung der Sklaverei zu bewerten. Um den Harvard-Soziologen Orlando Patterson zu wiederholen: Es war „das Christentum die erste und einzige Weltreligion, die zum höchsten religiösen Ziel die Freiheit erklärte – die Erlösung, den Freikauf aus der spirituellen Knechtschaft und dem Fluch der Erbsünde durch den Opfertod des Erlösers", infolgedessen betete die Kirche einen Gott an, „der seinen Sohn zur Befreiung der Menschheit ausgesandt hatte". Und das hatte einmalige Folgen. Anzuführen sind weiter die Menschen des sogenannten ‚unwerten' Lebens. Die „Klassifikationssysteme der

Naturvölker" werten ‚Abnorme' ab, so die Kriminellen, Asozialen, Hexen und Fremden. Auch hier brachen mit dem Christentum „hoffnungsvollere Zeiten" an. Es waren unter Hitler die christlichen Kirchen, die bei den T4-Aktionen zur Tötung der Geisteskranken Widerstand leisteten. [...]

Mit all diesen Punkten haben wir vom Christentum herbeigeführte Veränderungen vor uns, die heute in ihrer Substanz allgemein akzeptiert sind und uns als so grundsätzlich gelten, dass wir uns schon nicht mehr vorstellen können, es habe sie einmal nicht gegeben [...].

(*Angenendt, A.*: Toleranz und Gewalt – Das Christentum zwischen Bibel und Schwert. Münster: Aschendorff 2008. S. 580–586)

1 Warum sieht heute auch die Philosophie die Religion als respektablen und lebenswichtigen Faktor für die konkrete gesellschaftliche Werteentwicklung an?

2 Arbeiten Sie aus dem Text alle die Lebensbereiche heraus, die von der christlichen Glaubensaussage von der Gottebenbildlichkeit des Menschen betroffen waren, und stellen Sie den jeweiligen Wertewandel dar.

Die Schutzwürdigkeit menschlicher Embryonen

Eberhard Schockenhoff (1953) ist katholischer Moraltheologe an der Universität Freiburg und seit 2001 Vertreter der Kirche im ehemals Nationalen, jetzt Deutschen Ethikrat.*

Wenn bei der Festlegung des zeitlichen Beginns seiner Schutzwürdigkeit von den humanbiologischen Grundlagen her ein Spielraum bestehen sollte (etwa zwischen dem Abschluss der Befruchtungskaskade und dem Beginn der Nidation), darf dieser nicht stillschweigend zu Lasten des Embryos genutzt werden. Ethische Vernunft legt es vielmehr nahe, von einem Unparteilichkeitsstandpunkt aus nach dem willkürärmsten Zeitpunkt zu suchen. Die Erkenntnisse der modernen Genetik, insbesondere die Entdeckung der DNS und des Vorgangs ihrer Rekombination im Prozess der Befruchtung legen den Schluss nahe, dass dieser willkürärmste Zeitpunkt mit der Verschmelzung von Ei- und Samenzelle gegeben ist.

Diese Überlegungen führen zu dem Ergebnis, dass die regenerative Medizin aus ethischen Gründen auf die Nutzung embryonaler humaner Stammzellen verzichten sollte. Die Erprobung aussichtsreicher Forschungsoptionen wird zur moralischen Unmöglichkeit, wenn es dabei erforderlich ist, elementare Rechte und Ansprüche anderer zu verletzen. Ein moralischer Standpunkt wird nämlich erst dann erreicht, wenn die Belange aller Betroffenen in unparteiischer Weise Berücksichtigung finden. Dabei gilt die Präferenzregel, dass der Wahrung elementarer Rechte im Konfliktfall der Vorrang vor einer möglichen Hilfeleistung für andere zukommt. Der Schutz fundamentaler Rechte – vor allem des Rechts auf Leben, dessen Achtung jedem unschuldigen menschlichen Wesen strikt geschuldet ist – wiegt schwerer als die erhofften positiven Folgen für andere. Das Recht auf Heilung, das die Erforschung und experimentelle Nutzung neuer Therapieverfahren einschließt, findet dort eine Grenze, wo seine Durchsetzung die Vernichtung fremden Lebens erfordern würde.

Schockenhoff, Eberhard: Ethische Probleme der Stammzellforschung. In: Stimmen der Zeit, 5/2008. S. 329 f.

Ethisch vertretbar forschen

Der Stammzellenforscher Prof. Dr. Hans R. Schöler (1953 in Kanada), Direktor des Max-Planck-Instituts für molekulare Biomedizin in Münster, plädiert für die Liberalisierung des Stammzellgesetzes.*

[...] In keinem anderen Land der Welt findet die Forschung an menschlichen embryonalen Stammzellen unter so strengen Auflagen statt wie in Deutschland. Und sobald die erste Therapie verfügbar sein wird, werden auch deutsche Patienten – zu Recht – darauf dringen, sie zu erhalten. Wer die Suche nach neuen Zell-Therapien bis dahin anderen Ländern überlässt, in denen die Stammzellforschung vielfach rechtlich nicht geregelt ist, geschweige denn kontrolliert wird, umgeht daher keine ethischen Fragen. Er muss sie sich vielleicht sogar noch dringlicher stellen. [...]

aus: *www.mpi-muenster.mpg.de*

Interview mit Wolfgang Huber, ehem. Ratsvorsitzender der EKD

Wolfgang Huber spricht sich für eine Verschiebung des Stichtags für den Import embryonaler Stammzellen aus.

SZ: *Herr Bischof, werden Sie als derjenige in die Geschichte eingehen, der den Lebensschutz aufweichen half?*

Huber: Sicher nicht. Ich bin gegen die Aufweichung des Lebensschutzes und strikt gegen die Abschaffung des Stichtags, die viele Forscher fordern. Ich fürchte aber, dass diese Freigabe gerade dann wahrscheinlicher wird, wenn es nur heißt: Diese Forschung darf nicht sein. [...]

SZ: *Viele katholische Bischöfe, aber auch viele evangelische Vertreter halten dies für gefährlich kompromissbereit.*

Huber: Ich respektiere, dass viele Christen die Forschung an embryonalen Stammzellen grundsätzlich ablehnen. Auch mir wäre es lieber, wir brauchten diese Forschung nicht. 2006 habe ich vorgeschlagen, die deutsche Stichtagsregelung auf Europa zu übertragen, was dort eine erhebliche Restriktion bedeutet hätte. In europäischen Zusammenhängen fließt deutsches Geld jetzt leider in Forschung, die an keinen Stichtag gebunden ist. Das ist paradox. Dafür hätte europaweit ein neuer Stichtag gefunden werden müssen. Bei dieser europäischen Debatte hielten viele eine einmalige Verschiebung für vertretbar, die sich jetzt nachdrücklich dagegen wehren.

SZ: *Mit der Verschmelzung von Ei- und Samenzelle hat der Embryo eine Menschenwürde. Dieses menschliche Leben wird zerstört. Das ist schwer von der Hand zu weisen.*

Huber: Ein Embryo hat von Anfang an menschliche Würde. Deshalb darf auch kein Embryo zu Forschungszwecken hergestellt und dann getötet werden. Es entstehen aber bei der künstlichen Befruchtung überzählige Embryonen, und die schwierige Frage heißt, ob aus diesen Embryonen, die ohnehin absterben, Stammzellen gewonnen werden dürfen, um mit ihnen Heilungsmöglichkeiten zu erforschen. Da kann es unterschiedliche Positionen geben. Es kann nicht die eine als christlich, die andere als unchristlich dargestellt werden.

SZ: *Damit bewegen Sie sich in einer Grauzone.*

Huber: Die Position ist heikel, aber Verantwortungsethik ist nun einmal heikel. Ich setze mich für den Lebensschutz ein, akzeptiere aber eine Stichtagsverschiebung; das ist schwieriger zu begründen als die kategorische Ablehnung jeglicher Forschung an embryonalen Stammzellen. Aber starke Positionen können auch starr sein und dadurch verantwortbare Lösungen verhindern. Die evangelische Kirche hat immer gefragt, was konkret dem Leben dienen kann. In dieser Tradition sehe ich mich. [...]

Aus: *Süddeutsche Zeitung*, 11. 02. 2008

1 Beschreiben Sie die Karikatur und erklären Sie die Bildelemente.

2 Erklären Sie den Hintergrund der Karikatur und veranschaulichen Sie ihre Kritik.

3 Bewerten Sie den Import von Stammzellen aus dem Ausland, die vor einem Stichtag hergestellt wurden. Erörtern Sie, ob diese Lösung forschungsfreundlich und ethisch sauber ist? Ist die Sorge über den Forschungsstandpunkt Deutschland ein Grund für die Lockerung des Stammzellgesetzes?

Podiumsdiskussion zur Lockerung der Stammzellenforschung

Simulieren Sie eine Podiumsdiskussion zur Lockerung der Stammzellenforschung, bei der zunächst jedes Mitglied eine kurze begründete Stellungnahme vorlegt, anschließend diskutieren alle Teilnehmer und stimmen am Ende ab. Die Rollenkarten helfen Ihnen bei der Vorbereitung Ihrer Plädoyers und der Diskussion.

Rollenkarten mit Argumentationshilfen

Mediziner

- Medizin ist verpflichtet, zum Wohl der Menschen zu arbeiten und zu forschen.
- Beim Anblick von Kranken ist nicht geleistete Forschung inhuman.
- Forschung bedeutet Übernahme von Verantwortung.
- ...

Biologe

- Embryo außerhalb des Mutterleibs bleibt ein Zellhaufen.
- Auch bei IVF entstehen überzählige Embryos, die entsorgt werden.
- Klonen ist etwas Natürliches, Einzeller und Pflanzen bilden Ableger, quasi Klone.
- ...

Vertreter der Kath. Kirche

- Mensch spielt Gott, Mensch hat keine unendliche Macht.
- Du sollst nicht töten! Embryo ist ein Mensch.
- Leben beginnt mit Verschmelzung von Ei- und Samenzelle
- Verfahren der IVF werden aufgrund der überzähligen Embryos abgelehnt.
- ...

ZM 4 Samenspende – eine Zumutung für Kinder?

Das Schlimmste ist, mich im Spiegel zu betrachten, aber nicht das Gegenstück zu mir zu erkennen. Zu Hause niemanden zu finden, der so aussieht wie ich.

Es wäre unerträglich, meinen leiblichen Vater ausfindig zu machen, aber damit leben zu müssen, dass er mich nicht kennenlernen will.

Die Hälfte von mir war tiefgekühlt, das ist ein fürchterliches Produktgefühl.

1 Lesen Sie Sonjas Aussagen über ihre Herkunft und stellen Sie Vermutungen über ihre Geschichte an.
2 Lesen Sie dann den Artikel aus der Zeit, der die Geschichte von Sonja erzählt. Tauschen Sie sich zunächst über Sonjas Situation aus. Können Sie Ihre Gedanken und Gefühle nachvollziehen?

Ich will wissen, wer er ist

Sonja ist 18, als sie erfährt, dass sie mithilfe einer anonymen Samenspende gezeugt wurde. Seitdem quält sie eine einzige Frage: Wer ist der Fremde mit der Nummer 277, ihr leiblicher Vater?

„Dein Papa ist nicht dein Papa." Wie betäubt hörte Sonja eine fremde Geschichte, die fortan ihre eigene sein sollte: Ihr Vater – galt das Wort noch? – sei nicht zeugungsfähig, erzählte ihr die Mutter. Jahrlang hätten sie versucht, ein Kind zu bekommen. Vergeblich. Sie habe sich deshalb mit dem Sperma eines anonymen Spenders befruchten lassen. Nach dem fünften Versuch sei sie endlich schwanger gewesen. [...] „Das ist doch halb so wild, oder?", fragte die Mutter flehend aus dem Sessel. Die Tochter sagte leise „Ja" und dachte Nein, insofern sie in dem Augenblick überhaupt schon etwas denken konnte. „Ich wusste nicht mehr, wer ich bin und woher ich komme." Sie schaltete ihren Computer an und begann im Internet zu suchen, nicht für ein Referat, sondern nach sich selbst. [...] Prof. Dr. med. Thomas Katzorke. Das war der Arzt, von dem ihre Mutter gesprochen hatte. Ein Mann in weißem Kittel, mit kleiner runder Brille. Ein Fremder, der ihr Schöpfer war. [...]
Die Bundesärztekammer hat die Befruchtung mit Spendersamen erst 1970 zugelassen, die Krankenkassen zahlen bis heute nicht, der Vatikan ist ohnehin dagegen. Aber nur noch ein Drittel der deutschen Männer weise eine normale Spermienqualität auf [...] 1,4 Millionen Paare im Land seien ungewollt kinderlos. [...] Auf Katzorkes Schreibtisch stapeln sich Akten dieser Paare. Oft sind Hochzeitsfotos eingeheftet, die unbeschwert lächelnde Frauen und Männer zeigen in einer selbstverständlichen Zuversicht, dass sie demnächst ein Kind bekommen werden. Katzorke braucht die Fotos für die „Typangleichung": Er sucht nach ihnen den Spender aus, der dem unfruchtbaren Mann am ähnlichsten ist. Dann benötigt er nur noch eine Spritze und einen Schlauch. Und fremdes Sperma. Das Sperma ist der Rohstoff seiner Branche. Eine Zeitschrift hat neulich vom „Weißen Gold" geschrieben, das immer knapper werde. [...] Der Preis für das passende Sperma schwankt mit Angebot und Nachfrage: Weiße Deutsche bekommen bei Katzorke – je nach Qualität – 50 bis 150 Euro pro Erguss, Afrikaner bis zu 1000. [...] Leichte Nebentätigkeit für Männer ... Momentan hat er einen Engpass bei Südamerikanern. Und neulich sind ihm auch noch die Koreaner ausgegangen. [...]
Seit einem Jahr rotieren Sonjas Gedanken in einer Endlosschleife. Sie will nicht entstanden sein, wie sie entstanden ist, und sagt doch: „Ich kann auch nicht dagegen sein – denn wenn ich dagegen wäre, würde ich nicht existieren." Hatte der Arzt recht, als er ihre Eltern auf lebenslanges Schweigen einschwor? Weil die Wahrheit nur für Unglück sorge? Ist Wissen Ohnmacht? Niemand kann sagen, wie Sonjas Kindheit unter beiläufiger Offenheit verlaufen wäre, wenn ihre Eltern sie schon als Kleinkind eingeweiht hätten, wie viele Psychologen das empfehlen. Doch sie ist sich sicher, dass die Lüge ihre Familie zersetzt hat. „Wie viel Kraft haben meine Eltern in all der Zeit darauf verwandt, dieses Geheimnis zu bewahren?" Kann es sein, dass es in dieser Geschichte keinen Schuldigen gibt, aber viele Menschen, die auf ihrer Suche nach dem Glück so weit gegangen sind, dass sie sich und andere unglücklich gemacht haben? Sonja steht mit ihrer Familie inmitten einer Debatte, die um die immer gleiche Frage kreist: Wie weit geht man für ein Kind? [...]
Sobald in seiner (Katzorkes) Praxis die Rede auf Sonja kommt, wechselt Katzorke in seinem Gesprächsmodus von jovial auf abwehren. Es sei doch möglich, sagt er hinter verschränkten Armen, dass Sonjas Mutter damals fremdgegangen sei: „Was, wenn der Arzt da fälschlicherweise einen Spender bezichtigt?"
Der Arzt hat seinen Spendern Anonymität zugesichert und sagt, er habe „noch nie Daten rausgegeben." Er wäre ja verrückt: Wer würde noch spenden? Und welche Preise müsste er bezahlen?
Das Geschäft mit der Fruchtbarkeit ist ein von verschämtem Desinteresse verschatteter Markt, in dem niemand Fragen stellt. Geschichten wie die von Sonja bleiben unerzählt, weil die Beteiligten im Augenblick der Zeugung verstummen.
Auf diese Stille stoßen die Eiskinder auch, falls sie doch von ihrer Herkunft erfahren. Etwa, wenn eine Ehe in die Brüche geht und der Vater sich weigert, fürs Kind zu zahlen – schließlich sei es nicht seins. Was dann? Wenn ein Adoptivkind wissen möchte, wer seine biologischen Eltern sind, kann es im Jugendamt seine Akte einsehen. Die Akten der Eiskinder liegen bei den Ärzten. Bei Medizinern wie Katzorke, einem Geschäftsmann, der

das Privileg der ärztlichen Verschwiegenheit ausnutzt. Befragt man ihn wie einen Supermarktleiter, antwortet er wie ein Arzt. Erinnert man ihn an seine ärztliche Moral, verweist er auf Kundenwünsche und Verschwiegenheitsklauseln in seinen Behandlungsverträgen. Er hat gelernt, heiklen Fragen galant zu entkommen.
Seit 1989 hat das Bundesverfassungsgericht mehrmals entschieden, dass sich aus dem Recht auf Menschenwürde für jedes Kind das Recht auf Kenntnis seiner genetischen Abstammung herleite. Katzorke ignoriert das. [...] Noch hat ihn niemand angezeigt. „[...] Was hat denn jemand, der innerhalb von zwei Minuten Samen spendet, für eine Beziehung zu dem Kind? Da soll im Nachhinein etwas hergestellt werden, was es nie gegeben hat und auch nie Wunsch war. Das Kind verdankt sein Leben den beiden Menschen, die hier bei mir saßen."

Henning Sussebach, aus: Die Zeit, 14. 10. 2010.

1 Sammeln Sie die Argumente für und gegen die Zeugung von Kindern mittels Spendersamen, gehen Sie dabei über die Argumente des Textes hinaus. Inszenieren Sie ein Streitgespräch zwischen Sonja und Prof. Dr. Katzorke.

2 Diskutieren Sie, ob die Zeugung mithilfe von Samenspende moralisch richtig oder falsch ist. Begründen Sie Ihre Argumentation und nehmen Sie Bezug auf die hermeneutische Argumentation von E. Schockenhoff (SB S. 328 f., M 17).

3 Nehmen Sie Stellung, indem Sie einen Brief verfassen an:
a) Sonja oder
b) Sonjas Eltern oder
c) Prof. Dr. Katzorke

ZM 5 Die Würde des Sterbenden – auf der Intensivstation

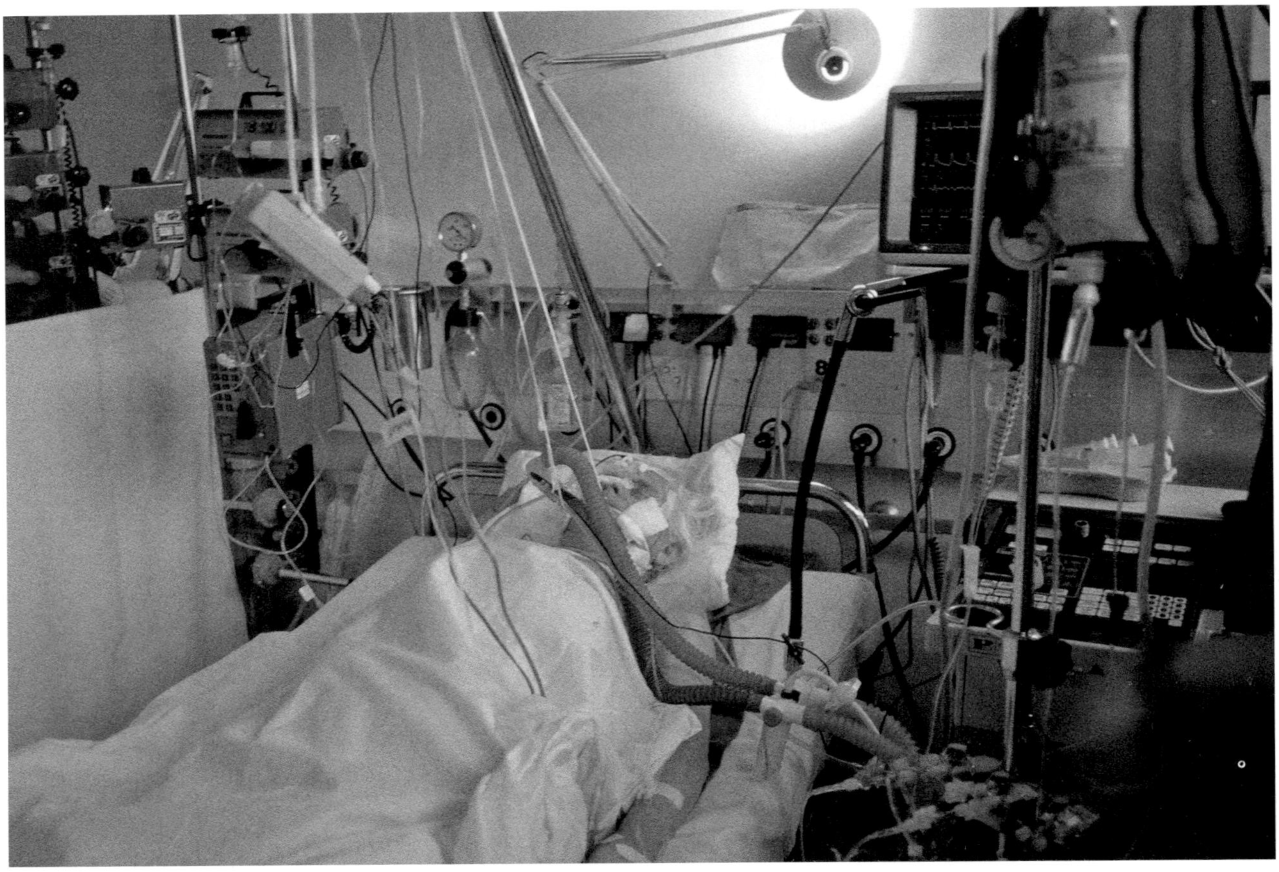

www.wdr.de/.../2007/0904/003_koma.jsp?pbild=1
Bild eines Komapatienten

1 Vergleichen Sie das Foto mit dem Bild von Edvard Munch (SB S. 340, M 30).

2 Auf beiden Bildern sind sterbende, wahrscheinlich leidende Menschen dargestellt. Nennen Sie Unterschiede bezüglich der Situation dieser Sterbenden.

3 Erörtern Sie, ob die Würde der Sterbenden in beiden Fällen gewahrt ist.

4 Erarbeiten Sie Ihr eigenes Bild vom würdevollen Sterben. Werden Sie kreativ, z. B. in Form einer Zeichnung, eines Fotos, eines Standbildes, ...

Wir Simultanten! Immer standby!

[...] Seit Wochen fehlte mir ein Halogenlämpchen. [...] Schließlich fuhr ich an einem Samstagmorgen mit der U-Bahn in die Stadt [...], da klingelte mein Mobiltelefon. [...] Ich hatte das Handy noch nicht wieder verstaut, da klingelte es noch mal. Diesmal war es ein Kollege. „Hast du kurz Zeit?", fragte er, es müsse dringend die Gliederung des gemeinsamen Aufsatzes besprochen werden. „Eine Minute", sagte ich und meinte „keine Minute". Ich war unter Zeitdruck [...]. Ich bat dann doch noch um Aufschub [...]. Er wollte keinen Aufschub gewähren, habe er doch nur die nächsten drei Stunden, um seinen Teil des Artikels zu schreiben. Dann müsse er nach Paris fliegen [...]. Ich diskutierte also geschlagene 20 Minuten mitten auf der Straße die Gliederung und die inhaltlichen Schwerpunkte des Aufsatzes. Zwischenzeitlich musste ich ins Telefon schreien. Denn es wurde immer lauter um mich herum; die samstägliche Einkaufswelle war längst angerollt.

Als das Gespräch beendet war, entdeckte ich einen kleinen gelben Briefumschlag auf dem Display meines Mobiltelefons. Zwei Nachrichten waren [...] eingegangen. Die erste erinnerte mich daran, das ich bereits seit 10 Minuten im Café [...] hätte sitzen müssen, weil ich dort verabredet war („wann kommst du denn? Warten hier."). Die zweite Nachricht lautete: „Meldest du dich heute gar nicht?" Es war 11:10 an einem Samstagvormittag [...]. Der Tag hatte noch 12 Stunden und 50 Minuten, aber an der privaten Front war er bereits kommunikativ verloren.

Genau in diesem Augenblick piepste mein BlackBerry, um mich an eine Telefonkonferenz [...] zu erinnern, die – ausnahmsweise – auch am Samstagmorgen möglich sein sollte, denn es gab drängende Probleme. Ich hatte auch einige: Dieses Telefonat hätte bereits in dem besagten Café stattfinden sollen, nachdem ich das Halogenlämpchen gekauft, ein Weilchen nett mit meinen Freunden geplaudert und einen Kaffee getrunken hätte. Nun fand auch die Telefonkonferenz auf dem Bürgersteig [...] statt. Ich war sauer auf das Gerät, das zu dem Zeitpunkt piepste, den ich selbst festgelegt hatte. Ich war nass geschwitzt, denn es waren fast dreißig Grad [...]. Menschen drängten sich an mir vorbei und redeten rücksichtslos [...], obwohl ich doch telefonieren musste. Mehrfach überkam mich die unbändige Lust, den anderen Teilnehmern der Telefonkonferenz das Wort abzuschneiden und eine knappe und präzise Zusammenfassung zu präsentieren [...]. Als das nach mehreren Anläufen nicht gelungen war, legte ich einfach auf und stellte mein Mobiltelefon ab. Über den BlackBerry schickte ich schnell eine Mail an einen Kollegen [...]: „Mein Akku schmiert ab, bitte entschuldige mich bei den Teilnehmern." Ich dachte: „Wenn jetzt noch irgendjemand anruft, bringe ich ihn um."

(*Meckel, Miriam:* Vom Glück der Unerreichbarkeit. Wege aus der Kommunikationsfalle. Hamburg: Murmann 2007. S. 9 ff.)

1 „Die Würde des Menschen ist unantastbar!" Analysieren Sie das Geschehen des Samstagvormittags hinsichtlich möglicher Verletzungen der menschlichen Würde, die sich aus der Existenz/dem Gebrauch allein von Handy und BlackBerry ergeben.

2 Stellen Sie an Beispielen dar, wo sich bereits in Ihrem Leben als Jugendlicher und Schüler oder Schülerin ähnliche Strukturen und Situationen ergeben.

3 Formulieren Sie ethische Richtlinien, die das Gebot „Du sollst dich nicht zum Sklaven deiner Vernetzung machen!" konkretisieren.

RELIGION – *in Staat und Gesellschaft*

A. Didaktische Intentionen und Überblick über das Kapitel

Das Kapitel liefert Material zu einem Themenbereich, der sich zwar nicht in den einheitlichen Prüfungsanforderungen für das Abitur (EPA) findet, der aber von hoher gesellschaftlicher und politischer Relevanz ist: Es geht um das Verhältnis von Religion und Gesellschaft und im Konkreten um die Beziehung von Kirche und Staat. Bereits der Ort, an dem **„Vernünftig glauben“** mit seinen verschiedenen Lernangeboten zum Einsatz kommt, verweist auf ein auch für SuS bestens vertrautes Feld staatlicher und kirchlicher Kooperation, auf den Religionsunterricht. In diesem Zusammenhang ist es nicht nur in der Gymnasialen Oberstufe/Kursstufe wichtig, SuS dafür zu sensibilisieren, dass es über den konfessionellen Religionsunterricht hinaus eine ganze Reihe von Kooperationen zwischen den staatlichen Institutionen und den Glaubensgemeinschaften in Deutschland gibt. Diese sind durch staatskirchenrechtliche Vereinbarungen wie die Konkordate eingerahmt und abgesichert; sie sind vor allem in den letzten beiden Jahrhunderten gewachsen und haben sich als wichtigen Beitrag für das gesellschaftliche Gemeinwohl erwiesen, sei es mit Blick auf Bildung wie auch auf Diakonie und Wohlfahrt. Inzwischen gerät dieses Modell einer gelungenen Kooperation von Kirche und Staat in die Kritik. Dafür lassen sich maßgeblich zwei Ursachen ausmachen: Zum einen herrscht auf dem Gebiet der ehemaligen DDR, das noch immer von einem sozialistisch inspirierten Atheismus tief geprägt ist, bis heute großes Unverständnis für Rolle und Rechtsstatus der Religionsgemeinschaften in Deutschland. Zum anderen hat die intensive Diskussion mit den muslimischen Vertretern und Verbänden über die Frage, welche Rolle dem Islam in diesem religionspolitischen System zukommen soll, zu einer grundsätzlichen politischen Diskussion über die Zukunft des Staatskirchenrechts geführt. Dies passt in einen gesellschaftlichen Diskurs, in dem zunehmend nicht nur die Würdigung für das aktuelle Engagement der christlichen Kirchen in Vergessenheit gerät, sondern in der auch eine kulturelle Blindheit für die unschätzbare Bedeutung des Christentums, aber auch des Judentums und des Islams für die europäische Zivilisation zu bemerken ist.

Entsprechend soll das Abschlusskapitel des Unterrichtswerks die historische Entwicklung, die aktuelle religionspolitische Situation und die kulturpolitische Bedeutung des Zusammenspiels von Staat und Kirche beleuchten. Dafür stehen drei Module zur Verfügung, die man auch unabhängig voneinander im Rahmen anderer Kapitel des Buches einsetzen kann:

Modul 1 (Kirche und Gesellschaft – historische Stationen, SB S. 348–354) führt die wichtigsten Wegmarken und Stationen auf dem Weg hin zum heutigen Staatskirchenverhältnis auf und entfaltet sie mithilfe von Texten.

Modul 2 (Kirche und Staat – religionspolitische Modelle, SB S. 355–358) stellt die verschiedenen religionspolitischen Modelle, die im Laufe der europäischen Geschichte entstanden sind – Staatskirche, Kooperation, Laïzität –, anhand von Beispielen vor und diskutiert sie.

Modul 3 (Kirche und Kultur – Christentum in Geschichte und Gegenwart, SB S. 359–367) beleuchtet die Bedeutung des Christentums in unserer Geschichte, aber auch unserer Gegenwart anhand von vier Themenfeldern: die Erschließung und Ordnung des Raumes durch die großen Ordensfamilien des Mittelalters, die Strukturierung und Rhythmisierung unserer Zeitrechnung durch den christlichen Kalender, die ethische Befragung unserer Wirtschaftordnung durch die katholische Soziallehre und schließlich die Gestaltung unseres gesellschaftlichen Miteinanders nach dem Prinzip der christlichen Nächstenliebe.

Das Gesamtkapitel lässt sich entsprechend dieser Struktur chronologisch von Modul 1 bis 3 erarbeiten. Auf die Möglichkeit der Verwendung der Module in anderen Kapitelzusammenhängen ist bereits hingewiesen worden. Außerdem findet sich im dritten Teil dieses Kommentars Zusatzmaterial in Form einer umfangreichen Lernsequenz, mit der L das Modul 2 „Religionspolitische Modelle“ noch vertiefen und ergänzen kann (u.a. mit Texten von Robert Spaemann und Jürgen Habermas).

Kapiteleingangsseiten, SB S. 346–347

Die Bildzusammenstellung zeigt verschiedene Facetten des Verhältnisses von Staat und Kirche und wie Kirche in der Gesellschaft wirkt.
S. 346 l: Diese Darstellung aus dem 19. Jahrhundert illustriert die Begegnung zwischen Karl dem Großen und Papst Hadrian I. um 774 als den Trägern weltlicher und geistlicher Herrschermacht.
or: Eine christliche Kirche in direkter Nachbarschaft mit dem Minarett einer Moschee, ein im Nahen Osten inzwischen selten gewordenes Bild. Anders in Deutschland: Neben die Glockentürme als Symbole des christlichen Glaubens ist nicht nur in den Großstädten unseres Landes das Minarett als Symbol für den Islam getreten.
uM: Das Schild mit der durchgestrichenen Moschee symbolisiert ein zentrales Anliegen der sog. Bürgerbewegung „Pro Deutschland", nämlich ein Verbot, mindestens eine Einschränkung des Moscheebaus in Deutschlands. In dieser Initiative haben sich Menschen organisiert, die durch den Zuzug von muslimischen Migranten eine „Islamisierung" Deutschlands befürchten.
ur: Bundeskanzlerin Merkel und Papst Benedikt XVI. bei einer Begegnung. Beide bemühen sich sichtlich um ein freundliches Verhältnis, obwohl die Wiederaufnahme irregulär geweihter Bischöfe der rechtsradikalen Priesterbruderschaft Pius X. in die Gemeinschaft der Katholischen Kirche am 21. Januar 2009 für erhebliche Irritationen in der Bundesregierung hervorgerufen hatte. Die Bundeskanzlerin sah sich am 3. Februar 2009 veranlasst, den Papst zu einer Klarstellung über den Umgang der Kirche mit dem Holocaust aufzufordern.
S. 347 lo: 2009 fand in München eine „Interreligiöse Bildungsolympiade" statt, in deren Verlauf muslimische, christliche und jüdische Schüler die Hauptsynagoge in München besichtigen. Genauere Kenntnisse über die Religion der anderen fördern den innergesellschaftlichen Zusammenhalt.
lu: Diesem Ziel dient auch die Begegnung von Vertretern unterschiedlicher Religionen wie hier bei der Eröffnung des „Monats der Weltmission" 2009 in Osnabrück.
r: Ein Blick in das Stelenfeld des Denkmals in der Nähe des Brandenburger Tors in Berlin, das Richard Serra und Peter Eisenman zur Erinnerung und zum Gedenken an die sechs Millionen jüdischer Opfer des Holocaust im Jahre 2005 gestaltet haben.

1. Kirche und Gesellschaft – historische Stationen, SB S. 348–354

„Die Konstantinische Schenkung", SB S. 348–349

M 1
AA 3, AA 4

Das Gemälde, auf dem die Übergabe der „Konstantinischen Schenkung" von Kaiser Konstantin an Papst Silvester zu sehen ist, findet sich im Piano Nobile, einem künstlerisch ausgestalteten Stockwerk in den Vatikanischen Museen in Rom. Papst und Kaiser stehen sich mit ihrer Gefolgschaft gegenüber: Im Zentrum des Bildes händigt Kaiser Konstantin Papst Silvester die Urkunde aus, auf welcher ihm und seinen Nachfolgern die geistliche wie weltliche Oberherrschaft über Rom, Italien und die gesamte Westhälfte des Römischen Reichs übertragen wird. Obwohl die Szene wie auch der Vorgang der Schenkung selbst nicht historisch belegt sind, sondern wohl auf eine mittelalterliche Fälschung zurückgehen, wurde diese Legende bis in die Neuzeit hinein gepflegt: Beide Seiten bezogen aus ihr schließlich eine wichtige Legitimation. Der Papst konnte gegenüber dem Kaiser und den Königen im Abendland seine Rolle als geistliches Oberhaupt, aber auch als zugleich weltlicher Mitherrscher – nämlich über den Kirchenstaat – rechtfertigen; der Kaiser dagegen konnte in den verschiedenen Konflikten des Investiturstreites immer wieder betonen, dass der Papst seine Herrschaft über den Kirchenstaat dem Kaiser verdankte, er also in diesem Sinne ein Herrscher „von Kaisers Gnaden" war.
Dass das Gemälde einen künstlerisch gestalteten Flur in den Vatikanischen Palästen ziert, entspricht dieser Logik: Am Sitz seiner geistlichen wie weltlichen Macht verweist der Papst damit auf die Legitimität seiner Herrschaft über einen weltlichen Staat mit seinem entsprechenden Apparat, der bis heute im Vatikanstaat seine konkrete Gestalt hat.

M 2
AA 2
AA 3

M 2 stellt die direkten Folgen der Konstantinischen Wende für Kirche und Reich dar. Das Christentum bekommt nun die Funktion einer Reichskirche, die die Einheit des Römischen Reiches symbolisieren und zugleich erhalten soll. Kirchliche und politische Bereiche in der Gesellschaft sind von nun an nicht mehr klar zuzuordnen. Die Kirche erhält politische Aufgaben und muss den weltlichen Kaiser als göttlich legitimiert anerkennen. Der Kaiser darf Geistliche berufen und einsetzen. Hieraus entsteht später das salisch-ottonische Reichskirchensystem, das sein Ende im Investiturstreit finden wird.

M 3
AA 4

Angenendt skizziert in **M 3** die Bedeutung des Investiturstreits für die Entwicklung der abendländischen Gesellschaft. Zu Beginn des neuen Jahrtausends ringen Kaiser und Papst darum, die in der Konstantinischen Schenkung gründende Einheit von weltlicher und geistlicher Macht jeweils im eigenen Sinne zu interpretieren und für die eigene Machtausübung auszulegen. Im Vertrag von Sutri wurden die Zuständigkeiten neu geregelt: Der weltliche Herrscher sollte sich nun allein auf das Säkulare beschränken, der geistliche Herrscher auf das Sakrale. Dies intendierte, dass die geistlichen Herrscher allein Spendengaben, keinesfalls weltliche Einkünfte annehmen durften. Mit dem Wormser Konkordat wurde dann aber lediglich die Investitur von Bischöfen eingeschränkt: Der Papst verleiht nun Ring und Stab als Zeichen der geistlichen Autorität, der Kaiser übergibt das Zepter als Symbol der weltlichen Herrschaft.

AA 5

1111: Vertrag von Sutri
1122: Wormser Konkordat
1803: Reichsdeputationshauptschluss
1870: Kirchenstaat wird von italienischen Truppen eingenommen

M 4
AA 8

M 4 beschreibt die Trennung von Religion und Staat in den USA, die dort im ersten Zusatz zur Verfassung grundgelegt ist. Er betont die in diesem Zusatz implizierte Stärkung der individuellen Rechte gegenüber einer Schwächung der zentralen Staatsmacht, die der historisch fundierten demokratischen Gesinnung der US-Amerikaner entspricht.

AA 9

Durch den Wegfall der anglikanischen Staatskirche erlebte die Religiosität in den USA einen starken Aufschwung. Die amerikanische Religionssoziologie erklärt dies mit dem nun notwendigen Wettbewerb der Kirchen und Glaubensgemeinschaften um Mitglieder und Einnahmen.

Der Streit um die EU-Verfassung – Ausdruck fortgeschrittener Säkularisierung, SB S. 353–354

M 5

Der EU-Vertrag stellt die Gründungsurkunde der Europäischen Union dar und wurde 1992 in Maastricht geschlossen. In der Präambel sprechen sich alle Mitglieder für die Überwindung der wirtschaftlichen Gegensätze und die Gestaltung einer Staatengemeinschaft aus. Statt einer Einleitung mit Gottesbezug, wie sie viele europäische Staaten aus ihrer Verfassung kennen, wurde unter Einfluss belgischer und französischer Lobbyisten die Formulierung „schöpfend aus dem kulturellen, religiösen und humanistischen Erbe Europas" (Z. 1) gewählt.

M 6
AA 1

Metz gilt als Begründer der „neuen" Politischen Theologie. In **M 6** stellt er die Gefahr eines kulturellen Gedächtnisverlusts Europas heraus, die sich in dem EU-Verfassungsvertrag abzeichnet. Er hält es für unbedingt notwendig, sich die Voraussetzungen und Entwicklungen in Erinnerung zu halten, aufgrund derer die Religionsfreiheit entstehen konnte. Zu diesen Voraussetzungen zählt unstreitbar vor allem das „christlich-jüdische Erbe" (Z. 62).

2. Kirche und Staat – religionspolitische Modelle, SB S. 355–358

Verfassungstexte zum Verhältnis von Religion und Staat, SB S. 355–356

M 7
AA 1, AA 2

Die hier abgebildeten Verfassungstexte markieren unterschiedliche Modelle zum Verhältnis von Religion und Staat:
„The Act of Supremacy" (Suprematsakte) machte König Heinrich VIII. zum Oberhaupt der Kirche in England. Die Suprematsakte wurde 1534 vom englischen Parlament erlassen und bildet den Grundstein der Anglikanischen Staatskirche.
„The Bill of Rights: First Amendment". Mit dem ersten Zusatzartikel zur Verfassung der Vereinigsten Staaten wurden den Bürgern Meinungsfreiheit, Religionsfreiheit, Pressefreiheit,

Versammlungsfreiheit und das Petitionsrecht zugestanden. Eine Staatsreligion oder die Bevorzugung einer bestimmten Religion durch den Staat ist verboten. Die strikte Trennung zwischen Kirche und Staat in den USA liegt hier begründet.

Die „Weimarer Reichsverfassung" garantiert Glaubens- und Gewissensfreiheit und hebt deshalb das bislang vorherrschende Summepiscopat (= Landeskirchenregiment) auf: Es besteht keine Staatskirche. Damit haben sich die Verfassungsväter der Weimarer Republik für ein Modell des Staat-Kirche-Verhältnisses entschieden, das einen Mittelweg zwischen der Laïzität, also der strikten Trennung von Kirche und Staat wie in Frankreich oder den USA, und der klassischen Staatskirche wie in Großbritannien oder Skandinavien darstellt. Weil die katholische Kirche und die evangelischen Landeskirchen als Körperschaften öffentlichen Rechts „ihre Angelegenheiten selbständig" (Art. 137 Abs. 3 WRV) regeln dürfen und zudem berechtigt sind, „nach Maßgabe der landesrechtlichen Bestimmungen Steuern zu erheben" (Art. 137 Abs. 6 WRV) können sie in umfangreicher und nachhaltiger Art und Weise Aufgaben im Bereich des Kults und der Pastoral, aber auch im Bereich von Bildung und Diakonie übernehmen. Auch anderen Religionsgemeinschaften steht dieser Körperschaftsstatus zu, sofern sie die eben hier genannten Voraussetzungen erfüllen, nämlich „wenn sie durch ihre Verfassung und die Zahl ihrer Mitglieder die Gewähr der Dauer bieten". (Art. 137 Abs. 5 WRV)

Im „Grundgesetz der Bundesrepublik Deutschland" sind die Freiheit des Glaubens und der Religionsausübung verankert. Zusätzlich ist hier der Religionsunterricht als *res mixta*, als gemeinsamer Zuständigkeitsbereich von Religionsgemeinschaft und Staat angeführt. Des Weiteren gelten die bereits zitierten Artikel der WRV zum Kirche-Staatverhältnis weiter (vgl. Art. 140 GG).

Religionspolitische Modelle und ihre Anwendung, SB S. 357–358

M 8
AA 1

Der Kirchenrechtler Richard Puza entfaltet in seinem Text die unterschiedlichen Interpretationen von Laïzität in den verschiedenen europäischen Staaten und liefert zugleich ein Kategorisierungssystem für die Bewertung der unterschiedlichen Staat-Kirchen-Verhältnisse.

M 9

Valentin Doering beschreibt das aktuell in Deutschland vorherrschende Verhältnis von Kirche und Staat als kooperatives Modell, indem sowohl gegenseitige Unterstützung als auch klare Abgrenzung realisiert sind.

AA 7

Das Subsidiaritätsprinzip (von lat. subsidium = Hilfe) ist ein im Rahmen der katholischen Soziallehre entwickeltes Prinzip, das die Eigenverantwortung vor staatliches Handeln stellt. Danach sollen bei öffentlichen Aufgaben zuerst untergeordnete, lokale Glieder wie Familie, Pfarrgemeinde oder Verein für die Lösung und Umsetzung zuständig sein, während übergeordnete Glieder wie die Kommune oder der Staat zurückzutreten haben.

Das Subsidiaritätsprinzip tritt unter der Bedingung ein, dass das untergeordnete Glied in der Lage ist, die Probleme und Aufgaben eigenständig zu lösen. Gleichwohl darf das kleinste Glied nicht überfordert werden, und die übergeordnete Ebene soll ggf. unterstützend tätig sein. Im Rahmen des Subsidiaritätsprinzips tragen die Kirchen durch ihre Bildungsangebote und ihre umfangreichen caritativen Einrichtungen zur Funktion der lokalen und kommunalen Infrastruktur bei.

AA 8

Die Kirchensteuer ist ein zentraler Punkt in der staatlichen Förderung der Kirche. Kooperationen zwischen Staat und Kirche sind beispielsweise bei der Organisation des Religionsunterrichts zu finden, in Schulen und Kindergärten kirchlicher Trägerschaft, in sozialen Einrichtungen mit kirchlicher Prägung usw. sowie bei der Gefängnis- und Militärseelsorge.

3. Kirche und Kultur – Christentum in Geschichte und Gegenwart, SB S. 359–367

M 10
AA 2

M 10 veranschaulicht die in unserer Gesellschaft vorherrschende Kulturvergessenheit. Kirchliche Feste werden gefeiert, ohne dass die Bedeutung und Herkunft bekannt ist, christliche Feiertage gelten vielfach als „Urlaubstage" im Alltagstrott. Stattdessen tragen Ökonomisierung und Globalisierung dazu bei, dass völlig fremde, oft aus Amerika stammende Feste und Bräuche bei uns nach und nach Verbreitung finden (z. B. Halloween und Valentinstag).

Die Ordnung des Raums – die Leistung der Orden, SB S. 360–362

M 11

Der Text beschreibt chronologisch die Entstehung des Zisterzienserordens und dessen Verbreitung in ganz Europa und darüber hinaus.

M 12

M 12 zeigt als Beispiel das Netz der Gründungen der Abtei Morimond, einer der vier Primarabteien der ersten Generation. Den Konvent von Morimond hat 1115 Stephan Harding gegründet; er erwies sich bald als äußerst erfolgreich und dynamisch. Allein bis zur Jahrhundertwende gründeten die Mönche aus Morimond 26 Filialabteien in Frankreich, Polen und auf dem Gebiet des deutschen Reiches, die wiederum hunderte von neuen Töchterklöstern ins Leben riefen.

M 13
AA 4

Das Zisterzienserkloster Maulbronn wurde 1147 von den Mutterabteien Neuhaus (Elsass) und Morimond aus gegründet. Heute gilt Maulbronn als die wohl am besten erhaltene Klosteranlage der Zisterzienser in Europa. Die gotische Klosterkirche, das große Refektorium und das pittoreske Brunnenhaus haben Maulbronn weit über seine Region hinaus bekanntgemacht. Im Zuge der Reformation wurde das Kloster in eine evangelische Klosterschule umgewandelt. Seit 1807 besteht hier ein evangelisch-theologisches Seminar, das viele berühmte Persönlichkeiten besucht haben, unter anderem Hermann Hesse. Seiner Zeit in Maulbronn hat Hesse in seinem autobiografisch geprägten Roman „Unterm Rad“ ein literarisches Denkmal gesetzt.

Die Ordnung der Zeit – der christliche Kalender, SB S. 363–364

M 14

Der Politikwissenschaftler Hans Maier skizziert in M 14 die Entstehung und Entwicklung des bis heute gültigen „christlichen Kalenders“. Deutlich wird hier, dass beim Entstehungsprozess jüdische und römische Einflüsse eine große Rolle spielten und auch heute noch wirksam sind.

Die Ordnung der Wirtschaft – die katholische Soziallehre, SB S. 364–366

M 15
AA 1
AA 3

Mit seiner Sozialenzyklika begegnete Papst Leo XIII. der großen sozialen Ungerechtigkeit in Europa, die im Zuge der Industrialisierung entstanden war. Er kritisierte u. a. die Entstehung einer Zweiklassengesellschaft und warnte vor Armut, Elend und Besitzlosigkeit. Als Maßnahmen zur Verbesserung der sozialen Lage schlug Leo einen gerechten Lohn, die Gründung von Gewerkschaften und verschiedene staatliche Schutzmaßnahmen wie Unfallversicherung und Arbeitsschutzgesetze vor.

Die Ordnung der Gesellschaft – Liebe in der Wahrheit, SB S. 366–367

M 16
AA 1

Die Sozialenzyklika „Caritas in veritate“ veröffentlichte Papst Benedikt XVI. vor dem Hintergrund der Weltwirtschaftskrise. Der Ausschnitt betont die Bedeutung des Gemeinwohls und die Notwendigkeit, sich aus Nächstenliebe hierfür einzusetzen. Unter Gemeinwohl versteht Benedikt XVI. das Wohl aller derer, die sich zu einer sozialen Gemeinschaft zusammenschließen, weil sie „nur in ihr wirklich und wirkungsvoll ihr Wohl erlangen können“. (Z. 13)

AA 2

Neben dem persönlichen Einsatz in der direkten Begegnung mit dem Nächsten (= individueller Weg) hat jeder Christ die Pflicht, „in der Weise seiner Berufung und entsprechend seiner Einflussmöglichkeiten in der Polis“ (Z. 26 f.) an Strukturen mitzuwirken, die ein menschenwürdiges Leben für alle möglich machen.

Vom Nutzen der Religion für den Staat – und des Staats für die Religionen

1. Thema

Das Thema der Sequenz ist die soziale Gestalt von Religion und Kirche. In einer durch Säkularisierung und Pluralisierung geprägten spätmodernen Gesellschaft gerät schnell aus dem Blick, welchen kulturellen und politischen Beitrag das Christentum zur Entstehung der abendländischen Zivilisation geleistet hat und welche Rolle die christlichen Kirchen auch heute noch bei der Gestaltung von Gesellschaft spielen. Die hier nun skizzierte Lernsequenz liefert einen Vorschlag und dazugehöriges Zusatzmaterial, um in Anschluss an das zweite Modul des Kapitels die Ausgestaltung des kooperativen Verhältnisses von Staat und Religion, in diesem Fall präziser: von Staat und Kirche genauer zu beleuchten. Dabei geht es zum einen um die Voraussetzungen einer Kooperation von Glaubensgemeinschaften und Staat, also um Religionsfreiheit und Staatskirchenverbot bei gleichzeitiger Anerkennung der Religionsgemeinschaften als rechtsfähige Körperschaften öffentlichen Rechts, zum anderen um den Nutzen, den das öffentliche Gemeinwesen wie auch die Religionsgemeinschaften von einem solchen Modell ziehen können. Es geht also um die Frage, welchen Nutzen die Religion in einem solchen Kooperationsverhältnis für den Staat und welchen Nutzen der Staat für die Religionsgemeinschaften in diesem Rahmen hat.

2. Lernanlass

In Nordrhein-Westfalen wird es ab den Schuljahr 2010/2011 konfessionellen islamischen Religionsunterricht geben. In vielen anderen Bundesländern gibt es Schulversuche und Modellprojekte, in denen nach Formen eines solchen bekenntnisgebunden islamischen Religionsunterrichts in der öffentlichen Schule gesucht wird. Ausgehend von diesen aktuellen Entwicklungen ist mit SuS zu diskutieren, ob ein solches islamisches Bekenntnisfach neben den bisher existierenden Formen des Religions- und Ethikunterricht sinnvoll und praktikabel ist und auf welcher religionspolitischen Grundlage ein solches Fach eingerichtet werden kann oder sogar eingerichtet werden muss. In diesem Zusammenhang ist dann auch zu erörtern, welche Vorteile Muslime von einer solchen Kooperation mit dem Staat haben und welchen Nutzen wiederum der Staat aus einem islamischen Religionsunterricht zu ziehen beabsichtigt.

3. Kompetenzen (gemäß den EPA)

Urteilsfähigkeit – in religiösen und ethischen Fragen begründet urteilen:

- Ansätze und Formen theologischer Argumentation vergleichen und bewerten;
- Gemeinsamkeiten von Konfessionen und Religionen sowie deren Unterschiede darstellen;
- im Kontext der Pluralität einen eigenen Standpunkt zu religiösen und ethischen Fragen einnehmen und argumentativ vertreten.

Dialogfähigkeit – am religiösen Dialog argumentierend teilnehmen:

- die Perspektive eines anderen einnehmen und dadurch die eigene Perspektive erweitern;
- Gemeinsamkeiten und Unterschiede von religiösen und weltanschaulichen Überzeugungen benennen und im Dialog argumentativ verwenden;
- Kriterien für einen konstruktiven Dialog entwickeln und in dialogischen Situationen berücksichtigen.

Gestaltungsfähigkeit – religiös bedeutsame Ausdrucks- und Gestaltungsformen reflektiert verwenden:

- im Gespräch Beiträge anderer aufgreifen, den jeweiligen Gedankengang sachgemäß in theologischer Fachsprache entwickeln und angemessen darstellen.

4. Lernarrangement

Die Unterrichtssequenz beginnt mit einem Impuls und anschließender Diskussion der Frage, ob für muslimische SuS ein islamischer Religionsunterricht eingerichtet werden sollte. Diese Eingangsrunde kann mit einer Abstimmung beendet werden.
Danach erarbeiten die SuS in vier arbeitsteiligen Gruppen **ZM 1** bis **ZM 4**. In einer weiteren Plenumsrunde stellen die Gruppen ihre Arbeitsergebnisse vor. Abschließend nehmen sie den Eingangsimpuls noch einmal auf und diskutieren. Dabei sollen die SuS auch darüber nachdenken, inwieweit die Argumente der Autoren zu ihrer Urteilsbildung beigetragen haben.

5. Lerngegenstände

Verschiedene Texte zu den Themen:

- Die Religionsfreiheit und ihre Funktion als Garant für die friedliche Koexistenz verschiedener religiöser Bekenntnisse im pluralen Staat;
- Religiöse Voraussetzungen, auf die der säkulare Staat gründet, die er selbst aber nicht garantieren kann;
- Das Interesse des Staates an religiösen Stimmen in der politischen Öffentlichkeit sowie an der politischen Teilnahme religiöser Organisationen am öffentlichen Diskurs;
- Das Kooperationsmodel und seine Spannung zur laïzistischen Vorstellung einer Trennung von Staat und Religion.

6. Lernwege

- Pro- und Contradiskussion;
- Textarbeit in arbeitsteiligen Gruppen;
- Visualisierung und Präsentation.

7. Lernaufgaben

- Eine Position beziehen und argumentativ begründen.
- Die Struktur eines Textes erschließen, seine Argumentation und seine Grundgedanken herausarbeiten.
- Die eigene Urteilsbildung analysieren und reflektieren.

8. Lernoptionen

Am 7. Mai 2011 hat die nordrheinwestfälische Schulminsterin anlässlich der Einrichtung des Studiengangs Islamische Religionspädagogik in Münster folgende Rede gehalten:

„Noch vor 30 Jahren hat man geglaubt, der Islam in Nordrhein-Westfalen sei nur eine zahlenmäßig kleine Glaubensgemeinschaft. Die Einrichtung von Islamunterricht an Schulen wurde gar nicht in Erwägung gezogen. Heute sehen wir, dass der Islam mit seinen über zwei Millionen Gläubigen, darunter mehr als 320 000 Schülerinnen und Schüler in Nordrhein-Westfalen, eine unübersehbare gesellschaftliche Größe darstellt. Bundespräsident Wulf hat in seiner Rede zum 20. Jahrestag der deutschen Wiedervereinigung gesagt – ich zitiere: ‚Das Christentum gehört zweifelsfrei zu Deutschland. Das Judentum gehört zweifelsfrei zu Deutschland. Das ist unsere christlich-jüdische Geschichte. Aber der Islam gehört inzwischen auch zu Deutschland.'

Diese Tatsachenfeststellung hat Wellen geschlagen und Empörung ausgelöst. Dabei hatte der damalige Bundesinnenminister Schäuble das Gleiche bereits fünf Jahre vorher gesagt.

Auch wenn mich die Parteizugehörigkeit von Herrn Wulf und Herrn Schäuble unterscheidet, kann ich nur ausdrücklich bekräftigen: Beide haben recht!

[...]

Die Landesregierung strebt gemeinsam mit der Universität an, dass hier [in Münster] in absehbarer Zeit islamische Religionslehrerinnen und Religionslehrer ausgebildet werden, die dann als grundständige Lehrkräfte ihren Dienst an den Schulen in Nordrhein-Westfalen aufnehmen. Seit Mitte der 80er Jahre gibt es von Seiten des Landes Bemühungen, den bekenntnisorientierten Islamunterricht nach Artikel 7, Absatz 3 des Grundgesetzes in unserem Land einzuführen. [...] Am 22. Februar diesen Jahres haben der Koordinationsrat der Muslime und ich nach drei sehr intensiven und konstruktiven Gesprächen eine gemeinsame Erklärung zur Einführung eines bekenntnisorientierten Islamunterrichts unterzeichnet. Das war ein großer Erfolg für alle Beteiligten!

[...]

Die gemeinsame Erklärung sieht vor, dass dem Land ein Beirat als Ansprechpartner für die Einführung des islamischen Religionsunterrichts zur Seite steht. Dieser Beirat, in dem das Bekenntnis zum Ausdruck kommen soll, wird aus VertreterInnen der Muslime bestehen und von mir berufen werden. Dazu muss das Schulgesetz mit einem kleinen Passus geändert werden. Schon jetzt ist klar, dass der nordrhein-westfälische Landtag einen entsprechenden Gesetzesentwurf einbringen und sicherlich mit großer Mehrheit verabschieden wird. Damit stehen wir in der Tradition der fraktionsübergreifenden Integrationsoffensive von 2001. Erst am 31. März diesen Jahres hat der Landtag einstimmig einen Entschließungsantrag verabschiedet, der die klare Überschrift trägt: „Der Islam ist ein Teil Deutschlands und Nordrhein-Westfalens". Darin bekundet der Landtag auch seinen Willen zur Einführung des Islamischen Religionsunterrichts. Beides sind Meilensteine zur Verwirklichung von Grundrechten, beides sind Meilensteine für mehr Integration in Nordrhein-Westfalen."

Dafür sind folgende Arbeitsanregungen denkbar:

- Benennen Sie das Thema des Textes, stellen Sie den Gedankengang dar und formulieren Sie die Intention der Autorin.
- Zeigen Sie, wie die Ministerin vorgegangen ist, um in Nordrhein-Westfalen islamischen Religionsunterricht einzurichten.
- Recherchieren Sie im Internet, welche anderen Modelle eines islamischen Religionsunterrichts in Deutschland existieren, und ordnen Sie diese nach ihren Charakteristika.

9. Lernerfolg

Soll der konfessionelle Religionsunterricht abgeschafft werden? Verfassen Sie einen Leserbrief an eine Zeitung, in dem Sie gegen eine geplante Abschaffung des Religionsunterrichts in Deutschland argumentieren.

10. Lernquellen

ZM 1: Robert Spaemann: Religionsfreiheit und pluraler Staat
ZM 2: Ernst-W. Böckenförde: Der säkulare Staat und seine religiösen Voraussetzungen
ZM 3: Jürgen Habermas: Religion in der Öffentlichkeit
ZM 4: Rolf Schieder: Religion ist nicht Privatsache

ZM 1 Robert Spaemann: Religionsfreiheit und pluraler Staat

Die Erklärung des Zweiten Vatikanischen Konzils über die Religionsfreiheit galt der Mehrheit der Bischöfe als überfälliger Sprung über den Schatten der Vergangenheit; die Minderheit sah darin aber den Bruch mit einer jahrhundertealten Tradition. Das Konzil hat die Lehrtradition weiterentwickeln müssen – denn den Staat als „geschlossene Gesellschaft" gibt es nicht mehr.

Das Zweite Vatikanische Konzil hat am 7. Dezember 1965 mit 2308 Ja- gegen 70 bischöfliche Neinstimmen eine Erklärung verabschiedet, in der die freie öffentliche Religionsausübung als Grundrecht jeder menschlichen Person proklamiert wird – „vorausgesetzt, dass die gerechte öffentliche Ordnung bewahrt bleibt". In der Präambel dieser Erklärung wird deren Einklang mit der Lehrtradition der Kirche betont und versichert, dass „die überlieferte katholische Lehre von der moralischen Pflicht der Menschen und der Gesellschaften gegenüber der wahren Religion und der einzigen Kirche Christi" durch die Erklärung „unangetastet" bleibe und „weitergeführt" werde. [...]

Das Konzil spricht zwar von der „einzigen Kirche Christi als dem Ort der vollen Wahrheit über Gott und den Menschen". Es will keinem Relativismus Vorschub leisten. Aber die geoffenbarte Wahrheit kann nur im Medium der Freiheit erfasst werden. Zwar kennt auch unser liberaler Rechtsstaat eine Privilegierung dessen, was in ihm als wahr gilt, und eine öffentlich wirksame Diskriminierung von Irrtümern.

Nun existieren Wahrheiten in der Welt nur in der Form von Wahrheitsüberzeugungen, wie immer diese sich auch begründen mögen. Die christlichen Überzeugungen gründen sich auf eine göttliche Offenbarung. Aber dass diese stattgefunden hat und in der katholischen Kirche authentisch überliefert wird, ist selbst wieder eine Überzeugung, die der Begründung bedarf, und Begründungen auf diesem Felde sind niemals zwingend. Vor allem verfügt der Staat nicht über die Kriterien einer solchen Begründung, wie Papst Pius XI. schrieb: Alles, „was ewig, himmlisch, übernatürlich ist", fällt nicht in die Kompetenz des Staates.

Wo der Staat gleichwohl eine Religion zur Staatsreligion erhebt, kann er das nicht unter Berufung auf deren Wahrheit tun, sondern unter Berufung auf die Religion des Souveräns; also in der Demokratie auf die Mehrheitsverhältnisse, in Monarchien auf die Religion des Monarchen. Genau das aber, und nicht der Verzicht auf den „weltlichen Arm", ist praktizierter Relativismus, der „Christus entthront". Cuius regio, eius religio: Das war die Formel, mit der die europäischen Konfessionskriege beendet wurden. Hinter dieser Formel stand noch der Gedanke, ein Staat müsse religiös homogen sein, er müsse ein gemeinsames Glaubensbekenntnis und einen gemeinsamen öffentlichen Kult haben. Aber wenn dieses gemeinsame Bekenntnis an der Landesgrenze endet, dann ist die Folge eine abgrundtiefe Skepsis gegenüber dem Wahrheitsanspruch dieses Bekenntnisses. Wahrheit kennt keine Landesgrenzen. So ließ der Papst am Ende des Dreißigjährigen Krieges denn auch von seinem Legaten in Osnabrück seinen Protest gegen diese Einigungsformel deponieren – allerdings äußerst diskret, denn er wollte sich nicht gern die Verantwortung für die Fortsetzung des im Namen des Anspruchs der geoffenbarten Wahrheit geführten Gemetzels aufladen. Der Anspruch auf Wahrheit wird nicht gestärkt, sondern geschwächt und relativiert durch Forderung nach Benachteiligung ihrer Leugner innerhalb der Landesgrenzen.

Warum ist die katholische Kirche in Polen so vital und in der Tschechischen Republik so schwächlich? In Polen war sie Religion des Volkes, aber nie des Staates – „Ich bin nicht der König eurer Herzen", dieses Wort eines polnischen Königs zitierte mir einmal voller Stolz Papst Johannes Paul II.; in Böhmen war sie Religion des Staates. Die universale Königsherrschaft, die Jesus beansprucht, ist Herrschaft über die Herzen. Sie hat mit Landesgrenzen nichts zu tun.

Die „Pflicht der Gesellschaft gegen die einzige Kirche Christi", von der die Konzilserklärung spricht, besteht darin, dem Wirken der Kirche im privaten ebenso wie im öffentlichen Raum keine Hindernisse in den Weg zu legen, sondern es zu fördern. Der Staat unterstützt damit die geistigen Kräfte, die sein Legitimitätsanspruch voraussetzen muss, ohne doch ihre Lebendigkeit garantieren zu können.

(*Spaemann, Robert:* Legitimer Wandel der Lehre. In: Frankfurter Allgemeine Zeitung, 1. 10. 2009. S. 7)

1 Informieren Sie sich über die Hintergründe des vom Verfasser zitierten Diktums „Cuius regio, eius religio".

2 Erläutern Sie, warum diese Regelung von Landes- und Religionszugehörigkeit zu einer Schwächung des Wahrheitsanspruchs der jeweiligen religiösen Bekenntnisse beiträgt.

3 Erörtern Sie, warum nur die Religionsfreiheit die friedliche Koexistenz verschiedener religiöser Bekenntnisse im pluralen Staat garantiert.

ZM 2 Ernst-Wolfgang Böckenförde: Der säkulare Staat und seine religiösen Voraussetzungen

Der Individualismus der Menschenrechte, zur vollen Wirksamkeit gebracht, emanzipiert nicht nur von der Religion, sondern, in einer weiteren Stufe, auch von der (volkhaften) Nation als homogenitätsbildender Kraft. Nach 1945 suchte man, vor allem in Deutschland, in der Gemeinsamkeit vorhandener Wertüberzeugungen eine neue Homogenitätsgrundlage zu finden. Aber dieser Rekurs auf die „Werte", auf seinen mitteilbaren Inhalt befragt, ist ein höchst dürftiger und auch gefährlicher Ersatz; er öffnet dem Subjektivismus und Positivismus der Tageswertungen das Feld, die, je für sich objektive Geltung verlangend, die Freiheit eher zerstören als fundieren. [...]
So stellt sich die Frage nach den bindenden Kräften von neuem und in ihrem eigentlichen Kern: *Der freiheitliche, säkularisierte Staat lebt von Voraussetzungen, die er selbst nicht garantieren kann.* Das ist das große Wagnis, das er, um der Freiheit willen, eingegangen ist. Als freiheitlicher Staat kann er einerseits nur bestehen, wenn sich die Freiheit, die er seinen Bürgern gewährt, von innen her, aus der moralischen Substanz des Einzelnen und der Homogenität der Gesellschaft, reguliert. Anderseits kann er diese inneren Regulierungskräfte nicht von sich aus, das heißt mit den Mitteln des Rechtszwanges und autoritativen Gebots, zu garantieren suchen, ohne seine Freiheitlichkeit aufzugeben und – auf säkularisierter Ebene – in jenen Totalitätsanspruch zurückzufallen, aus dem er in den konfessionellen Bürgerkriegen herausgeführt hat. Die verordnete Staatsideologie ebenso wie die Wiederbelebung aristotelischer Polis-Tradition oder die Proklamierung eines „objektiven Wertsystems" heben gerade jene Entzweiung auf, aus der sich die staatliche Freiheit konstituiert. [...] Es führt kein Weg über die Schwelle von 1789 zurück, ohne den Staat als die Ordnung der Freiheit zu zerstören.

(*Böckenförde, Ernst-Wolfgang:* Die Entstehung des Staates als Vorgang der Säkularisation. In: Ders.: Staat, Gesellschaft, Freiheit. Studien zur Staatstheorie und zum Verfassungsrecht. Frankfurt/M.: Suhrkamp 1976. S. 60)

1 Zeigen Sie, auf welche Weise der „Individualismus der Menschenrechte" (Z. 1) zur Emanzipation des modernen Staates beigetragen hat.

2 „Der freiheitliche, säkularisierte Staat lebt von Voraussetzungen, die er selbst nicht garantieren kann." Erläutern Sie, indem Sie von diesem Zitat ausgehen, das Dilemma, das den säkularen Staat kennzeichnet.

ZM 3 Jürgen Habermas: Religion in der Öffentlichkeit

Weil im liberalen Staat nur säkulare Gründe zählen, sind die gläubigen Bürger dazu verpflichtet, zwischen ihren religiösen und säkularen Überzeugungen eine Art „Gleichgewicht" – ein theo-ethical equilibrium – herzustellen. [...] Gegen diese Forderung richtet sich der Einwand, dass viele religiöse Bürger eine solche artifizielle Aufspaltung des eigenen Bewusstseins gar nicht vornehmen könnten, ohne ihre fromme Existenz aufs Spiel zu setzen. [...] Dieser totalisierende Zug einer Glaubensweise, die in die Poren des täglichen Lebens eindringt, widersetzt sich aber, so lautet der Einwand, jeder alerten* Umstellung religiös verankerter politischer Überzeugungen auf *eine andere* kognitive Grundlage. [...] Wenn wir diesen, wie ich finde, schlagenden Einwand akzeptieren, kann der liberale Staat, der mit der grundrechtlichen Gewährleistung der Religionsfreiheit solche Existenzformen ausdrücklich schützt, nicht gleichzeitig von allen Gläubigen erwarten, dass sie ihre politischen Stellungnahmen auch unabhängig von ihren religiösen oder weltanschaulichen Überzeugungen begründen sollen. [...] Der liberale Staat darf die gebotene *institutionelle* Trennung von Religion und Politik nicht in eine unzumutbare mentale und psychologische Bürde für seine religiösen Bürger verwandeln. Allerdings muss er von ihnen die Anerkennung des Prinzips der weltanschaulich neutralen Herrschaftsausübung erwarten. Jeder muss wissen, und akzeptieren, dass jenseits der institutionellen Schwelle, die die informelle Öffentlichkeit von Parlamenten, Gerichten, Ministerien und Verwaltungen trennt, nur säkulare Gründe zählen. Dafür genügt die [...] Fähigkeit, eigene religiöse Überzeugungen auch reflexiv von außen zu betrachten und mit säkularen Auffassungen zu verknüpfen. [...] Das muss „einsprachige" Bürger vom politischen Entscheidungsprozess keineswegs entfremden, denn sie nehmen auch dann, wenn sie religiöse Gründe anführen, in politischer Absicht Stellung. [...] Weil sie sich unter der Bedingung der Anerkennung eines institutionellen Übersetzungsvorbehalts in religiöser Sprache äußern dürfen, können sie sich, im Vertrauen auf die kooperative Übersetzungsleistung ihrer Mitbürger, als Teilnehmer am Gesetzgebungsprozess verstehen, obwohl darin allein säkulare Gründe zählen. [...] Der liberale Staat hat nämlich ein Interesse an der Freigabe religiöser Stimmen in der politischen Öffentlichkeit sowie an der politischen Teilnahme religiöser Organisationen. [...] Auch säkulare oder andersgläubige Bürger können unter Umständen aus religiösen Beiträgen etwas lernen. [...] Die religiösen Bürger dürfen sich nur unter dem Übersetzungsvorbehalt in ihrer eigenen Sprache äußern; diese Bürde wird durch die normative Erwartung ausgeglichen, dass sich die säkularen Staatsbürger für einen möglichen Wahrheitsgehalt religiöser Beiträge öffnen und auf Dialoge einlassen, aus denen die religiösen Gründe möglicherweise in der verwandelten Gestalt allgemein zugänglicher Argumente hervorgehen.

(*Habermas, Jürgen:* Religion in der Öffentlichkeit. Kognitive Voraussetzungen für den „öffentlichen Vernunftgebrauch" religiöser und säkularer Bürger. In: *Ders.:* Zwischen Naturalismus und Religion. Philosophische Aufsätze. Frankfurt/M.: Suhrkamp 2005. S. 132–138)

1 Erklären Sie, was Habermas unter dem „institutionellen Übersetzungsvorbehalt" versteht, und nennen Sie ein Beispiel dafür.

2 Entfalten Sie, auf welche Weise sich der religiöse Bürger im säkularen Staat äußern kann. Zeigen Sie Möglichkeiten und Grenzen dieser Äußerungen.

3 Erörtern Sie, welche Verpflichtung der säkulare Bürger gegenüber den Beiträgen der religiösen Stimmen hat.

---

* alert = geschmeidig, flüssig

ZM 4 Rolf Schieder: Religion ist nicht Privatsache

Die These von der Privatisierung der Religion wurde lange Zeit nicht nur von linken Parteien einschließlich der Sozialdemokratie vertreten, sondern auch von Wissenschaftlern. In der Religionssoziologie herrschte lange Zeit die Auffassung vor, der Niedergang der Religion sei im Zuge des wissenschaftlich-technischen Fortschritts unvermeidlich. In der Wissenschaft gilt die Privatisierungsthese längst als überholt. Der Soziologe José Casanova weist seit langem darauf hin, dass beispielsweise der öffentliche Einfluss des Katholizismus in der Moderne nicht abgenommen, sondern zugenommen habe. Auch die Inauguration* des amerikanischen Präsidenten Obama hat emblematisch** den öffentlichen Charakter von Religion im politischen Leben westlicher Länder gezeigt – trotz der in den Vereinigten Staaten viel stärkeren Trennung von Staat und Kirche. Unübersehbar ist auch, dass der Islam weltweit zu einem politischen Faktor geworden ist. [...]

Die Religionspolitik der europäischen Nationalstaaten war seit der Reformation wesentlich Territorialpolitik. Die religiöse Einheit des Staates wurde notfalls durch die Vertreibung oder die Ausrottung religiöser Minderheiten hergestellt. Die Aufgabe der Religionspolitik zu Beginn des 21. Jahrhunderts besteht darin, dass Staaten mit deterritorialisierten Weltreligionen konfrontiert sind, die sich nicht mehr politisch eliminieren lassen. Moderne Religionspolitik kommt nicht umhin, den Weltreligionen Mitwirkungs- und Identifikationsmöglichkeiten anzubieten, um so Prozesse anzuregen, die die Soziologie als „Hyphenation“ bezeichnet – die Entstehung von Bindestrichidentitäten. In den Vereinigten Staaten ist man ganz selbstverständlich „Jewish-American“, „Buddhist-American“ oder „Muslim-American“. Während sich Protestanten, Katholiken und Konfessionslose in Deutschland mehrheitlich beheimatet fühlen, steht die Integration der meisten Muslime noch aus – gerade in Berlin.

Der freiheitliche, weltanschaulich neutrale Rechtsstaat ist mit der von Ernst-Wolfgang Böckenförde berühmt gemachten Paradoxie konfrontiert, dass er sich gegenüber allen Religionen und Weltanschauungen neutral zu verhalten hat, dass er selbst aber auf die innere Zustimmung auch seiner religiösen Bürger angewiesen ist. Das Grundgesetz hat auf dieses Paradox unter anderem mit der Einführung eines staatlichen Religionsunterrichtes reagiert. Der Staat wahrt die Religionsfreiheit, indem der Religionsunterricht in Übereinstimmung mit den Grundsätzen der Religionsgemeinschaften erteilt wird, erwartet aber, dass diese ihren Beitrag zur Bildung einer auch religiös begründeten Zustimmung zum Gemeinwesen leisten.

Den Verfassern des Grundgesetzes war der Religionsunterricht so wichtig, dass sie ihn in den Rang eines Grundrechtsartikels erhoben. Von dieser Regelung profitieren der Staat wie auch die Religionsgemeinschaften bis heute: Der Staat verzichtet auf einen staatseigenen Zivilreligionsunterricht, weil er darauf vertraut, dass die Religionsgemeinschaften auf je ihre Weise das zivilreligiös Gemeinsame tradieren werden. Die Religionsgemeinschaften erhalten vom Staat im Gegenzug an staatlichen Universitäten gut ausgebildetes Personal und Unterstützung bei der Bildung der heranwachsenden Generation. Der Religionsunterricht ist deshalb das klassische Beispiel für das deutsche Kooperationsmodell zwischen Kirche und Staat.

(*Schieder, Rolf:* Religion ist nicht Privatsache. In: Frankfurter Allgemeine Zeitung, 22. 4. 2009. S. 11)

1 Zeigen Sie, warum die „These von der Privatisierung der Religion“ (Z. 1) in der Religionssoziologie inzwischen als widerlegt gilt.

2 Erläutern Sie, warum vom Modell des deutschen Religionsunterrichts sowohl der Staat als auch die Religionsgemeinschaften bis heute profitieren.

3 Erörtern Sie, wie das deutsche Kooperationsmodell mit Blick auf die Trennung von Staat und Kirche zu beurteilen ist.

---

* Inauguration = Amtseinführung;

** emblematisch = sinnbildlich